U0494075

法学名词规范化研究

Research on Standardization of Legal Terms

赵 心 著

社会科学文献出版社
SOCIAL SCIENCES ACADEMIC PRESS (CHINA)

图书在版编目(CIP)数据

法学名词规范化研究/赵心著.--北京:社会科学文献出版社,2021.12
（中国社会科学博士后文库）
ISBN 978-7-5201-9489-1

Ⅰ.①法… Ⅱ.①赵… Ⅲ.①法学-名词术语-规范化-研究 Ⅳ.①D90-61

中国版本图书馆 CIP 数据核字（2021）第 250555 号

·中国社会科学博士后文库·
法学名词规范化研究

著　　者 / 赵　心
出 版 人 / 王利民
组稿编辑 / 刘骁军
责任编辑 / 易　卉
文稿编辑 / 王楠楠　王小翠
责任印制 / 王京美

出　　版 / 社会科学文献出版社·集刊分社（010）59367161
　　　　　 地址：北京市北三环中路甲29号院华龙大厦　邮编：100029
　　　　　 网址：www.ssap.com.cn
发　　行 / 市场营销中心（010）59367081　59367083
印　　装 / 三河市龙林印务有限公司

规　　格 / 开本：787mm×1092mm　1/16
　　　　　 印张：21.5　字数：359千字
版　　次 / 2021年12月第1版　2021年12月第1次印刷
书　　号 / ISBN 978-7-5201-9489-1
定　　价 / 128.00元

本书如有印装质量问题，请与读者服务中心（010-59367028）联系

▲ 版权所有 翻印必究

第九批《中国社会科学博士后文库》
编委会及编辑部成员名单

（一）编委会

主　任：王京清

副主任：崔建民　马　援　俞家栋　夏文峰

秘书长：邱春雷

成　员（按姓氏笔画排序）：

卜宪群　王立胜　王建朗　方　勇　史　丹
邢广程　朱恒鹏　刘丹青　刘跃进　孙壮志
李　平　李向阳　李新烽　杨世伟　杨伯江
吴白乙　何德旭　汪朝光　张车伟　张宇燕
张树华　张　翼　陈众议　陈星灿　陈　甦
武　力　郑筱筠　赵天晓　赵剑英　胡　滨
袁东振　黄　平　朝戈金　谢寿光　樊建新
潘家华　冀祥德　穆林霞　魏后凯

（二）编辑部（按姓氏笔画排序）：

主　任：崔建民

副主任：曲建君　李晓琳　陈　颖　薛万里

成　员：王　芳　王　琪　刘　杰　孙大伟　宋　娜
　　　　张　昊　苑淑娅　姚冬梅　梅　玫　黎　元

序 言

博士后制度在我国落地生根已逾30年，已经成为国家人才体系建设中的重要一环。30多年来，博士后制度对推动我国人事人才体制机制改革、促进科技创新和经济社会发展发挥了重要的作用，也培养了一批国家急需的高层次创新型人才。

自1986年1月开始招收第一名博士后研究人员起，截至目前，国家已累计招收14万余名博士后研究人员，已经出站的博士后大多成为各领域的科研骨干和学术带头人。这其中，已有50余位博士后当选两院院士；众多博士后入选各类人才计划，其中，国家百千万人才工程年入选率达34.36%，国家杰出青年科学基金入选率平均达21.04%，教育部"长江学者"入选率平均达10%左右。

2015年底，国务院办公厅出台《关于改革完善博士后制度的意见》，要求各地各部门各设站单位按照党中央、国务院决策部署，牢固树立并切实贯彻"创新、协调、绿色、开放、共享"的发展理念，深入实施创新驱动发展战略和人才优先发展战略，完善体制机制，健全服务体系，推动博士后事业科学发展。这为我国博士后事业的进一步发展指明了方向，也为哲学社会科学领域博士后工作提出了新的研究方向。

习近平总书记在2016年5月17日全国哲学社会科学工作座谈会上发表重要讲话指出：一个国家的发展水平，既取决于自然科学发展水平，也取决于哲学社会科学发展水平。一个没有发达的自然科学的国家不可能走在世界前列，一个没有繁荣的哲学社会科学的国家也不可能走在世界前列。坚持和发展中国特色社会主义，需要不断在实践和理论上进行探索、用发展着的理论指导发展着的实践。在这个过程中，哲学社会科学具有不可替代的重要地位，哲学社会科学工作者具有不可替代的重要作用。这是党和国家领导人对包括哲学社会科学博士后在内的所有哲学社会科学领域的研究者、工作者提出的殷切希望！

中国社会科学院是中央直属的国家哲学社会科学研究机构，在哲学社会科学博士后工作领域处于领军地位。为充分调动哲学社会科学博士后研究人员科研创新积极性，展示哲学社会科学领域博士后优秀成果，提高我国哲学社会科学发展整体水平，中国社会科学院和全国博士后管理委员会于2012年联合推出了《中国社会科学博士后文库》（以下简称《文库》），每年在全国范围内择优出版博士后成果。经过多年的发展，《文库》已经成为集中、系统、全面反映我国哲学社会科学博士后优秀成果的高端学术平台，学术影响力和社会影响力逐年提高。

下一步，做好哲学社会科学博士后工作，做好《文库》工作，要认真学习领会习近平总书记系列重要讲话精神，自觉肩负起新的时代使命，锐意创新、发奋进取。为此，需做到：

第一，始终坚持马克思主义的指导地位。哲学社会科学研究离不开正确的世界观、方法论的指导。习近平总书记深刻指出：坚持以马克思主义为指导，是当代中国哲学社会科学区别于其他哲学社会科学的根本标志，必须旗帜鲜明加以坚持。马克思主义揭示了事物的本质、内在联系及发展规律，是"伟大的认识工具"，是人们观察世界、分析问题的有力思想武器。马克思主义尽管诞生在一个半多世纪之前，但在当今时代，马克思主义与新的时代实践结合起来，愈来愈显示出更加强大的生命力。哲学社会科学博士后研究人员应该更加自觉坚持马克思主义在科研工作中的指导地位，继续推进马克思主义中国化、时代化、大众化，继续发展21世纪马克思主义、当代中国马克思主义。要继续把《文库》建设成为马克思主义中国化最新理论成果的宣传、展示、交流的平台，为中国特色社会主义建设提供强有力的理论支撑。

第二，逐步树立智库意识和品牌意识。哲学社会科学肩负着回答时代命题、规划未来道路的使命。当前中央对哲学社会科学愈发重视，尤其是提出要发挥哲学社会科学在治国理政、提高改革决策水平、推进国家治理体系和治理能力现代化中的作用。从2015年开始，中央已启动国家高端智库的建设，这对哲学社会科学博士后工作提出了更高的针对性要求，也为哲学社会科学博士后研究提供了更为广阔的应用空间。《文库》依托中国社会科学院，面向全国哲学社会科学领域博士后科研流动站、工作站的博士后征集优秀成果，入选出版的著作也代表了哲学社会科学博士后最高的学术研究水平。因此，要善于把中国社会科学院服务党和国家决策的大智库功能与《文库》的小智库功能结合起来，进而以智库意识推动品牌意识建设，最终树立《文库》的智库意识和品牌意识。

第三，积极推动中国特色哲学社会科学学术体系和话语体系建设。改革开放40多年来，我国在经济建设、政治建设、文化建设、社会建设、生态文明建设和党的建设各个领域都取得了举世瞩目的成就，比历史上任何时期都更接近中华民族伟大复兴的目标。但正如习近平总书记所指出的那样：在解读中国实践、构建中国理论上，我们应该最有发言权，但实际上我国哲学社会科学在国际上的声音还比较小，还处于有理说不出、说了传不开的境地。这里问题的实质，就是中国特色、中国特质的哲学社会科学学术体系和话语体系的缺失和建设问题。具有中国特色、中国特质的学术体系和话语体系必然是由具有中国特色、中国特质的概念、范畴和学科等组成。这一切不是凭空想象得来的，而是在中国化的马克思主义指导下，在参考我们民族特质、历史智慧的基础上再创造出来的。在这一过程中，积极吸纳儒、释、道、墨、名、法、农、杂、兵等各家学说的精髓，无疑是保持中国特色、中国特质的重要保证。换言之，不能站在历史、文化虚无主义立场搞研究。要通过《文库》积极引导哲学社会科学博士后研究人员：一方面，要积极吸收古今中外各种学术资源，坚持古为今用、洋为中用。另一方面，要以中国自己的实践为研究定位，围绕中国自己的问题，坚持问题导向，努力探索具备中国特色、中国特质的概念、范畴与理论体系，在体现继承性和民族性，体现原创性和时代性，体现系统性和专业性方面，不断加强和深化中国特色学术体系和话语体系建设。

新形势下，我国哲学社会科学地位更加重要、任务更加繁重。衷心希望广大哲学社会科学博士后工作者和博士后们，以《文库》系列著作的出版为契机，以习近平总书记在全国哲学社会科学座谈会上的讲话为根本遵循，将自身的研究工作与时代的需求结合起来，将自身的研究工作与国家和人民的召唤结合起来，以深厚的学识修养赢得尊重，以高尚的人格魅力引领风气，在为祖国、为人民立德立功立言中，在实现中华民族伟大复兴中国梦征程中，成就自我、实现价值。

是为序。

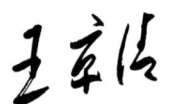

中国社会科学院副院长

中国社会科学院博士后管理委员会主任

2016 年 12 月 1 日

名不正，则言不顺；言不顺，则事不成。
　　　　　　　　　　——孔子（《论语·子路》）

一名之立，旬月踟蹰。我罪我知，是存明哲。
　　　　　　　　　　——严复（1898年《天演论·译例言》）

一门科学提出的每一种新见解都包含着这门科学的术语的革命。
　　　　　　　　　　——恩格斯（1886年《资本论》第1卷英文版序言）

内容摘要

研究法学名词的规范化，实际上是研究汉语文明的法律表意系统，提升这一表意系统的专业性与表现力。中国法律自清末变法至今，由于大规模西学东渐，汉语世界没有像英语世界那样经过自然选择、约定俗成形成一套统一、规范的法律语言表意系统。虽然历经百年、五代法学家的积累，但是衷心所望的汉语世界共享的统一、规范的法律表意系统至今尚未形成，不过已经随着法律学科的发展具备了研究的基础。正如许章润教授对"规范化"的阐释那样，本书标题采用"规范化"一词，正是在于"……化"意味着一种正在进行的过程。

法学名词规范化研究工作具有非凡的学术价值。1990年6月23日，国家科学技术委员会、中国科学院、国家教育委员会、新闻出版署发布《关于使用全国自然科学名词审定委员会公布的科技名词的通知》，要求各新闻单位通过各种传播媒介宣传名词统一的重要意义，并带头使用已公布的名词。改革开放以来，中国的法学名词规范化研究取得了丰硕成果。然而，法律术语作为法律语言词汇的基本构成单元和核心内容，对其开展的研究略显不足。现代汉语中的许多法学名词是直接借用了日本的汉字译文，如今这套名词已经是分析法律概念、进行学理研究的基本语言工具，然而它的历史源头早已不甚明晰。此外，中国当今的法律制度与学理研究的丰硕成果也需要走出国门，为国际社会所认识和研究。无论是对确定术语的简明释义，对争议术语的定名、解释，还是对中文外文的对照翻译用语的确定，对于整个中国法学的研究，学界同行的借鉴、参考，法学名词规范化研究和审定工作都十分重要和必要。

法学名词规范化研究的最大挑战，首先来自法律概念领域。为此，本书试图从法学和语言学角度切入，构建法律的概念谱系。法学名词作为法律知识的承载单位，通过概念以直观及可理解的方式描述法律知识。法学名词中概念的结构应该与法律的知识谱系与法律体系等相对应。因此，必须首先了解法律概念在法律领域的作用和意义。换句话说，我们需要考虑法律概念意味着什么，并找到将法律知识概念化为法学名词的方法。接下来将探讨法律、语言和术语研究交互作用方面的问题。虽然法律概念是关注的主要领域，但研究涉及一系列其他主题，如法律解释、法律文化和法律翻译以及认知语言学等对法学名词规范化产生影响的各种因素。法学名词规范化研究是一种跨学科的研究，需要用到语言学、术语学等研究方法，从而提供一个合适的平台来分析法律概念。尽管术语已经成为一个具有巨大潜力的既定学科，几乎被应用于所有科学领域，但它在法律研究中的应用却是落后的，本书的目标之一是通过为法律术语研究铺平道路来填补这一空白。

语言作为法律的载体，法学名词是法律知识的结晶与法律概念的表现形式。语言与法律之间的联系与物理学、数学等其他自然科学学科相比是非常独特的。物理学、数学等自然科学学科有一个可以在整个科学世界中共享的术语系统。然而，法律语言表明语言与文化的紧密相连，法律术语在不同国家或多或少地有所不同，导致一些法律领域的国际交流存在一定局限。具有罕见含义的普通词语、正式词语、拉丁词语和双重含义词语聚集在法律文本中，困扰着法律从业者、学者和翻译者。法律是动态的，不仅是学说、规则、术语和短语的集合，还是一种文化的表现形式。如果将法律理解为一个动态的有机体，法学名词规范化研究就是在实然与应然之间尝试捕获这个动态有机体的瞬时特征。必须承认，勾勒出法律术语的概念谱系已经令人生畏，在双语的情况下更加难以捉摸，由于英语与汉语的法律观念和概念之间没有同一性，尽管一些法律概念在每个系统中的功能可能有些重叠，但是由于文化差异，进行翻译时其含义通常都是扭曲的。例如，英国法中的"equity"不完全等同于"公平"。然而，如果不能克服文化差异给法律术语所带来的问题，不仅会使律师之间的交流出现障碍，还可能对法律确定性和法律明确性构成威胁，不利于法律的国际交流。

霍姆斯（Oliver Wendell Holmes）法官在提到"法的渊源"时曾说道："为了知道法律是什么，我们必须知道它过往是什么，以及它往往会成为什么。我们必须参照历史和现有的立法理论，并在每个阶段都需要把握历史与现实结合成的新产品。"要勾勒当代中国法学名词术语体系，必须从中国文化发展的渊源入手，并且考察当代的法律体系与法律文化，借助合理的普遍逻辑，结合历史和语言学理论，在法律和语言的交汇处进行研究。比较法、法律史、术语、翻译和语言学都是进行法学名词规范化研究的基础，涵盖的主题包括法律词典编纂的历史、立法语言、司法语言、法律词典和翻译……

同时，本书试图解决所有词典编纂者必须面对的以下核心问题。第一，法律词典应该在多大程度上成为词典，而不是法律百科全书？也就是说，它应该在多大程度上仅定义术语，而不是广泛地讨论与这些术语相关的法律知识？第二，法律词典在多大程度上是原创的学术作品，而不是从司法意见和其他法律来源中汇总的定义汇编？本书明确了法学名词与百科全书之间的界限，法学名词是构成法律知识谱系的法律概念，与百科全书的区别则可以看作概念与概念参数之间的区别。在法学名词译名规范研究中，借鉴雅各布森（Jackobson）的符号学翻译理论，将法律描述为"一种双重符号系统，由表达它的语言和该语言表达的话语系统组成"。

法学名词规范化研究中一个难以避免的问题是法学名词的内容表述与客观真理之间存在无法弥合的差距，这是孤立地看待法律术语与在语境中使用法律术语之间出现差异的直接结果。这些缺点源于术语的本质，一般通过强调概念的中心性、概念的相互关联性、单一性原则以及法律术语的特定文化与系统约束特征，能够在一定程度上克服语言的模糊性问题。一言蔽之，法学名词规范化研究的主要目标，在于认识和揭示法律概念的本质及特点，澄清法律概念及概念与概念之间的关系，探索、发现并掌握法律概念的一般规律。因为法学名词规范化问题，不仅涉及语言学内部因素，还涉及语言学以外的因素，如历史、文化等。总而言之，法学名词规范化不是一蹴而就的，是一个漫长、复杂的过程。

关键词：法学名词　法律概念　规范化

目 录

绪 论 ·· 1

 一、国际舞台上法律语言优势地位的竞争背景 ················ 1

 二、名不正，则言不顺 ·· 3

第一篇　法学名词规范化的理论基础

第一章　当代中国法学名词规范化进程之现状 ················ 9

 第一节　何谓"法学名词" ·· 10

 第二节　法学领域内名词术语混乱的现象 ······················ 13

 第三节　法学领域内名词术语混乱的原因 ······················ 19

第二章　中国法学名词审定之历程 ································ 24

 第一节　中国法律语词的渊源及发展 ····························· 24

 第二节　西方法律概念的词化 ······································ 29

 第三节　近代中国法学名词审定工作 ····························· 33

 第四节　当代法学名词规范化研究的开端 ······················ 35

第三章　法学名词规范化之命题与挑战 …… 38

　　第一节　法学名词规范化之命题 …… 38
　　第二节　法学名词规范化之挑战 …… 45

第四章　法学名词规范化的学理内涵 …… 56

　　第一节　法律语言的一般理论 …… 56
　　第二节　法学名词与法律科学 …… 63

第五章　法学名词规范化路径研究 …… 76

　　第一节　法学名词规范化的语言学进路 …… 76
　　第二节　法学名词的范围界定 …… 78
　　第三节　法学名词命名的规范化 …… 83
　　第四节　法学名词定义的规范化 …… 86
　　第五节　法学名词体系的规范化 …… 104
　　第六节　法学名词译名规范化 …… 120
　　第七节　法学名词修辞的规范化 …… 129

第六章　法学名词规范化的历史文化与现实维度 …… 136

　　第一节　汉语对法学名词的影响 …… 136
　　第二节　中华法系对现代法学名词的影响 …… 147
　　第三节　西方法律思想对中国法学名词的影响 …… 151
　　第四节　立法定义与司法定义对法学名词的影响 …… 162

第七章　法学名词规范化的宪法维度 …… 165

　　第一节　宪法对法学名词的规范作用 …… 165
　　第二节　法学名词规范化与宪法实施 …… 169
　　第三节　合宪性审查的法律语言学进路 …… 181

第八章　法学名词的一般含义构建 ················ 196

第一节　为什么法学名词术语特别难以定义 ········ 196
第二节　"一般含义"的提出及其正当性 ············ 200
第三节　如何确定法学名词的一般含义 ············ 213

第二篇　法学名词规范化的实证研究

第九章　欧盟法律术语规范工作的经验及借鉴意义 ········ 223

第一节　引入"概念自治"理论 ···················· 223
第二节　欧洲法院协调不同语言版本的法律概念 ···· 226
第三节　欧盟法律术语工作概览 ···················· 230
第四节　其他国际组织 ···························· 233

第十章　立法语言中的法学名词规范化 ·············· 235

第一节　我国立法表达现状及问题 ·················· 235
第二节　导致立法语言模糊的因素 ·················· 238
第三节　法学名词规范化与科学立法 ················ 238

第十一章　司法语言中的法学名词规范化 ············ 252

第一节　法学名词解释与法律解释的联系 ············ 252
第二节　法学名词在法律解释一般方法中的应用 ······ 254
第三节　法律解释的局限性与法学名词一般含义理论 ·· 261
第四节　法学名词规范化在司法实践中的功能 ········ 266

第十二章 迈向现代化的法学名词 ········· 270
第一节 法学名词规范化与法治建设 ········· 270
第二节 在线法学名词数据库的构建及其实践价值 ········· 283
第三节 应加强法学名词的立法规范工作 ········· 298

参考文献 ········· 306

绪 论

凡百工作，首重定名。古往今来，观念的更新与科技名词的规范是科学技术进步与发展的基础。新中国成立后，科技名词规范被看作一项重要的基础性工作，自然、工程科学，人文、社会科学，都在不断推动着各个学科科技名词的审定与发布。科技与学术研究的发展进步以及知识分享，一个重要的前提就是规范表达。使社会明晓，供社会利用，做国家之学术，非个人之研究。

一、国际舞台上法律语言优势地位的竞争背景

（一）认识到法律语言的形式主义具有重要政治价值

大国一直在国际上寻求支配地位，实现这一目标的传统工具是法律秩序。每个有影响力的国家都试图将其法律与法律语言一起广泛传播，法律话语是国际话语权竞争中的重要部分。例如，美国利用法律来打压中国高科技企业，具体包括国内刑事法律、知识产权法、进出口禁令、"长臂管辖"与引渡条约等，其是在利用法律巩固自身既得利益，剥夺竞争者的竞争机会。

法律拟制的平等能够掩盖实质上的不平等，使多元文化背景下的人们认同共同的秩序规则。以国际法为例，"人类共同继承遗产""普遍人权""全民投票""对世义务"等法学名词的使用，在法律实践中具有极强的感召力。西方对于国际话语权的掌握就体现在这些极具感召力的语词当中。从17世纪格劳秀斯等法学家提出"国际法（国际法治）"，到"二战"后联合国建立，最终形成基本和平与稳定的世界局势，无疑验证了国际法治的正当性。在这样一个大变革的时代，中国作为正在崛起的大

国，理应坚定国际法治信念，并且在国际法治实践方面积极探索。事实上，中国在国际社会中提出"人类命运共同体"和"一带一路"倡议等都践行着一种新的国际法治理念，即主动向其他国家分享中国的发展成果，为解决当前国际问题贡献中国智慧和中国方案。

（二）认识到汉语法律语言学的独特价值

汉语的写作形式和语言结构以及表达方式都是独一无二的。汉语是中华文化和文明的一部分，联结着历史与今天，汉语的传承使我们在历史的长河中可以跨时空交流。中国的书面语言一直是中国文化的核心，是中华文明的象征与传承。同样，汉语在中国法律中占据中心位置，法律用语言编码，法律表达依赖其语言。[①] 本书首先从语言学重要的基本假设开始，语言符号作为现实世界的表征，其与世界的联系不是中性的，而是文化特有的。人们拥有复杂的语言能力，语言与各个国家、民族的语言社会化一起学习和培养，并构成文化资源的一个重要部分，它还使每种文化都与众不同。

在世界法律文明的大格局中，除了汉语法学，还包括英语法学、德语法学、法语法学、西班牙语法学、阿拉伯语法学等，随着罗马法的传播，其语言拉丁语也传遍整个欧洲。然而在20世纪至21世纪下半叶，随着美国的崛起，英语法学在国际舞台上的地位迅速提升，世界各国也纷纷采用英美法系或大陆法系。在这样的背景下，十四亿中国人的法律精神世界应该具有什么样的主体性？自近代以来，中西法律文化交汇发展至今百余年，汉语法学不应仅仅是西方法学的一个分支，而应以其兼容并蓄的姿态屹立于世界法律文明之林。本书从语言学视角对我国法律体系进行研究，广泛审视了"语言学"的研究方法，深入探究中国法律语言方面的特点与发展脉络，研究了过去与现在之间的语言联系。从语言学角度来看，语言和法律可以看作在社会中传达意义的符号系统。语言和法律都是互动的、关系的、指涉的和进化的。通过语言表达的中国文化中的交际实践是中国法律文化的组成部分，汉语是一种强有力的知识媒介，汉语在历史的连续性和中国的法律概念和交流中是中国法律的核心。那么，我们如何理解和解释中国法律中的各种语言表现形式，并理解汉语对法律的影响？本书的一个基本主题是，通过语言表达的中国文化价值观探索中国法律运作

---

① B. Danet, "Language in the Legal Process," *Law & Society Review*, 1980, 14 (3): 445-564.

的背景和前景。在这方面，中国主流文化价值观被认为对中国生活的各个方面都产生了相当大的影响，对一个国家的法律进行研究，应在文明的框架内审视每个领域——经济、政治、宗教、法律等的重大变化。[1] 中国哲学思想或主导文化取向的基本形成对后世和整个中华文明的影响是不容忽视的。本书在进行法律语言学研究时，将文化视为具有象征和认知维度的知识和意义系统。在过去和今天，中国并不缺乏对法律的哲学研究，涉及法律的最基本问题、法律的性质、法律的权威性和合法性以及认识论和本体论对法律的探索……但是以语言学为视角，结合汉语的独特表述方式，对法律知识体系的基本构成单位——法律概念进行的研究略显不足。因此，在这样的背景下，从汉语语言学的角度进行法学名词规范化研究势在必行。

二、名不正，则言不顺

（一）法学名词规范化是法律学科建设的需要

法律语言学有助于促进法律学科的研究。语言是法律的载体，法学名词是表述法律的基本单位与工具，法律作为普遍适用于社会成员的行为准则，法学名词的统一和规范对法律学科具有较其他学科更为重要的意义。英国著名大法官曼斯菲尔德（William Mwrray Mansfield）曾说，"世界上的大多数纠纷是由词语引起的"。[2] 这是因为在自然语言中词语的含义往往缺乏精确性，法律语言是以自然语言为载体的，因此法律术语含义也不是确定无疑的。例如，不少诉讼活动中存在着因人们对法律术语的理解差异而引起的争议，如对法律条文的解释、对罪名的界定、对合同文本相关条款的界定等。虽然自然语言中大部分词语的外延是模糊的，但是人们也发现，这些"模糊"词语的内核是可以获得较为准确的理解的，这就为法学名词规范化研究提出了目标和要求。

《马克思恩格斯全集》中对法律有着这样的论述："法律是肯定的、明确的、普遍的规范。"要做到如此，法律语词的表述与使用须是肯定、

---

[1] B. I. Schwartz, *The World of Thought in Ancient China* (Cambridge, MA: Harvard University Press, 1985), p. 2.
[2] 陈忠诚选编《法律英语五十篇》，中国对外翻译出版公司，1987，第5页。

准确的。为社会成员提供行为规范是法律的一项基本功能，由此法律可以用以维持社会生活的秩序和稳定性，上述作用与功能必须通过法律语言才能实现。语言也是一种行为，因而同样需要进行专门规范，否则就无法作为人类交流思想的工具。在社会发展中，语言和词语的统一和规范往往表现为自动协调的渐进过程，是一种约定俗成的过程。但是在专业研究领域内，由于语词的创立和使用往往伴随着理论研究的进展，甚至成为学术研究成果的表征，所以其统一和规范也需要在理论研究中完成，而且经常会引发学者之间的论争。在法学领域，法学名词的统一和规范不仅是非常重要的，而且在一定程度上是法律学科发展水平的标志。目前，国内法律语言学研究相对集中在引进和介绍国外研究成果上，我国的许多论著都是围绕这两个方面展开研究的。究其原因，我国的法律语言学与法学名词研究起步较晚，对国外研究成果的介绍和引进有助于引导国内学者把握该学科的研究动向和态势，从而创立与发展符合我国国情的理论体系。

在当前法律学术研究中，法学名词的使用依然存在许多不统一和不规范的情况，如"刑事侦查学"与"犯罪侦查学"、"物证技术学"与"司法鉴定学"等许多"实同名异"的现象。学术词语与学术语言使得这些差异成为理论观点的分歧乃至学派之争，许多学者就此争鸣论道。出于上述原因，法律表达就出现了"自言自语"与"各说各话"。必须承认的是，在法律制度和法律学科理论发展的初级阶段存在法律语言的混乱可能是一种难以避免的现象。经过法律制度与法律学科的不断发展与自然选择，法学名词的不统一与不规范自然而然地将随着时间的积累和沉淀得到改观。然而，必须认识到，法律语言与法学名词的混乱对法律制度和法律学科的发展所产生的阻碍。面对这些阻碍，我们不能坐以待毙，而应以积极作为的态度去面对并解决上述问题。

（二）法学名词规范化是法律实践活动的需要

立法是司法的根据，法律语词的科学性在很大程度上决定和制约着司法实践所能达到的准确程度。要做到法律条文具体、明确，杜绝司法实践中的歧义理解，都不是仅仅依靠立法技术、立法原则、立法指导思想就能办到的，还必须而且只能依靠法律语词表述与使用的确切适当。法律语言中存在不少难以划定外延的模糊词语，因此在立法、司法及学术活动中需要揭示法律概念内核的确定性，同时也需要在一定程度上限定概念外延的不确定性。这些限定有时是复杂而又十分困难的，既离不开法律科学的专业知识，也需要语言学方法，还必须探寻法律与语言的规律，总结其特点。如果在立法活动与司法实践中词语使用不准确、不适当，不但损害社会的法治、公平，对法律的尊严本身也是一种伤害。

此外，法律语言是法律从业者的基本工具。因此，熟悉法律语言对法律从业者来说至关重要。传统上，这种熟悉性是间接获得的，例如，在研究法律秩序的内容时，律师会运用法律术语和法律修辞。但是，这只能提供某种类型的熟悉性。更严重的问题是，间接获得的熟悉性不足以了解法律语言的本质特征。只有对法律语言特征进行有目的的研究才能清楚地揭示该语言的特点，提高法律语言的使用质量。当这种语言提供了明确关注的焦点时，法律从业者更容易看到相关问题。经验表明，通过法律语言的研究可以促进法律文书沟通功能的实现。本书主要以立法语言、司法语言、学术语言为研究材料，探讨统一和规范法学名词的基本路径。

（三）法学名词规范化是国际交流的需要

从宏观上说，随着全球化的发展，中西法律文化的交流与冲突逐渐增多。自近代西学东渐以来，中西法律文化一直处于移植、消解与融合的发展变化中，正确把握和认识这一变化规律，恰当处理中西法律文化关系，对于建设当代中国先进社会主义法律文化具有重大的理论和实践意义。近代中国法学名词的发展变化无一不在反映着中西法律文化的碰撞，一套统一、规范的法律语言表意系统对于法律的国际交流具有不言而喻的价值。中国法律语言与英语法律语言相比，具有许多复杂的、独特的表达方式，在国际交流时可能出现理解差异现象。将法律汉语与法律英语进行比较，探讨中国法律语言的实用方法，其中法律术语可以看作法律的结构常数，对法律术语进行规范化研究可以为汉语法律文化的传播与发展提供坚实的基础。

此外，从法律翻译的角度来看，我国国际交往日渐密切，日益需要翻译法律文本（如法律、判决、行政决定）。这些翻译大多数是由语言翻译人员完成，而不是由法律专家完成。近年来，作为法律翻译辅助工具的技术工具得到了相当大的发展，翻译人员经常使用自动翻译工具和计算机辅助的人工翻译。但是，归根结底，术语数据库的自动翻译与使用还是以人工控制为前提。至少在不久的将来，法律翻译仍然基本上是一项人为的活动。这就是为什么翻译者需要从普遍的角度以及结合有关法律语言的历史和特点来进行翻译工作。通过研究在语言层面上传达这些概念的各种方式,在这些分析中增加语言学方法,可以促进对法律文本的正确理解,并且避免国际交往中的错误和误解。

(四) 法学名词规范化是科技名词审定工作的需要

"科技名词的审定和统一工作是一个国家发展科学技术所必需的基础条件之一,也是一个国家科学技术发展的重要标志。随着我国经济建设的发展和对外开放,国内外科学技术交流日趋频繁,尽快实现科学技术名词的标准化、规范化,是我国科学技术现代化建设中的一项紧迫任务。" 1990 年 6 月 23 日,国家科学技术委员会、中国科学院、国家教育委员会、新闻出版署发布《关于使用全国自然科学名词审定委员会公布的科技名词的通知》,要求各新闻单位通过各种传播媒介宣传名词统一的重要意义,并带头使用已公布的名词。

作为学科基础、用于规范表达的科学术语更应得到整个社会的重视。学术发展和知识分享的前提之一就是规范表达。法律语言学与法律词典学密切相关。法律语言学家研究法律词汇及其特点,为编纂词典和科技名词审定的实际工作铺平道路,因为大量的词典编纂工作是基于法律语言学研究的。目前,各国都编制了大量的单语种、双语种和多语种法律词典,并在词典编纂工作中增加了有关法律术语的工作。与一般的词典编纂相比,术语工作的出发点是概念,而不仅是一般的词语。术语研究基于对概念体系的仔细分析,并由此产生术语体系。因此可以说,在法律问题上,术语研究是传统词典学的基本支撑。术语工作分析那些构成概念体系的术语。

严复曾经说过:"对于科学名词严加审定,以收统一之效;使夫学术有统系,名词能划一。"[①] 法学名词的统一与规范的意义可以简单概括为两个方面:第一,法律语言的统一与规范是法律学科发展水平的标志,科学、规范的法律语言是促进中国法律学科繁荣发展的重要基础;第二,法律作为一种规则普遍适用于每一个社会成员,统一性和规范性是调整人们行为功能的必然要求。因此,法律学科语言的统一和规范具有比其他学科更重要的研究价值。法学名词作为法律语言的基本构成要素,其规范与统一是法律语言进一步发展、优化的基础。

---

① 黄兴涛:《新发现严复手批"编订名词馆"一部原稿本》,《光明日报》2013 年 2 月 7 日,第 11 版。

第一篇

法学名词规范化的理论基础

第一章 当代中国法学名词规范化进程之现状

2010年版《科学技术名词审定原则及方法》（以下简称《原则及方法》）中规定："科技名词是专业领域中科学技术概念的语言指称，即科学技术概念在语言中的名称。"这里的法律术语指的是法律科学领域内法律概念的语言指称，不仅包括术语指称的一般概念，还包括特殊概念。在社会生活中，语词使用的统一和规范往往表现为自动协调的渐进过程，即约定俗成。[①] 对专业领域而言，每一个专业名词的命名、定义、使用都与理论研究的发展程度密切相关，有时甚至是学术研究成果的表征，因而成为学者之间争鸣论道之处。专业名词的统一与规范往往需要以学科体系的高度发展为前提。中国法制经历了曲折复杂的发展历程，1840年鸦片战争之后，中国法制结束了漫长的封建社会律法时期，开始了现代法治国家的进程。这种转变使法律体制、法律观念、法律文化发生巨大变革，在这种历史背景下，相较于西方发达资本主义国家工业革命后的数百年积淀，中国法律学科还处于发展成熟的过程中。改革开放以来，中国法律学科繁荣发展，然而与此同时，在知识、信息迅速增长过程中大量的、不无重复的名词术语被创造出来，产生了"泡沫"知识。这些重复的术语不可避免地导致了法律学科领域内名词术语使用的混乱，损害了法学语言的表意性与专业性。

如"国际人道法"与"国际人道主义法"（international humanitarian law）、"马尔顿条款"与"马德斯条款"（Martens Clause）。同一个英文术语却对应着不同的汉语术语，有时这样的差异有可能引发学术观点分歧甚至学派之争。学术研究本身就是一种个体思维过程，难以避免地出现一些

[①] 何家弘：《论法律语言的统一和规范——以证据法学为语料》，《中国人民大学学报》2009年第1期，第73—76页。

学者著书立说时"自说自话"的现象。在法律术语使用混乱的情况下，对同一法律问题的讨论就可能变成不同学者的"各说各话"。必须承认，随着知识总量的"爆炸"，名词术语存在一定程度的混乱，这是法律制度和学科理论构建过程中的必经阶段，但这种不统一和不规范的现象将随着法律制度与学科理论的发展而逐渐得到改善。然而，必须认识到法律概念形成的有限自主性与规范化需要，法律术语的混乱对法律实践与法律学科都是有害的，应正视并解决问题。因此，法律术语的统一和规范问题及其基本路径值得系统、深入、细致的研究。

第一节　何谓"法学名词"

一、研究对象

顾名思义，法学名词规范化研究的对象是法学名词，法学名词是法律科学的基本要素，是构成法律语言的重要单位。因此，进行法学名词规范化研究，需要在法律科学、法律语言的范畴内进行探讨，归纳起来法学名词的研究对象主要包括以下三个方面。

第一，立法活动中法学名词的运用规范。研究立法机关制定的各种法律、法规、规章等运用法学名词的基本原则、方法、特点及规律。

第二，司法活动中法学名词的运用规范。研究司法机关在处理刑事、民事、经济等案件过程中，依据诉讼法所规定的程序制定的司法文书等运用法学名词的基本原则、方法、特点及规律。

第三，学术研究活动中法学名词的运用规范。研究法学理论专著、论文以及其他学术活动中运用法学名词的基本原则、方法、特点及规律。

二、概念界定

（一）法律语言

法律语言是一种客观存在的社会现象，一种随着法律的产生而产生的语言变种。法律语言不是独立的语言体系，是民族共同语的一个组成部分，是汉语言中一部分语言材料适应法律工作的要求而产生的功能化结果。汉语的语音、语汇、语法中的某些材料，一旦进入法律领域，便不可避免地要被烙上法律的印记，形成不同于其他语言支脉的个性特征。法律语言学就是一门从立法和司法的角度，阐释立法工作和司法实践中语言运用的规律、特点、功用的学科。

（二）法学名词

"名词"是"术语"的上位词。"名词"来自日语。自清末西学东渐开始，在翻译西方法律著述过程中，出现了许多"实同名异"的现象，科技名词规范化问题逐渐引起了重视。1909 年，清政府学部成立编订名词馆，这是我国第一个编纂和统一科学技术名词的专门机构，严复任总纂。新中国成立后，这项工作相继由学术名词统一工作委员会、全国科学技术名词审定委员会等机构负责。这些机构绝大多数都以"……名词"命名，审定公布的科学技术名词也都被命名为"××名词"。法学名词是法律科学领域内法律概念的语言指称，不仅包括术语指称的一般概念，还包括特殊概念（见图 1－1）。

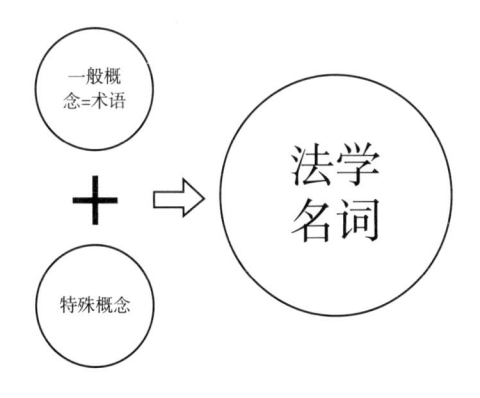

图 1－1　法学名词的范围

（三）法律术语

"术语"一词源于日本，1888 年日本出版了日本第一部物理学术语集——『物理学術語対訳字書』①。在我国，"术语"一词出现于 1902 年，

---

① 日本现在一般不用"術語"，而是使用"学術用語"或"用語"，如『学術用語集数学編』『鉄道技術用語辞典』。

章太炎翻译的日本学者岸本能武太的《社会学》一书在序言中提到"术语":"社会所始,在同类意识,俶扰于差别觉,制胜于模效性,属诸心理,不当以生理术语乱之。"① "术语"的定义有多种,国家标准《术语工作词汇第 1 部分:理论与应用》(GB/T 15237.1—2000)中的"术语"是"在特定专业领域中一般概念的词语指称"。概念分为一般概念和特殊概念。一般概念是对应具有共性的多个客体的概念,如"宪法""法律规范"。许多国家都有自己的宪法,宪法不止对应一个客体,因此是一般概念。简单来说,法律术语是法律专业领域内一般概念的词语指称。客体、概念、名词术语之间的关系如图 1-2 所示。

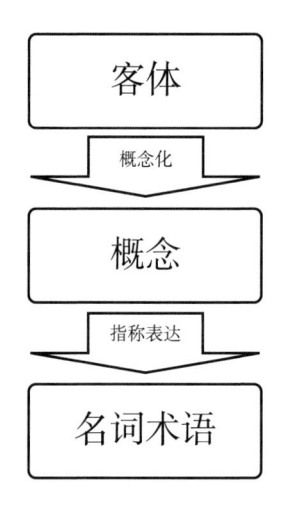

图 1-2 客体、概念、名词术语之间的关系

(四) 法学名词与法律术语的关系

第一,"名词"所指的范围大于"术语","名词"是"术语"的上位词。术语是专业领域中一般概念的指称。名词是专业领域中概念的指称,这里的"概念"既包括一般概念,也包括特殊概念。从概念性质来看,名词包括术语和专有名词。"名词"立足于"名",并与《原则及方法》中的定名原则相关联,一个概念有多个名称时,应确定一个名称为正名(规范名),其他为异名。异名主要包括简称、又称。从上述分析可

---

① 章太炎:《章太炎选集》(注释本),朱维铮、姜义华编注,上海人民出版社,1981,第 146 页。

以看出，作为"术语"上位词的"名词"，比"术语"的外延更大。

第二，"术语"和作为术语上位词的"名词"，都是名称。术语是专业领域一般概念的名称；名词是专业领域概念的名称，既包括一般概念的名称，也包括特殊概念的名称。但名称不一定就是名词、术语，因为有的名称是用于日常生活的普通语词，如"消费""商家""消费者"等。

第三，名词、术语与普通语词之间的界限不是绝对的，它们是可以互相转化的。例如，在法律领域，"夫妻财产""抢夺""抢劫""防卫""环境污染"等，从专业领域进入老百姓的生活中，获得了日常生活含义，就成为普通用语。而"消费者""商家""经营者"从日常生活进入法律规范中，成为法律行为的主体或客体，就成了法学名词。

第四，在实际使用中二者常常连用，不做严格区分。全国科学技术名词审定委员会各个版本的《原则及方法》，也可以证明：名词术语＝名词。1987年版《原则及方法》："审定名词术语的任务是给科学概念确定规范的中文名词，以统一我国的自然科学名词术语。"1990年版《原则及方法》："审定科技名词的任务是给科学概念确定规范的中文名称，以统一我国的自然科学名词。"2016年版《原则及方法》："科技名词审定工作的主要任务是给科学技术概念确定规范的中文名称，并加注定义，以规范和统一我国的科技名词。"可以看出，《原则及方法》经历了这样的变化：名词术语→名词（术语）→名词。如上所述，其对"名词"下的定义是"专业领域中科学技术概念的语言指称，即科学技术概念在语言中的名称"。法学名词作为法律概念的指称，其包含一般概念与特殊概念。具体举例，"宪法"就是一个一般概念，"1982年宪法"就是一个特殊概念。

第二节 法学领域内名词术语混乱的现象

一、学科名称与体系混乱

（一）学科名称混乱

西方法律学科历经数百年，已经建立了相对完善的学科体系，尤其对于学科命名,已经形成了约定俗成的方式。例如,随着科技的发展,出现一些法律方面的新兴学科时,根据其交叉学科特点可以用"Law and X"和"Legal X"命名,因此法律英语中学科名称争议不大。同样是法律学科名称,在中国也应该统一。然而,当代中国法律学科存在一种现象,有些学科的名称很难统一,特别是一些新兴学科,依据不同的名称形成了不同的"学派"。[1] 出现这种现象,一方面,与中国法律学科的发展历程有关。法律一直是一门以实用目的为导向的注释律典技术,作为中国古代司法官吏必须通晓且在"断狱决讼"中实际应用的专门学问,其在西学东渐浪潮中被现代法学所取代。新中国成立后,在法治现代化进程中法律学科也处于巨大变革中,使中国法律学科的发展一直在经历着移植、本土化的复杂过程。法律概念,包括法律学科名称的确定自然也需要一个过程,不会一步到位。另一方面,中国学者不能像西方学者一样对学科名称采取超然态度,因为学科名称可能正是学者争鸣论道之处。不同的学科名称代表了阵线分明的"学派",因此争议较大。这种现象在新兴学科中尤为严重,有些所谓"新学科"只是"新学科名称"而已。五花八门的学科名称不仅让法律专家困惑,更让初学者不明所以,阻碍了我国法律学科知识的交流与传播。必须认识到,人类社会的科技与知识的发展并未放慢脚步,这意味着新兴学科依然在不断涌现,如果不能用科学的命名方法统一学科名称,那么不断涌现的"名称创新"将使得学科知识体系混乱的问题愈演愈烈。

(二) 体系混乱

多学科名称呈现的是混乱乃至虚幻的学术繁荣。与学科名称的混乱相伴而生的问题有两个:一是学科归属与学科定位的模糊,二是概念体系混乱。这两个问题都与法律概念密切相关,因为法律概念是法律学科的基本要素。

第一,学科归属问题。受学科的发展和外来语言的影响,我们使用的同一学科领域内相关概念的术语不断扩张。如果连学科名称都没有统一与规范,必然无法确定相关概念的准确归属,也就是说,法律概念体系会出现模糊与混乱的情况,表达这些概念的术语,含义可能相同、相似或交叉。如果学者都按照自己的理解和喜好使用这些术语,使用不同的表达描述与讨论同一客观事物,那么将导致自说自话,必然严重影响法律学科知识的交流与传播。

---

[1] 何家弘:《证据学抑或证据法学》,《法学研究》2008年第1期,第129—133页。

第二，概念体系混乱。法律术语是法律概念的指称，因而规范化的法律术语与法律概念体系是平行的。概念体系是由不同的概念与概念之间的关系排列而成的概念集合。理想的概念体系应该层次分明，结构合理，正确反映客观事物，便于下定义和规范指称，也便于协调和容纳不同语言的相应术语体系。概念体系一般是以属种关系为骨架，在个别地方辅以整体—部分关系、序列关系和联想关系等。例如，权利—民事权利—物权—自物权。为了从法规或案例或两者兼顾中推断法律的内容，法学家可以根据其中所处理的主题对其进行系统化或分类。法律规定或司法意见可被归类为私法或公法。此外，可以进行更精确的区分，并将私法条款分为与合同、侵权、财产、家庭和继承相关的条款。它们也可以被分为实质性和程序性规定。事实上，法律实践中存在着许多对法律规定或规则进行系统化或分类的可能性。毫无疑问，这些努力都尝试确定法律系统化的内在逻辑。

例如，"国际人道法"与"国际人权法"两个法律概念的归属、分类问题，简而言之，就是在概念体系中的位置问题。国际人道法是一套由条约或习惯确立的国际规则，专门解决国际性武装冲突或非国际性武装冲突中直接产生的人道问题。国际人权法一般是促进和保证人的基本权利和自由得到普遍尊重和实现的国际法原则、规则和制度的总称。[①] 关于国际人道法和国际人权法的关系，国际上存在不同的观点。一种观点认为，从广义的国际人道法来看，它包括人权法，人权法只是代表一般人道法的一个较高的发展阶段。另一种观点正相反，认为人道法是派生于战争法的法律，而人权法是构成和平法重要部分的法律，优先于国际人道法。[②] 事实上，从两个概念的发展历程来看，它们相互联系、相互作用，并不能相互包含。此外，在我国《民法典》编纂过程中关于"人格权"与"人身权"之间的逻辑关系的争议，也可以看作关于二者哪个在概念体系中属于上位概念的争论。"人格权"与"人身权"之争可能会导致我国民法立法的体系逻辑混乱。

总而言之，随着科技进步，法律调整对象、社会关系的范围不断扩大，新兴学科如人工智能法律、互联网信息法等的学科及概念归属问题越来越突出。

---

① 王铁崖主编《国际法》，法律出版社，1995，第193—204页。
② 汪火良：《论国际人道法在非国际性武装冲突中的适用》，《湖北师范学院学报》（哲学社会科学版）2005年第1期，第106—107页。

二、概念及相关术语模糊

(一) 概念表达缺失

无论学术研究，还是立法、司法语言，都应当采用法言法语，最直接的表现是采用专业术语。因为法律概念本身就是法律规范的结晶，是法律科学发展中产生的对客观存在的法律事实的高度抽象的提炼，使用法律概念可以使法律语言表达准确、精练，符合法律客观要求。然而在实践中，这一点并没有完全做到。具体举例，"农村土地承包经营权"这个术语起初是由经济学家创造的。究其属性，它在物权法中是一种用益物权，是物权制度和相关理论在农村集体土地上的具体运用。"土地承包经营权流转并非规范严谨的法律术语，其含义与物权法理论中用益物权的处分相近，是对标的所做的法律上的处分行为。"[①] 如果在法律实践与学术研究中没有使用专业的法律术语，而是单纯采用"农村土地承包经营权"，这就难以实现概念在体系当中的演绎推理，有损法律体系的协调性，并有碍民法的国际交流。

(二) 一个法律术语对应多个概念

法律语言的本质要求是确切性，不能产生歧义，准确表达法律思想。如果不同的法律概念使用相同的表述形式，那么就会导致混乱与矛盾。以立法语言来说，一个法律概念表述的不准确可能会导致理解、适用的误差，甚至可能影响公民的权利、义务、生命财产，企业活动，国家机关职责……直接损害法律权威，破坏法治。例如，《民事诉讼法》（2017年）中"诉讼参与人"出现过7次——第11条、第110条、第111条、第136条、第137条、第146条、第147条，但是有的包括所有依法参与诉讼的公民与组织，如证人、鉴定人、勘验人员等，而有的仅指当事人及诉讼代理人。再如，《刑法》（2020年）中"持有"一词出现在多个条文中：第128条非法持有枪支弹药罪中的"持有"指随身携带，可以是公开的也可以是隐蔽的；第172条持有、使用假币罪，第282条非法持有国家绝密、机密文件、资料、物品罪，第348条非法持有毒品罪，第352条非法买卖、运输、携带、持有毒品原植物种子、幼苗罪中的"持有"均为广义，包括占有、携有、存有、藏有、寄放、存放等意义。

[①] 丁文：《论土地承包权与土地承包经营权的分离》，《中国法学》2015年第3期，第170—173页。

(三) 一个概念对应多个法律术语

意义相同,使用的表达却不同,这会导致表达不一致的情况,有损法律的精确性,这种情况在立法中比较多。例如,"违法原则"是《国家赔偿法》的重要"归责原则",因为予以国家赔偿的法律依据就在于确认行政行为的违法性。因此,"违法"是一个具有固定性、单义性的法律术语。但在《国家赔偿法》(2012 年)中,"违法""错误""非法"就被交替使用,具体如"违法拘留或者违法采取限制公民人身自由的行政强制措施的""非法拘禁或者以其他方法非法剥夺公民人身自由的""对没有犯罪事实的人错误拘留的"等。汉语搭配的习惯不是使用同义术语的理由。此外,还有《刑法》(2020 年)第 36 条中的"赔偿经济损失"与第 37 条中的"赔偿损失"。再如,非个人法律主体在不同法律中的称谓也存在较大差异(见表 1-1)。

表 1-1 非个人法律主体在不同法律中的称谓

非个人法律主体	法律
组织	《消费者权益保护法》
单位	《传染病防治法》
机关、单位	《税收征收管理法》
机关、组织	《文物保护法》
机关、社会组织	《义务教育法》
机关、社会组织、企事业单位等	《未成年人保护法》
国家机关、社会团体和企事业单位	《妇女权益保障法》
企业、事业单位、机关	《工会法》

虽然不能否认,立法中使用不同的表述方式可能是立法者有意为之,但是公众很难判断其中的区别。具体而言,《国家安全法》(2015 年)第 12 条、第 15 条中的"个人"与第 9 条、第 11 条中的"公民",从其作为法律关系主体的概念角度来看,并没有实质区别。但是,法律具有指导、教育的功能,从这一点来看,对同一法律概念使用不同的表述可能使公众产生疑惑。

三、译名混乱

正如前文所述,主流法律文化一直影响其他法律文化及其术语,但每一种法律文化在某种程度上都是自主发展的。普通法和大陆法就是一个明显的例子：前者诞生在英格兰的皇家法院，后者在欧洲大学得以发展。即使是相互联系的法律体系，如欧洲大陆的法律体系，也享有相对的自主权。同样，普通语言和法律语言总是以部分独立的方式发展。这些都导致了法律制度及其指定的相似性和差异性出现非常复杂的组合。通常，如果按照字面翻译，法定机构的名称是毫无意义的。事实上，直接翻译甚至可能会引起误解。同样，对于外来词语的理解是基于其他语言中表面上相似的词语。这种问题有不同方式和不同程度的表现。

（一）无意义直译的危险

如果按照字面翻译，一个法律机构或机构对外国人来说是毫无意义的：它是由该国的历史文化决定的。1903年《京师大学堂译书局章程》指出："翻译宗旨，理须预定。略言其要：一曰开瀹民智，不主故常；二曰敦崇朴学，以棳贫弱；三曰借鉴他山，力求进步；四曰正名定义，以杜庞杂。"译为现代文即"翻译的宗旨，其道理必须事先阐明。简单扼要：一是启迪民众智慧，不可因循守旧；二是崇尚真知实学，摆脱贫穷愚若；三是借鉴他方经验，努力谋求进步；四是确晓事物名义，避免混乱混淆"。西学东渐以来，法律术语译名方面出现的文化误解现象相当普遍。例如，在希腊司法裁决中出现名称"阿里奥帕戈斯"（Areopagus）。这个名称可追溯到2500年前，名称取自雅典石山，辩论的地方，古代雅典的最高法庭。但是，对这种原始名称的英文变体单纯直译只会造成更大的误解。一方面，并不是所有人都是历史专家；另一方面，大多数人对相关文化传统渊源并不了解。鉴于其具体性质，正确的中文译名应是"最高法院"。

（二）误译的危险

1. 明显误导翻译

误导性翻译比无意义翻译更危险。在语言发生交互作用的情况下，法律文化之间的相互作用比法律间的相互作用更重要，尽管内容存在很大的分歧，但法定机构的名称可能相似。一个特别引人注目的例子是被称为"Consilium Status"的机构，这个短语在汉语中对应的是"国务院"，在法国是"Conseild' Etat"，在意大利是"Consigliodi Stato"，在西班牙是"Consejode Estado"，在希腊是"Symvouliotis Epikrateias"。这些术语背后隐藏着不同的概念，它们的直接字面翻译或许是相同的，但是它们所涉及的机构与功能在不同的国家是绝对不一样的。

在法国、意大利和希腊,"国务委员会"除了准备与法律和政府建议有关的某些活动外,还起着重要的司法机关的作用,该机构的一部分构成了至高无上的国家行政法院。相比之下,在西班牙,Consejode Estado 只完成与制定法律和向政府提供咨询有关的任务,具有行政性质的司法事务在最高一级由特别法庭处理。在芬兰,"国务委员会"是该国政府(内阁)。因此,可以看到,如果将这些术语进行字面上的翻译可能会产生某种误导。

2. 由多义性引起的误导翻译

同一个法律术语在不同情境下表示不同的含义,正确的翻译应预先仔细分析术语使用的上下文,否则很容易出现错误。以"法理学"(jurisprudence)为例。在英格兰和美国,"法理学"这个术语最初是古罗马人所用的,源于罗马法。在现代法律英语中,"法理学"通常是指法律理论。相反,在法国,这个词的含义从 17 世纪开始发生变化。在现代法语中,它指法院判决的主体和根据这些判决确立的法律。[①] 在拉丁语系的其他国家中,该术语的变体(giurisprudenza/ jurisprudencia/jurisprudencia)的主要含义与法国相同,然而偶尔还会作为"法律科学"的意义而使用。同时,"司法裁决主体"的含义在美国的法律语言和国际公法的英文文本中也被使用。在我国,"法理学"与"法哲学"可以替换使用,法理体现了人们对法的规律性、终极性、普遍性的探究和认知。[②] 总而言之,"法理学"一词的语义强调在大陆法和普通法国家有所不同。

第三节 法学领域内名词术语混乱的原因

一、法律语言的精确性与模糊性的矛盾

传统逻辑一向注重概念的明确性,对模糊概念几乎是本能地排斥的。

[①] G. Cornu, *Linguistique Juridique* (3rd edn) (Paris: Montchrestien, 2005), pp. 110 – 117.
[②] 张文显:《加快构建中国特色法学体系》,《光明日报》2020 年 5 月 20 日,第 16 版。

因为概念的模糊性会直接影响判断的准确性,从而影响推理、论证的有效性。但是必须认识到,所有语言、术语和概念在某种程度上都是模糊或不确定的。法律是通过文本和语言进行表达的,因此模糊性是难以避免的。虽然,作为规范人们行为的准则,法律语言应该具有精确性,以便社会成员明确地知晓法律的规定。从一定意义上讲,法律语言的精确性程度标志着立法技术的发展水平和法律制度的完善程度。然而,法律语言面临特殊挑战,例如,抽象语言对行为的一般规范,以及一般规则在个案中的适用。因此,没有绝对精确的法律文本,因为语言本身是不精确的,需要解释。在语言模糊性和法律模糊性的影响下理解法律术语时,必须参考法律方法和法律论证,这些法律方法和法律论证在评估法律文本的含义时提供了一些灵活性。模糊的法律概念与弹性的法律解释相结合,可能导致法律术语、概念和规则的意义发生变化。与日常对话不同,法律约束力和相关的法律后果对于不同的人来说,模糊性是不一致的。如果法律含糊不清,则法律问题至少部分得不到解决,法律变得不确定,法院就必须在某种程度上代替立法者。因此,过度的法律模糊会破坏法律,特别是在对法律确定性要求较高的宪法原则、权力分配和法规的约束力方面。

模糊性与精确性是法律语言的一体两面,通过故意使用含糊不清的概念,立法者可以扩大适用范围,但是同时也存在进一步降低法律确定性和削弱法规约束力的问题。例如,我国《刑事诉讼法》规定刑事案件中作出有罪判决的证明标准是"案件事实清楚,证据确实、充分"。就抽象的证明标准来说,这个规定的语词含义是精确的,即只有在案件事实清楚,证据确实、充分的情况下法官才能判决被告人有罪,如果案件事实不清、证据不足,法官就不能作出有罪判决。但是,如果我们在具体案件中适用这个证明标准,就会发现上述语言又具有了模糊性。例如,只有被告人的口供能不能算作"案件事实清楚,证据确实、充分"。因此,需要对模糊的法律术语和概念进行仔细审查。例如,需要使用抽象的法律语言来建立一般规范,以及一般规则与个案之间的距离。因此,即使立法者尽量在法律文本和概念中达到最高精确度,也永远不会达到绝对精确,因为语言本身是不精确并且需要解释的。但是在规则和法律方面也存在一些夸大的模糊性——可能是为了涵盖未来无法预测的情况,为更具体的规则、司法自由裁量权和解释留出空间。这种模糊性正是这里要解决的问题,因为在法律领域,概念的确定特别敏感。

二、法律规范的稳定性与适应性的矛盾

美国法学家庞德曾指出："法律必须稳定,但又不能静止不变。"① 这句话揭示了法律规范发展的内在动因。稳定性是法律规范的必然要求,否则就无法作为规范人们行为的准则。然而,法律规范也需要不断变化以适应时代发展与社会需要。改革开放以来,中国特色社会主义法律体系与法律制度不断发展完善,我国法律语言也随之迅速发展变化,新的法律语词几乎以日新月异的速度出现在我们的面前。法律规范数量的急剧增加,法学理论的迅速扩张,自然会伴生大量新的法律术语。英国法学家梅因曾指出:"法律是稳定的,而社会是前进的。"② 成文法的滞后性是不可避免的,因此需要辩证地理解法律规范的稳定性与适应性的关系,及其对法律术语规范化的影响。

法律的稳定性与适应性都是法律的内在属性。亚里士多德说过:"法律的实施,有赖于民众服从。而遵守法律的习性须经长期的培养,如果轻易地对这种或那种法律常做这样或那样的废改,民众守法的习性必然削减,而法律的威信也就跟着削弱了。"③ 美国自然法学派的代表富勒就把法的稳定性列为法制原则之一。④ 法律的稳定性是法律规范发挥指导、评价、教育、预测、强制等作用的基础,法律如果朝令夕改,就会丧失其规范作用。法律的适应性或者也可以被称为变动性的原因:首先,法律以权利义务为内容,而决定权利义务的社会关系尤其是经济关系处于不断发展变化之中,因此,法律也必然会变化;其次,法律是国家制定或认可并为国家强制力保障实施的行为规则,国家既然有权制定或认可法律,当然有权废止或修改法律,国家的更替、国家统治方式的改变和国家强制力的变化都会影响法律的制定和实施,引起法律的变化。

马克·范·胡克(Mark Van Hoecke)说,一个语词有某种特定的法律意义,即其意义会从相关法律渊源的法律规范中自动获得。⑤ 因此,法

---

① [美]罗斯科·庞德:《法律史解释》,邓正来译,中国法制出版社,2003,第2页。
② 张文显主编《法理学》(第5版),高等教育出版社,2018,第9—10页。
③ [古希腊]亚里士多德:《政治学》,吴寿彭译,商务印书馆,1965,第81页。
④ 沈宗灵:《现代西方法律哲学》,法律出版社,1983,第208—209页。
⑤ [比]马克·范·胡克:《法律的沟通之维》,孙国东译,法律出版社,2008,第179页。

律术语与法律规范紧密联系在一起，法律规范的变动直接影响法律术语的产生与消失。例如，我国《刑法》原来关于"嫖宿幼女罪"的规定，于2015年《刑法修正案（九）》中被删除，这并不意味着在社会规范、道德规范中没有对这个概念的定义以及社会的谴责，而是将其在法律上划分为别的犯罪类型，按强奸罪论处。这是因为法律在规制人们行为的同时，附加了强制制裁，故而涉及人们的重大利益。正是因为法律概念对人们的生活、行为、利益有不可忽视的重要影响，因此对于法律概念的争议才特别大，对此形成一致见解才比其他人文社会科学领域更加困难。

三、法律文化的全球化与民族性的矛盾

中国文字一直是中国文化的中心，象征和传播着中华文明。汉语在中国法律中占有中心地位，因为所有法律都依赖语言表达，可以说法律是用语言编码的。文化是知识和意义系统，具有象征和认知维度。不同文化群体的成员生活在不同的世界，不同世界造就了人们不同的认知，这种认知为社区成员提供了一个共同的期望视野和一个预测和解释经验的框架。中国文化和儒家价值观是通过中国人的生活以中国人的身份进行传播的。文化与儒家文化存在不同的层次，正规教育只是众多文化传播手段之一，[1]许多单词和短语以及孔子的思想被用于日常汉语。西方学者普遍认为，中国缺乏对法律的哲学研究，这里主要指对法律的本质、法律的权威和合法性、法律的认识论和本体论的探索。从这个角度来说，法理学或法哲学不仅是汉语中的一个新词，而且是一种新概念和新的思维活动。这并不是说中国哲学就不那么哲学了，而是说在中国历史上的法学研究中没有孔子那样的人来提出认识论与本体论问题。或许是出于中国的威权传统，法学家对法律如何作为一种工具发挥威慑作用更感兴趣，必须认识到中国的法律和法律概念与西方社会不同。

在中国文化中，语言是知识和意义的载体，为文化传统的交流和延续提供舞台、背景、资源和手段。反过来说，汉语也是文化统一和集中的产物，是一种文化实践、交流系统，是中国社会秩序的表征，并且这种表征

---

[1] D.C.Clarke, "Methodologies for Research in Chinese Law," *University of British Columbia Law Review*, 1996 (30): 201-209.

构成社会行为。作为一个符号系统,法律是更大的连贯文化的一部分,而不仅仅是一套规范和规则。中国的法律文化是整体的一部分,"一个由符号、语言和广泛共享的态度组成的系统,产生了一套共同的法律假设和信仰"[1]。中国法律可能代表了一种不同的范式,并为认识法律规范与社会其他规范之间的关系提供了不同的视角。一个社会的法律体系反映了一些传统道德规则和实践在其成员的生活中发挥的影响,这使得这个法律体系的表达、修正、废除或修改都是容易为公众所理解的。

如前所述,语言具有民族性,语言是在一定的社会文化传统中产生和发展起来的。在法律制度全球化的进程中,发展中国家可以也应该翻译、借鉴甚至引进那些法律发达国家的法律语言,但是法律语言在本土语言规范的基础上进行的消化、自生和创造也是非常重要的。不可否认,法律英语在世界范围内具有巨大影响力,但是我们在引进外来语言的时候不能背弃汉语的传统和规范。

---

[1] M. Macauley, *Social Power and Legal Culture: Litigation Masters in Late Imperial China* (*Law, Society, and Culture in China*) (Stanford, CA: Stanford University Press, 1998), p. 14.

第二章 中国法学名词审定之历程

从法律规范主义的角度来看，一切法律理论问题都可以追溯至事实与规范之间的关系。事实与规范的存续、互动决定了一切法律现象及其思想理论形态与历史类型。简而言之，法律作为一种社会规则，本质上可以看作对社会生活形态和民族文化传统的描述、呈现和表达。因此，研究法学名词规范化问题，必须追溯中国法学名词的渊源，以明晰中国文化中事实与规范互动过程中法学名词的产生、发展、变化之历程。在此基础上，方可规范当代法学名词，促进法律科学表意系统的进一步发展与完善。

第一节 中国法律语词的渊源及发展

法学名词作为法律语言的组成单位，是一种客观存在的社会现象，一种随着法律的产生而产生的功能性、专业性语言。虽然在我国古代文明中并没有系统规范的专业名词来指称特定的法律概念，但是法律中专有的语词值得深入研究。法律语词的产生有两个条件：法律的产生与文字的出现。

要溯法律语词之源，就得涉及法律的起源。据史料，一般把公元前21世纪的夏朝作为我国国家与法的开端。《左传·昭公六年》记载："夏有乱政，而作禹刑。"[1] "禹刑"就是夏朝法律的总称。可见，我国的"刑"是最早指称法的专有名词。奴隶制到周朝已经趋于成熟，周朝法律

---

[1] 杨伯峻编著《春秋左传注》（第5册），中华书局，2016，第1412页。

由"礼"和"刑"组成。《逸周书》有"刑书九篇"之言①;《尚书·吕刑》中有"明启刑书胥占"的记载②。其意思是办案者在处理案件时要打开刑书,根据法律规定,酌情判定。在西周的金文中也出现了"灋(法)"字,《大盂鼎铭》中有"法保先王"之句。③"法"就是表示法律的专有名词。许慎的《说文解字》注:"法,刑也,平之如水,从水,所以触不直者去之。"④ 可见"法"不仅含有刑、罚的意思,还有明断曲直的意思。在拉丁文、法文、德文中"法"都含有公正、正义的意思。《左传·昭公六年》载"周有乱政,而作九刑"⑤,根据胡留元、冯卓慧的《夏商西周法制史》,九刑指的是"墨、劓、宫、刖、杀、流、赎、鞭、扑",这些是国家法律所认可的惩处犯罪的刑罚,可以看作指称不同刑罚概念的专门法律词语。⑥《九刑》把盗窃罪分为了"盗罪"与"奸罪"两种。⑦"奸罪"指大盗,"盗罪"指一般的盗窃行为。对于不同罪行与不同刑罚的法律规定,可以看出法律语言发展到周朝,已经有了部分法律范畴的专有语词。

周王朝虽然已经有了成文法,但是并没有公布于众。春秋后期,一些诸侯国陆续公布了成文法。《左传·昭公六年》:"三月,郑人铸刑书。"⑧郑国子产大夫铸刑书,其目的在于期望法律永存,为国之常法。法律从秘而不宣,到公布于众,其语言也随之变迁,简约明白、多变适体已经成为一种趋势。感叹词、叠词、抒情之语逐渐为法律语体所淘汰。虽然最早公布的法律条令大部分已经无案可查,但是根据汉语的发展规律,可以推测一二。战国时魏国人李悝任魏文侯相时,总结新兴地主阶级在各国的立法经验,编订了中国历史上第一步较系统的封建成文法典《法经》。《法经》早已失传,明人董说在其《七国考》中对《法经》进行考据,《法经》

---

① (清)沈家本:《历代刑法考·律令卷》,商务印书馆,2017,第44—45页。
② 曾运乾注,黄曙辉校点《尚书》,上海古籍出版社,2016,第613页。
③ 陈伟武主编《古文字论坛》(第3辑),2018,中西书局,第299页。
④ 许慎撰,段玉裁注《说文解字注》,上海古籍出版社,1981,第838页。
⑤ 杨伯峻编著《春秋左传注》(第5册),中华书局,2016,第1412页。
⑥ 胡留元、冯惠卓:《夏商西周法制史》,商务印书馆,2006,第142、146、212、606页。
⑦ (清)沈家本:《历代刑法考·律令卷》,商务印书馆,2017,第44—45页。
⑧ 杨伯峻编著《春秋左传注》(第5册),中华书局,2016,第1410页。

主要内容为惩办盗贼。①《荀子·修身篇》："窃货曰盗，害良曰贼。"② 可见，盗贼已经是针对专有概念的指称了。商鞅以李悝《法经》为基础，制秦律，发展了新兴地主阶级以"法"代"刑"的思想，改"法"为"律"。这是商鞅强调法律"均布"作用，而非仅仅是字的替换。《说文解字注》："律者，所以范天下之不一而归于一，故曰布也。"③ 其强调的是法律的普遍性和贯彻执行法的重要性。自此，"法""律"两字合为一词，体现公平、公正的一致遵循的规范、准则，法律范畴内使用的语词也更加丰富。

自秦朝到清代，封建法律经历了两千多年的漫长发展。其间具有代表性的法律一般被认为是封建中央集权制国家初创与确立时期的秦汉律、封建社会鼎盛时期的隋唐律、封建社会后期的明清律。考虑到法律语言发展的特点以及材料的充实程度，以秦律、唐律、清律为研究重点。1975年湖北省云梦县出土了一千余支秦简，内容记载的大部分是法律文书，被称为"云梦秦简"。"秦简"虽然不是秦朝法律的全部，却是我国目前发现的内容比较系统、丰富的最早的法律条文，可以肯定其是秦始皇统一立法的基础。"云梦秦简·法律答问"中的法律条文，几乎全是用极简的语句，把一条条罪状表述得言简意赅，如："何谓牧？欲贼杀主，未杀而得，为牧"。④ 这大概相当于现代法律中关于犯罪预谋的规定，其标志词为"牧"。通过极为精简的一句，已经清楚定义了"谋"作为犯罪预备的内涵与外延。在"云梦秦简"中，我们还可以看到文辞讲究、句式基本对称的句子："令曰勿为，而为之，是为犯令；令曰为之，弗为，是为废令也。"通过上述引例，可以看出秦朝法律语言简约有致，而且或一问一答、或对称判断、或单词成句，都质朴平实、不俚不俗。正因如此，秦律中许多法律语词沿用至后世，如表示犯罪预谋的"谋"，在今天的"犯罪预谋""共同谋议"等犯罪学名词中都可以见到与秦律中内涵、外延几乎一致的表述。而"犯令""废令"也与现代法学名词中的"禁止性规范""强制性规范"有着相似的意思。不可否认，现代的一些法律术语可以追溯至秦律。

---

① （明）董说：《七国考》，中华书局，1956，第366—367页。
② 安小兰译注《荀子》，中华书局，2016，第66页。
③ （汉）许慎撰，段玉裁注《说文解字注》，上海古籍出版社，1981，第838页。
④ 睡虎地秦墓竹简整理小组编《睡虎地秦墓竹简》，文物出版社，1978，第184页。

汉承秦制，以《九章律》为代表的汉朝法律制度，是中国封建法律制度确定时期的基本标志。汉高祖时，萧何以李悝《法经》六篇为基础，参照秦律，增加了户、兴、厩三篇，合为九篇。犯罪与刑罚是汉律的核心内容。包括具有法律效力的令、科、比等法规，统称为汉律。通过清人沈家本的《汉律拾遗》①、程树德的《九朝律考·汉律考》②可以对汉律的法律语言及语词探究一二，需要提到的是刘邦的"约法三章"。据考，此语是刘邦初入关时，向当地百姓宣布其立法原则时提到的，《史记·高祖本纪》记载："与父老约法三章耳，杀人者死，伤人及盗抵罪。"③这个"三章之约"用词简约，语言精确恰当，尤其是精确词语与模糊词语共存，增强了法律语言的概括性与确定性。刘邦"约法三章"语言特点代表了汉律语言的特性，即较多使用模糊词语，使法律灵活性增强，以便更好地为统治阶级服务。

唐朝是我国历史上著名的强盛王朝，其律法在中国法律发展史上起着重要的承前启后的作用。唐先后有《武德律》《贞观律》《永徽律》《开元律》四部法律，现保存完整的是《永徽律》，全文载于《永徽律疏》。《永徽律疏》是我国最完备的一部封建法典，也是中华法系的典型代表。除了其内容外，其语言也是具有重要研究价值的。《永徽律疏》结构严谨、语句畅达、文字简洁、释义确切、引例精当，均是其被奉为法典楷模的原因。如："名者，五刑之罪名；例者，五刑之体例。名训为命，例训为比。命诸篇之刑名，比诸篇之法例。但名因罪立，事由犯生，命名即刑应，比例即事表，故以名例为篇首。"④此为《永徽律疏》的篇首，可见唐律开宗明义，已经把唐律的体系、罪名等表述清楚。清人薛允升在其《唐明律合编》中评价唐律"繁简得其中，宽严俱得平，无可再有增减者矣"。⑤

东汉至唐末，随着佛教典籍传入中原，大量佛教词汇被运用于文辞书牍之中。此外，佛教逻辑思维也影响了汉语语句的表达，以前需要重言叠句表达的内容，至唐已经可以用抽象概括的语言一言蔽之。"但名因罪

---

① （清）沈家本：《汉律拾遗》，中华书局，1985。
② （清）程树德：《九朝律考》，商务印书馆，2010。
③ 《史记·高祖本纪》，中华书局，1959，第362页。
④ 杨一凡主编《中国法制史考证》（乙编第一卷），中国社会科学出版社，2003，第412页。
⑤ （清）薛允升撰，李鸣、怀效锋点校《唐明律合编》，法律出版社，1937，第4页。

立，事由犯生，命名即刑应，比例即事表，故以名例为篇首"就是一个复句，其中的"但""因""故"表示了清晰的逻辑关系，与现代法律语言中的"但书"有相似的表意功能。唐律中使用的法律语词对后世产生了深远的影响，如《唐律疏义》中关于"共同犯罪"的表述就和《中华人民共和国刑法》第25条"共同犯罪"相似。[①] 只此一例，以小见大，可以看出法律语词的承继性。

宋太祖时的《宋建隆重详定刑统》，简称《宋刑统》。"刑统"是以刑律为主，将其他刑事性质的敕、令、格、式等分载在律文各条之后，依照律目分门别类加以汇编的一种"律书"。宋朝"例"作为法律术语出现在法典之中，其含义就是前事案件作为后事案件的处理标准。明朝也沿用了"例"这一法律术语。《明史·刑法志》有云："律者万世之常法，例者一时之旨意。"[②] "例"这一法律术语到了清朝又增加了一种含义，即有了"指挥""命令"的意思。把历朝的旧例称作"原例"，把康熙年以后增收的新例称为"条例"。法律术语"判例""条例"一直被沿用至今，现在是重要的法学名词。

清朝法律距今不远，其法律语言更接近现代汉语。如，《大清律》中的"其恶已极，其罪至大"[③]，与现代汉语中的"罪大恶极"意思一样；"惑众，滋事"与现代法律术语"寻衅滋事，造谣惑众"无甚区别。必须强调的是，清朝司法语言的运用有极高的要求。王又槐《办案要略》明确指出在制作司法文书时，"批发呈词，要能揣度人情物理，觉察奸刁诈伪，明大义，谙音律，笔简而赅，文明而顺，方能语语中肯，事事适当"。[④]

法律语词的发展与语言、法律的发展都密切相关。我国法律语词孕育于夏商，源起于周，勃兴于唐，成熟于清，自新文化运动之后，汉语句子的主谓分明，脉络清晰，词、词组等功能已经非常明确。法律语词的含义在精密细致的同时，更加简洁严谨。中国古代法学名词的形成方式可以总结为四种。第一，随着法律产生而形成的最初的基本词汇，如"法""刑""辟""狱""贼""盗"等。第二，以法律基本词汇为词根构成的

[①] （唐）长孙无忌等《故唐律疏议》，商务印书馆，1936。
[②] 高其迈：《明史刑法志注释》，法律出版社，1987，第5页。
[③] （清）吉同均：《现行刑律讲义》卷一《名例上》"十恶"条下。
[④] （清）王又槐著，华东政法学院语文教研室注译《办案要略》，群众出版社，1987，第69页。

法律词汇，如"法""刑""辟""狱"等为词根，依照一定方式进行组合产生了大量的实词，如"法治""法定""刑清""刑均"等。第三，借用普通词语形成的法律词语，通过借用普通词语来指称法律科学中特有的事物（现象）以及相应的法学概念，如"犯夜"，《唐律疏义·杂律》："诸犯夜者笞十，有故者不坐。其直宿坊街，若应听行而不听，及不应听行而听者，笞三十。即所直时有贼盗经过而不觉者，笞五十"。第四，形成法律语言专有特征的习惯用语，如"以刑止刑，以杀止杀""刑不当罪"。

第二节 西方法律概念的词化

用一个名词指称一个概念叫作"词化"，词化就是对概念的命名。汉语近代词汇体系建构的努力可以追溯到16世纪西方来华传教士们的翻译活动，汉语近代体系初步形成于20世纪初日本译名的流入。亚洲的近代是东西方碰撞、融合的时代，近代西方文明的新概念随着西方列强贸易和军事的扩张涌入中国。东方各国为了国家民族的生存发展，被动地接受了这些全新的概念。汉语作为亚洲儒家文化圈使用时间最久、最广泛的语言，成为接受西方文明的重要途径，大量汉语新词被创造出来。近代汉语的新词汇给中国带来了深远的影响，为各学科提供了包括基本专有术语在内的数千个学术词语，这些新术语名词是近代新学科发展的重要基础。近代法学新名词的产生源于西方法律概念的引入，如果不能准确地描述这些新概念词化过程，对新概念引介历史的研究也就无法完成。近代新词与今天的新词最大的不同在于其借助了大量日语词语。[①] 本部分主要对近代法学学科领域中的新词，尤其是一些人文社科的关键词如"自由""民主""个人""权利""义务"等进行追根溯源的词史研究。名词具有创造（或借入）与社会认同双重属性，因此这部分围绕中国近代法学新名词的创造与认同这两方面进行研究与探索。

近代西方概念的导入与词化的来源主要是两方面。

---

① 沈国威：《近代中日词汇交流研究：汉字新词的创制、容受与共享》，中华书局，2010。

第一，西方传教士的译词创造。明末清初来华的传教士们，为了有效地推进在中国的传教活动，翻译出版了大量介绍西方知识的书籍。在这个过程中，创造了大量的新词和译词。19世纪，中外人士的直接接触交流受到严格的限制，传教士们不得不采取书籍、传单等间接方式进行"文书传教"。他们向中国民众介绍西方的各种情况，展示西方政治、法律、文化等方面的优越性。正是出于宗教的原因，传教士们在引介西方概念时表现出了极大的热情。第一个尝试将中西方概念加以对应的是马礼逊（Robert Morrison），[1]其编辑出版的《华英字典》为后来的字典提供了宝贵的资料，罗存德（Wilhelm Lobscheid）编辑了1866年《英华字典》以及1904年《术语辞汇》（Technical Terms），都为研究近代法学新名词的创制、传播提供了重要的研究基础。[2]

19世纪后半叶，随着大量西方自然科学与社会科学知识在中国的传播，科技术语的创制、审定成为传教士组织的一项重要工作。1890年第2届新教传教士全国大会在上海召开，英国人傅兰雅（John Fryer）[3]在此次会议上发布其关于科技名词术语的长篇论文，主要分为四个部分：一是科技名词与汉语的关系；二是汉语科技名词体系的特点；三是译名混乱的现状及其原因；四是解决名词术语译名混乱的方法。傅兰雅指出，尽可能"意译"，而不是单纯地"音译"。此外，新术语应尽可能与汉语的普遍结构一致。这些为后来的科技名词术语规范与审定提供了有益的理论基础。1904年的《术语辞汇》被评价为传教士术语创制工作的集大成者。其主编益智书会主席美国人狄考文（C. W. Mateer）于序言道："适宜的科技术语对于科学的思维和研究都是不可或缺的。"由于中国大规模西学东渐，如果要在中国进行成功的西方科学教育，规范、统一的术语是必要条件。严复主张中国文化的复兴，认为传教士们在引介西方概念时所采用的方法是非常浅陋的，因为他们不具备中国文化功底，严复早期的译著中大量使

---

[1] 英国传教士罗伯特·马礼逊是西方派到中国的第一位基督新教传教士，他编辑出版了中国历史上第一部英汉字典——《华英字典》。
[2] 王扬宗：《清末益智书会统一科技术语工作述评》，《中国科技史料》第12卷，1991年第2期，第9—18页。
[3] 傅兰雅（John Fryer）：英国人。1839年8月6日生于英国肯特郡海斯（Hythe）小城，1928年7月2日卒于美国加利福尼亚州奥克兰城。圣公会教徒，翻译家。单独翻译或与人合译西方书籍129部（绝大多数为科学技术性质），是在华外国人中翻译西方书籍最多的一人。

用了古僻字。后来在名词馆主持科学技术名词审定工作期间，严复在使用古僻字方面有所克制。严复对新造词语持非常保守的态度，以严复为代表的一批本土翻译家都认为尝试创造新词语的做法乃"坐之非圣无法之罪"。正如黄遵宪所说，对中国的读书人而言，造词是"古圣古贤专断独行之事"。然而，对于严复用古僻字引介西方概念，胡以鲁持保留意见，他曾道，"故有之名。国人误用为译者亦宜削去更定。误用者虽必废弃语"。可见，西学东渐过程中，如何准确翻译西方科学知识、贯通中西思想，在当时是存在巨大争议的。

第二，日本的借词。必须指出，现代汉语中的学术词语绝大部分来自日语，或受日语的深刻影响。日语词汇借入汉语的时间集中在甲午战争之后至五四运动的二十几年里，这段时间是中日近代知识逆向流动的时期。直至明治初期，日本的学术书、翻译书几乎无一例外是用汉语文体撰写的。汉语在日本明治时期（1885 年前后）达到鼎盛，之后逐渐衰退。19 世纪 80 年代中期，日本就已经初步完成了以人文、科技术语为主的近代科技名词体系的建构，而中国引进西学的停滞，使得汉语向日语输入词语停滞，日语开始向汉语输入新词。具有深厚汉学修养的日本兰学家①在引入西方概念时既不同于西方传教士，又不同于中国士子。日本的兰学家在将荷兰语转变成汉语的过程中，总结出一种译词创造的方法及翻译模式。江户兰学家的翻译原则为日本明治初期引入西方法律翻译提供了基础。兰学为明治维新以后的西方科学体系的容受在思想上、方法上做了准备。兰学的遗产不仅体现在具体译词的提供上，更体现在译词创造的方法上：移译、意译、直译。移译的基本原则是在中国历朝历代的典籍中寻找译名。明治维新初期的人文社会科学名词术语的翻译主要是在中国的典籍与西方传教士的译著中寻找译名。这里的中国典籍包括四书五经、先秦诸子、唐诗宋词、宋明理学、明清白话小说、佛教典籍等。日本明治时期崇尚汉学，翻译者在翻译西方概念时所追求的正是确保这些译名在中国文化典籍中有据可查。兰学译词创制的翻译方法和原则得到严格运用，在这一点

---

① 兰学是江户时代经荷兰人传入日本的学术、文化、技术的总称，字面意思为荷兰学术（Dutch learning），引申可解释为西洋学术（简称洋学，western learning）。兰学是一种通过与出岛的荷兰人交流而由日本人发展起来的学问。兰学让日本人在江户幕府锁国政策时期（1641—1853 年）得以了解西方的科技与医学等。借助兰学，日本得以学习欧洲当时在科学革命中所达成的成果，奠下日本早期的科学根基。

上，井上哲次郎等编著的《哲学字汇》就是一个典型例子，其2000条哲学名词中有47条标明了中国典籍出处。井上哲次郎在《哲学字汇》绪言中写道："先辈之译字中妥当者、近采而收之、其他新下译字者、佩文韵府渊鉴类函、以便童蒙。"① 《哲学字汇》部分出典标注词见表2-1。

表2-1　《哲学字汇》部分出典标注词

序号	英文词汇	中文翻译	中文翻译用典出处
1	Absolute	绝对	按、绝对孤立自得之义、对又作待、义同、绝待之字、出于法华玄义
2	Becoming	转化	按、淮南原道、转化推移得一之道以少正多
3	Category	范畴、类型	按、书洪范、天乃锡禹洪范九畴、范法也、畴类也
4	Deduction	演绎法	按、中庸序、更互演绎、作为此书
5	Ethics	伦理学	按、礼乐记、通于伦理、又近思录、正伦理、笃恩义
6	Induction	归纳法	按、归还也、纳其内、韵书、以佐结字故云归纳、今假其字而不取其义
7	Metaphysics	形而上学	按、易系辞、形而上者、谓之道、形而下者谓之器
8	Relativity	相对	按、庄子林注、左与右相对而相反、对又作待、相待之字、出于法华玄义

日本语言学家永岛大典认为："《哲学字汇》汇集了幕府后期到明治时期迅速发展的人文社科的专门术语，尽管还是初步工作，但是对日语抽象词语的创制和普及贡献极大。"② 在《哲学字汇》的基础上，《法律字典》（1884）、《教育心理论理术语详解》（1885）等相继被刊行。明治时期的最后15年间，共有228种辞典和术语辞典出版，呈跨越式增长之势。③ 术语的整理、厘定工作也被提上日程。其中，以《言海》为代表的日本国语词典的出版以及各学科术语辞典的刊行标志着在明治知识分子的努力下，通过借鉴吸收兰学译词以及中国的古典词语、汉译西书中的译词，日语近代词汇的主要部分在明治二十一年至二十二年（1888—1889年）

---

① 沈国威：《近代中日词汇交流研究：汉字新词的创制、容受与共享》，中华书局，2010，第101页。
② 永嶋大典：『蘭和・英和辞書発達史』（書志書目シリーズ（42）），講談社、1970、100頁。
③ 沈国威：《近代中日词汇交流研究：汉字新词的创制、容受与共享》，中华书局，2010，第110页。

大致完成，文学上言文一致运用取得初步的成功。在世纪之交，实现了词汇近代化的日语，开始向以中国为代表的汉字文化圈的其他国家输出以学术词汇为主的新名词。

康有为的《日本书目志》引介了大量人文社科领域的日本著作，其中收录了450本法律图书，包括"宪法""法理学""刑法""民法""商法""诉讼法""国际法"等的现在基本法律部门所用名词都源于此。康有为提出，"今吾中国之法，非经义之旧矣""法至今日，亦不能不变通尽利者也""守旧则辱，编发泽强"。康有为指出："日本之商法、学法、矿法、军法、会社法、银行法、商船法、保险法，皆新法，极详密，吾皆可取尔。"总的来说，近代西学东渐，日本借词是一个重要的载体。直接使用日本译词，省却了译词创造的麻烦，但是势必留下某些日语的影响。对于这种影响应该如何评析呢？借用美国汉学家任达（Douglas R. Reynolds）的话来说，"在一定程度上，词语塑造并规范了人或社会的思想世界，在这方面，日本对塑造现代中国的影响几乎是无法估量的"。[①]

第三节 近代中国法学名词审定工作

20世纪以来，中国废科举、讲新学，国家民族、社会文化都处于巨变之中，科技名词术语混乱、误用情况严重，亟须厘定、审定。在京师大学堂接受了近代法律教育后又留学日本的彭文祖，1915年在东京出版了一本名为《盲人瞎马之新名词》的小册子，对当时中国社会译词、术语的混乱和误用进行了严厉的批判。

清政府为了解决上述科技名词术语混乱的问题，1905年成立学部设立名词馆，由严复任总纂主持科技名词审定工作，王国维任协修。严复在其《政治讲义》中多次谈到术语对科学发展的重要意义："诸公应知科学入手，第一层工夫便是正名。既云科学，则其中所用字义，必须界限分明，不准丝毫含混。"严复在厘定科技名词含义解释时这样说道："科学

[①] [美]任达：《新政革命与日本——中国，1898-1912》，李仲贤译，江苏人民出版社，2006，第138页。

之一名词，只涵一译，若其二义，则当问此二者果相合否。"这与今天全国科技名词审定委员会要求的科技名词定义工作规范中的单义性原则是一致的。因为对于特定的名词本身来说，定义所表达的概念是唯一的。至1912年，该馆厘定了标准科技名词术语30000条，供中国教育机关使用。这些名词术语被称为"部定"名词，但是最终却出于政治经济原因没有公之于众。虽然没有公之于众，但是后来德国人赫美玲编纂的英汉词典《官话》（1916）吸收了部定名词的成果。

西方人在中国编纂英汉辞典自马礼逊的《字典》（1815—1823）始，至赫美玲的《官话》终。《官话》反映了汉语近代词汇，尤其是以学术名词术语为中心的抽象词汇的形成进程，具有重要研究价值。法律是《官话》中的一个学科门类，其编纂目标使用人群不同于名词馆仅针对教育机关，而是针对更加广泛的人群。简单来说，《官话》编纂科技名词的目的在于为阅读科学书籍的各类人士提供正确、实用的译名和简单明了的概念，初学者、教师、商人、政府人员均可受益。因此，《官话》在编排上，把部定名词单独成编。

1915年上海商务印书馆出版了中国近代第一本国语辞典《辞源》，商务印书馆为此书花费了8年之久，至1949年销售量已经达400万册，可见其编入的科技名词为社会公众所容受之情况。《辞源》上接古语，下启新词，在汉语科技名词体系构建历程中起到了承前启后、举足轻重的作用。《辞源》与《官话》几乎属于同一时期，但是没有吸收部定名词，而是吸纳了大量日本借形词。《辞源》中的法律学收录法学名词术语319条，其中日本借形词占90%，也说明了日本对中国近代法学名词体系构建的巨大影响。如表2-2所示，中日同形词已经具备现代法律汉语的语言风格与特点。《辞源》在编撰时明确地指出了"字"与"辞"的区别，以语词为主，兼收百科，特别注重词义的诠释，尤其是科技名词中的新词、译词，定义详细，为读者提供全方位的知识。《辞源》将编纂、收词方针定为"以语词为主，兼收百科"。收词范围包括各种自然科学和人文科学。此外，《辞源》在命选名词时注意收录常见的名词，强调实用，结合书证，重在溯源。然而，《辞源》在编纂时也存在一定的问题，其学科术语分类较混乱。以法学名词为例，《辞源》中的法学名词分别出现在不同的编目中：哲、法编；法、伦编；警政编；政治学编。此外，哲学、宗教、伦理等也重复编目。从《辞源》各学科的词条数量来看，自然科学的规范厘定工作远远超过了人文科学，化学、医学等自然科学厘定的词条数都数百乃至上千，而法学名词词条仅为200条，哲学名词词条不足100条。由此可以看出，自然科学的学科建设也是领先于人文社会科学的。

表2-2　《辞源》中日同形的法学名词举例

汉语法学名词	日语法学名词
法律	法律（ほうりつ）
法学	法学（ほうがく）
立法	立法（りっぽう）
立法程序	立法手続き（りっぽうてつづき）
司法	司法（しほう）
制定法律	法律（ほうりつ）の制定（せいてい）
法制	法制（ほうせい）

第四节　当代法学名词规范化研究的开端

中国具有绵延悠长、举世无双的法律文明发展历史，因此对于法学研究而言具有取之不尽的立法与司法素材。许章润教授指出，"中国的历史纵深与文化遗产早已镂刻了中华法系和汉语法学的基本性格"。[①] 近一百余年间，中国现代立法实践成果可谓浩瀚繁杂。改革开放以来，中国法治建设如火如荼，2011年我国宣布中国特色社会主义法律体系已经形成。[②] 迄今为止，现代中国通过法治建设积累的立法与司法素材已经为法学名词规范化研究提供了坚实的基础。中国法学名词规范化研究应立足于中国法律文明的传承，在汉语法学的形式下提炼、构建一套属于中华文明自己的精确雅致的语义体系。

究竟什么是法学名词？如何界定法学名词的范围？时至今日，我国法

[①] 许章润：《汉语法学论纲》，广西师范大学出版社，2014，第98—99页。
[②] 中华人民共和国国务院新闻办公室：《中国特色社会主义法律体系》白皮书，中华人民共和国国务院新闻办公室，2011。

学界依然存在很大争议。许章润教授提出让法律语言"中国化"的主张,① 提出要像英语法学、法语法学、德语法学等一样,在实然与应然的双重意义上,以中国社会、历史和文化为依凭,以汉语为表意系统,涵养一套属于中国的法律表意系统。李振宇教授在《法律语言学初探》中注重从词语意义的角度来界定法学名词,认为法学名词的本质特征在于具有"法律含义"。根据词语是否具有"法律意义",可以将具有法律特性的词语同一般性的词语区别开来。但是关于何谓"法律含义",判定标准与方法在其研究中没有进一步说明,导致这一学说在实际中很难适用和操作。具体举例来说,"防卫过当""自然人""犯罪"等词语明显具有法律含义,是法学名词毫无争议。然而,"房产""处罚""决定""教育"等词语在用于法律规范过程中具有了法律含义,是否能把这些归属为法学名词呢?再如,法律规范中的"应当"和"可以"具有十分明显和特定的法律意义。如果按照李振宇教授的观点,"应当"和"可以"这两个词语可以被归属于法学名词的范畴。以此类推,法学名词的范围就被过分地扩大了。该学说将"法律意义"视为法学名词的根本特征,由此来确定法学名词的范围的做法值得商榷。

邱实在《法律语言》第一章总结了法律术语的词义、语音、结构等特点,这种概括研究立法语言与司法语言的方式,给研究法学名词提供了有益的参考。周广然的《法律用词技巧》将法律语言运用的理论发展到了新高度。刘愫贞主编的《法律语言:立法与司法的艺术》在第八章法律语言修辞的方法中,从语体色彩、语义、词汇形式等方面出发,探讨了法学名词的使用特点,奠定了法学名词在立法、司法实践中运用的理论基础。余素青主编的《法律语言与翻译》探讨了使用模糊词汇的相关原则,融合中外学者精彩观点,拓宽了法学名词研究的视野。姜剑云教授在《法律语言与言语研究》一书中指出,"这些专门用语表示法律科学特有的事物现象以及相应的法律概念,概括地反映法律现象事物的本质特点,适用于法律领域,成为法律语体的主要标志"。这些专门术语就是法学名词,这种界定是描述性的,依照该学说界定的法学名词范围同样是非常广泛的。相较于李振宇教授,这一学说具有更强的操作性。陈炯教授在辩证研究李振宇和姜剑云等研究的基础上表明,"法学名词是立法机关用来表

---

① 许章润:《让法学语言"中国化"》,《新京报》2015年3月21日,第B10—B11版。

达法律概念的专门用语"。陈炯教授的研究成果强调了法学名词的专业性，是表达特定法律概念的词语。中国政法大学的刘红婴教授在其《法律语言学》著作中指出："法律术语是具有法学专门含义的语词。"根据她的研究，法学名词范围限于法学学科，包括立法、司法、执法、普法以及法学研究等领域。

话语性是法律语言的基本特征，并且可以根据法律是话语实践的发现所产生的结果来发展法律语言学理论。以下部分将更详细地介绍本部分所勾勒的法律语言学理论的概念先决条件。不论是通过西方传教士的引介，还是本土翻译家的努力，以及日本译介，所有外来词在融合、容受的过程中都进行了体系上的调整、重组，每一个名词都成为中国语言体系中的一个元素。在重组融合之后，外来词的意义、用法、价值取向都反映了汉语本身的特点。如汉语中的"自由""民主""民族""国家""社会""个人"等名词所表达的内涵既不能完全等同于西方的相对概念，也不同于日本。因此，在审定法学名词时，必须立足于中国时代发展的语境，突出中国特色社会主义发展的规律，这是考察中国科技名词发展历程获得的经验。

第三章 法学名词规范化之命题与挑战

第一节 法学名词规范化之命题

研究法学名词规范化的最终理想在于涵养一套"至臻至善"法律表意系统,那么何谓"至臻至善"?其要求或标准是什么?这是首先要解决的问题。我国《科学技术名词审定原则及方法》(修订稿)提出,科技名词审定的原则主要包括:第一,单义性原则;第二,科学性原则;第三,系统性、简明性、民族性、国际性和约定俗成等原则;第四,协调一致原则。与其他学科科技名词相比,法学名词具有许多独有的特征。概括来说,法学名词主要具有规范性、行为性、技术性和不确定性四大特征,这些特征主要通过词汇、句法、语用及语体显现。法律语言作为一种专门用途语言,法学名词在具体应用中将会产生法律效果和法律后果。因此,在分析法律概念、厘清概念内涵与外延时,需要讲清实然与应然、规则与原则。正如一切规范,法律规范由符号系统、规则系统、制度系统、意义系统构成,法学名词属于法律规范的符号系统,在研究法学名词时离不开对其他三大系统的关照,四大系统四位一体,缺一不可。综合科技名词的一般性要求与法学名词的内在逻辑,可以将法学名词规范化的要求总结为以下五个方面。

一、单义性与精确性

科技名词的单义性原则要求一个概念仅确定一个与之相对应的规范的

中文名称。出现多个概念使用同一个名称时，应当根据不同的概念分别确定不同名称，以求客观、准确地表达概念。单义性原则与法律语言的准确性和精确性特征是一致的，法律的精确性特征出于人权保护和法律确定性的要求。为了避免任意性，制定法律规则时应避免含糊不清，语言清晰是绝对的立法规范，这也是民主与法治的必然要求。法律概念构成法律条款，法律条款构成法律规则，法律规则构成法律规范，一个或多个法律规范表达一项法律原则。九层之台，起于累土，法律概念可以说是构建法律这座大厦的基本单位。法律研究应从分析基本的法律概念起步，从而将法律规范适用于个案，使法律得以施行，国家得以善治。[①]

法律规则是法律的组成部分，而法律概念则是法律规则的结晶与构成要素。法律规范的适用范围、构成要件和法律效果都需要通过法律概念来表达，因此，要正确掌握法律规范，必须先正确掌握法律概念。法学名词是法律概念的表达，法学名词规范化研究与法律语言有着密切联系。从现代意义上说，法律语言学是一门刚刚成立的学科。然而，法律必然与语言有关，特别是在法律解释方面，从这个意义上说，法律语言自法律诞生起就存在。法学名词规范化研究涉及法律概念体系的构建，这意味着不仅需要厘清特定法律概念之间的联系，还必须确定术语的概念内核，即对其进行定义，在进行定义时需要考虑以下因素。

第一，法律作为一种话语社会实践总是由人创造或产生的，法律不是在自然界被发现的。这也意味着法律依赖于话语的创造及应用。第二，话语实践中出现的法律可能是好的，也可能是坏的，因为它是由人们在有限的知识条件和不确定的道德态度条件下产生的。因此，像人类历史上创造的所有其他社会机构一样，法律将不可避免地不完美。第三，法律概念组成法律规则，中国特色社会主义法治体系对法律概念的确定同样影响深远，确定法律概念时不能脱离规则，需要掌握每条法律规则的具体含义。因此，有必要了解在法律可以由立法机构记录或法院适用之前这些含义是如何出现的。第四，法律的含义不是在法律资料中编码的，法律语义的复杂性是由语言意义的不确定性和公民道德态度的不断变化造成的。第五，法律话语由非可选的文本模式决定，如书面判决或印刷的法定条文。第六，规制作为法律话语的固有部分，严格来说不属于法学的范畴。在民主

[①] 许章润：《汉语法学论纲》，广西师范大学出版社，2014，第194—195页。

社会中，公民根据自己的知识、信仰和道德承诺形成法律规制。作为法律文化背景的组成部分，在确定法律概念时对其也应加以考虑。此外，书面形式是法律语言准确性的必要条件。口头法律总是不确定和可变的，现代社会的复杂性必然需要使用书面法律语言，法律实证主义和法治观念都要求法律以清晰的书面语言形式出现。

二、专业性与大众性

在现代高度复杂的社会中，法律规则的数量是巨大的。为了发挥法律治理社会的功能，法律语言应尽可能简洁，以避免歧义与错误可能引发的混乱。同时，法律语言应该避免过度抽象，使公众能够正确理解。诚然，协调这些目标并不容易。例如，"税法"所使用的法律语言可能是非常复杂的，因为涉及分配正义的问题，必然以高度详细的规则为前提。这些规则甚至可能用语言形式表达与某些福利津贴或应付税款有关的数学公式或进行计算。虽然立法者从技术角度进行的立法是可以被理解的，因为如果将这些法律的原则通过简短的公告传达给公民，则很大可能会忽略细节，但是立法用语的专业性与大众性并非针锋相对，应尽可能调和。立法语言既不能全是精英语言，也不能过多地使用大众语言。法律起草者只有在法律规范中合理分配并运用精英语言和大众语言，才能使法律条文表述达到最佳效果。[1] 在立法中，我们一方面应当借鉴国外立法经验和立法技术；另一方面更应考虑人民群众的文化水平和法律知识，要更加关注立法用语能否适应司法实践问题。法律草案征求意见时人民群众对晦涩法案术语的反应，在很大程度上折射出当前中国普通民众对法律专业用语的陌生。不应忘记，"立法的权力是属于人民的，而且只能属于人民"[2]。人民有权力要求法律条文能够为自己所理解，法律更需要民众理解并遵守，所以立法表达应当符合民众的普遍理解能力，因为制定法律并让公民遵守法律的前提是理解法律。

然而由于立法者使用普通语言表达法律内容很可能会引起歧义，因此，立法表述应当使用法律专业语言与法律术语，并考虑专业语言的适用

---

[1] 郭自力、李荣：《刑事立法语言的立场》，《北京大学学报》（哲学社会科学版）2004年第2期，第82—85页。
[2] ［法］卢梭：《社会契约论》，李平沤译，商务印书馆，2011，第64页。

性、严密性，以及整个法律体系的一致性，避免过度随意使用社会用语和文学用语。诸如"称霸一方""为非作歹"等颇具文学性的大众化的非专业用语，虽然能够激发情感，但是缺乏刑法立法用语本应具有的明确性，使得相关条文在司法实践中缺乏可操作性。总而言之，立法表达应当兼顾专业性与大众性，最大限度地实现立法用语专业性与大众性的统一，实现立法信息的最佳表达。

此外，在一种语言内为新事物命名是十分频繁的，随着社会发展与科技进步，法律制度与法律学科也在不断构建新的知识体系。在各种语言的接触中，上述现象成为不同文化间交流的障碍，这样就需要为法律科学在每种语言中确定好每一概念的对等词或对应词。由于各种语言如汉语在表达法律概念时具有其特定思维特性与方法，因此就需要制定概念的严密体系。专门化的趋势是一种公认的现象，反映了特定领域工作的人获得的技术信息日益增多的现象。专业化，再加上快速获取新信息的需要，对法律术语研究提出了新的要求。术语本身就是一个具有多种特殊意义的词，例如，环境法上的术语——原生环境问题，对于自然科学而言是一种客观事件，而在法律概念领域中则意味着"不可抗力"。术语研究是在给定的主题领域中对概念的标签或名称的系统研究，其目的不仅是研究术语的语义和句法特征，还旨在提供一个理论结构与概念体系。术语有时也被用于指定学科的理论原则的实际应用，以确定给定领域所使用的术语。此外，在国际交往中，法学名词规范化研究为满足译者的需要，不仅应提供给定学科领域中使用的术语，而且还应提供外语法律语言中的对等词。

三、客观性与中立性

显而易见，"被动"的频繁使用是法律语言的特征，通过这种"被动"表达方式，法律文本得以强调规则的客观性。客观性的一般含义为不依赖于人类存在的东西，以此种客观性来衡量，则法律文本和法律语言无客观性可言。波斯纳对客观性的定义是可取的：法律的客观性指法律的非人化和确定性。法律语言的客观性是与法律的客观性紧密相连的，法律语言的客观性在很大程度上取决于法律本身的明确，法律本身就是由法律规范、法律原则、法律概念和术语、法律体系等构成的有机体。这一有机体对法律语言的要求就是传达隐含在其中的客观性信息。

可以看到，法律语言使用的意图在于通过法律文本给读者或听众留下深刻印象，特别强调法律的神圣性和权威性，如宣誓或宪法语言等。然而，今天的法律语言强调官方和正式的特性，这种语言的风格尽可能保持中立，因为主要意图是使读者或听者理解而不是感受其产生的影响。这就是为什么社会公众普遍认为法律语言的风格是"冷冰冰的"：它拒绝所有的情感因素。这也是法律文本几乎没有叹号或问号的原因。法律语言也不应引起联想，这些联想会分散读者对法律文本或话语的注意力。法律语言的中立性必须在很大程度上得到保证，因为许多法律文本（如法律规范、行政指示、法院判决）在确定最终形式之前要通过各级程序：法律文本并非来自特定的某个人。可以说，法律语言的特点就是"没有风格"，法律语言的客观与中立在立法文本中清晰可见。

但是，这种客观与中立也并不是绝对的，这种例外有时可以在法律的前言或序言中找到，这里的风格有时充满了情感。例如，《联合国宪章》序言中就有"为使人类免受两次惨不堪言之战祸"的表述。我国《宪法》序言："一八四〇年以后，封建的中国逐渐变成半殖民地、半封建的国家。中国人民为国家独立、民族解放和民主自由进行了前仆后继的英勇奋斗。"这类文本更多为了显示法律的权威与神圣。虽然存在特例，但是立法机构普遍放弃可能被认为是煽动性的情感表达。即使不是绝对的，但法律语言仍然努力中立地处理这些问题。在普通语言中具有明显情感重要性的一个词，有时在法律语言中具有绝对中立的技术含义，尤其对于外行人来说，这看起来几乎是怪诞的。一个很好的例子是"二战"后东京审判中确立的"侵略罪"，即"反和平罪"，就是为了避免法庭陷入关于"侵略"所涉的正义旋涡中，而采用了比较客观的"反和平罪"一词。语言中立性要求的严格程度因所属国家的文化和传统而异。例如，在我国，法律应该以绝对冷静和沉着的方式表达，这是不言而喻的。

在讨论法律的客观性时往往围绕着法律有无确定性的问题而争论不休。法律为人们提供行为规范，这本应是明确的，但是由于社会的不断发展，这种明确性是有局限的。面对纷繁复杂的充满个性的案件，以抽象共性形式所表现出来的法律，肯定会显现不周延性。然而，法律的明确与客观并不会因此被完全否定，因为法律在一定意义上确实是明确的规范，比如，相对于道德规范，法律就具有很强的明确性，只不过这里的明确是相对意义上的明确。对法律概念与术语进行解释正是通过这种相对意义上的明确性来表示解释意义的客观性的。由此可见，法律语言是具有客观性的而且此客观性是相对的。

法律语言与法律术语解释的客观性表现在：第一，法律文本是客观的；第二，法律解释要遵守逻辑和语法，逻辑和语法是客观的；第三，法律体系、法律位阶本身是客观的；第四，虽然法律术语解释所依赖的价值体系具有主观的一面，但是某一具体时空中的价值体系也具有相对客观性，基本的价值也具有客观性。例如，在当代，基本人权原则是解释法律时不可违反的。此外，今天的法律语言倾向正式与尽可能地中立，因为主要意图是使读者或听众都能理解而不是让他们感觉影响其行为。从这个角度来看，法律语言是冷漠的，不带情感色彩的，这就是法律文本几乎不包含叹号或问号的原因。法律语言也不应引起不相关的联系，从而转移读者对法律文本本身的关注。上述都是为了保证法律语言的中立性。

四、系统性与逻辑一致性

法律语言的准确性揭示了法律条款在适用中须遵循一致性与逻辑性的原则，因为法律术语的改变会引起人们对法律条款确定性的怀疑，这就是法律语言相较于普通语言更加稳定的原因。法律语言的基本目标是以绝对清晰和毫不含糊的方式传递法律信息。然而，事实上，立法语言也不总是完全符合术语的逻辑性和一致性。其中一个原因是，构成整个法律秩序的法律规则来自不同时期与不同的立法部门，特别是在指令中采用的术语的含义仅大致涵盖了既定国家术语含义的情况下。此外，法律语言的准确性还要求句子中的名词不会被代词所代替，否则可能会导致句子的主语或宾语含糊不清。

从词义的聚合角度来看，法学名词有系统性。如"立案""侦查""讯问""检察""起诉""开庭""审理""判决"等有一定的语义顺序关系。法学名词的系统性主要反映在法律不同要素的相互关系上，法律秩序具有系统性，法律规范的每个要素构成更大整体的一部分，法律规范构成法律的一部分，法律构成立法的一部分。在大陆法系国家，先例补充立法；在普通法系国家，先例具有根本意义上的重要性。法律科学的构成本质要求每个元素都与整个法律秩序相协调。在通过新法律或改革旧法律时，都需要强调法律秩序的系统性。这通常反映在许多法律和法规中，其中包括直接矛盾或与新的或改革的法律不一致的条款（部分），需要对其进行修改。例如，刑法在制定的时候需要以宪法所保护的法益价值秩序为参照。

法律秩序的系统性也体现在逻辑一致地使用法学名词术语上。法律实践的一个重要目标就是在所有法律背景下尽可能逻辑一致地适用法律规则，法律语言对社会的凝聚力正是体现在这种逻辑一致的特性中。逻辑一致性要求在不同的法律中，相同的术语尽可能对应相同的内容。假设法律是一种以国家力量为主体调整人类行为关系的规则，统一性与规则性都是法律的要素。法律的科学性意味着所有关于法律的系统知识应该根据法律的种类、法律的主体/客体等被划分。改革开放以来，随着我国法治建设的逐步推进，以宪法为核心的中国特色社会主义法律体系已经形成，并得到进一步完善和发展。党的十九大报告提出的"推进合宪性审查工作"是维护法律系统性的有效措施。

为了从法规或案例或两者中推断法律的内容，法学家可以根据其处理的主题对法律进行系统化分类，即构建法律体系。法律规定或司法意见可以被归类为私法或公法。此外，可以做出更精确的区分，并将私法条款分为与合同、侵权、财产、家庭和继承有关的条款。它们也可以被分为实质性和程序性条款。毫无疑问，这些尝试将法律条款或法院判决的内在逻辑系统化。到目前为止，传统分类的结果大多是连贯的和合理的，但是它们有时也会将形成其背景的社会事实沿着形式化的路线划分，从而出现逻辑不一致之处。例如，对于犯罪通常按侵犯的客体进行分类，如危害国家安全罪、侵犯公民人身权利罪、侵犯财产罪等，但是对于新出现的网络犯罪则是按照其所借助的工具或采用的方式来进行分类与定义的。

五、法定性与权威性

根据最初由英国法学家奥斯汀（John R. L. Austin）和美国哲学家塞尔（John R. Searle）所提出的言语行为理论，人类语言不仅用于传递信息或影响人们的行为，而且还能实现行为。法律尤其如此，从法律秩序的角度来看，言语行为至关重要。法律语言可以被看作一种社会管理和控制的工具，其重要任务之一是巩固社会结构、保障法律秩序以及在法律基础上做出决定。法律的最终目的是通过其语言来影响社会上每一个个体的行为。鉴于法律是一种只存在于语言中的形而上学现象，只有通过语言才有可能改变法律关系。因此,法律的语言是言语行为的工具,它具有行为功能,例如,在拉丁语中,"工具"(instrumentum)一词同样表示语言。作为治国之重器的法律,其语言具有权威性是不言而喻的。法律秩序赋予言语行为对口头表达的文字或签署文件的意义:通过这种方式,它将权利和义务与这些文字与文件联系起来。当我们说"甲某已签订租赁协议"时,这句话表达了一个制度性事实,即可以通过关于租赁生效的构成规则解释甲某的行为来看待这一事实。因此,法学名词作为法律规范的基本构成要素,具有法定性与权威性的特征。同时,研究法学名词规范化亦是为了增强法律的权威性与法定性。

具体来说,法学名词的法定性有两层含义:第一,法学名词一般是由立法机关在立法时命名和选用的,而不是自然形成的,其命名及含义具有法定性;第二,法学名词的语义解释只能由立法机关与司法机关做出,法律旨在得到所有公民的尊重。刑事判决力图使罪犯重新走上正确的道路,同时阻止有犯罪倾向的个人实施犯罪行为。当法律权威被法律语言强化时,就会产生心理影响。一方面保证公民理解和记住法律规则,另一方面通过制裁与惩罚使公民在法律允许的范围内行事。权威性具体体现在法律语言的功能中,可以发现,立法者的目标在于通过法律语言确保人们遵守法律规则。以宪法为例,宪法的生效往往是通过一种庄严的方式来实现,宪法序言通常具有宣言性质。例如,我国《宪法》序言:"本宪法以法律的形式确认了中国各族人民奋斗的成果,规定了国家的根本制度和根本任务,是国家的根本法,具有最高的法律效力。"我国《宪法》序言不仅是一种政治宣示,还是我国《宪法》的灵魂,代表了我国的立宪精神,《宪法》的权威性正是通过语言、术语、修辞等形式得到准确诠释的。

第二节 法学名词规范化之挑战

法学名词本质上由学科专有名词与术语组成。术语研究始于科学家们认为有必要记录和协调他们在特定学科中使用的术语,以便在工作环境中和国际层面上优化和加强沟通。因此,术语是帮助专家就其学科概念进行交流的工具。从这个起点开始,术语通过适当的方法使各个学科领域的概念系统化。① 术语理论具有以下三个中心原则：第一，概念的中心地位原则；第二，明确概念的相互关系原则；第三，单义性原则。需要注意的是，术语的理论和方法与词汇学有所区别，术语涉及概念及其名称，而词汇学涉及单词及其含义。法学名词规范化研究有两个前提。首先，假设法律之间的沟通是复杂的。法律知识不仅难以理解，法律传播对非法律职业者来说也是不透明和模糊的。其次，假设使用语言学，尤其是术语研究工具，可以促进法律知识的转移，使法律交流更加透明。本书在绪论部分解释了为什么术语对法律很重要，术语学理论在法律领域的应用可以使我们更好地把握法律概念、法律解释和法律规则。一言蔽之，法学名词研究的魅力在于其与语言学、逻辑和法律之间的相互作用。同时，术语学的特质与法律学科的特质相互作用，对法学名词规范化提出了严峻的挑战，主要体现在三个方面：第一，法学名词的界定问题；第二，法学名词的定义问题；第三，法学名词的分类问题。

一、法学名词范围界定的挑战

（一）法律概念与非法律概念区分的模糊性

美国法学家霍菲尔德（Wesley Newcomb Hohfeld）认为，基本法律概念是蕴含于各种法律利益中的法律元素。他指出，法律术语的模糊与随意必然会导致法律概念与非法律概念的混淆。② 以"财产"这个法律术语为例，看似意义简单但内涵实际上并不明确、不稳定。时而表征与各种法律权利、特权之属相联系的物质对象；时而稍微严谨和精确，表示与其相关的法律利益。所谓法律利益，也可以看作各种法律关系的集合。具体而言，"财产"有时指的是财产权，有时指的是财产之对象。当一个法律术语含混时，很难传达任何确切的意思，这就与法律文本的精确要求相悖。通过"财产"这个术语的模糊性可以看出，模糊的根本原因在于"有体"（物质对象）与"无体"（非物质对象）的区别。法律概念所关涉的法律利益都是抽象的，这与物质世界存在的事物是有区别的。对法律术语或者说法律概念进行界定的困难就在于此，多数法律词语最初仅指示有体（物质对

---

① S. E. Wright, "Lexicography v. Terminology," *ASTM Standardization News* (1991): 40, 45.
② ［美］霍菲尔德：《基本法律概念》，张书友译，中国法制出版社，2009，第13页。

象），而当其被用以指代法律关系时，严格说，皆属比喻和拟制。在自然科学领域科学家自创新词是常见的，正如居里夫人将发现的化学元素"镭"命名为"radium"，法律学者却丝毫不享有同等自由。后者只得从大众语言中"借来"其所需之术语并逐渐对其加以定义。有时一个词语对于法律学者具有专门意义，而外行对该词语的理解有所不同且较为含糊，而有时法律界所采纳的词语却又不为外行所用。举例来说，"让与"作为一个法律术语，最初是交付的意思。但是在法律文本中指法律利益的转让，是物质世界中"让与"的比喻用法，至于某个物品实际是否交付并不是构成"让与"与否的必要条件。"权力"一词作为法律术语频繁出现在法律语言与日常生活中，表达某人具有干某事的体力、精力，但是在法律领域中更常用以表示"法律权力"。"合同"一词也存在含糊不清的痼疾，也是由于未能在双方"协议"中区分精神、物质事实与该事实所产生的法律上的"合同之债"，所以在具体使用"合同"这一术语时难免令人不知所云：一会儿指示双方协议，一会儿指示具有法律上协议效果的合同之债。霍菲尔德指出，在合同订立之时，有拘束力的现行法则立即随受要约人之承诺将合同之债加诸其身。所以"合同"这一法律术语仅指双方之协议。债是现行法拘束的行为后果，也就是说，不是合同产生了债，而是社会规则的结果。

在本书中，法学名词研究是研究术语、概念和概念结构的语言学科。优先选择"法学名词"这一术语，是因为法学名词不仅指术语和概念，还指特定领域的结构化专有词语，即其作为该领域概念知识基础的专业词语。必须指出，这里的法学名词与术语在广义上是一致的，可以替换使用。此外，本书的法学名词术语研究还涉及编纂法律术语词典和数据库，涉及从特定的法律知识分支或法律实践活动中收集并系统化呈现术语。今天，研究者越来越倾向将认知语言学中的前提运用到法律术语研究中，这种倾向反映在强调概念结构和语境对于术语定义的重要性上。从这个意义上说，认知语言学和术语学研究方向在一定程度上是一致的。两者都侧重于术语单位的概念参考、科学领域的结构和专业知识表示，这使得认知语言学"成为分析专业语言和表征它的术语单位的一种有吸引力的语言范式"[1]，

---

[1] P. B. Faber, *A Cognitive Linguistic View of Terminology and Specialized Language*, vol. 20, *Applications of Cognitive Linguistics* [ACL], Chapter 1, Introduction (Berlin and Boston: De Gruyter Mouton, 2012), p. 1.

而将其前提融入术语描述可以促进知识表达与传播,这两者都是法律词典编纂的核心。由于本书中提到了"概念结构",因此需要澄清:在概念语义学中,雷·杰肯德夫(Ray Jackendoff)使用这个术语从语言学层面来表示心理表征。[1] 因此,一个词被视为语言或思想界面的一部分,也是概念结构的一部分。出于我们的目的,"概念结构"被认为代表对于理解概念意义至关重要的语外之力。事实上,如果一个概念不能被理解为与其概念结构隔离,那么,除了作为概念的语言表示的语言结构之外,对术语进行准确描述时还必须找到适应概念结构的方法。

法律概念是法律知识的基本要素,法律学科理论的体系化构建必须从基本概念着手。法律概念是指法律对各种具有法律意义的事物、状态、行为进行概括而形成的专门术语,也是法律沟通的基础。法律概念不仅在法律解释中占据中心地位,还在法律翻译和法律词典的制作中占据中心地位。法律概念有狭义与广义之分。狭义上的理解是,法律与法学所独有并具有特定之法律意义的概念,如"法人""无因管理"等。广义上可以理解为一切具有法律意义的概念,包括专门概念,同时包括普通语言中具有法律意义的概念,如"聚众斗殴""寻衅滋事""自由"等。本书中的法律概念一般从广义上来理解。

(二) 法律知识客体概念化的抽象性

要把握法律语言的基本性质,清楚理解法律术语和法律概念之间的联系与区分是非常重要的。概念是由人类思维创造的抽象客体,即由物质或事物的特征形成的客观对象;术语是概念的名称、概念的外在表达。因此,术语可以被定义为属于专用语言的概念系统的语言表达。马克·吐温(Mark Twain)曾经说过,正确的词和几乎正确的词之间的差异是闪电和萤火虫之间的区别。简而言之,我们对于使用词语的选择很重要,并影响话语的预期含义。使用正确的词语在法律中尤为重要,错误的词语选择会产生严重的后果并造成负面的法律效果。在适用法律时根据用于指称概念的术语,适用不同的法规或法律,可以说法律效果依赖于用于指称法律概念的法律术语,因此有人提出法律研究可能始于词语解释。然而,法律不是文字学科,概念构成法律知识,但如果不考虑语言语境,就无法理解法

---

[1] Ray Jackendoff, "Semantics-Theories," in M. Claudia, H. Klaus, and P. Paul eds., Chapter 4: Conceptual Semantics (Berlin and Boston: De Gruyter Mouton, 2019), pp. 86–113.

律。因此，法学名词必须包含使用和解释法律概念的语外之力，以便能够清晰可靠地描述法律概念的内涵与外延。

法学名词与法律概念的重要性不言而喻，每个法学生都应该熟悉基本的法律概念与那些表达这些概念的名词术语。然而，有时一个术语表示几个不同的概念，这破坏了法律表达的明确性和法律推理的确切性。考虑到术语是分析、记录和描述特定学科的概念的途径，[①] 因此对法律术语进行规范化研究是更好地理解法律概念的重要基础，通过关注法律概念的逻辑特征和本体关系，解释术语学如何为法律概念的界定奠定基础。术语研究的另一个重要特征是术语与概念之间的关系，术语和概念之间的基本关系可以通过以下方式解释：任何语言都不可能用一个独立的词来表达每一个具体的想法，但这并不意味着人们无法概念化这个想法，即使它没有相应的词。例如，汉语中的"缘""禅"等词难以在英语中找到合适的等价词。虽然存在没有相应术语的概念，但没有相应概念就没有术语，因为这个词的存在证明了事物的存在。术语与概念的区分对法律翻译和法律术语都具有重要影响，并且与概念化问题有关，这是本书研究的一个重要命题。

首先，法学名词作为法律概念的指称表达具有一定的客观性。法律知识客体本身就是人类思维的产物，抽象性是法律概念不同于自然科学概念的本质属性，然而其概念化的过程不是天马行空的，而是符合物质世界的客观规律的。从亚里士多德（Aristotle）开始，人们对于概念的表达与认识一直存在争议，可以将其归结为两种：唯名论与唯实论。两者都主张概念是客观存在的现象，是非呈现的、抽象的存在，因而不能在物质世界中直接被观察。唯实论认为概念的客观属性已经存在，人们对它的命名、定义需要发现这种客观属性，也就是说概念名称与其客观属性是紧密相连、不可分割的。唯名论则反映了对客观概念的认识，认为概念是人类意识的表达，名称与其客观属性并非不可分割。如，把"物理"与"化学"置换也未尝不可，新名称与旧名称一样正确，都是反映人们在特定时期、特定背景下对概念的认识。如上所述，可以看出两种理论同样都承认概念的客观属性，只是在认识与表达概念的客观性方面存在分歧。事实上，概念是一种事实，而其表达则可以被看作一种规范，二者是一种相互作用、相

---

① P. Sandrini, "Multinational Legal Terminology in a Paper Dictionary?" in M. M. Adoha ed., *Legal Lexicography* (London: Routledge, 2014), pp. 161 – 172.

互反映的关系,其本质都是人类的思想认识。由于认识受到历史、文化、时代等各种因素的限制,很难达到唯实论所主张的完美状态,因此本文将两种理论结合起来,而不是将二者对立。法律概念,法学名词,思想、精神的关系如图3-1所示。

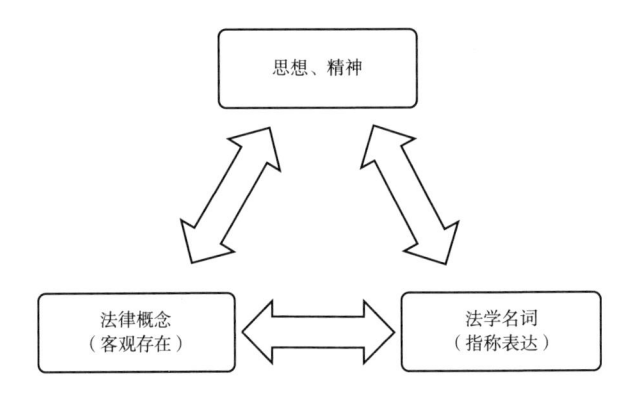

图3-1 法律概念、法学名词与思想、精神的关系

其次,法学名词具有历史文化性。如上所述,法律并不存在于物质世界中,而是由人类创造的。作为历史的产物,所有法律都具有相当的文化特征。因此,法律概念通常只出现在一个法律体系或某些法律体系中。实际上,各种法律制度的概念总是或多或少地存在不同之处,这种分歧的程度取决于有关法律文化之间的互动程度。例如,英国和美国的法律术语在很大程度上是对应的,美国建立在英国王室拥有的殖民地基础上。从世界范围来看,最重要的实际差异是两个主要法系——普通法和大陆法的概念系统之间的差异。因此在研究我国法学名词时,我国特有的文化历史属性是不能被忽视的。泱泱中华五千年文明中,天理、人情、国法的纵横交织,近代中西文化的交汇冲突……都反映了我国法学名词历史文化属性的复杂性。

二、法学名词定义的挑战

(一)多义词与单义性原则之间的悖论

详细的定义给人的印象是法律语言完全准确无误,事实上正好相反,法律中充满了具有多重含义的词语，而模糊笼统的定义有时可能有助于避免法律适用的不确定性。事实上，模糊性出现的可能性随着定义详细程度的加深而增加，结构越复杂，内涵与外延越具体，结果可能与预期完全相反，引发歧义的可能性越大。通常情况下，定义所表达的概念可能被判例或法律解释扩大或缩小，从这个角度看，一词多义是法律术语的一个本质属性。这意味着，即使在单一的法律文化中，同一术语也可能表达几个概念，具体取决于使用它的场景。由同一个法律术语表达的概念通常是分层的或部分重叠的。一个很好的例子是"普通法"这个术语，它现在有三个基本含义：基于英国法律传统的法律；具有英国法律传统的国家的法院创立的判例法，以及法院制定的判例法；效力低于宪法的一般法律。① 多义现象反映在法律解释中或法律文本的翻译中时，必须能够确定该词的正确含义。尽管多义词与同义词在法律语言中可能引起歧义，但这种现象也具有优势。多义词使得法律条款更具灵活性，适用于更加广泛的情况。同样地，可以通过列举一些同义词来避免法定条款或合同条款中的潜在缺陷，这些同义词涵盖了所讨论的语义领域。

然而，一切科学术语最突出的特点是词义单一而固定。单义性（univocity）指的是每个概念应对应一个术语，一个术语仅应指称一个概念。单义性原则要求消除所有同义词或多义词的情况。许多语言学家反对这一术语原则，认为语言不能标准化，同义词可能在专业话语中起作用。② 术语学之父欧根·维斯特（Eugen Wüster）认为，单义性原则是一个理想的术语状态，可以将其作为一个努力的目标，并牢记这是一个不可能完成的任务。③ 法学名词的重要功能之一是传达法律概念的含义以及陈述指称它的术语。事实上，在法律语言中，单义性原则是特别重要的，因为对规范性概念的准确理解是法律确定性的先决条件。因此，在法律语言中，规范或概念的广泛适用性之间存在内在冲突，这需要尽可能地在模糊性与法律确定性之间寻求到一种平衡，明确概念的定义。尽管单义性似乎构成了科学术语的一个有价值的目标，但应该强调的是，在法律中，单义

---

① B. A. Garner, *Black's Law Dictionary* (11th edn,) (MN: West Group, 2019).
② R. Temmerman, *Towards New Ways of Terminology Description: The Sociocognitive-Approach*, vol. 3 (Amsterdam and Philadelphia: John Benjamins Publishing, 2000), p.12.
③ [奥] 欧根·维斯特：《普通术语学和术语词典编纂学导论》（第3版），邱碧华、冯志伟译，商务印书馆，2011，第79—101页。

性的概念仅限于每个单独的法律体系。

维斯特作为现代术语学奠基人，是第一个对专业学科的语言使用进行系统考察的人。其著作《普通术语学习和术语词典编纂学导论》，为术语研究设定了标准化的轨迹，并启发了普通术语学（general theory of terminology）。维斯特的理论奠定了术语学研究的基本目标：第一，通过术语标准化从专业语言中剥离多义词；第二，说服用户使用专业语言的语言标准化优势；第三，将术语建成享有科学地位的完全成熟的学科。[①] 在术语学理论层面，法学名词规范化的首要原则就是"贯彻单义性原则"，即一个概念仅确定一个与之相对应的中文名称。为了使一个领域的专家之间实现精确沟通，一个术语仅表示一个概念是至关重要的。

为了实现术语和概念之间的一对一关系，普通术语学强调将术语与概念区分开来。维斯特是科技术语标准化的坚定支持者，事实上相较于自然科学领域，术语在人文社会科学中发展得比较晚，来自人文社会科学领域的专家几乎没有表达出对术语的兴趣。但是对于法律领域而言，单义性原则同样是法律确定性的内在要求。法律文本的起草者总是使用一个词来表达一个概念，"相同的词，相同的含义；不同的词，不同的含义"。尽管法律实践中并不是如此，但是这是法律客观性与确定性本质所追求的理想状态。因此，维斯特提出的理想化的术语理论并不是完全错误的。那么术语理论是否适用于法律专业语言呢？虽然与其他语言框架一样，维斯特的术语学理论可被视为提供有用的出发点，但它们也需要适应特定的研究对象。换句话说，必须检查哪个术语理论最适合法律这个特定领域。期望可以开发一种通用方法来满足每个领域的需求是不现实的，就像没有适用于每种类型翻译的普遍翻译理论一样。不同的领域具有不同的特征、技术和原则，术语的基本前提和方法必须与之相适应。

法律语言的使用要求精确性和准确性。这种对精确性的要求受到不确定的法律概念的挑战，这些概念破坏了法律确定性。这被称为法律语言的悖论，即个人正义与法律确定性发生冲突。虽然通过调整个案的规范性定义可以实现个人正义，但法律确定性要求应用精确的定义。同样，比利时法学家马克·范·胡克谈到了一般正义与公平之间的冲突。在本书中，尝

---

① M. T. C. Castellví, "Theories of Terminology: Their Description, Prescription and Explanation," *Terminology*, 2003, 9 (2): 163–199.

试用术语学方法解决一词多义问题。多义词，即一个词具有一个以上语义。单义性原则并不是要求一个术语仅有一个语义，而是指在特定领域中只有一个含义。严格来说，一个术语表示两个不同的概念，即在术语中多义词被视为同名，是因为在术语中术语的语义值仅基于术语与给定概念系统的关系来确定。

如前所述，认识到不能简单地定义基本法律术语，需要考虑和发现可能试图定义这些难以捉摸的术语的有效方法。英国法学家边沁（Jeremy Bentham）认为，应该对法律术语与句子而不是词语进行研究。英国法学家哈特（H. L. A. Hart）转向对某些典型的法律句子进行分析，研究嵌入其中的术语的预期含义。一种可行的方法是，在法律概念的"对立面"和"相关性"研究中展示与其他概念的各种关系，然后在具体案例中举例说明概念的特殊性和应用场景。在关于权力和责任的讨论中，霍菲尔德进一步揭示了其对法律概念定义的分析。作为一个法律概念的权力的内在性质是什么？是否有可能分析这个不断使用的、也非常重要的法律术语所代表的概念？如果同意将句子或具体案例作为适当的审查对象，那么对这些研究对象必须做些什么，以便增进我们对所涉法律概念的了解？因为法律概念在法律制度的背景下具有意义，所以初步问题是确定法律制度意味着什么，特定的制度关注什么。根据句子所针对的语境，即针对不同的法律制度，法律术语的定义也是不同的。

（二）法律概念的模糊性与不确定性

毋庸置疑，语言和法律都存在模糊性和不确定性，不确定性通常被视为法律的一个特征，而模糊性更多地被归因于语言表达。但究竟什么是不确定性与模糊性？简而言之，当法律问题没有单一答案时，法律被认为是不确定的。至于法律的模糊性，包括语义模糊和语用模糊，指法律表达中的无信息或信息不完整。对法律概念来说，最明显的特征是不精确性、不可通约性和不确定性，这些都对法律实施产生负面影响。从语言学的角度来看，模糊性通常被认为是与歧义和多义性相关的语言现象。语言学学者宾凯（M. Pinkal）认为，模糊性是不确定性的来源，模糊性本质上是非特异性的和不确定性的。[①] 如果一个术语的含义不明确并且存在多种可能的

[①] T. T. Ballmer, M. Pinkal, *Approaching Vagueness* (Amsterdam: Elsevier Science Publishers, 1983), pp. 127-138.

解释，这种情况就是含糊不清。法律确定性和不确定性的问题引发了对法律问题是否有唯一正确答案的思考。如果没有，则法律是不确定的；如果有，则法律是确定的。也许模糊性和不确定性之间最显著的区别在于前者无法通过语境来解决，而不确定性在限制使用场景后往往不言自明。首先，可以将法律概念的不确定性区分为三种：（1）法律概念对社会和道德条件的一般依赖性；（2）故意不确定性，即某些概念是故意留下不确定性的，以便能够进行广泛的解释，如"诚信原则"；（3）立法程序中的错误导致的意外不确定性。模糊性则可能源于这样一个事实，即法律没有对其进行界定，这使得法院在作出法律裁决时有很大的余地。因此，模糊性使得法律满足一般性的需要成为可能，反映了法律必须涵盖尽可能多的不同情况。一言蔽之，如果法律概念含糊不清，那么法律规则的适用可能也是不确定的。

三、法学名词分类的挑战

法律制度可被视为管理社会的信仰、思想和道德观念的网络。所有法律概念都构成该系统的一部分，因此，在术语中互连概念并将其表示为概念网络的一部分至关重要。充分理解法律概念及其含义的解释，只能通过将其与围绕它的概念区分开来，并在法律环境中根据其功能和地位对其进行框架划分来实现。法律概念可以被看作社会问题的法律解决方案的构成要素。法学名词规范化研究的目标之一是提供相关法律概念之间相互关系的准确信息。实际上，术语的一个特殊特征是包含概念关系，或者以概念谱系的形式被用作可以在研究过程中进行调整的工具，或者作为反映特定关系的数据类别。

如果法学名词是表达法律规范和承载法律知识的概念表述，那么理解法律规范就预先假定了概念化和分类的过程，这对理解法律概念至关重要。概念化代表了将概念理解为更广泛的概念结构的一部分的过程。一个概念可以针对不同的上下文进行不同的概念化，这些上下文激活不同的知识元素并修改模糊概念的含义。分类是一种思维过程，它使我们能够通过感知概念之间的相似性和差异性来理解客观世界并对思维客体进行分类。毋庸置疑，分类不仅对于理解法律概念很重要，而且对于理解法律制度也很重要。概念化和分类都有助于更好地理解法律概念。

自古以来，概念的分类一直是一个值得探究的哲学命题。古希腊哲学提出了两种分类方法：分区（divisio）和划分（partitio）。术语中的种属概念就是后来从亚里士多德的逻辑学理论中发展起来的。假设法律概念的分类可以从其他非法律分类方法中受益，关于分类的两个主要理论是原型理论和经典理论。前者基于分级相似性或家族相似性的判断，后者认为概念和语言类别具有基于概念的成分特征的定义结构。具体举例，一类行为是犯罪与否，经典理论基于该行为与犯罪行为的相似度判断认为属于该类别；而原型理论通过判断该行为是否具有犯罪的构成要素特征来认定。根据原型理论，模糊概念可能与某类型的核心成分特征有很多共同之处，这些概念被标记为"半影"。在将中国法律体系分为不同的子领域如刑法、合同法、公司法等时，严格的划界并不总是可行的。不同的子领域之间或者概念类型之间根本没有明确的分界线。出于这个原因，原型理论更有可能实现对法律概念的科学分类（第五章将详细阐释）。

第四章 法学名词规范化的学理内涵

法律概念不仅在法律解释中占据中心地位，而且在法律翻译和法律词典编纂中也占据中心地位。考虑到这一点，有人认为术语研究提供了一个健全和创新的理论和方法框架来研究法律概念。同时，法律研究可能会受益于术语研究，因为它为解释法律，特别是司法解释提供了一个有吸引力的范例。在这方面，法律学科应该意识到术语研究在日常工作和研究中的可能性。术语知识使人们能够更深入地了解法律语言和法律文化，从而更好地掌握法律实践。从提供的术语理论概述和批判性分析可以得出结论，术语不仅从规范性理论发展为描述性理论，而且已经成为一个具有巨大潜力的既定科学学科，被应用于各个科学领域。正如人们常说的，没有术语就没有知识。本书试图通过术语学理论在法律领域的应用，填补法学名词规范化研究的空白。

第一节 法律语言的一般理论

本章首先定义专业语言，仔细审查了概念与术语的二分法，并将重点放在法律和语言之间的特殊关系上。之后，将重点放在法律术语和概念上。法学名词规范化研究的主要任务之一是解决法律概念的模糊性和不确定性问题，因此，本章将借鉴术语研究的基本原则，使用语言学工具来研究定义法律概念。

一、法律语言的独特属性

相较于其他自然科学、人文社会科学，法律语言的独特属性主要体现在四个方面：第一，法律语言具有利益关涉性；第二，法律语言表述的法律规范具有强制性；第三，法律语言应是可获得的；第四，法律语言包括非语言层面因素。

首先，法律语言较自然科学领域语言具有特殊的"利益关涉性"。[①] 法律语言与其他大多数语言不同，因为法律语言描述了一种形而上学的现象，法律在物质世界中不存在。由于法律完全是由人类创造的，法律总是与特定社会文化联系在一起，法律规则在不同的社会文化中有所不同，同时法律概念也不同，因为法律概念是法律规则的结晶。在语言学层面上，法律科学与自然科学明显不同：自然法则与法律语言在与其客体之间的关系方面明显是不一样的。自然科学的语言不能改变现实，如果植物被错误地或不准确地描述，该植物仍然是一样的。但是，如果立法者在当代法律中描述的法律现象发生变化，那么法律现实就会改变。因此，法律具有利益关涉性。

一般来说，自然科学领域的概念定义并不会直接引起相关行为规则或社会利益分配的变化。具体而言，"原子""元素"等概念定义的变化是因为科学技术的发展，对社会规则一般没有影响。自然科学的名词术语是科学技术发展过程中人们约定俗成的，其起源大多带有偶然性。与自然科学概念有关的人类活动主要涉及外在的自然现象或自然规律，都是物质世界的客观存在，对其命名、定义并不会对人们行为或社会利益分配产生直接作用。而法律概念则恰恰相反，法律概念定义的变化会直接影响人们行为后果及其相关利益。例如，"婚姻"作为法律概念定义直接影响人们婚姻关系的认定以及相关的财产权益。我国《婚姻法》（2001 年修正）第一章第 2 条规定："实行婚姻自由、一夫一妻、男女平等的婚姻制度。"也就是说在我国，"婚姻"作为一个法律概念，其定义是男女双方以永久共同生活为目的，以夫妻的权利义务为内容的合法结合。但是如果将"婚姻"定义为由两个人一起生活组成的合法结合或契约，那么对人们婚姻行为及其法律结果的影响是不言而喻的。

其次，法律语言所表述的法律规范是强制性规范。法律概念与其他人文社会科学领域的概念相比有其独特性。任何人文社会科学领域的概念定义都会对一定的社会规范产生影响或起作用，例如，社会学、人类学名词

---

① 舒国滢、王夏昊、雷磊：《法学方法论》，中国政法大学出版社，2018，第 59 页。

定义可能对社会规范、道德规范产生一定影响，但是社会规范、道德规范等其他规范都不像法律规范这样具有强制性的特点。法学名词是法律规范的概念表达，对其命名、定义会对行为、利益产生直接影响。例如，我国1979年《刑法》中有关于"投机倒把罪"的规定，改革开放后该罪名被取消。这并不意味着在社会规范、道德规范中没有对这个概念的定义以及社会的谴责，只是在法律上其不再属于"犯罪"概念的范畴。这是因为法律在规制人们行为的同时，附加了强制制裁，故而涉及人们的重大利益。正是因为法律概念对人们的生活、行为、利益有不可忽视的重要作用，关于法律概念的争议才特别大，对其形成一致见解才比其他人文社会科学领域的概念更加困难。

再次，法律可以被定义为通过系统地运用政治组织社会的力量来规范人类活动和关系的制度。因此，法律必须是可预测的，以便人们可以预测其行为的法律后果，以及律师可以向客户提供有关他们应该做什么的建议。同样，法律必须是灵活的，以适应不同的情况和社会变化。此外，法律必须是可获得的（accessible），这样任何人都可以找到、阅读和理解它。[①] 这种对法律可获得性的高度需求使其与其他领域区别开来。与其他知识领域不同，法律对于专家和非专家都应该是可以理解的。毕竟，法律会影响每个人。但是，法律的可获得性并不能保证对法律的理解。法律不仅用复杂的法律术语表达，还拥有自己的固有逻辑，非专业人士往往难以理解。

最后，法律语言的含义超出了语言范围，涵盖了非语言层面。应该指出的是，本章从认知语言学的角度来研究法律概念的含义，这基本上意味着：一是含义被视为概念结构；二是理解一个概念，我们必须理解由这个概念激活的（外部语言）意义感知（概念的概念化）。所描述的意义感知反映了概念在人类思维中的联系方式，并表明知识是如何在认知上被构建的。从这个意义上讲，可以得出的结论是，意义与知识都可以被视为概念结构，知识可以被视为相互关联的概念。非语言层面的影响因素对法律概念的语义的重要性在普通法中尤为明显，普通法将重点放在判例法的具体实践经验上，而仅作为"单纯词语形式"的规则没有判例

---

① N. E. Nedzel, *Legal Reasoning, Research, and Writing for International Graduate Students* (Aspen Coursebook) (Amsterdam: Wolters Kluwer, 2008), p. 2.

那样重要。① 本章还讨论了大陆法与普通法之间的差异，以期更好地理解法律的运作与法律概念。

二、法律语言的概念维度

专门语言通常被描述为在特定领域的边界内使用的语言，因此与日常或一般语言区别开来。本部分将对专业语言的不同观点与认知主义和法律研究的主要发现进行比较。可以通过两种方式来处理专业语言：符号学方法或自然语言方法。本书不是仅将法律语言作为符号系统研究其传递和交换信息使用的各种代码信息，而是重点研究与自然语言的关系，即法律与语言之间的关系。并通过法律与语言的关系研究以探索法律区别于自然语言的概念领域。20世纪60年代开始的专业语言研究主要集中在词汇、语法和文本类型上。② 然而今天，我们努力将专业语言作为一个整体来处理，并将其置于更丰富的语境中，因为语言所有方面的综合方法可以使专业语言的表达更加科学与规范。每个科学领域都有一个特定的概念结构和一组反映在其术语中的特定概念，专业语言研究赋予了对概念领域的洞察力。换句话说，表示域的专门概念的术语将我们引入该域的概念结构。因此，要了解特定领域，必须了解其术语和术语背后的概念，这对法律科学领域尤为重要。

法律语言与其他专业语言是不同的，非专业人士必须经常阅读并依赖法律语言来解决他们的日常事务，这对其他类型的专业语言来说是不可能的。这个简短的讨论表明，尽管法律影响我们每个人，但律师和法官经常忘记他们使用的语言在法律领域之外也应该是可以被理解的。在这方面，人们可以通过尝试学习基本的法律知识并获得法律专业技能，法律术语规范化无疑提供了一个好的开端。认知语言学认为，语言与人类的其他认知能力相关，强调语言、思想和经验是深深交织在一起的。从这项研究的角度来看，特别重要的是认知语言学将注意力集中在意义和概念化上，作为

---

① N. E. Nedzel, *Legal Reasoning, Research, and Writing for International Graduate Students* (Aspen Coursebook) (Amsterdam: Wolters Kluwer, 2008), p. 18.
② P. B. Faber, *A Cognitive Linguistic View of Terminology and Specialized Language*, vol. 20, *Applications of Cognitive Linguistics* [ACL], Chapter 1, Introduction (Berlin and Boston: De Gruyter Mouton, 2012), p. 1.

将概念理解为更广泛的概念结构的一种过程。认识到概念在专业语言中的作用,法律语言的研究应该放在认知语境中,考虑语言的交际和功能方面。从这个角度来看,概念在法律和语言研究方面都值得特别关注。我们首先通过它所履行的功能的棱镜来观察法律领域的语言。根据主流观点,法律语言是由特殊语言或子语言组成的法律话语。[1] 法律语言需要特殊的句法、语义和语用规则,作为在法律专家之间传达特殊主题信息所需的语言交流手段。[2]

当前对法律语言的研究主要集中在技术特征和形式特征上,包括词汇、语法、风格,从而忽略了法律语言的概念维度。这些研究似乎将风格置于实质之前,并且不太可能在特殊领域中明确地说明语言的使用。关注法律语言的这种形式特征而不考虑其实质,不仅犯了用词汇识别语言的错误,同时也忽视了专业语言作为概念语言的主要功能。[3] 出于上述原因,法律语言学研究应该更多地关注法律概念及其语境。每个法律体系,每个司法管辖区和法律领域都有自己的子语言,而子语言又是特定历史和文化的产物。从这个角度来看,本部分集中讨论了语言与法律之间的联系,以期掌握法律概念在法律中的作用。

法律语言的主要特征包括动态的法律概念与法律概念的使用、实施和解释。因此,在不考虑其更广泛的概念结构的情况下,不可能描述、定义或翻译法律概念。此外,这种动态背景使得法律术语在不同的法律领域得到重新语境化,这对于在法学名词规范化研究中应对法律语言的多义性挑战尤为重要。鉴于这些因素,我们可以将法律语言视为术语和概念结构的集合。

三、法学名词与法律语言的关系

首先,法学名词是法律语言的构成要素。词汇是语言中最敏感活跃的

---

[1] J. C. Sager, *Language Engineering and Translation: Consequences of Automation*, vol. 1 (Amsterdam and Phildelphia: John Benjamins Publishing, 1994), p. 99.

[2] J. C. Sager, *Language Engineering and Translation: Consequences of Automation*, vol. 1 (Amsterdam and Phildelphia: John Benjamins Publishing, 1994), p. 99.

[3] [奥] 欧根·维斯特:《普通术语学和术语词典编纂学导论》(第 3 版),邱碧华、冯志伟译,商务印书馆,2011,第 127 页。

部分，随着社会的发展，新事物、新概念不断出现，需要与之相对应的新词语也就出现了：或是为了表述新事物、新概念，抑或是给已经存在的词语增加新的义项。同时，一些词语随着社会变迁也逐渐消亡。词汇作为表示这个客观物质世界的媒介，其本身也在不断地进化、自我建设。例如，随着电子计算机的发明，与之相关的一系列新的词语产生。当我们用科学的方法来观察和分析语言和词汇时，可以从中概括出某些带有规律性的社会变化现象。事实上，所有人类学家、社会学家、历史学家、哲学家，包括法学家在内，都需要从作为重要社会现象的语言着手推断社会的发展变化。法律语言的风格从《宪法》延伸到日常法律文本，在一定的范围内从严肃到轻松，逐渐发生变化。所有的职业都发展自己的行业术语，这加强了内部关系以及所在专业领域发展的连贯性。法学名词的一部分是所有律师、法官及其他法律职业者共同的专业术语，但是也有些表达方式只存在于某个律师团体的行列中，甚至在特定的法院或部门（如最高人民法院、部委）内部使用。

其次，法学名词的特定含义使法律的功能得以实现。法律语言不同于一般的自然语言，根据语言学家卡勒斯（Carles Duarte）的说法，法律语言是自然语言的功能变体，具有自己的使用领域和特定的语言规范（用语、词汇、术语和含义的层次结构）。很明显，法律语言是基于普通语言的，出于这个原因，法律语言的语法、词汇和一般自然语言是相似的。但是，法律语言是一种特殊用途的语言。这意味着，存在大量法律条款，其性质因法律分支而异。此外，不同国家和不同时期的法律语言在不同程度上具有区别于普通书面语言（如句子结构）的特征，具有特定的法律语言风格。出于这些原因，常常出现的情况是，从普通大众的角度来看，法律语言可能是不可理解的。法律语言通常被称为"技术语言"或"专业语言"，也就是专业人员使用的语言。同时，与其他大多数语言为了达到特殊目的相比，以法律语言传播的信息的目标受众通常为全体人口，而不是由某些人口层次或一些特定公民组成。例如，法律通常要求全体人员遵守，而法院判决首先涉及案件的当事人。因此，法律语言不是专门针对法律专业内部沟通的工具。事实上，律师行话与普通人的法律现象俚语之间没有明确的界限。一些涉及法律专业术语的表述，也许有点荒谬的性质，但也为普通大众所使用。例如，"妇女"通常被理解为已婚女性，而刑法中对"妇女"的规定是已满十四周岁的女性；"抢劫"的法律术语不包含抢夺行为（排除转化型抢劫），而一般街上受害者在包被夺时大喊"抢劫啦"其实多半是抢夺罪。法律语言涉及社会生活的所有领域，它可以通过文本互涉（inter textuality）与来自任何领域的语言相结合。此外，法律语言发展相对缓慢，这就是为什么在历史上法律语言影响各国的普通语言。即使在今天，法律语言仍然对普通语言产生十分重大的影响。目前还不清楚普通语言的使用领域与法律事务中使用的语言的使用领域在地理上是否相同，一个地理区域的人口可以使用一种语言，而这种语言不是构成一个国家法律语言基础的语言。在中世纪和近代初，拉丁语是法律诉讼的语言，特别是书面判决。今天，许多非洲国家的官方语言以及法律事务语言都是法语或英语，尽管非洲主要人口使用的是非洲语言。

　　最后，法学名词是法律语言学重要的研究对象。法律语言学研究法律语言的发展、特点和用法，研究涉及该语言的词汇，特别是术语、语法（单词之间的关系）或语义（词的含义）。法律语言学并不是语言学的一个分支，但是开展法律语言学的研究需要根据语言学的观察结果与法律语言学的框架，这就是为什么往往将法律语言学描述为法律科学与语言学、社会学等学科的综合。第一，这门学科与语义学的关系非常密切。事实上，词汇学构成语义学的一部分，在法律语言学中占据中心地位。这是由于法律语言与普通语言不同之处的本质在于法律语言学是通过术语来解释的，因此可以运用术语学研究方法，对法律概念与概念系统进行深入分析。第二，费尔迪南·德·索绪尔（Ferdinand de Saussure）作为第一位正式将语言研究纳入符号学视野的语言学家，在其名著《普通语言学教程》中明确指出："符号本身由两部分组成，即能指（意义载体）和所指（概念或意义）。"将语言学结构主义与符号学研究在法律研究中进行类比，可以探索法律作为一种自治自洽的科学的逻辑基础。第三，还有一种研究与法律的历史和社会学密切相关。在法律语言学研究中，历史和社会学角度往往是富有成效的，甚至是不可或缺的。研究领域包括法律语言词汇如何随时间而变化（语言也有完整的变化过程），借用法律词汇的起源的国家和时代是什么，法律语言在各种法律文化中如何被使用（如研究人员、法官、立法者使用），法律术语在多大程度上被公众所知晓。今天，这种语言学研究可以在当代中国法律语言的背景下，着眼于中国人在国家和社会不间断和可追溯的特定时期创造和继承的文化和社会价值背景。

第二节 法学名词与法律科学

一、法学名词是构建法律科学的基本单位

(一) 法学名词是法律科学理论体系化构造的基础

法学名词是所有法律概念的指称表示,而法律概念一般与法律规范并列为"法的要素"。① 在法律科学领域,各个部门法理论的体系化构造也往往是从本部门的基本概念入手的,如宪法中的"合宪性审查""宪法效力",国际法中的"领土""领海",刑法中的"犯罪""刑罚",诉讼法中的"被告""原告",等等。法律规范适用的核心问题往往是特定案件事实能否被确定无疑地涵摄于特定法律规范所包含的法律概念之下,简单来说,法律适用的焦点问题往往是法律概念的内涵与外延之争。当某个法律事实被涵摄于某个特定法律概念之下时,已经确定了该法律事实的性质以及相关的法律后果。例如,当某个行为可以被称为"不当得利"时,那么就表明该行为没有合法依据,有损于他人而取得利益,负有返还赔偿责任。法律概念是法律科学的基础(见图4-1)。

图4-1 法律概念与法律科学的关系

法学名词是法律概念的指称决定了法学名词与法律概念的密切关系。从哲学角度来说,概念的基本功能在于区分性质不同的对象或客体,概念模糊会导致认知混淆。法律概念也是如此,它的基本功能就在于将各种纷繁复杂的指称对象区分开来。如果要将指称对象区分开来,至少要做到两点:一是澄清概念定义;二是澄清概念与概念之间的关系,这也

---

① 张文显主编《法理学》(第5版),高等教育出版社,2018,第112页。

是术语词典的基本要求。

在进行法学名词规范化研究之前，我们必须确定法律究竟是什么以及法律科学是什么。我们应该如何用语言来解释法律？将尝试主要关注其工作语言部分，从法律语言使用者的角度进行分析，即律师实际上在做什么。我们将确定与语言有关的律师工作的各个方面，显示律师工作中哪些部分对语言的依赖较少。这个程序看起来很麻烦，但法律语言学不能在真空中发展。更具体地说，没有法律就没有法律语言学。因此，以复杂机制为背景来理解社会经验的法律是其建设的必要先决条件。法律语言学深深植根于其母系学科，即法律科学和语言学。

法律语言学不同于法律科学，法律科学主要对抽象实体（概念）感兴趣，这些抽象实体可以在术语背景中被找到，即术语的含义。这种科学通过法律概念对法律秩序进行系统化构建。法学名词是法律科学所必需的概念名称。然而，这门科学的主要研究对象不在于法学名词，而在于概念本身。相比之下，在法律语言学中，构成主要研究对象的是术语。由于这两个学科之间的联系，法律语言学需要法律科学的支持，正是后者显示了法律术语的含义。同时，从法律语言学的角度来看，法律理论、法律信息学、法律社会学和法律史都具有根本的重要性。在法律语言的发展过程中，语言历史和法律史是融合在一起的，不可能出现在不知道任何社会学背景的情况下理解使用法律语言的情况。同样，比较法研究产生的信息有助于法律语言学家理解与法律有关的各种语言之间的互动关系。实际上，这些优势是相互的。学者和执业律师必须解释法律，必须赋予法律和其他法律渊源文本表达意义。法律解释是一个复杂的现象，其中语义和句法都起着重要作用。即使法律解释问题不能只在这些语义和句法论据的基础上解决，但是它们才是法律解释的重要组成部分。因此，语言学方法，特别是文本语言学方法，对于法律学者和执业律师在解释法律过程中都有重要作用。

法律语言学甚至可以在更普遍的层面上与法律科学产生联系。它使用完整的法律语言图景和法律本身的统计方法，从理论和法律社会学的角度来看，在法律语言使用中可以观察到的规律性是非常有意义的。同样，外国法律文化对我国法律科学的影响可以得到明确。有了这个目标，就可以检查足够的法律样本，并汇总所有在这些文本或索引中找到的外文引文。根据不同语言将引文分为不同类别，可以确定哪些外国法律文化影响了我国法律思想，间接影响了我国法律制度。

（二）法学名词是法律形式统一与法律规范秩序构建的基础

费尔迪南·德·索绪尔作为第一位正式将语言研究纳入符号学视野的语言学家，在其著作《普通语言学教程》中明确指出："符号本身由两部分组成，即能指（意义载体）和所指（概念或意义）。"索绪尔在新康德主义的科学方法论的基础上，把语言系统的表述作为语言学的客体，认为术语是语言自治科学的重要构成要素。[①] 将语言学结构主义与符号学研究在法律研究中进行类比，可以探索法律作为一种自治自洽的科学的逻辑基础。

法律科学作为一门科学开始出现，就像作为独立或自主主体的法学研究一样，更多的是指它的现代理性主义背景。然而追溯历史不能忽视这一事实，法律在西方作为一门独特的科学被教授和研究，和政治、宗教明显区别开来，就是从研究古代法律文本开始的。法学家的任务是理解一系列客观赋予和权威性规定的文本，并试图不质疑这些法律的合理性、法律效力、历史与社会条件。从12世纪初期开始，法律科学就把法律研究当作一种学说的自治体，法律由精英组成的法律执行者进行语言学重构和传承。虽然19世纪和20世纪已经发生了几次对法律诠释正统问题的攻击，法律研究中的历史和现实倾向在一定程度上挑战了法律科学中的形式主义假设，但现代法学的最大成功恰恰是重新断言法律自治的特征。奥地利法学家汉斯·凯尔森（Hans Kelsen）创立了纯粹法理论，反对在法学研究中掺入任何价值标准和意识形态的因素，倡导法学研究的纯粹性。特别引人注目的是，凯尔森对法律研究对象的定义、关于法律规范逻辑层次的科学的形式主义概念以及法律符号自治的相关论题的研究，在法理学研究中占主导地位。虽然凯尔森纯粹法理论中的形式主义经常被批判，但是形式主义的存在是因为它表面上是我们的法治理想所要求的裁决理论。[②]

当代法律形式主义的普遍发展是一个有据可查的现象，其核心是把法律作为独立的规范系统，且该系统是自治与自洽的。换句话说，这是一种法律形式的科学，并且与索绪尔式的语言学有许多共同之处。凯尔森关于法律秩序的语法和层次的严谨理论甚至比索绪尔的语言学概念更为明确。

---

① ［瑞士］费尔迪南·德·索绪尔：《普通语言学教程》，岑麒祥、叶蜚声、高名凯译，商务印书馆，1980，第37—40页。
② M. S. Moore, "The Semantics of Judging," *Southern California Law Review*, 1981 (54): 151 – 166.

纯粹的法律理论对法律的科学地位提出了独特的主张："客观主义和普遍主义。以法律的整体有效性作为目标，力图将每一个个体现象都与所有其他体系相联系……在法律的各个部分中构想整个法律的功能……法律是一种秩序，因此所有法律问题都必须作为秩序问题来理解和解决。通过这种方式，法律理论变成了对实证法的精确结构分析，没有任何伦理、政治和价值判断。"[1]

纯粹法理论试图在构建法律体系时排除历史和特定事实中固有的主观性因素。凯尔森的主要方法论创新是将康德方法引入法律研究。然而，通常可以看到，法律哲学的形式主义正统观点，特别是对裁判的解释研究，在19世纪下半叶因历史法学的兴起而日益遭到质疑。[2] 黑格尔的"权利哲学"以及马克思关于历史唯物主义和法律意识形态历史性的概念都对纯粹法理学构成了挑战，但它们却以历史发展和政治实践的名义，联合起来对法律对象自治的实证主义论点进行了批判。法律哲学的科学地位显然面临历史研究浪潮的威胁。

然而，凯尔森始终坚持法律概念的纯粹理论。正如他自己所说的那样，"一瞥传统的法律科学，在十九世纪和二十世纪的发展中显然清楚地表明，距离科学的纯洁性要求有多远"。他认为，传统科学已经失去了对纯粹逻辑的法律分析的可能性的信念，已经忘记了将纯粹与外来影响区分开来的方法论公理，规范因果关系或经验关系。[3] 可以毫不夸张地说，对于凯尔森来说，整个法哲学的历史，实际上是有着巨大的错误的不间断的叙述，而这正是由于没有将规范秩序的形式合法性问题与特定法律的内容区分开来，前者是一个逻辑问题，后者是关于神学、伦理学或政治学的问题。[4] 前一个问题本身就是法律科学的学科，凯尔森认为法律学科应研究法律秩序的系统性特征，这些特征被视为规范的语法和层次结构。如前所述，纯粹法理论是一种结构性的法律理论。事实上，沿着凯尔森式的法律

---

[1] H. Kelsen, *Pure Theory of Law*, trans. by M. Knight (Berkeley, CA: University of California Press, 1967), pp. 191 - 192.

[2] G. Sampson, *Schools of Linguistics: Competition and Evolution*, Chapter 1, Prelude: the Nineteenth Century (London: Hutchinson, 1980), pp. 13 - 33.

[3] H. Kelsen, *Pure Theory of Law*, trans. by M. Knight (Berkeley, CA: University of California Press, 1967), pp. 447, 486.

[4] H. Kelsen, *What Is Justice?: Justice, Law, and Politics in the Mirror of Science; Collected Essays* (Berkeley, CA: University of California Press, 1957).

科学之路的第一步，正是从康德（Immanuel Kant）超验认识论或"新批判"二元论的方向开始的。

凯尔森认为，"正如感官认知通过对自然科学的认识而成为一个宇宙，由法律机构创造的众多的法律规范通过对法律科学的认识成为一个统一的系统与法律命令"。① 他的"科学观的认识论"的基本前提是拒绝超前的形而上学："认识不能仅仅是被动地与其对象有关；认识不能局限于反映自己以某种方式给出的东西……认知本身是通过感官提供的材料并根据其内在规律来创造认知的对象。符合保证认识过程的结果的客观有效性的法则……客观性的理想成为主导。"② 简而言之，任何法律制度应符合先验逻辑预设。因此，法律层级的基本规范是为了满足对法律秩序进行客观解释所必需的要求或合乎逻辑的条件而产生的。换句话说，要使科学成为可能，就必须预先假定法律世界以特定的形式构成。凯尔森充分利用康德将其定义为"构建系统的艺术"的做法，有意识地推进了康德式的客观唯心主义，康德认为制度是"一种观念下的各种认知的统一"。

法律科学的认识论前提以及法律规范的约束效力的合法性，被包含在规范体系逻辑和统一的假设中。凯尔森认为，没有必要引入任何价值考量："因为即使是无政府主义者，如果他是法学教授，也可以将积极的法律描述为一种有效的规范体系，而不必批准这部法律。"③ 恰恰是对规范秩序的科学性以及其要素之间必要的相互关系的假设，将系统本身的状态视为一系列必要条件，这就避免了既考虑因果关系问题又考虑实质性裁决的问题。后两个问题都被放到了偶然或合成的领域：将法律定义为一种规范，并将法律科学限制在法律规范的认知和描述以及规范确定的事实之间的规范决定关系上，作为规范的科学的法律科学是针对所有其他科学的，这些科学是针对实际发生的事实的因果性认识。④ 客观性的理想以及与逻辑相关的关注作为法律陈述的特殊模式，必然会产生对法律的行为主义论

---

① H. Kelsen, *Pure Theory of Law*, trans. by M. Knight (Berkeley, CA: University of California Press, 1967), p. 72.
② H. Kelsen, A. J. Trevino, *General Theory of Law & State* (New York, NY: Routledge, 2005), pp. 434–435.
③ N. MacCormick, *Legal Right and Social Democracy: Essays in Legal and Political Philosophy*, Chapter 1, *Legal Right and Social Democracy* (Oxford: Clarendon Press, 1984).
④ H. Kelsen, *Pure Theory of Law*, trans. by M. Knight (Berkeley, CA: University of California Press, 1967), p. 75.

述，对规范体系作为理想的描述，只涉及法律制度的外部性和法律意义。

法律秩序是一个相互协调的规范体系，建立在不同效力等级的规范层次上。法律规范的构建和适用是一个使下级规范与上级规范提供的标准相一致的过程。换句话说，从系统观点来看，法律动态是规范确定的过程。法律创造和适用所要求的纯粹是形式上的，它们只涉及低层规范与高层规范的一致性，从而使凯尔森重申法律秩序的统一。因此，可以将结构逻辑重新引入法律动态研究，即使法律秩序没有包含对某一特定行为积极调节的一般规范，该行为仍然受到消极规范的约束。因此，引入关于法律动态的讨论强化了逻辑法律体系客观性的概念。

虽然凯尔森的纯粹法理论存在这样或那样的不足与缺陷，但是其试图构建纯粹法律科学的努力是今天法律理论进一步发展的重要基础。从对法律形式的系统统一和规范秩序的客观意义的关注到对法律语言、术语规范的实质性问题的关注，依然是站在整体的实证主义立场上的。

二、法学名词是分析法律科学的重要途径

（一）法学名词是理解法律现象的重要途径

法律的基本作用在于使人类社会中种类众多、各不相同的行为与关系形成某种合理的秩序，并颁布一些适用于某些应予限制的行为的规则。在上述过程中，形成了一系列便于对法律现象、法律事实进行表述的专门概念。通过这种方式，统一的法律概念为法律统一地调整社会关系提供了基础。例如，当某人与他人达成一种合意并形成"合同"时，那么这种合意就有了法律效力，并且受法律规则调整。概念分析是解决法律问题必不可少的工具，没有严格限定的专门概念，就无法清楚、理性地思考法律问题。法律概念就像音乐中的曲调、语言中的符号一样，是法律的基础构成要素。概念是辨识和区分社会现实特有的现象的工具，法律概念将种类纷繁的法律现实以统一有序的方式结合在一起。

法学名词是法律概念的指称，包括一般概念与特殊概念。法学名词的定义就是对其指称的法律概念的内涵与外延的界定。边沁曾指出法律语言具有独特性，因此对法学名词的阐释需要一种特别的方法。探究法学名词文辞的深意并非只在于了解文字本身，事实上各类型的社会情境和社会关系之间，有许多重要的差别并非昭然若揭。唯有透过对相关语言之标准用

法的考察，以及推敲这些语言的社会语境，才能将这些差别呈现出来。特别是因为使用语言的社会语境往往不会被表明，因此更显出此研究方式的优越性。在此研究领域之中，诚如英国法学家奥斯汀所言，我们确实可以借由"深入对语词的认识，来加深我们对现象的认识"。现代分析法学和语义法学的代表人物维特根斯坦（Ludwig Wittgenstein）也宣称，通过把复杂的语句与命题分解为构成它们的基本成分——概念，更有助于理解社会现实。

19世纪末20世纪初，欧洲大陆曾有一次著名的法学运动，以"概念法理学"而知名，其理念就在于通过法学家在教义方面所做的努力创设一个全面的法律概念系统。这次运动试图把法律概念精炼成各种绝对的实体性概念，并将其作为严格规范结构中演绎推理的可靠支柱。概念法学派的代表人物菲利普·赫克（Philipp Heck）认为法律概念是以先验的方式输入人脑之中的，也就是说在法律秩序形成之前，法律概念就以一种潜意识的形式存在了。换句话说，并不是法律秩序创造了有助于实现其目标的概念，而是法律概念创造了法律秩序并产生了法律规则。[1] 现在重新审视概念法理学，其中严格教条主义的观点并未获得广泛认同。反对教条主义的人认为过于教条的概念主义正是产生大量不正义现象的根源。当概念以无视后果的方式发展到逻辑的极限时，概念就不再是仆人而是暴君了。[2] 虽然关于法律概念的讨论历史悠久，但是不可否认，概念对于法律学科而言是必不可少的，法律概念是蕴藏于法律中的价值的体现。

对概念下定义（definition）最初指的是事物之间划定界限或作区分的问题，这个界限是通过一定的语词在语言上所做的划分。有些人常常感受到这种划定界限的需要，这些人完全熟悉所议论之语词的日常用法，但无法说出或解释他们所意识到的某类事物与另一类事物的区别。圣奥古斯丁（Saint Aurelius Augustinus）关于时间观念的名言正体现了如此困境："那么，什么是时间？如果没有人问我，我是知道的；如果我希望向问我的人阐明它，那我就不知道了。"法律也同样处在这样的困境中，即使人们知

---

[1] P. Heck, "The Jurisprudence of Interests: An Outline," in M. Schoch ed., *The Jurisprudence of Interests: Selected Writings of Max Rümelin, Philipp Heck, Paul Oertmann, Heinrich Stoll, Julius Binder and Hermann Isay*, vol. 2 (Cambridge, MA: Harvard University Press, 1948), pp. 34, 156.

[2] B. N. Cardozo, *The Paradoxes of Legal Sciences* (New York, NY: Columbia University Press, 1928), p. 61.

道法律、感受到法律对其生活的影响,但是许多关于法律的东西以及法律与其他事物的关系却是不容易被全然理解与阐明的。那些对定义有迫切需求的人需要一张地图,以清楚地展示他们所知道的法律和其他事物之间隐约感觉到存在的关系。从某种程度上看,一个语词的定义或许可以提供这样的地图:它可以使引导我们使用该语词的原则变得清晰,并且同时可以展示出我们应用语词于其上的现象类型和其他现象间的关系。例如,将三角形定义为"由直线围成的三边图形",或将大象定义为"以厚皮、长牙和长鼻与其他动物相区别的四足兽"。通过上述例子,可以看出名词的标准用法与名词所表示的事物。换言之,对一个名词进行定义时,需要提供一个符号代码(code)或公式(formula),将名词转译成其他已经被充分理解的用语,并且借由此标出事物与其所属种类的共同特征,以及与其所属种类的区分特征。在寻求这种方式的定义时,不仅是在研究某个名词的定义与概念,同时也是在研究该名词所影射的现实。通过对名词的深刻认识,加深对现象的感知。[1]

在三角形与大象的简单举例中,可以看出这种通过种属与种差的定义形式是最简单的。但是,在进行法学名词研究的过程中,并不是总能找到这种定义,即使找到,这样的定义也并不总是清楚明确的。这种定义形式存在的前提是找到恰当的种属,如果对其种属是混乱与模糊的,那么这样的定义是很难被划定的。尤其在法律领域,法律所归属的一般范畴一直饱受争议。对法律的定义而言,最有可能被用来作为这个一般范畴的就是行为规则的一般范围。然而规则的概念与法的概念本身一样是令人困惑的,因此以确认法律是规则的一个种类作为出发点的定义,通常无法增进我们对法律的进一步理解。所以,从为人所熟悉、已被充分理解的一般性事物种类中,成功地指出某个特殊的、下位的种类的定义形式,达成上述目的,我们需要某种更为基础的东西。

(二)法学名词是理解法律本质的重要途径

关于法律本质的思辨有着悠久而复杂的历史,但是若加以回顾,则很明显地,它持续地集中在几个主要议题上。这些议题并非仅仅为了学术讨论而被无故虚构出来,它们攸关法律当中很容易引起误解的部分,以至于

---

[1] J. L. Austin, "A Plea for Excuses," in C. Lyas ed., *Philosophy and Linguistics* (London: Macmillan Education UK, 1971), pp. 79 – 101.

即使是深刻掌握法律知识的人，也有厘清混乱的需求。关于法律概念的争论总是围绕着三个主要问题：第一，法律和为威胁所支持的命令有何区别与联系？第二，法律义务和道德义务有何区别与联系？第三，法律和规则有何关系？

第一，奥斯汀的法律命令说认为，以简单的要素来化约复杂的法律现象的方式固然有其可取之处，但是解决不了很多法律范畴的基本问题，例如，法律和法律义务与以威胁为后盾的命令的区别。而且正是这种简单的法律定义方式，使法律的范畴问题饱受争议，如国际法、习惯法等是不是法的问题。国际法缺乏立法机构，并且在未获得国家的预先同意之前，国家不能被带上国际法院，更何况国际社会中没有一个中央组织以及将制裁付诸行动的暴力机关。因此，法律命令说不能成为定义法律概念的理论依据。

第二，从人类历史来看，法律与道德关系密切，道德与法律都是建立一些规则设定义务，同样都是在某些范围内限制了个人为所欲为的自由。法律与道德在某种程度上拥有共同的词汇，同时存在着法律上的权利、义务，责任与道德上的权利、义务、责任。此外，"正义"一词的存在恰到好处地统合了法律与道德的范畴，"正义"不但是法律诉诸的目标，也是良法与恶法的判断标准。自然法学派认为，法律的根本要素是其与道德或正义之原则的一致性，而不是它与命令和威胁的结合。自然法学派通过赋予法律科学这一关键要素，对以奥斯汀为代表的"实证主义"进行批判。然而，虽然法律与道德从某种意义上说确实具有相同的词汇，但是片面地把法律与道德等同则会导致对法律概念定义的混乱与困惑。

第三，法律的一般范畴能否被认为就是规则范畴，也是充满疑惑的。除了法律规则外还存在很多规则，如语言的规则、游戏的规则等，也就是说规则可能以不同的方式产生，各规则与其指导行为之间的关系也是不相同的。在法律中，有些规则是立法机构制定的，有些则源于公序良俗。有些规则通过强制的方式调整人们的行为，有些规则是指引性的，告诉人们怎样行为才能达到其目的，如婚姻、契约等。规则的范畴本身就是模糊与复杂的，把规则范畴作为讨论研究法学名词定义的前提也是很难成立的。

通过下定义的方式同时解决关于法律本质的三个问题是不现实的，但是如下的做法却是可行的：分离出并且掌握一组核心要素的特征，这组要素构成对三个问题的回答的共同部分。通过审视以奥斯汀、边沁为代表的实证法理论以及将法律与道德"必然联系"起来的自然法理论,可以充分揭露这些要素是什么。研究法学名词的目的不在于提供一种作为规则的,对法律领域的专有名词进行定义的方式,而是对中国特色社会主义法律体系的独特结构进行较为优越的分析,对法律、强制和道德这三种社会现象间的相似和差异提供较为清楚的理解,借以将法理学理论的研究向前推进。

三、法学名词是实现法律沟通的重要媒介

(一) 法学名词的符号学意义

德国哲学家哈贝马斯（Jürgen Habermas）认为,法律在本质上是国家、社会、个人之间的一种沟通理性,这种沟通是法律合法化的来源。[1] 索绪尔对法律效力与法律规范之间的关系也进行过类似阐述：法律理论一直面临在法律制度与裁判之间、法律效力与法律意义之间、规范命题内容与其在法律判断与实践中的意志性或自主性适用之间通过沟通以达到平衡的问题。本部分首先分析代码、规范或规则、惯例和话语使用的语言学或符号学意义,随后假设法律分析的传统方法不足以分析法律话语的语义,基于此提出法律语言与沟通的研究方法的可行与可取之处。

法律是一种特殊的沟通形式,立法者通过制定规范,将法律传达给社会公众,并期待人们尊重并遵守法律规范。美国的格里纳沃尔特（Kent Greenawalt）教授曾指出,"本质上来说,语言是一种思想传递的方式"[2]。研究语言表达时,只有将其信息发出者和信息接收者之间的沟通过程纳入语言含义理解才有意义。[3] 信息发出者与接收者沟通的过程是以语言为媒介的。语言由符号组成,符号是对客观现实的指称,将二者联系在一起就产生了意义。上述以符号为媒介沟通的过程可以通过图 4-2 进行说明。在应用于法律时,法律的制定即立法可以看作信息发出者,而法律适用和实施可以看作信息接收者。马克·范·胡克教授指出,法律领域中的接收

---

[1] M. V. Hoecke, *Law as Communication* (European Academy of Legal Theory Series) (Oxford: Hart Publishing, 2002), p. 10.

[2] K. Greenawalt, *Law and Objectivity* (New York, NY: Oxford University Press, 1992), p. 228.

[3] C. K. Ogden, I. A. Richards, *The Meaning of Meaning: A Study of the Influence of Language upon Thought and of the Science of Symbolism* (London: Kegan Paul, 1923), pp. 205-206.

者意义可以分为两个层次。第一，表面意义（prima facie meaning）。这是一种接收者自发地赋予语言表达的意义。如果法律文本是清晰且明确的，那么即使是自发性解释，接收者也能准确理解。第二，方法论决定的意义，指接收者基于有意识的解释性研究而赋予语言表达的意义。① 简单来说，就是运用各种解释方法如立法解释、体系解释等，进行解释而得到的意义。

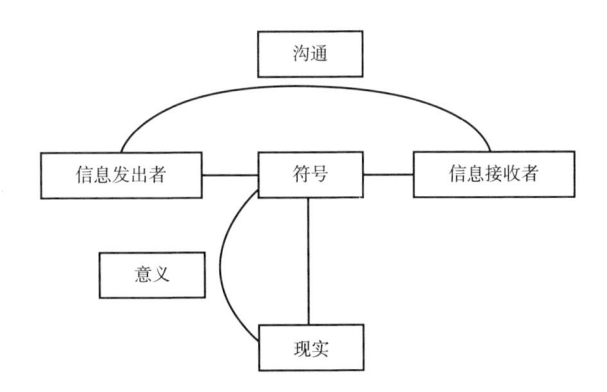

图 4-2　以符号为媒介沟通的过程

与法律社会学、法律现象学或一般法哲学相似，法律符号学旨在探索关于法律现象所有方面的可理解的统一原则。符号学的基本目标不是对符号的研究，相反，符号学旨在构建一个一般性的意义体系。符号学的研究目的是含义理解：建立这样的模型，以便能够说明产生和接受意义的条件。更确切地说，作为话语、制度和具体社会实践混合物的法律领域的符号学方法所特有的"观点"，是对法律概念"含义"（signification）进行分析的观点。本书以符号学方法为进路分析法律概念，就是旨在构建一个复杂的、意义统一的、由明显异质的元素和层次组成的法律概念体系。

（二）法学名词的"言外之力"

凯尔森认为规范具有意志行为（act of will）的意义，② 根据凯尔森的观点，每一个法律规范不再是有一个意义，每一个规范都是一个意义。那么就把意义局限在了信息发出者层面，而忽视了信息接收者，故而忽略了

---

① ［比］马克·范·胡克：《法律的沟通之维》，孙国东译，法律出版社，2008，第 174 页。
② H. Kelsen, *General Theory of Norms* (Oxford: Oxford University Press, 1991), p. 32.

法律的沟通之维。接收者接收信息可能是一种个性化解释过程，但是这个过程必然基于社会文化语境下的意义体系。这种意义体系是沟通的产物，通过沟通，包括法律语言在内的语言得以发展。反过来，意义体系又是沟通的前提，二者关系可以通过图4-3表示。从这个角度来看，只有把法律当作一种互动发展的社会构造才能准确理解它。人们在社会文化语境下发展语言。要实现沟通，即使是语言的最自由使用也必须遵循规则，并且依照标准意义使用语词。① 对于法律领域而言，只有在一种结构化的沟通语境中，才能理解法律规范。法律的适用、实施，以及指导、教育等功能的实现都是基于此。

图4-3 沟通与意义体系的关系

马克·范·胡克指出，法律不仅是一种关于规范的信息传递，同时也是一种典型的言语行为（speech act）或是一种施为话语（performative utterance）。② 奥斯汀是言语行为理论的创始人，他对言语行为理论做了经典性的、系统的探讨。他在美国哈佛大学做的演讲"How to Do Things with Words"，后来被整理出版，名为《如何以言行事》，影响巨大。奥斯汀的言语行为理论是以表述句和施为句的二分法为基础的。在《如何以言行事》中，奥斯汀指出，言语是人在特定场合对特定语言的具体运用，包括运用语言的说话行为和所说的话。因此，说话本身就是一种行为。奥斯汀首先区分了两种不同类型的句子——表述句和施为句。奥斯汀认为，并非所有的可分真假的陈述句都是"描写"的，因此奥斯汀把有真假之分的陈述句叫作表述句，将那些既无真假之分又不是用来描述或陈述的句子叫作施为句。表述句的目的在于以言指事，而施为句的目的是以言行事。同时奥斯汀还指出施为句没有真假值，但有适切与不适切、愉悦与不愉悦的问题。例如，只有奥委会主席才有权力宣布奥运会开幕或闭幕，他的宣布行为是适当的，而其他人如记者的宣布就是不适当的。不过，他很快地认识到关注条件的满足与否可能会影响表述句，关注条件的真实与否可能会影响施为句。在对言语行为理论进行发展的基础上，奥斯汀从一个

---

① ［比］马克·范·胡克：《法律的沟通之维》，孙国东译，法律出版社，2008，第176—177页。
② ［比］马克·范·胡克：《法律的沟通之维》，孙国东译，法律出版社，2008，第176—177页。

完整的言语环境中抽象出三种言语行为——说话行为、施事行为和语效行为。"说话行为"就是说出合乎语言习惯的有意义的话语;"施事行为"就是在特定的语境中赋予有意义的话语一种"言语行为力量",即"言外之力";"语效行为"指说话行为或施事行为在听者身上所产生的某种效果。

哈贝马斯、卢曼(Luhmann)、托依布纳(Teubner)都曾将沟通理论运用于法律领域。法律不仅是一种规范文本,也不仅是规范发出者—规范接受者之间的简单线性关系,还是一个以"沟通"为核心的三角关系,即规范发出者—表达—规范接收者。简而言之,法律文本的意义既不是单纯的立法者意图,也不是纯粹的接收者意义,而是立法者与社会公众之间的动态沟通过程,是立法者、社会公众等社会关系之间持续沟通而达成的一种具有某种限度的共识。

法律话语是将法律作为一种语言和一种交流。法律话语的独特之处在于它将普通语言和普通意义"转化"为法律制度的专业代码,而构成法律话语的专业代码就是法学名词术语。而这种"转化"存在的主要问题就是语言系统和语言实践之间的冲突和对立,法学名词的规范化需要解决这一问题。法律作为一种特定话语内容的交流形式,一门基于推定理性和普遍性的科学,具有精确、确定、可预测等特征,而上述这些需要通过规范性的代码(法学名词)表达反映出来。法律的规范性、权威性、精确性等交际功能都需要法律词汇的规范化得以发挥。学习法律在很大程度上是为了学习一种技术性很强且经常陈旧的符号系统,一种具有专业法律意义的语言。

第五章 法学名词规范化路径研究

第一节 法学名词规范化的语言学进路

认知语言学是重要的语言学理论框架之一,致力解释知识获取的方法。术语研究一直侧重于整个专业知识领域的表征,和认知语言学之间的相互关系似乎是不言而喻的。基于框架的术语和社会认知术语都借鉴了认知语义及其对意义表征的理论(如框架和理想化的认知模型)。语言学方法不仅重视语言的意义,而且重视意义和认知之间的联系,更重要的是,提出了促进知识获取的方法,因为概念是作为更大的知识结构的一部分呈现的。认知语言学与术语学的理论与方法为法学名词规范化研究提供了可行性框架与进路。

一、认知语言学方法

认知语言学不是一种单一的语言理论,而是代表一种研究范式,将经验看成语言使用的基础,着重阐释语言和一般认知能力之间密不可分的联系。语言的创建、学习及运用,基本上必须能够透过人类的认知而加以解释,因为认知能力是人类知识的根本。哈特在《法律的概念》中,把语义分析哲学的方法、社会学的方法以及其他研究方法有机地结合起来,从审视以奥斯汀为代表的早期分析法学的法律概念入手,对法律的概念如"规则"、"权利"、"义务"、"主权"、"法律效力"和"法律实效"等,进行了全新的或具有创新意义的解析。哈特认为,法律哲学以高度折中的形式明确引入了语言哲学的方法，这样的分析确实对于主要是社会事实的法律概念①以及用语言分析的方法学来解决规则适用问题都是有效的。必须指出的是，哈特法律概念的这些方面同样受到语言哲学的发展、维特根斯坦后期工作的重要影响。② 维特根斯坦曾说过，想象一种语言意味着想象一种生活形式。③

应该注意的是，法律概念的含义一般包括认知过程创造的外在意义，而不仅是词语本身的字面意义。④ 法律关系不是现实存在的实际关系，而是客观上由规范体系构成的关系，换而言之，法律关系需要在人们的理解、遵循、适用中产生意义。从认知语言学角度来讲，法律规则体系可以被理解为人们以某种方式归属于一种思想或生活方式的体系。⑤ 不应孤立地去看法律术语，而应将其放回它们扮演独特角色的句子中去，从而进行整体的考量。例如，切勿仅仅考虑"权利"（right），而应考虑"你拥有一项权利"；也切勿仅仅考虑"国家"（state），而应考虑"他是这个国家的一个成员或一名官员"。为了阐释诸如"义务"（duty）、"权利"（right）、"资格"（title）等术语，以及其他同种类型的、充斥了伦理学与法理学的术语，当一个术语被转化为另一个词时，可以说这个术语被释义阐释了，当一些由此词汇组成的句子被转化为其他句子时，也可以说这个术语被阐释了。通常的下定义方法正如逻辑学家所称"属加种差"（per genus et differentiam），然而在很多的情况下对抽象的法律术语可能不容易通过"属加种差"定义，此时可以通过其所属的语义环境、认知过程进行替代阐释。如上所述，在一定程度上证明了当代语言学和法学的共同历史、理论基础和语境，并且进一步表明这种趋同的结果之一是语言和法律的共同发展和系统化过程，分享共同的规范科学模型。

---

① F. De Saussure, *Course in General Linguistics* (London: McGraw-Hill Humanities, Social Sciences & World Languages, 2011).
② L. Wittgenstein, *Philosophical Investigations* (4th edn), trans. by G. E. M. Ancombe, P. M. S. Hacker and J. Schulte (New York, NY: Wiley-Blackwell, 2010).
③ L. Wittgenstein, *Philosophical Investigations* (4th edn), trans. by G. E. M. Ancombe, P. M. S. Hacker and J. Schulte (New York, NY: Wiley-Blackwell, 2010), pp. 23, 24, 49.
④ L. Wittgenstein, *Philosophical Investigations* (4th edn), trans. by G. E. M. Ancombe, P. M. S. Hacker and J. Schulte (New York, NY: Wiley-Blackwell, 2010), p. 165.
⑤ P. Winch, *The Idea of a Social Science and Its Relation to Philosophy* (London: Routledge, 2008), p. 108.

二、术语学研究方法

术语是通过语音或文字来表达或限定科学概念的约定性语言符号，是思想和认识交流的工具。索绪尔意义的语言符号，为"所指"和"能指"的统一体。一般而言，术语学方法旨在提供专业领域术语的系统描述。[1] 法律词典编纂与法律术语编撰之间的差异并不那么显著，因为专业词典都专注于该领域的专业语言。两者之间的主要区别在于传统的词典编纂者使用的是语义学方法，但是术语学以概念为中心而不是语义。法律术语代表了更广泛的知识结构中的概念，并与相同结构的其他概念相互关联。术语的定义是概念的核心内涵，术语学方法不仅是提供一个术语列表，还旨在构建特定领域的概念结构，从而使受众能够获得有关该专业知识领域的系统化信息。也就是说，一个法律术语不仅为受众提供了其本身的含义信息，还揭示了该术语在概念结构中所处位置以及与其他术语的逻辑关系。一言蔽之，术语学方法就是把研究对象放在概念系统中加以考察的一种方法。具体来说，就是从系统的观点出发，始终着重从整体与部分（要素）之间，整体与外部环境的相互联系、相互作用、相互制约的关系中，综合地、精确地考察法学名词，从而进一步从理论上提出法学名词运用规律的方法。

第二节　法学名词的范围界定

一、概念的中心性

术语中的基本描述对象是概念，而不是单词，这导致了术语和词汇学之间存在根本区别。术语试图分析、记录和描述特定学科的概念，法律领

---

[1] R. Temmerman, *Towards New Ways of Terminology Description: The Sociocognitive-Approach*, vol. 3 (Amsterdam and Philadelphia: John Benjamins Publishing, 2000), p.231.

域的法律术语主要涉及法律分支或法律学科的概念。法律概念代表知识的单元，它们是在特定社会中随着时间的推移而演变的法律体系的一部分，有学者将法律概念定义为"法律规则的结晶"[①]。法律概念定义和范围的本质特征在于它们是法律体系的一部分，因此应根据其法律背景，即它们与邻近概念的关系以及它们在特定法律环境中的嵌入性进行定义。术语学理论认为，应该从主题领域的角度来看待概念，某个主题领域的概念之间的关系可以在概念结构图中示出或者表示为术语中的特定连接。对法律学科而言，主题领域可以是法律的特定分支，如继承法、商业法、选举法等。然而，最重要的是确定可以进行这种划分的法律制度的总体框架。这种系统特性在不同法律制度的概念之间产生了根本的差异，因为每个概念都将被嵌入同一法律体系的其他概念的系统中，可能与另一法律制度的概念有很大不同。因此，法律体系是法律术语的关键参数，比语言或主题领域更为重要。它决定了在概念之间建立等价关系的过程，因为我们可以独立于其语言来比较属于不同法律体系的概念。

法律规范通过法律概念表达，而法律概念可以被定义为涉及某种情况和规范人类行为的所有法律规则的总和。维斯特曾清楚说明术语与概念的关系：术语作为指称传达了一个概念，而概念又是在特定领域内被定义的。简而言之，法律术语是法律概念的语言表示，法律概念构成了在更广泛的背景下被推断和理解的法律知识。概念中心性的这一原则必须在法学名词规范化研究中加以考虑。理解法律术语和概念，取决于从各自的法律制度和领域衍生出来的语言外知识，将其作为使用概念的更广泛的背景。本书认为，这种语言外知识还包括目的论标准，即概念在其领域内所要实现的目的。这里描述的观点与对意义的认知理解是一致的，这种理解是超出单词限制并依赖于语言外知识的现象。简单说，就是只有在概念背景下考察概念时，才能理解概念的含义。考虑到这一点，应该将法律概念作为其更广泛的概念结构的一部分进行研究，因为它们并不独立于法律体系。下面将转向不同类型的法律概念，通过澄清不同类型概念以期解决法律概念模糊的问题。

[①] H. E. S. Mattila, *Comparative Legal Linguistics: Language of Law, Latin and Modern Lingua Francas*, trans. by C. Goddard (Hampshire and Burlington: Ashgate Publishing, 2006), p. 105.

二、法律术语的概念化

在术语研究中,概念通常被定义为知识单元。概念是抽象的,术语使得就概念进行沟通成为可能,并反映出专家在脑海中构建知识的特定方式。但是,术语不是孤立的语义单元,[①] 它们总是与概念的"语义表示"相关联。术语是在专业文本中传达概念意义的语言单位,打开了一个概念结构和概念背后的语言知识的窗口。从认知语言学角度来看,知识可以被视为相互关联的概念。法律概念不能脱离它所属的概念结构,否则难以实现其全部意义。

一方面,从语言学角度理解概念化,概念化是一个含义建构操作的过程。这些过程通过诸如理解、结构化、分类等认知能力在语言中表现出来。对于一些语言学学者来说,这种认知处理的过程就是概念化。另一方面,概念化可以等同于在概念结构中理解概念的过程。世界著名语言学家、认知语言学创始人之一郎克尔(R. W. Langacker)教授首先使用术语概念结构图[②]理解一个概念内容的结构。从这个意义上说,概念化与定义的范畴不可分割,占据语义研究的中心地位。一言蔽之,概念化是将术语推向定义的过程。尽管法律专业人士主要关注构成法律知识的法律概念,但是语言类别和语义同样是法律运作的组成部分。此外,法律专业人士在使用语言工具表示法律概念时,使用的是在特定法律体系中概念化的专业术语。因此,概念化不能仅限于语言,它取决于很多其他的语言元素,如法律文化与法律制度等。也就是说,法律概念化的问题可以而且应该通过使用语言工具来解决,因而深入了解法律概念的语义至关重要。

有一种说法是,法律研究始于词语解释,意味着人们需要通过术语来理解法律。法律通过制度执行,人们的生活会以某种方式受到法律的影响。尽管法律规则管理着我们从摇篮到坟墓的生活,但它们并不总是可以被理解的,拥有自己的固有逻辑并被嵌入复杂的法律环境中,要完全掌握

[①] M. T. Cabré, *Terminology: Theory, Methods, and Applications*, vol. 1, trans. by J. A. DeCesaris (Amsterdam and Philadelphia: John Benjamins Publishing, 1999), p. 42.

[②] R. W. Langacker, *Foundations of Cognitive Grammar: Theoretical Prerequisites*, vol. I (Stanford, CA: Stanford University Press, 1987), p. 5.

特定法律规则的含义，就不能单靠文字。本部分探讨了如何提高法学名词作为一部法律词典的质量和可靠性。考虑到这一点，本部分试图解决与法学名词编纂有关的一般问题以及明晰理论在法学名词编纂中的作用。理论与词典制作实践的整合有助于提高法学名词的质量。

法学名词规范化的主要目标是使人们能够了解法律概念，以便理解法律。法律词典使用途径较多，如查找翻译等价词或比较不同的法律制度。在这方面，法学名词首先应该旨在提供易于掌握的法律信息。语言既反映了法律的概念结构，也反映了法律的具体特征。因此，不应孤立地描述法律概念，而应始终在其概念背景下进行详解。在不考虑其领域特征的情况下描述或定义概念是不可能的。强调语境的认知术语感知在知识表示中是至关重要的。因此，语外之力必须被包含在词典表示中。认知概念彼此相关的知识资源以及更广泛的动态概念结构，有利于促进知识获取，这也是法学名词最重要的功能。

本部分概述了专业语言研究的发展，同时侧重于法律概念及其特征。澄清了语言和法律之间错综复杂的关系，并探讨语言在法律领域的功能。得出结论，术语研究中的跨学科方法最适合对法律概念进行准确描述。考虑到这一点，法律概念被定义为表达法律规范的法律知识框架。区分确定的和不确定的法律概念，对于法学名词规范化研究非常重要。不确定的概念通常具有模糊性，并且更难以定义和翻译。为了实现法学名词的规范化，本部分有两个重要结论。首先，我们已经看到模糊性不仅仅是语言的一个特征，也是法律的一个特征。出于多种原因，法律语言有时会含糊不清。因此，模糊性导致语言和法律的不确定性。前者表现为多义，这反过来导致法律上的不确定性。其次，考虑到后一种主张，在法学名词中区分术语和概念很重要。这有助于解释术语固有的模糊性和解决一词多义问题，以及在法学名词中适应法律的不确定性。

总而言之，从术语研究的角度来看，术语可以被描述为知识单元，它们表示概念，这些概念反过来在专业领域内传达概念意义。[1] 在普通术语学的初始阶段，概念被设想为抽象的认知实体，它们指的是现实世界中的

---

[1] P. Faber, C. I. L. Rodrĭguez, "Terminology and Specialized Language," in P. B. Faber ed., *A Cognitive Linguistic View of Terminology and Specialized Language*, vol. 20, *Applications of Cognitive Linguistics* [*ACL*] (Berlin and Boston: De Gruyter Mouton, 2012), pp. 9–33.

对象,并且与它们的"语言表示"(术语)分开。[①] 现代术语理论,如语言学学者特曼(Rita Temmerman)的社会认知术语,提出了一种从术语开始并以其在沟通语境中如何使用术语的描述为基础的语义学方法。例如,为了统一适用欧盟法律,有必要假设所有 24 个同等的不同成员国语言版本都表示同一个欧盟法律概念,即根据欧盟法律划定的具有自主意义的概念。

三、区分"伪分歧概念"与"本质性争议概念"

一些法律概念似乎陷入无休止的争论中。以"正义"为例,我们可能都同意"正义"是一件好事,但一些人将正义归结为平等地计算每个人的利益,而另一些人则认为正义是尊重基本人权。"伪分歧概念"的理论始于哲学家沃尔特·布赖斯·加利(Walter Bryce Gallie)于 1956 年撰写的一篇论文《本质性争议概念》,加利处理了语言哲学中的一个问题:对于不同的人来说,因为身处不同的文化之中,以及他们对种族、性别、贫困和社会阶层等问题的不同认知与看法,他们对同一个概念会有不同的理解。在法律领域,人们似乎尤其不同意"正义"、"正确"或"合理"等词语的定义标准。我们可能会认为分歧反映了歧义,从而认为这些词语有不同的含义。事实上,对如"正义"概念的分歧实际上是伪分歧。根据加利理论,当人们对正义的性质持不同意见时,存在分歧是否真实,可以根据以下条件进行判断:(1)这个概念是否预示了或蕴含了某些价值;(2)其价值是否可以被归于这一结果之整体;(3)对于其价值的任何解释必定会涉及其各部分及其诸特征的不同作用;(4)开放性结果;(5)各方认识到争议事实。加利论证的核心是某些道德概念"基本上是有争议的"。例如,"好"、"正确"和"公正"都是道德概念,似乎具有共同含义。也就是说,当我说减轻不必要的痛苦是"好"的时候,你理解我的意思,即使可能你和我在应用"好"一词的标准上有所不同。我们可以通过加利的方法理解"善意(good faith)原则",例如,"国际法"中

[①] P. Faber, C. I. L. Rodrīguez, "Terminology and Specialized Language," in P. B. Faber ed., *A Cognitive Linguistic View of Terminology and Specialized Language*, vol. 20, *Applications of Cognitive Linguistics* [*ACL*] (Berlin and Boston: De Gruyter Mouton, 2012). pp. 9 – 33.

"条约的解释"要求对条约具体规定的正确意义进行阐明,对条约应依其用语按其上下文并参照条约之目的及宗旨所具有之通常意义加以善意解释。虽然存在地域、文化、法系的差距,但是对于公共良知(public conscience)的遵循是相通的。

因此,当加利宣称某些概念在本质上存在争议时,他的想法是我们可能永远不会就概念的应用标准达成一致。如果一个概念在本质上是有争议的,那么我们就其应用的标准不同意这个概念的性质。也许可以在政治哲学家约翰·罗尔斯(John Bordley Rawls)的著名著作《正义论》中找到"伪分歧概念"与"本质性争议概念"的区别。罗尔斯呼吁区分正义概念和特定正义概念,不同的人对"正义"概念的认识分歧并不意味着正义的概念在本质上是有争议的。换句话说,并非所有有争议的概念在本质上都是有争议的概念。

法律充满了有争议的概念,在进行法学名词的分歧管控时有必要区分那些"伪分歧概念"。实际上,由于有争议的概念一直存在,"伪分歧概念"与"本质性争议概念"的区别对于澄清法律是什么以及它应该是什么性质是非常有用的。接下来遇到像"正义"、"平等"、"效用"或"因果关系"这样的概念时,需要审视一下是概念存在本质区别,还是仅仅是认识不同。

第三节 法学名词命名的规范化

众所周知,语言的变化在很大程度上表明了更广泛的社会背景和社会感知的变化。术语作为语言的信息框架同样会对社会生活产生巨大影响,因此选择合适的术语在命名时至关重要。"事物之无名者,实不便于吾人之思索"[①],王国维在《论新学语之输入》中强调定名的重要意义,而科学定名的前提应该是准确和统一。这里的法学名词命名的构成方法,主要是指语素的组合规则,是从语词的内部结构进行分析的。需要指出的一点是,法学名词的命名构成方法并非先决存在而指导名词的构成,相反,是

---

① 王国维:《王国维文学美学论著集》,周锡山编校,北岳文艺出版社,1987,第102、178页。

由于法学名词大量出现而有了规律可供归纳，归纳之后进一步促进法学名词命名之规范化。法律术语可以由单个词、短语或复合词组成。这些技术术语通常是名词（n.），然而，动词（v.）和形容词（adj.）有时也被归类为术语。一般来说，法律语言使用的动词少于普通语言，因为名词会产生比动词更为客观的印象。在事实陈述的情况下，客观性印象被认为是非常重要的。但是，名词的高百分比使用是导致法律文本模糊的因素之一。因此在对法学名词进行命名时要选择那些能够反映概念本质属性的字词，使人们易于将法学名词的名称与法律概念对应起来。例如，"紧急状态"是一些国家沿用的法律术语，如日本与美国等许多国家都颁布了《紧急状态法》，而我国于2007年颁布了《突发事件应对法》，对我国人民而言，"突发事件应对"比抽象的"紧急状态"更容易理解。

原则上，可以通过多种方式创造法学名词。首先，由于或多或少的自发的语言演变，已经存在于普通语言中的词语可能在法律语境中获得专门的或扩大的意义。其次，术语可以借用外国法律语言。最后，可以创建新术语或新词。以下段落侧重于研究术语借用与新词形式的法律文化之间的术语互动。在法律语言方面，术语的出现通常容易确定。有时，根据立法者的意愿，用法律语言创造一个术语。术语的消失，即一个术语从立法中被删除并由另一个替代，也是一样的。立法者甚至有可能放弃以前使用的术语，如果从立法中删除一个术语，公民的语言只会逐渐改变，但当局会立即或至少很快进行修改。法律语言中的专业术语，就像其他语言中出于特殊目的的词语一样，可以通过三种方式形成：第一，以普通语言或以另一种专业语言存在，具有专门的或更广泛的含义；第二，在一个民族国家的历史发展过程中被创造；第三，从另一种国家语言引进的外来词。

一、日常用语的法律用法

法律语言不仅是用于特殊目的的语言，还包含普通语言的词语，其含义被精确定义，甚至与普通语言不同，正如语言学中的语义派生。原因很简单：法律信息通常针对所有社会成员，这些通过法律语言传递的信息经常处理与公民日常生活有关的事项，如婚姻、出生、工作等。在法律分支中，将普通语言的词语引入法律用途尤其频繁，对这些日常用语加以改造，并赋予它们特定的法律含义。所谓加以改造，主要是改变词语原来的意义、改变词语原来的语音形式或改变词语原来的词性。如"告诉"一词，作为一个法律专业术语，既改变了原来的语音形式，又改变了原来的词义。一般来说，法律语言是保守的，因此法律术语还包括一些早已从普通语言中消失的词汇。在中国法律史上，曾创造并使用了一批适合当时法律制度的法律术语，其中有一些至今还有生命力，被继承下来，如"法""罪""刑""斗殴""诬告""故意杀人"等。这些词语之所以被沿用至今，主要是因为：第一，这些法律术语所反映的法律现象、所指称的法律事物、所表示的法律概念，至今依然存在，并未有重大变化；第二，这些法律术语自身结构合理、语义精确，较为准确地反映了所指称的法律事物的本质特征，目前我们还未能用其他法律词语代替它们。

二、基于国家民族文化传统创造的新词

在特殊用途的语言词汇中，语言的演变尤其明显。除了沿用旧的法律术语以外，随着社会的不断发展、新事物的不断出现，还需要根据立法工作的需要创造新的法律术语，如"人大""政协""调解""正当防卫""紧急避险"等。词汇新词形成有几种方法：创造完全新的单词；在已经存在的单词的基础上，通过提高原始单词的抽象水平推导新单词；形成复合词和短语。在我们这个时代，创造基本的法律术语是非常罕见的，也就是说推导新单词或复合词、短语是比较常见的。根据已经存在的单词推导出新单词，往往与法律和法律科学的抽象现象有关，这个现象是人们试图通过推导新单词实现对细微差别的识别与管理。必须注意的是，即使创造新的术语，依然是以"法律"和"权利"这些基本词语为基础的。这在所有国家的法律语言中都很明显，例如，拉丁词"jus"构成英语相关派生词的基础："正义"（justice）、"可裁决"（justiciable）、"正当理由"（justification）。在任何国家，生成法律新词的最流行方法都在于形成复合词和短语。不属于法定语言的元素词的数量并不多，通常构成法学名词的复合词或短语的数量都是巨大的。通常，这些单词和短语是名词的组合，但有时动词、形容词、名词也可以组合，如"告诉"。在形成复合词或短语时，一方面，复合词或短语应该是没有歧义的，也就是说，它应该通过表达其所有的基本特征，并且避免与其他概念混淆，从而对特定概念有一个恰当的描述；另一方面，复合词或短语作为一种语言表达不应该过于复

杂，否则难以被理解、写作和记忆。总之，法学名词的创造，要注意两点：一是能精确地反映所指称的法律事物或现象的本质特征；二是简洁明快，通俗易懂，符合现代汉语构词法规律，符合现代汉语语言表达习惯。

三、外来词

外来词即借用外国的法律术语。随着社会的不断发展和国际交往的日益频繁，不可避免地要借鉴先进国家的立法经验，援引其他国家法律工作中使用的某些法律术语，尤其是国际交往中通用的法律术语，如"公民"（citizenship）、"公诉"（public prosecution）、"仲裁"（arbitration）、"破产"（bankruptcy）、"专利"（patents）、"法人"（legal person）、"商标法"（trademark law）等。在语言中使用新的外来词是一个复杂的现象。除了技术层面以外，也应考虑意识形态的问题。例如，我国法律语言的历史表明，虽然西学东渐以来我国已经吸收了相当数量的外来法学名词，但是经过中西文化百年的融汇、冲突，我国已经在原有外来词汇的基础上形成了中国特有的法律语言。有理由认为这种变化的一个原因是，本土化的法律语言更容易被国人理解。例如，在"陪审团"相关的制度、术语进入中国后，结合中国社会文化传统，出现了"人民陪审员"这样本土化的新术语。

第四节 法学名词定义的规范化

一、法学名词定义的要求与原则

（一）法学名词的概念表达

"概念"是对事物的心理反应，是人类从感性认识上升到理性认识的结果，是认知思维体系最基本的构筑单位，是在事物特征基础上由人脑创造的一个抽象图像。"术语"也是如此，是一个概念的专业表述。因此，"术语"被定义为属于特殊用途的语言概念系统的某个概念的语言表达。

这样的表达可以是单一的单词或复合词，但通常涉及一个短语，如"善意"。通常，术语是名词，但是动词和形容词也可以被归类为术语，如"抢劫"等。

一个概念的中心含义也许是清楚明确的，但当其离开中心时则变得模糊不清，法律概念也是如此。沃泽尔（Wurzel）的比喻最能说明这种性质，法律概念是一张轮廓模糊并且越到边缘越模糊的照片。[①] 焦点集中区的相对范围，以及画面模糊不清的区域，在很大程度上都是随着概念的不同而发生不同变化的。因此，一个名词术语越笼统、越抽象，其中心含义周围的模糊区域也就越大。例如，"豁免"这样一个法律概念，其边缘的不确定性导致在司法审判中进行解释的复杂性。因此在界定法律概念，也就是在界定法学名词定义时，考虑的是那些能够说明某个特定概念的最典型情形，而不是那些模棱两可的情形。例如，"住所"这一法律概念指的是一个人永久或在一定时间内所居住的某个特定地方。虽然一个人的住宅并不一定具有永久性，但是人们仍然有充分理由认为它是这个人的住所。再比如，把某样东西扔到他人住所范围内的行为可以用"侵犯行为"这一法律术语进行表达，但是违背土地所有人意志在其上空进行人工降雨是否也属于"侵犯"呢？从这个极端的例子可以看出，每一个法律概念的界定都是非常复杂的问题。在法律的各个领域中，类似的法律概念边界模糊的情况屡见不鲜，虽然这种不确定性可以通过沿袭下来的法律态度和技术而减少，但是概念的边缘含义所引发的问题仍然是法律科学中最令人头痛的问题。美国法学家霍菲尔德在对法律科学的一些基本概念的系统分析方面取得了卓越的成就。霍菲尔德是要分析那些他称之为"最小公分母"的概念，包括"法律关系""权利""义务""权力""特权""责任""豁免权"等概念。霍菲尔德希望他的概念解释工作能够产生一套适用于各部门法律的规范方法，他在研究中表达了他试图统一美国法律术语的愿望，[②] 虽然未能实现，但是为法律概念分析提供了重要思想借鉴。

此外，法律术语的范围也需要确定，但是事实上法律语言与其他语言之间的区别是模糊的。具有法律特征的词语实际上是在法律关系的条件下

---

① 转引自［美］E. 博登海默《法理学：法哲学与法律方法》，邓正来译，中国政法大学出版社，2004，第505页。

② W. N. Hohfeld, *Fundamental Legal Conceptions as Applied in Judicial Reasoning: And Other Legal Essays* (New Haven, CT: Yale University Press, 1923), p. 64.

的语言表达，或者说其必要条件是法律关系。此外，在其他情况下可以使用但在某些法律关系中具有特定内容的表述在广义上也属于法律术语。法国法律语言学家吉拉德（Gerard Cornu）更详细地定义了"法律术语"："出于法律而存在的一切，一方面是法律所规定的一切，另一方面是所有这一切只能根据法律构成，在此基础上，包含法律规定的构成要件的所有法律行为都可以毫无疑问地属于这个范畴。"① 应该强调的是，法律术语也可以是仅以法律语言形式出现的词语或短语，如"诉讼程序""刑事责任"，或者是作为普通语言的一部分的词语或短语，但它具有法律语言的特殊含义，如"妇女""嫖娼"② 等。研究人员将一些特殊用途的语言按照"规定性"（nomothetic）科学和"表意性"（ideographic）科学（描述具体案例）区分开来。自然科学主要属于前者，而历史研究属于后者。自然而然，制定一般化的"规定性"科学比专注于个别现象的"表意性"科学更需要术语学。法律科学属于"规定性"科学，这就是法学名词需要采用术语学研究方法的原因。

（二）法学名词规范化定义方法

与一般自然语言的词汇相似，法律语言的词汇也具有多重含义，这意味着法律语言包含多个定义。出于这个原因，通常在特定的背景下对法律术语进行定义，以避免产生误解。术语的定义在发达的法律体系中特别典型，查士丁尼皇帝收集了罗马法律进行汇编，于公元529年至534年出版，该汇编包含246个法律术语定义。类似地，当前的法律文献和立法包含多个定义。但是，对法律术语定义的问题总是存在争议。一方面它们的意义与效用被认为是显而易见的，另一方面存在一定争议。实证主义法学派认为所有定义在法律文献中都是危险的，此外，过度抽象的法律定义不但不能帮助人们确认法律的正确解释，还会引发更大的歧义。

法学名词中存在与其他学科交叉的部分，如环境法中的许多概念与自然科学重合，但是需要在法律概念领域中揭示其根本属性。例如，"环境"在自然科学中的定义为人类生存的空间及其中可以直接或间接影响人类生活和发展的各种自然因素，但是在法律概念领域中"环境"是一种

---

① G. Cornu, *Linguistique Juridique* (3rd edn) (Paris: Montchrestien, 2005), p.9.
② 这些词语在日常生活中使用与作为法律术语使用有很大不同。

法律保护的对象范围。因此定义方式既要有抽象概括，也需要对具体环境要素进行列举：按照我国《环境保护法》的规定，"环境"指影响人类生存和发展的各种天然的和经过人工改造的自然因素的总体，包括大气、水、海洋、土地、矿藏、森林、草原、湿地、野生生物、自然遗迹、人文遗迹、自然保护区、风景名胜区、城市和乡村等。法律定义可以按几种方式进行分类，举两个例子，第一，"真实定义"和"术语定义"之间的区别。前者关注物理世界中现实存在的实体，如"不动产"，引用我国《民法典》第115条："物包括不动产和动产。"后者关注的实体只存在于法律实践中，如"义务"。实际上，"真实定义"和"术语定义"之间的界限通常是模糊的。

第二，"外延"（术语所指的实体类别）和"内涵"（术语所有含义的共同特征）的二分法是逻辑领域的基础，这构成了对术语进行定义的基础。外延定义通过枚举构成定义的子类型来确定。在子类众所周知且数量有限或者难以确定内涵定义的情况下，这是可能的。至于内涵的定义，先要明确这里的每个"属"的定义与差异。然后，出发点是指出要定义的子类（种）所属的类（属）。下一步是找出概念相关的要素，根据这些要素，可以看出所要定义的子类与该类中包含的其他子类是不同的。这种类型的定义在法律语言中能够成立的原因在于法律体系基于分类的事实。因此，在定义中显示类（属）和子类（种）是很重要的。例如，在世界很多国家的《民法典》中，种属差异的定义方法的使用是非常普遍的（见图5-1）。用"属加种差"方法下定义时，先应找出被定义项邻近的属概念，即确定它属于哪一个类，然后，把被定义项所反映的对象同该属概念下的其他种概念进行比较，找出被定义项所反映的对象不同于其他种概念所反映的对象的特有属性，即种差，最后把属和种差用定义联项有机地结合起来。例如，给"居间合同"下定义，就是先找到它的邻近属概念"合同"，再找出"居间合同"不同于其他合同的种差——"居间人向委托人报告订立合同的机会或者提供订立合同的媒介服务，委托人支付报酬"，然后用种差对邻近属概念进行逻辑限制，组成定义项——"居间人向委托人报告订立合同的机会或者提供订立合同的媒介服务，委托人支付报酬的合同"。最后用定义联项"就是"联结定义项和被定义项，形成完整的定义——"居间合同就是居间人向委托人报告订立合同的机会或者提供订立合同的媒介服务，委托人支付报酬的合同"。如果某一法律定义对法律现实有更好的表达，即如果它比先前的定义或理论更能给人以知识，那么，这一定义就是一个"好"定义，这一法律理论就是一种"好"理论。

$$\text{种差} + \text{属} = \text{被定义项}$$

图 5 - 1　法学名词定义方式

　　为了帮助人们理解法学名词，必须明确该名词所指称的概念。术语是面向概念的，使用一组特定的符号类别在单个条目中描述和记录每个概念。法学名词不是寻找术语的一般语言意义，也不是寻找一般语言或其他主题领域中的潜在同音异义词，而是主要针对构成文本认知结构一部分的特定法律概念。将概念解释为法律系统内的知识单元，这样使得人们可以使用该术语或使用分层概念系统或知识分类来获得该概念，该知识分类说明了法律系统内的关系网络。从对概念的认识开始，需要知道在一种语言和特定法律系统中用于该概念的所有术语。因此，法律词典必须准确传达一个术语背后的概念，它们必须能够将法律概念置于其所属法律体系的框架内。关于第一个术语原则——概念的中心性，法学名词中的条目必须描述有关术语所指的内容以及所处的背景。具有法律概念属性或引用法规定义的内涵定义是概念的一个特征。然而，为了明确指出条目所指的内容，还必须指出该概念所属的法律体系，并在指定的法律分支内提供有关其使用的信息。[①] 问题是法律文本的含义来自何处，是否存在客观意义或来自语言，其用途是什么。关于法律意义的文章很多，我们不会在这里进行辩论，因为它会偏离我们的主题：法学名词有何作用以及如何有助于我们对法律文本的理解。尽管如此，对语境概念的批判性分析对于我们的论证方式很重要。基于语境的分析，可以总结出概念的定义由五部分组成：第一，共同文本，特定文化中的背景；第二，历时文本（chron-text）；第三，与文本相关的文档和其他资源；第四，双语信息；第五，非文本，包

---

① I. Simonnæs, "Grundlegendes Zur Zweisprachigen Fachlexikographie aus der Sicht des Fachübersetzers," *Synaps*, 2010 (25): 33.

含技术知识的信息。① 文本具体情境中特定词语或术语的含义主要出于所在文本的功能要求，也就是其在特定法律语境中的嵌入性，这就是为什么第五部分语境从概念角度来看是最相关的，法学名词定义必须涵盖该概念所包含的技术知识的信息。语境的所有其他方面都取决于文本，并且与具体的沟通、交际情境有关，对于法学名词定义来说是未知和不可预测的。

鉴于上述情况，我们可以制定法学名词规范化的一般要求。当然，每一项研究都应遵循信息可验证性的共同原则，例如，提供资料和参考资料以及记录每个概念。法学名词所要求的具体信息单位如下：

（1）法律制度的指示；
（2）法律分支的指示；
（3）相关法律来源的指示；
（4）概念的解释；
（5）在同一法律体系中表示该概念的术语和提供替代术语；
（6）在同一法律制度内表明相关概念。

这些要求需要应用于法学名词涵盖的每个法律系统的所有概念条目。这种概念定义方法的一个主要优点和"一个概念——一个词条"原则的应用是将每个术语归于特定概念以及特定法律体系内的特定法律背景，以便人们具有概念的结构嵌入性和用于指定它的术语的清晰图像。但是，对于双语法律术语，必须对概念条目进行比较，这一过程需要以下相关信息：表明目标法律体系中最密切相关的概念；解释存在重大差异的差异和相似之处；应提供相关概念的知识链（概念层次、法律分类）。

综上所述，可以把法学名词定义的基本原则总结为如下几点：

（1）使定义可以替代上下文中的词语，② 每一个条目都以定义本身开头，不会使用诸如"是指"或"这是"之类的短语；③
（2）指出字典对词条中的每个含义所涵盖的字段；
（3）定义单数术语，而不是复数，除非有充分的理由；

---

① A. K. Melby, C. Foster, "Context in Translation: Definition, Access, and Teamwork," *Translation & Interpreting*, 2010, 2 (2): 1-15.
② S. Landau, *Dictionaries: The Art and Craft of Lexicography* (2nd edn) (Cambridge: Cambridge University Press, 2001), p. 164.
③ S. Landau, *Dictionaries: The Art and Craft of Lexicography* (2nd edn) (Cambridge: Cambridge University Press, 2001), p. 163.

(4) 区分定义和百科全书信息（教科书式描述）。①

(三) 法学名词中的"多义"与"同义"

1. 多义

第一，历时多义。我们已经得出结论，术语是概念的专业表达。根据观察可知，法律术语的特点是多义：根据上下文，单个词语可以表达多种概念。② 虽然多义可能造成误解，但多义性同时使语言词汇的传输在社会生活中能够呈现各种各样的想法和感受，"多义"是法律语言中的一个常见现象。基本上，原因在于法律秩序随着时间的推移而不断变化的事实。举一个例子："法"，古字写作"灋"，最早见于西周金文。"法"本义是法律、法令。它的含义古今变化不大，在古代有时特指刑法，后来由"法律"义引申出"标准""方法"等义。现代汉语的"法"是经过一定立法程序，所颁布的一切规范的总称。

第二，有序和无序的多义。有序的（一致的）多义，是一个法律术语有两个或三个紧密相关的含义。③ 通常，由特定术语表达的概念是分层级或部分重叠的，有序的多义现象在法律体系中是非常普遍的现象。一个很好的例子就是"普通法"这个术语，就涉及英语来源的法律体系，它有五个层次的含义。④ 从国际角度来看，这个术语具有误导性。第一个含义，与制定法相对，指判例法；第二个含义，与衡平法相对，指上述普通法法院的判例；第三个含义，与大陆法系相对，指英美法（或英美法系）；第四个含义，与欧洲历史上教会法相对，是指世俗政权或法庭发布的法律；第五个含义，与特别法（仅对特定身份的人、特定事项、特定时间或特定地区适用的法律）相对，在我国通常指次于宪法（根本法）的一般法律，或者指对全国统一适用的法律，如民法、刑法等。至于无序的多义，即这个词的意思分歧到了一定程度，以至于它们不再有任何共同之处。⑤ 具体而言，就是存在外部相同的同形词，但其起源或意义完全不同。

---

① S. Landau, *Dictionaries: The Art and Craft of Lexicography* (2nd edn) (Cambridge: Cambridge University Press, 2001), p. 187.
② G. Cornu, *Linguistique Juridique* (3rd edn) (Paris: Montchrestien, 2005), p. 93.
③ G. Cornu, *Linguistique Juridique* (3rd edn) (Paris: Montchrestien, 2005), pp. 95 - 99.
④ G. Cornu, *Linguistique Juridique* (3rd edn) (Paris: Montchrestien, 2005), pp. 221 - 222.
⑤ G. Cornu, *Linguistique Juridique* (3rd edn) (Paris: Montchrestien, 2005), pp. 99 - 102.

2. 同义

同义现象与多义现象截然相反，指两个或多个术语表达同一概念。例如，宪法学中的"政权组织形式"与"政体"。语言学家发现同义词是法律术语的共同特征，在使用多种语言的法律语言中，这种现象特别常见。例如，法律英语通常用盎格鲁－撒克逊语术语、法语术语和拉丁语术语表达相同的概念。同义词的对应词是反义词。在这种情况下，词语的含义是彼此相反的（如"热"和"冷"）。对于法律文本而言，反义词有着非常重要的作用，法律监管在很大程度上取决于这种现象。例如，在"权利"和"责任"之间存在反义关系，法律规则的设立正是基于这种对应相反的关系。然而，我们需要特别注意的是，部分同义词也可能具有误导性，尤其在两个术语的语义领域并排的情况下，错误和误解可能出现。一般来说，民族共同语中的同义词或近义词在使用中可以相互替换，如"范畴"和"范围"、"平静"和"安静"等，但对于法律语言，人们则需要慎重处理。在多数情况下，由于法律文本的文体类别不同，处理方法也就不同。对于规范性法律文本（normative writing）而言，鉴于它们比"法学著述"更强调词义的精确以避免歧义的产生，因而在严谨的法律或法规中人们宁愿重复使用同一术语或概念，而尽量避免一义多词的现象。正如法律语言学家亨利（Henry Weihofen）教授在其《法律文体》（Legal Stylistics）中指出的那样，人们在起草法律时应当恪守词语的"同一律"。[①] 尽管人们在起草合同、协议或其他法律文件时有忽略该定律的情况，如将"协议"（agreement）与"合同"（contract）在同一文件中交替使用，但应当被视为应尽量避免的情况，因为规范性法律文本是不应当随意进行同义或近义词语替换的。其原因很简单：词义的价值不对等。

严格来说，法律英语和法律汉语的词语意义几乎没有完全等效的情况，关键在于法律词语所指对象是"人为物"而非物质世界客观存在的"自然物"。举例来说，开发商故意将购房合同中的"定金"写作"订金"，企图规避自己的双倍赔偿义务。同理，我们也不能用"罚金"替代"罚款"、用"二审"替代"再审"、用"抚养"替代"扶养"、用"国内法"替代"内国法"。就法律英语而言，同样不能用"down payment"替换"deposit"、用"criminal"替换"suspect"或用"prison"替换"jail"。

[①] 仲人、吴娟：《法律文字要恪守译名同一律》，《中国翻译》1994年第5期，第15—17页。

但对于法学著述而言，情况则稍有不同，尤其是英语著述。英美人士在法律写作时，为避免词语贫乏之弊端，经常用不同的词语来表达同一概念、内涵或事物，如"inmate""prisoner""offender""criminal""the convicted"等单词或短语表达同一个意思，因此在翻译时不应该分别译为"服刑人""囚犯""犯人""罪犯""被判刑者"。一义多词的现象在汉语法学著述中也是非常普遍的，这种情况有时会使得法律词汇所载的信息密集问题显得更加复杂。

事实上，大多数的法律术语都具有多层次、多方面的特征和含义，许多易混淆的术语可能在某些部分"竞合"或具有共同的内涵，但在其他概念和特征上又具有很大差异，因而必须特别注意，尤其是在对比以及翻译英汉法律术语的时候。在英汉对比法律语言学研究中，同义、近义法律术语的比较和辨析则更为复杂，其涉及对两种法律语言词义的了解和使用，稍有不慎，使用中便有可能出现错误。例如，汉语的"订金"与"定金"，在使用时切忌混淆。同时，准同义词也有其积极作用，在起草一项法律规定或合同中不留空隙的条款时，可以通过列举准同义词实现对立法目的涉及领域的全面覆盖。

二、法学名词定义的价值考量

相对来说，定义在情感上是中性的，这不意味着定义不受价值的影响，因为将定义与道德或道德标准相关联很可能使问题更加混乱复杂。英国法学家格兰维尔·威廉斯（Glanville Williams）与美国学者沃特·普鲁波特（Walter Probert）都强调语言在法律中的作用。威廉斯在其法律语义学研究中阐述了许多法律术语的情感特征。威廉斯认为大量混乱是使用那些具有典型情感特征的法律术语所致。他还说，像"正义""错误""法治"等充满价值判断的术语，与其说具有理性作用，不如说具有情感作用。

从历史上看，平等、自由、神意、幸福、公共安全、公共利益等都在不同时代被视为法律的最高价值，正因为法律概念的价值判断很难用科学的方法进行衡量，因此这里在定义法学名词时需要拟制一种价值无涉的技术定义。但是，不能否认法律概念定义的基本价值的作用，因为没有价值考量的纯粹技术定义的追求可能导致法律概念分析走向纳粹"恶法"。因此，法律概念定义还必须"符合自然正义""满足正当性的要求""不对基本权利施加暴力""不违反自然法"。西方关于法律的价值讨论可以追溯到古希腊哲学，尤其是柏拉图和亚里士多德，亚里士多德将其描述为一种人类对卓越的追求。从中国传统来说，法律概念定义应该遵循天理、人情、国法。在天理、人情、国法的一体化上，清代著名学者戴震在《孟子字义疏证》中有过深刻的论述。戴震认为，"天理者，节其欲而不穷人欲也。是故欲不可穷，非不可有；有而节之，使无不过情，无不及情，可谓之非天理乎？""情之至于纤微无憾，是谓理"。治国之道，即在于"使天下无不达之情，求遂其欲而天下治"①。法律概念分析中的价值判断很难用科学方法进行衡量，但是可以将其转向对"正义"等普遍价值的追求。例如，"行政合理性原则"被定义为行政机关及其工作人员应当合理行使行政职权尤其是行政裁量权，包括应当符合法律目的、具有正当的动机，应当考虑相关因素、不考虑不相关的因素，应当公平公正、不能偏私，应当合乎情理、符合事物本质和规律。这里对"合理"的判断就是依据"公平、正义"等普遍价值考量。

德国法学家古斯塔夫·拉德布鲁赫（Gustav Radbruch）在对法律概念的分析上，超越了自然法和实证法的界限，既不同于古典自然法理论中将"法律"等同于绝对的法律价值、正义，也不同于绝对的实证主义观点，即只要产生的程序正确就是法律概念。拉德布鲁赫选择了"第三条道路"。拉德布鲁赫从现实与价值的二元关系这一法哲学的基本问题出发，区别了自然科学中价值无涉立场、伦理中价值立场，以及介于上述二者之间的人文科学中的价值关联立场。法律无疑是属于人文科学的，因此法律是价值关联的，具有服从于正义这一意义的现实。② 拉德布鲁赫指出这种法律概念有两个特点。第一，法律概念只有与正义相连，并且朝向正义的规范，才具有法的品质。法律概念绝不仅是忽视内容的规范之和。这一点使得拉德布鲁赫与绝对的实证主义区分开来。第二，拉德布鲁赫的法律概念也不同于古典自然法，因为他强调法律不等同于绝对的正义。他指出，自在之价值只属于精神世界，不属于现实世界。简而言之，就是只存在"近似意义的"正确的法，但是也绝不接受"恶法"。可以说，拉德布鲁赫

---

① （清）戴震：《与某书》，《戴震全书》第6册，黄山书社，1994，第172-187页。
② ［德］古斯塔夫·拉德布鲁赫：《法哲学》，王朴译，法律出版社，2005，第119页。

的价值理论下的法是一个开放的体系。因为他认为,之前法律概念的演绎在一个明显的循环圈里打转:绕过价值去发现法的努力由于缺乏法的效力而失败,考虑法的价值则会将法的现实分为先天与后天,每一部分都必须通过考虑到另一部分方能定义。由此,法哲学将围绕这个永不可知的奥秘循环进行论证。而另一种试图从应然与实然、价值与现实两方面打通隧道的努力也总是由于相互冲突而失败。正是基于上述原因,拉德布鲁赫的法律概念分析建立在一种中性的、价值关联的基础之上。

虽然在进行法学名词规范化定义的过程中拟采用一种追求普遍正义的价值考量,但不是绝对的。美国法学家埃德加·博登海默(Edgar Bodenheimer)教授曾将法律比作一个有许多大厅、房间、凹面、角落的巨大建筑,同一时间试图用一盏灯照亮每一个角落是不现实的,况且我们还受到时代发展的限制。因此我们只能在法律科学理论的大厦中寻找解决现代问题的方法,必须认识到,所使用的法律术语的含义可以随着术语的使用语境的不同发生急剧变化。

三、多义现象的处理

(一)认知语言学方法对多义词处理的作用

法律语言与普通语言存在很大的差异,即使是母语为汉语的人,如果没有接受过法律培训,也可能会发现法律语言有许多难以理解之处。这是因为法律语言是一种专业语言,使用完全超出非专业人士认知领域的一些专业术语和表达方式。有些词语只能在法律中找到,如"溯及力""过错推定""法人"等。有时某个法律术语与某个汉语词语相同,但却具有完全不同的含义,例如"债"一词,债不等于欠钱。法律上的债的原因可以有"合同""侵权""无因管理""不当得利""单方允诺"等,欠钱的"债"仅仅是合同所引发之债。英语现在是一门国际通用的语言,即使是母语为英语的人,若没有接受过法律专业训练,依然是无法掌握法律英语的。在国际交往日渐密切的今天,汉语法律术语还肩负着解释其他国家法律的任务,法律术语错误可能是一个代价高昂的错误。目前,有许多中英双语对照的法律词典,然而,没有任何书籍旨在厘清法律术语本身。当然,法律字典是有帮助的,但它们是按照字典的传统框架,即按字母顺序组织的。从本质上讲,这意味着词语是孤立地被呈现给读者的。然而,法律术语不是孤立的，法律术语只能在上下文中才能被正确理解。术语来自法律本身，必须始终在这种整体背景下进行审视。总而言之，如果一个案例与一个法律概念联系在一起，它就会成为术语的一部分。

20世纪90年代，出现了一种将术语置于更广泛的社会交际和语言背景中的趋势。术语的新理论可以分为社会术语学和术语交际理论或基于认知的术语理论（社会认知术语和基于框架的术语）。术语学者认识到，认知语义学是基于语言结构反映概念结构的前提，具有研究术语和概念的潜力。事实上，认知语义学和术语都是针对语义、认知和分类的。意义的认知方法允许更加真实地描述和表达术语和概念，从而使术语研究最终摆脱普通术语学范式及其认识论的不足。因此，一些语言学家认为当代术语主要是语言和认知学科。[①] 法国语言学家高登（Gaudin François）提出的社会术语学，试图通过将社会语言学原理应用于术语理论来解释术语变异。[②] 由于这些提议都没有明确地分析语义，因此更加关注基于认知的术语理论以及它们如何能够对专业知识单元的更真实的描述做出贡献。这两种认知方法都建立在认知语义学的基础之上，专注于特定领域语言中术语的认知潜力，并且对于法律概念研究具有重要意义。在这一点上，这里仅简要介绍基于框架的术语，该术语遵循交际情境观点。[③] 与后者一致，术语只能在它们出现的情境中被理解。就像术语的交际理论和语言学学者特曼的社会认知术语一样，基于框架的术语超越了维斯特意义上的术语，通过分析术语单位如何获得其专业意义，以及专业情境设置在多大程度上参与其中，值得思考。[④] 从认知语义学的前提出发，假设大多数法律概念不是固定的，而是一种开放式的知识类别，需要在其概念结构中得到充分实现和理解。凭借这种方法，上下文被视为关于概念的领域知识信息的来

---

① M. T. C. Castellví, "Theories of Terminology: Their Description, Prescription and Explanation," *Terminology*, 2003, 9 (2): 163 – 199.
② F. Gaudin, *Socioterminologie. Une Approche Sociolinguistique de la Terminologie* (2nd edn) (Brussels: De Boeck Duculot, 2003).
③ P. Faber, "The Dynamics of Specialized Knowledge Representation: Simulational Reconstruction or the Perception-Action Interface," *Terminology. International Journal of Theoretical and Applied Issues in Specialized Communication*, 2011, 17 (1): 9 – 29.
④ P. Faber, "The Dynamics of Specialized Knowledge Representation: Simulational Reconstruction or the Perception-Action Interface," *Terminology. International Journal of Theoretical and Applied Issues in Specialized Communication*, 2011, 17 (1): 9 – 29.

源。根据这些假设，我们提倡将认知术语方法应用于法律概念的术语描述。这种方法的主要建议之一是优先考虑强调概念和概念化对专业知识沟通的重要性。因此，将通过认知术语方法的棱镜来研究法律语言、法律解释和法学名词规范化问题。

  语言学中的认知转变有助于对语义的深入理解，从而对多义词进行更现实的规范化处理。众所周知，在过去的二十年中，认知语言学已经影响了词汇研究的发展。牛津大学吉亚尔特（D. Geeraerts）教授认为认知语言学的一些前提在词汇语义领域为字典的制作提供了合适的理论框架。[①] 认知语言学强调语言的经验体现本质，维持语言不是一种自主现象，而是与语言使用者的个人、文化、社会和历史经验密不可分。心理学、神经科学和认知语言学的前沿研究都表明，构建人类经验的原则和过程也反映在语言结构上。根据语言的结构主义观点，语言意义和指称之间存在着主要的区别，这是因为这种观点将意义视为价值关系，其中一个词语的意义通过与其他词汇的关系得以反映。[②] 这反过来导致语言和百科知识之间的根本区别：一方面，语言知识是一种隐性知识形式，使我们能够接触和理解其他类型的知识，典型例子如法律知识；另一方面，百科全书被认为是对我们感知和组织现实的方式的传统概念表征的解释。认知语言学的另一个方面是在术语的概念描述中接受语义结构的不确定性和分界问题，语义不确定性不仅对精确和明确的法律沟通构成威胁，而且还影响了法律定义的功能。因此，研究法学名词规范化的一个主要挑战是找到解释法律和法律表达的不确定性的方法。结构主义方法仅关注语义层面，而认知语言学包括语义和语境等参考信息层面，即内容和范围。[③] 正如以下章节所分析的那样，原型的概念和原型理论的发现使得多义词的研究取得更大的进展，在原型理论的基础上，通过将认知语言学的前提渗透到法律领域的术语描述中，可以提出一个很好的方案来应对不确定法律概念的模糊性。

---

① D. Geeraerts, "The Definitional Practice of Dictionaries and the Cognitive Semantic Conception of Polysemy," *Lexicographica*, 2001 (17): 6-21.
② A. Halas, "The Application of the Prototype Theory in Lexicographic Practice: A Proposal of a Model for Lexicographic Treatment of Polysemy," *Lexikos*, 2016 (26): 124-144.
③ D. Geeraerts, "The Definitional Practice of Dictionaries and the Cognitive Semantic Conception of Polysemy," *Lexicographica*, 2001 (17): 6-21.

(二) 欧盟法律对多义词的处理经验借鉴

如前所述，单个术语可用于表示法律概念。欧盟在建立法律体系的过程中对这些概念进行不同的定义，而不是由每个国家的法律中不同的术语来表达它们。在这方面，欧洲法律引入了术语学方法。欧盟法律作为超国家法律秩序，其特殊性包括由其国家法律术语指定成员国国家法律概念。然而，这些概念通过判例法逐渐具有新的含义，因而与国家法律赋予它们的含义不同。2009年6月30日，德国联邦宪法法院的判决巧妙地描述了欧盟与国家法律之间的关系。在这项判决中，法官提出了一个"桥梁"理论：假设欧盟和德国国家法律是两个相互开放的法律体系，它们之间有一座桥梁，在这座桥上，德国联邦宪法法院作为最高仲裁员"坐下来"，决定哪些规范应该越过桥梁。[①] 同样，法律语言学家科林·罗伯森（Colin Robertson）描述了欧盟法律与成员国法律之间的关系：一方面，欧盟法律依赖成员国的存在；另一方面，成员国的国家法律在超国家层面依赖欧盟法律。还应该指出的是，欧洲法院在欧盟法律的发展和形成中起着至关重要的作用，目的论方法使欧洲法院能够寻求法律规则的目的，从而确定欧盟法律中法律概念的明确含义。

四、概念定义模糊问题的处理

难以定义法律术语，显而易见是由于无法提供所谓的确定无疑的定义。"权利"、"义务"或"法律"都很难被准确界定，甚至对这些法律术语的正确使用都需要专业人员根据实际情况进行确定。事实上，正确使用基本法律术语不是由任何技术决定，而是在一个框架系统中，引入定义要求，这是为了确保这个框架系统发挥效能，这些定义应该由除了定义之外的其他通常更清楚的术语构成。

美国法学家霍菲尔德是法律概念分析的集大成者。他曾通过寻求法律的基本概念，即所谓的法律概念的"最小公分母"，成功地解决这些困难。寻找法律概念的"最小公分母"的活动并非起源于霍菲尔德，它实际上是分析法学的一个传统。如，奥斯汀认为，有六个基本概念是法律中的必要因素，即义务、权利、自由、伤害、惩罚、赔偿。其后，匈牙利的

---

① *The Lisbon Case*, Case No. BVerfG 2BvE2/08, Judgment (30 June 2009).

法学家索摩罗（Somlo）在《法学基础》一书中又将奥斯汀的六个主要概念归结为四个：权利、义务、主权和国家。他认为这四个概念是法律秩序的逻辑预设。霍菲尔德的第一个贡献是区分不同类型的权利。例如，索赔权利会产生相应的义务，因此，使用土地的权利需要对应不干涉义务，即他人有义务不进入权利人的土地。财产权使权利人有权以各种方式使用土地，如建造房屋、种植花草等。一些合法权利涉及对他人的权利，他人没有权利阻止权利人建造房屋或种植花草。此外，霍菲尔德指出，有来自权威的豁免权。因此，当儿童达到成年年龄或在法律上获得解放时，他们获得的豁免权会使父母的权利失效。简单来说，霍菲尔德认为每种权利（请求权、自由、管辖权和豁免权）对其他人都有相关的法律后果。请求权涉及相关责任，自由与无请求权相关，管辖权与服从义务相关，豁免权与无管辖相关。

霍菲尔德认为，权利与义务的法律概念和关系是其他所有法律概念和关系的"最小公分母"，其他复杂的法律概念和关系不过是它们的不同组合而已。虽然霍菲尔德关于法律概念的分析存在含混之处，但是他以概念为中心研究法律文本的方法值得我们学习。此外，更重要的是他提出了概念的两种关系——"相关（correlative）关系""相反（opposite）关系"，对分析法律概念、构建法律概念体系都是非常重要的基础路径。[1]

霍菲尔德试图用权利、义务的此消彼长来规范化定义法律概念，这种从概念之间的逻辑关系出发为法律概念提供规范化定义的思路值得深刻思考。如前所述，语言结构反映了代表知识的概念结构。换句话说，术语打开了一个概念结构的窗口，该概念结构为人们提供了概念的超语言知识。考虑到这一点，下面讨论了关于语义结构的认知概念以及与法学名词描述有关的概念和类别的不确定性的最重要的发现。首先，意义单位的描述超出了词汇层面，并且考虑了单元的集群，而不是孤立的单个集合。其次，意义解释来自经验背景，即来自我们周围一切事物的心理处理。因此，法学名词规范化必须考虑到这样一个事实，即一些法律术语指定了不确定的法律概念，这些概念是更广泛的概念结构的一部分。正是在这个概念背景下，一个概念得到了充分的实现，这就是它的概念化和理解方式。根据

---

[1] 沈宗灵：《对霍菲尔德法律概念学说的比较研究》，《中国社会科学》1990年第1期，第67—77页。

这些语言学信息（定义、来源、注释），人们可以轻松地掌握有关概念的其他信息。同时，法学名词定义时必须注意不要在其中包含太多信息，因为包含太多信息会使人们感到困惑并使所需信息的发现变得更慢且更困难。

同样，目的论解释方法也支持法律术语的理论方法，特别是在对不确定法律概念的定义方面。由于目的论解释超出了措辞并考虑了法律规定的目的以及背景，因此它也侧重概念和概念结构，而不仅是术语层面（语义学方法）。这描绘了目的论解释和意义的认知、感知之间的整齐对称。我们称之为认知术语，其主要前提总结如下。

（1）由于法律的灵活性与模糊性本质，一些概念在本质上是不确定的，并且不适合对其做出明确的分类，因为它们没有明确的界限

语言结构被扩展为概念结构，应该将这种不确定的概念描述定义为原型类别。

（2）概念在其概念结构中被概念化

这意味着它们基于结构化知识和经验系统，因此，如果不考虑更广泛的语言背景，就无法理解它们。因此，我们不应否认存在清楚的边界，而应放弃边界概念，转而关注概念化过程。

（3）语外语境作为知识框架，影响了概念的含义

不同的情况或多或少都可被归入一个类别。为了对法律概念进行规范化表示，将这些模糊概念定义为动态和相对原型类别是有意义的，这些类别没有严格的类别边界和清单含义，该方法允许在解释概念的含义时具有更大的灵活性。因此，最佳定义结构和类型取决于所定义的概念。考虑到一些法律概念的不确定性和开放性，建议根据它们实现的目的，而不是根据其基本特征，将它们定义为原型类别。因此，这种定义可以被称为"目的论定义"。基本思想是使法学名词表示能够反映概念在法律中被概念化的方式，并且作为概念结构的一部分，其意义不是固定的，而是需要解释的。保持这些定义应该提供大多数相关的法律知识，它们是一种消除歧义的手段，其目的是明确法律概念的核心含义。劳动法领域中"工人"概念的核心意义是"在给定时间内为另一方提供服务以换取报酬的人"。后一种原型定义可以在不同的子领域内被修改，也可以针对工人类别的不同从属概念如"移民工人"等进行修改。将概念特征纳入定义使得有可能根据无更少原则来定义构成法律概念的事实、情况或行为。放弃从其

他资源以剪切和粘贴的方式将定义插入法学名词的做法，因为目的论定义不仅基于语料库数据，而且基于概念特征，即概念的立法目的及其超语言背景。在语言学知识中对目的论定义进行基础研究发现，它们类似于小型知识库，而不是传统的字典或规定性定义。从这个意义上讲，目的论定义有助于将外部语言信息整合到法学名词中，从而提供更可靠的概念表示。

五、法学名词定义规范化的意义

必须承认，起草法律定义是一项艰巨的任务，尤其为法学名词做规范化定义。苏格拉底定义词语意义的时代已经提出了一个经典的哲学问题，这个问题的根源在于这个词与其含义之间的神秘关系。对于所描述的关系有两种传统观点：唯实主义和唯名主义。第一种观点认为一个词语是特定真实事物的自然表达，因此，一个词语的意义不能与事物本身分离，而是一个事物的固有特征；第二种观点与前者相反，后者假设了词语和意义的二元论，这后来成为语言学和心理学中认知理论的基石，假设除了约定和协议之外，名称中没有正确性，从这个角度看，提供的任何名称都是正确的名称，如果改变它并赋予另一个名字，新名称就像旧名称一样正确。关于定义的目的，定义使我们对一个词语的含义的清晰度有一个基本认识。正如维特根斯坦所说，一个词语的含义取决于它在语言中的用法。法学名词通过法律概念和法律被赋予专门定义，因此法学名词的定义应该描述概念。

根据 ISO 标准 1087-1990，定义是描述概念并允许其与概念系统内的其他概念区分的陈述。[1] 在术语理论中，区分了三种类型的定义：语言学、本体论和术语。[2] 与传统词汇学定义的语言定义不同，本体论定义包括类似百科全书的特征，例如概念的特定内在、外在方面。术语定义更具描述性，并且专门引用特定主题领域定义概念。定义不确定法律概念时需要转变传统的思维范式，因此，本部分提出了定义不确定法律概念的新方

---

[1] ISO, *Terminology-Vocabulary = Terminologie-Vocabulaire* (*ISO 1087-1990*) (Geneva: ISO, 1990).
[2] M. T. Cabré, *Terminology: Theory, Methods, and Applications*, vol. 1, trans. by J. A. DeCesaris (Amsterdam and Philadelphia: John Benjamins Publishing, 1999), p. 104.

法。定义在法律中具有决定性作用，因为它们可以作为解释的辅助手段，并通过减少不确定性和实现一致性来提高明确性。[1] 定义法学名词时还需要区分法定定义和解释性定义，虽然前者通过缩小、扩大他们的意义或为他们创造新的含义来改变词语的普通含义，但后者只提供必要的确定性。[2] 法律中的定义可以是内涵的，也可以是扩展的。内涵定义在法律中很受欢迎，因为法律体系是基于逻辑类型的。[3] 在法律领域，定义的目的与一般语言不同，通常被视为解释的辅助手段，定义使法律适用更加确定。如果法官不确定法律规定是否适用于案件事实，他们可以在法定定义中找到保证。从这个角度来看，定义的目的不仅是澄清意义并举例说明单词的实际用法，而且是澄清概念在法律领域的应用。

现在从法律角度集中于法定定义的目的。一般而言，法规中的定义旨在实现三个主要目的：（1）通过减少不确定性来提高清晰度；（2）实现一致性；（3）通过缩写避免冗长。[4] 虽然可以归结第三个目的为索引，并且通过遵守前面章节中详述的概念区分可以确保一致性，但我们仍然明确地将法律和法律起草中的定义作为主要目的。但是，需要进一步澄清术语并提高其清晰度，将此术语解释为解决歧义并解决疑问，法律定义应旨在促进统一解释和适用，使法院能够了解某一组特定事实是否构成特定类别规范，以达到推导出确定法律后果的目的。[5]

但是，法律定义的含义并不总是直截了当，并不总是能够仅依靠法定定义来确定特定事实集合是否属于类别。法定定义的问题与法律解释的一般问题以及抽象术语与现实生活事件之间的松散关系有关。鉴于即使是法定定义也可能模糊不清、不准确和不确定，人们可能会质疑定义在法学名词中的用处。法院在具体案例中定义了许多概念，以这种方式创建的定义

---

[1] S. Šarčević, "Multilingual Lawmaking and Legal (Un) Certainty in the European Union," *International Journal of Law, Language & Discourse*, 2013, 3 (1): 1-29.

[2] F. Bowers, *Linguistic Aspects of Legislative Expression* (Vancouver: University of British Columbia Press, 1989), p. 173.

[3] H. E. S. Mattila, *Comparative Legal Linguistics: Language of Law, Latin and Modern Lingua Francas*, trans. by C. Goddard (Hampshire and Burlington: Ashgate Publishing, 2006), p. 67.

[4] F. Bowers, *Linguistic Aspects of Legislative Expression* (Vancouver: University of British Columbia Press, 1989), p. 173.

[5] S. Šarčević, "Multilingual Lawmaking and Legal (Un) Certainty in the European Union," *International Journal of Law, Language & Discourse*, 2013, 3 (1): 1-29.

充其量只能为个案所适用。此外，未来司法实践还可能会改变或扩展定义。因此，从概念中心性的角度对法学名词进行规范化定义，确保其内涵的稳定性，有助于更好地理解法律概念。

第五节　法学名词体系的规范化

体系一般有两层含义：第一，外部的、形式的秩序体系；第二，根据人们所追求的、协调的价值结构所形成的内部秩序。德国法学家菲利普·赫克认为，法律的内部体系一般指的是实质性序位秩序、价值体系。法律概念体系就是将整个法律规范中的概念理解为内部无矛盾的"意义整体"。[①] 认知语义为当代语言学中的意义研究提供了最合适的平台，因为认知语义学方法考虑了意义的语境和语用灵活性，被视为一种认知现象，其意义被认为超越了词语的边界并涉及概念化。认知语义学为概念结构和法学名词规范化的体系原则提供了新的视角。考虑到这一点，本节提出认知术语作为法学名词规范化的适当媒介，其中关于类别和概念的原型结构理论，为定义不确定的法律概念提供了新的视角。以下部分进一步阐明了原型的概念，并阐明了原型理论与术语之间的联系。

一、法学名词与法律制度的关系

正确理解一个词语必须将其放在上下文中。对这些术语在上下文中进行解释，以便读者可以看到术语是如何与法律结构吻合的。上下文中的这一术语简要介绍了相关的中国法律制度。当代中国法律制度与欧洲的大陆法系有着深厚的渊源，这意味着汉语与英语中仍有许多共同的术语，但不是全部汉语法律术语都能在普通法系中被找到。例如，美国刑法术语包括"一级谋杀"和"二级谋杀"。这是与中国法律的一个区别，因为中国没有采用这种以严重程度为单位的犯罪分级方法。如上所述，文中给出的大纲是基于中国特色社会主义法律体系，在其他法律体系管辖区域内进行所

[①] ［德］伯恩·魏德士：《法理学》，丁小春、吴越译，法律出版社，2003，第318页。

有可能的变更超出了本书的范围。例如,"公司"一词在英国公司法中具有非常具体的含义,它是一个法人团体和一个独立的法人;而在美国的法律术语中,"公司"这个词被宽泛地用来指代各种商业组织;中国法律术语中的"公司"与美国类似。总的来说,应该认识到不同国家法律术语的差异。

(一) 法律制度对法律概念的影响

法律作为一种规范体系,需要在现实世界中产生事实影响,从这个角度看,立法可以看作规范与事实之间的一种沟通行为。[1] 即使是法律实证主义(legal positivism)的观点,也不能把法律的实效性放在一边。[2] 奥地利法学家凯尔森提出的基本假设是,规范与事实之间、规则与行为之间的逻辑关系本质上不可简化,不能由一个事物的存在而断定它应该存在。同样的道理也适用于相反的情况:不能由某个事物的应然性而推断其存在。[3] 在这里,凯尔森坚持了"是"与"应当"两分的"休谟定律"以及方法二元论(methoden dualismus)。[4] 这一结论是法律概念作为一种等级制度的基础,以授权关系为效力原则的动态位阶系统,法律与事实是分开的。然而,事实与规范之间也存在密切联系,有效实施的规范需要在现实世界中有最低限度的社会实效,以成为一种合法的规范。这意味着在法律规则中规定的行为必须具有社会实效,依法治理与社会实效的相互依存,说明了一个问题,即规范与事实并不能严格分离。

在很长一段时间内,规则与物化之间发生关系的过程在某种程度上可以被比作一个黑盒子,规则进入其中一边,规范的行为就会出现在另外一边。由于缺乏对这些过程的深入了解,导致了几种法律交流模式的产生。[5] 虽然法律效力不同,但大多数模式本质上都是基于目标导向立法的线性因果关系的。法律上的"信息"是"传递"信息的单向"流动模式"(flow model),即从"法律给予者"到"法律接受者",从发送

---

[1] O. W. Holmes, "The Path of the Law (An Address Delivered by the Author in 1897)," *Harvard Law Review*, 1997, 110 (5): 991-1009.
[2] H. Kelsen, *Reine Rechtslehre* (Wien: Österreichische Staatsdruckerei, 1992), p. 5.
[3] H. Kelsen, *Reine Rechtslehre* (Wien: Österreichische Staatsdruckerei, 1992), pp. 5-9.
[4] [英]休谟:《人性论》下册,关文运译,商务印书馆,1980,第463—470页。
[5] H. V. Schooten, *Semiotics and Legislation: Jurisprudential, Institutional and Sociological Perspectives* (Liverpool: Deborah Charles Publication, 1999), pp. 183-211.

者到接收者。这个比喻预设了所传达的这些词语显然表达了一个有意义的"信息",就是提出了这个"信息"是什么以及它是如何传达的。法律制度理论采用了一种法律概念,通过这种概念,可以将"相互"的要素加入单向的法律交流模式,即以一种符号化的方式来定义法律信息的意义。

(二) 法学名词反映制度事实

20 世纪初,科学的"语言学转向"已经把语言和交流过程中的问题越来越多地推向了理论研究的范畴,强调符号的中心性与在社会生活中的意义。语言具有双重性质:一方面,描述性语言是真实的,是真实世界的一种表现形式——真实的世界构成了对口头或书面文字真实性的试金石,即语言必须适应现实世界;另一方面,使用语言的行为本身也会作用于现实世界[1],例如,法律语言中规则的影响不是物质上的,规则带来了法律效力、权利、义务等。在法律语言中,法律规范是试金石,是对实际或事实行为的正确性或不正确性的检验。法律规则以文字表达现实或其中的某些部分。从这个角度来看,法律规则的词句铸就了未来的现实,它们在发生之前就决定了行为,表达了未来的行为和事件。

这就引出了法律语言的一个重要特征,就是它的术语在现实世界中没有与之对应的物质,例如,"椅子"、"树"和"房子"这样的术语在现实世界中是存在的,"权利"、"责任"和"法律效力"等名词不能作为"事实"来指出。哈特称这种现象为"法律语言的反常现象"[2],法律语言具有抽象性。然而,法律术语在社会生活中扮演着重要的角色。因此,通常情况下,不容易对这些法律术语产生正确的理解,例如,"财产"即金钱,"合同"即合意,"国家"即政府,"权利"即自由,等等。相对统一的所有权观念、国家和各种权利及其相应的义务和法律效力在公众中传播,正确使用这些法律术语,就会规范人们的行为与思想。正如下棋是因国际象棋规则而存在一样,可以认识到"制度事实"是作为"物质事实"的反面存在。

---

[1] J. R. Searle, *Speech Acts: An Essay in the Philosophy of Language* (Cambridge: Cambridge University Press, 1970).

[2] H. L. A. Hart, *Essays in Jurisprudence and Philosophy* (Oxford: Clarendon Press, 1983), pp. 22-23.

二、法学名词的分类

(一) 法律语言的类型

世界上的法律体系可以根据一定的标准被划分为几个主要种类。这样分类的主要理由在于，了解各国法律概念之间的异同有助于避免国际合作中的误解。这种知识将使律师或法律翻译能够避免错误或误解。错误和误解的风险尤其涉及大陆法系和普通法系（英美法系）之间的关系。作为符合现代社会监管需要的全球重要法律体系——普通法系和大陆法系，前者在英语国家应用，特别是在英国和美国；后者主要覆盖欧洲大陆和拉丁美洲国家，中国特色社会主义法律体系也属于大陆法系。不考虑文化背景范围，法律秩序的概念体系基本上与普通法或大陆法相对应。尽管如此，包含特有传统文化的法律概念在亚洲尤其是中国具有重要意义。

大陆法系与普通法系之间的概念差异可以用历史渊源来解释。最初，在罗马法的基础上，中世纪时期出现了大陆法系，大陆法基于实体法，实体法建立在一些抽象的原则之上，通常是神学的或哲学的。相反，普通法是在诺曼征服[①]之后在英国法院中形成的。因此，普通法的制度建构和概念是根据中世纪司法程序的要求所界定的。这一背景解释了为什么这两个法律体系在法律基本概念方面存在分歧，此外在法律规则的一般性程度以及关于法律渊源的原则方面也存在差异。但是，应该注意到，在我们这个时代普通法和大陆法正在趋同。原因是双重的：一方面，自"二战"以来，美国的法律体系对世界许多国家都产生了不可忽视的影响；另一方面，国际经济贸易交往也在一定程度上促进了法律制度的趋同。

法律语言可以被分为若干子类型，每个子类语言在某种程度上都具有特定的特征（词汇、风格），这主要与法学学者、立法者、法官和行政人员以及倡导者的语言有关。将法律语言划分为若干子类型是一个相对的问题，在这里，有关国家的传统起着重要作用。例如，在欧洲大陆，人们可以参考公证语言，原因很简单。在这些国家特别是拉丁语系国家，私法法律文件已经由另外一个机构即公证机构起草了一千年。公证行业的悠久传

[①] 诺曼征服加速了英国封建化的进程。威廉一世建立起强大的王权统治，没收反抗的盎格鲁-萨克逊贵族土地，分封给随他而来的法国封建主，在统治机构、法律上仍沿用英王旧制。

统解释了拉丁语系国家法律语言的特点，在法律语言中使用了大量的学术词汇，特别是拉丁语术语和箴言。法庭语言特别正式，通常具有明确的性质，即法官使用无保留的声明和强制令。相比之下，详细的论证、丰富的修辞代表了律师的语言。在法律语言的某些领域，特别是在判决中，高度复杂的句子结构经常被使用。任何法律语言类型的文本都包含许多法律术语。此外，法律语言可以在法律分支的基础上被分为子类，主要的区别标准成为每个分支的专业术语。不言而喻，法律各部门的大部分法律术语是普遍的，但是每个法律语言的子类又有其自身独有的特质。例如，刑法包含了许多在财产法或宪法法律文本中几乎从未使用过的术语。同样，在法律的一些分支中，法律术语与非法律术语混杂在一起，例如，刑法涉及精神科术语，而土地法涉及调查术语，税法涉及会计术语。

（二）法律概念的类型

关于法律概念类型的划分，有很多种不同的观点。德国法学家卡尔·恩吉施（Karl Engisch）将法律概念划分为以下几种：将广义上的法律概念界定为有效法律规定中使用的任何概念；自由的法理学概念，即法律专业制定的概念；普遍的法律概念；法理学的基本概念。法律规定的前两组概念之间似乎有明显的相似之处，而后两组概念也是相似的，并与所谓的自由法理学概念相对立。另一位法学家克努（Cornu）仅区分了确定性和不确定性的法律概念。由于其固有的模糊性和意义流动性，不确定的法律概念在适用时会使法院拥有更多的自由裁量权。这些模糊的概念在国际法中并不少见，例如"公允及善良原则"。在模糊概念的情况下，存在确定性的范围以及怀疑的范围。因此，为了解释和定义模糊的法律概念，有必要根据潜在的法律目的和语言外的背景来设定界限并界定其含义。

1. 基于逻辑关系的法律概念类型

法律科学与逻辑学之间的密切关系明显地反映在法律推理中，它在某种程度上使用了形式逻辑的工具。首先简单地考虑法律中两种主要的推理类型：演绎推理和归纳推理。演绎或基于规则的推理基本上是三段论，决策者用一组特定事实进行论证，然后查看适用于这些事实并达成判决的法律。基于相似性、类比或基于案例的归纳推理原则是英美法律传统的核心，其前提条件是检查早期相关案例中的决策模式。由于对法律推理究竟是什么进行了不懈的学术讨论，法律学者们已经尝试了许多不同的理论，包括但不限于法律形式主义（legal formalism）和法律现实主义（legal realism)。形式主义的基本思想是存在一个规则金字塔,从顶部的"第一性规则"到最后得出大量具体规则。相比之下,法律现实主义者认为,法律是一个独立的逻辑系统,为所有新案例提供答案正确的科学、演绎推导。法律现实主义者没有将法律视为一个自足和自治的体系,而是假定法律反映了历史、社会、文化、政治、经济甚至心理力量,而个体法律决策者的行为则是这些法律的产物。

逻辑关系基于概念之间的相似性。[1] 概念可以共享一个或两个特征,通过这种共享特征可以将概念进行种属分类。在这种概念种属关系中,具体概念将至少具有一个与通用概念区别开来的特征,这种关系称为逻辑从属关系。[2] 在种属关系中,具体概念被包含在通用概念中,这种包含关系在确定翻译等价词时很重要。同样,如果两个特定概念从属于同一个通用概念,则具体概念被认为是逻辑协调关系。例如,"子公司"和"母公司"的概念从属于"公司"的通用概念。梳理概念之间的关系,也就是类型学方法,是一种确定定义的有效途径。例如,什么是正义?解决这个问题的一种方法是通过类型学方法,将正义的一般概念和抽象概念分为组成部分:分配正义;纠正正义;政治正义;程序正义;报应性司法。

2. 根据确定性划分的法律概念类型

区分确定的和不确定的法律概念对于法学名词规范化研究非常重要。着手澄清我们对确定和不确定的法律概念之间的区别及其对法律翻译和法学名词规范化的影响的理解,这与上述关于法律中模糊性和不确定性的主张相一致。术语不确定性将被用作法律模糊性的特征,以表示法律概念的语言表达。一般而言,确定性的法律概念是描述性的,通常是形式性的。确定的法律概念被认为是程序法的一部分,涉及人、机构、文件等,而不确定的概念是实体法的一部分,是指法律规范的抽象情况。不确定的概念进一步被分为模型、渐进概念或一般条款。这意味着,根据或多或少的原则,给定的情况可以被归入规范性规则,或多或少的原则是原型理论的关键标准。在普通法系中,通过司法先例(高等法院对下级法院具有约束力的决定),法官将意义归于特定的法律概念。普通法系的重点是解决争

---

[1] M. T. Cabré, *Terminology: Theory, Methods, and Applications*, vol. 1, trans. by J. A. DeCesaris (Amsterdam and Philadelphia: John Benjamins Publishing, 1999), p. 1.

[2] M. T. Cabré, *Terminology: Theory, Methods, and Applications*, vol. 1, trans. by J. A. DeCesaris (Amsterdam and Philadelphia: John Benjamins Publishing, 1999), p. 1.

端，而不是建立真理，普通法系中不需要最终和明确表述的概念。因此，普通法系被赋予了弹性和适应不断变化的环境的优点。这一事实反映了普通法系的语言特点。因此，普通法系的语言常常令人费解，与大陆法系所遵循的确定性和简单性的理想形成鲜明对比。这种对法律的务实看法影响了语言的作用以及法律概念在普通法甚至欧洲法律中的含义。相比较而言，大陆法系更多地遵守法律规定，并试图通过建立真实事件与法律规范之间的相似性来确定法律规范的范围。今天的大陆法系适用目的论或有目的的解释，并被"赋予文字意义"。

"域"（domain）和"域结构"是任何术语和交际理论以及知识表示的核心，由于并非所有"域"都以相同的方式构建，因此不同的"域"需要不同的术语方法。在这方面，域的本质不仅决定了理论原则，而且决定了应用于特定领域的方法。法律与自然科学不同，是一个文化约束的领域。在上述背景下，注意到"域"代表语言学中的模糊概念是有益的。在认知语言学意义上，一个"域"代表了世界知识的一部分，它由类别及其关系组成。在术语中，对"域"有两种不同的看法。可以将法律领域表示为专业知识域，但是却很难在各个法律领域之间划清界限，因为法律逐渐超过国家范畴，如新的类别的出现、跨国和超国家等。

三、原型理论与分类决策困难

（一）经典概念定义理论与分类

原型理论（prototype theory）最早是在20世纪70年代由埃莉诺·罗施（Eleanor Rosch）对内部范畴结构进行心理语言学研究的背景下发展起来的。原型理论在认知科学中是一种分级归类的模式。在这种模式中，在同一个范畴中，某些项目会比其他项目更为核心。它在心理学和语言学领域进一步发展，而其在语言学研究中的应用也被称为原型语义学。[1] 原型理论认为，有时词典中的类别不是表示为一组特征，而是作为一个类别的原型。由此得出结论，是否属于一个类别不是简单的全有或全无，而

---

[1] C. J. Fillmore, "Chapter 10: Frame Semantics," in D. Geeraerts ed., *Congnitive Linguistics Research*, vol. 34, *Cognitive Linguistics: Basic Readings* (Berlin and New York: De Gruyter Mouton, 2006), pp. 373 – 400.

是需要判断类别与原型的相似程度，这与如何界定概念有关。原型理论的一个关键原则是或多或少的原则，在这个原则下，一个成员通过与原型的相似程度"或多或少地"属于一个类别。我们发现这一原则对于法律定义和法律解释同样重要。正如关于不确定法律概念的部分所述，概念的固有模糊性有助于立法者应对法律的稳定适用。法律规范的表达是无所不包的，以涵盖尽可能多的类别成员。因此，美国"机动车盗窃罪"中的犯罪客体也包括飞机。① 虽然它们没有在法案中明确列出，但暗示法案也适用于飞机，至少这似乎是前面讨论的法院的逻辑。在这方面的主要观点是，有时不确定的法律概念不能通过列举一个概念的主要特征或依赖其法定定义来描述，而是依据相似特征"或多或少"的原则来描述。

面对不同类型的法律概念，可以根据传统的术语原则来命名确定的法律概念，而不确定的法律概念则建议将它们描述为原型类别。例如，"汇票"可以被定义为出票人签发的，委托付款人在见票时或者在指定日期无条件支付确定的金额给收款人或者持票人的票据。但是，无法以这种方式定义诸如"商品""货物"之类的概念。广泛地来说，"货物"指其价值可用货币表示的产品。但在具体案例中这个定义可以被扩大或缩小。从这个意义上说，不确定的法律概念是模糊的，因为它们取决于法院的解释。同样重要的是要强调解释这些概念的含义的目的论标准。就"货物"而言，我们必须考虑到相关法律规范的目的，即货物流动自由。如果这种自由受到任何限制，这种限制必须是法律规定的利益，对于实现目标和适用的非歧视性而言是适当和必要的。解释和类比不仅用于确定法律概念的含义，而且还用于允许灵活应用的法律。同样，商品的例子表明，为了定义和翻译不确定的模糊法律概念，其概念结构和语言外知识是必不可少的，这反过来又保证了术语研究原则在法律中的应用。解释这些概念时，必须考虑更广泛的背景，即在寻找适当的等价词时概念的概念结构和语言外知识。

术语的解释通常涉及确定一个对象（抽象的或具体的）是否符合相关文本规定中的概念的参数范围。因此，法学名词的解释涉及分类行为，

---

① Act of October 29, 1919, c. 89, 41 Stat. 324, U. S. Code, title 18, Crimes and Criminal Procedure § 408 (18 USCA § 408).

更一般地说，这是一种心理过程，人们可以根据这个过程来判断一个对象是否属于某个给定的概念。类别是可区分对象的等价类别，分类涉及这些类别的形成。更确切地说，概念是一种心理学建构，用于将一个词与所指概念联系起来，而类别是这个概念是关于什么的。分类除了对法律运作至关重要外，对人类社会发展也同样重要，分类需要人类在认知上能够理解相似性和差异性。一般来说，分类是有益的，因为通过创建分类法来组织知识，有助于知识的学习与传播。可以说，归类是归纳概括过程的一部分。例如，一个生物具有类似于"哺乳科"类别的公认特征，人们能够将所有具有相似特征的生物归类为"哺乳动物"。由必要和充分条件形成的单词类别与所谓的经典概念定义理论是一致的。在经典理论中，一个类别的所有实例都共享一组属性（定义属性），其中每个属性对于类别成员都是单独需要的，并且拥有该属性才能获得类别成员资格。[1] 美国加州大学伯克利分校埃莉诺·罗施教授描述了传统的分类观点："哲学、心理学、语言学和人类学方面的大量工作都假定类别是有界实体，其成员通过判断是否具有一组简单的标准特征来定义，其中所有具有标准属性的实例都具有完整和相同的程度的成员资格。"[2]

因此，经典的方法假设一个词的含义由一组属性组成，这些属性可以被用作一种决定过程来识别所有并且仅由该词表示的事物。因此，成员的标准是明确的，而且重要的是，不应该有没有明确分类成员的词。因为经典理论假定一个词的含义是确定的，这与法律的确定性和客观性本质相一致，通过认定法律文本中的词语可以用必要而充分的标准来定义。通过这种方式，即使可能有时在确定一个词的扩展上有困难，但是概念的扩展参数，即其应用的参考范围，总是能够被精确地确定。可能存在困难的情况，即所讨论的对象可能在概念扩展的边界上，但是这样的情况并不一定会引起关于概念中的成员资格准确性的担忧。然而，经典理论的代价是意义的准确性。这些类别不是一组简单的标准特征，而是没有明确界定的边界。它们通常只在其焦点中被明确定义，而类别则存在边缘区域。哈特认为，大多数法律规则都有一个"确定的核心意义"，但被一

---

[1] P. Gärdenfors, *Conceptual Spaces: The Geometry of Thought* (Cambridge, MA: MIT Press, 2004).
[2] E. Rosch, "Classification of Real-World Objects: Origins and Representations in Cognition," in P. N. Johnson-Laird and P. C. Wason eds., *Thinking: Readings in Cognitive Science* (Cambridge: Cambridge University Press, 1977), pp. 212–222.

个"有争议的半影"所包围。如果把法律看作一种沟通行为,并且像在最基本的法律形式中那样,一个规则要表达的意图是规定某种类型的行为,那么我们使用的一般语词必须有一个固定的核心意义,但也会有一个值得商榷的半影。哈特当然是正确的,正如下面解释的那样,一个给定的词语经常有一个确定的参照范围,但边缘也是模糊的。哈特并没有提供关于解释者如何识别"确定的核心意义"或解释该类别的参数的方法。然而,这种认定对于一般含义学说至关重要。在对哈特的回应中,美国法学家富勒(Lon L. Fuller)强调了解释的语境本质,并指出理解一个词语不能孤立地看,而应将其置于一个句子、一个段落或整个页面甚至更多的文本之中。

当然,富勒是正确的,法律解释者必须确定相关法律规定的含义,而不仅是其中的一个单词。但是,任何自然语言中潜在句子的数量都是无限的,意义理论必须推进一种构成方法,根据这种方法,句子的含义可以被看作取决于其各部分的含义。换句话说,单个单词的含义形成了构成句子的语言的有限基础。尽管注重句子的意义和语境的作用,但意义构成方法的一部分应该包括对词语定义的关注。首先,如果寻求一般含义,相关的狭义语境(或者是广泛的语境)可能不会改变该条款含义的考虑因素。此外,即使狭义的语境会有影响力,正确理解词语以及如何定义对于确定一般含义以及沟通含义都至关重要。正如本部分所论述的那样,这种理解的一部分包括认识到超出了语境的自由裁量性质,即使单独考虑,词义的确定也涉及重大的司法自由裁量权。因此,还必须检查与定义单词相关的困难。

(二)原型理论

将类别描述为由必要和充分的成员条件构成的范围,虽然以严格的方式定义了类别,但是可能出现与心理现实不一致的情况,因为基于感知的范畴可能并没有明确的边界。换句话说,很多词语并不是由人们根据必须满足的条件列表来定义的,某个事物必须满足这些条件才能算作相关类别的成员。相反,类别只在其焦点中被明确定义,而类别之间存在边缘区域。

原型理论对概念分析有重大影响,在原型理论中,类别具有一个代表该类别原型成员的焦点,围绕焦点延伸。埃莉诺·罗施教授指出,"通过类别的原型,意味着通过人们对该类别成员的判断来定义类别成员的概念"。[①] 因此,原型成员的属性在结构上是显著的属性相关概念,如果该类别的成员具有最显著的特征,则该成员处于焦点位置。类别可以分为三个层次:"从属层级"、"基本层级"和"上位层级"。基本层级是该类别的焦点,因此可以被认为是与认知过程相关的层级。大多数物体都能在这三个水平上得到描述或者命名。例如,"刑事管辖权"既可以被特称为"管辖权"下位类概念,也可被笼统地称为"主权权力"基本类概念、"权力"上位类概念。必须注意的是,在上位层级,概念上的相似性难以确定,因此需要依赖概念的原型性来确定其所属层面,原型性分类的特征如下:

(1) 类别的边缘存在模糊性;
(2) 并非每个成员对于一个类别都具有同样的代表性;
(3) 表现为类似家族结构,可以由径向集合重叠读数组成;
(4) 不能通过一组标准(必要和充分)属性来定义类别。

原型性类别的四个特征提供了类别的"内涵"和"外延"视图。第一个和第二个特征考虑到了一个类别的参照性,外延性结构,类别的扩展是类别应用的参考范围。第一个特征是以外延形式表述,指出了一个类别的指称边界并不总是确定的。虽然类别在中心可能很清楚,但在边缘也可能模糊。因此,虽然有些术语可能是某个类别的明确成员或非成员,但其他术语可能既不是明确的成员也不是明确的非成员。第二个特征突出了一个类别的典型性和成员显著性的差异。并非所有类别的成员在该类别的代表性上都是平等的。相反,类别具有刻板印象,这可能会影响类别的感知方式。与扩展性叙述相反,内涵性内容涉及通过对特征的了解而表达概念。维特根斯坦提出了家族树状结构的概念体系。第四个特征显然与第三个特征相关,强调非离散性,缺乏对原型概念的必要和充分属性的单一定义。例如,维特根斯坦认为,"游戏"概念不能由所有其他游戏共享的属性来定义,该类别的不同成员与其他各种成员共享属性,而不是由必要和充分条件定义。总之,类别可以是从属、基本或上位三个层次的,此外,不是所有类别都具有上述四个特征。这些特征从外延和内涵的角度来看都具有非离散性和不等性。非离散性涉及

[①] E. Rosch, "Cognitive Reference Points," *Cognitive Psychology*, 1975, 7 (4): 532–547.

类别的灵活性，不等性涉及类别的内部结构和现实，并非所有属于类别边界的成员都具有相同的结构地位。简而言之，这些特征可能通过单个词语以各种组合呈现原型性效应。

(三) 原型理论和模糊性

原型定义理论为法学名词的定义与分类带来了重大挑战。因为，如果一个人接受原型类别，就很难反驳法学名词概念定义与分类存在模糊性这一问题。如上所述，类别可以具有明确的成员、明确的非成员以及不明确成员或非成员。这是引发模糊问题的第三种可能。一般来说，如果出现以下情况，说明一个概念是模糊的：这个概念的延伸不清楚；在存在界限的情况下，不能肯定地说一个对象是否属于可以被确定为给定概念的一种类型；解释含义存在悖论。从根本上讲，模糊的文本引起了对法治的关注，如果法律语言无法就有关条款内容进行充分告知，那么行为主体就无法调整自己的行为。在刑事案件中，缺乏充分的告知可能是无效宣告的理由，并且可能会以无效为由驳回极为模糊的规定。因此，条款含糊不清的让步可能会影响该条款的有效性。相关的问题可能与法律分类的二价性有关，一般要求对某个概念是否属于特定类别的问题给予"是"或"否"的答案。许多案例的解决取决于某个概念是否是给定条款中指明类别的成员。虽然给出指定特征可能表明类别成员资格，但它本身并不提供用于确定某个概念是否是相关类别成员的标准。例如，"香蕉"或许比"苹果"所代表的"水果"特征少，但没有人怀疑香蕉是一种水果。

相反，内涵属性信息仅显示类别成员比其他事物更常见的信息，但不是所有类别成员都是如此。因此，它没有提供成员资格的标准，这是不确定的。但是，成员资格标准对法律解释至关重要。如上所述，解决法律案件的重要问题不是典型性和成员资格，而是一个非原型概念是否仍然是特定类别的成员。在缺乏必要和充分的成员资格标准的情况下，如何以某种程度的认识论确定性来确定这种决定。主体内不一致性支持自然类别模糊的假设，并且没有清晰的边界将成员与非成员区分开来。

因此，除非法官对分类没有特别的认识，其中没有证据，否则没有特别的理由将他们对中间物品的判断视为可靠的。正如上面所解释的那样，一个基本的原型分析，就像上面给出的"水果"一样，没有提供足以确定类别成员的方法。一个基本的分析并没有详细阐述原型理论，特别是原型表示和相似性的相应标准。为了确定类别成员资格，必须建立标准以及比较概念特征与分类标准的方法。此外，原型类别与模糊性的通用定义的比较表明法律术语中大量类别是模糊的。显然，需要对原型概念进行进一步的探索，以确定上述确定的困难是否可以得到妥善解决（见图 5-2）。

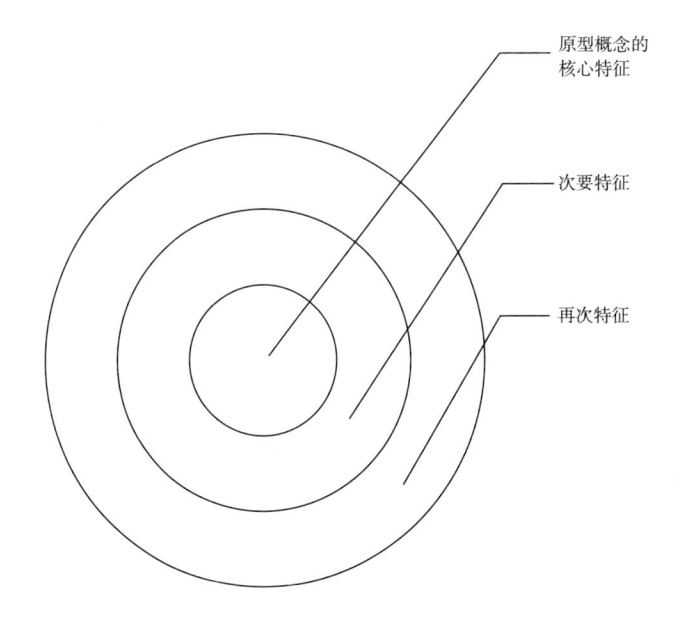

图 5-2 原型概念的特征

（四）创建原型概念分类

如上所述，法律解释通常是二价的（bivalent），使类别的显著性问题重要性较小。因此，对原型概念的进一步研究必须关注如何进行分类决策以及是否可以识别类别成员的相似性标准。原型概念有三个要素：通常是属于同一类别的一类实例的一些集中趋势，平均值或典型值的概括或抽象；定义采用与原型概念相似的方式；类别成员的相似性标准。满足条件的概念是该类别的成员，否则是非成员。

具体来说，法学名词类别 C 具有概率结构，在某种意义上，如果某个概念满足 C 的成分编码的足够数量的属性，则该名词属于 C。或者，更确切地说，如果考虑到基本层次本身具有原型结构，那么 C 类将成为 S 类的上级子类，前提是 C 的原型与 S 的原型足够相似。① 因此，拥有相似性标准对于类别成员资格来说是必要且充分的。与其他两个元素相比，原型概念定义表示法相对比较简单。如前所述，原型是一个与特定词相关的认知表示，可用作分类的参考。给定的单词与具体的原型没有关联，而与原型的心理表征有关。心理图像是一个抽象的实体，它涉及一个类别的特征组合，而不是给定类别的例子。原型概念通常被定义为与该类别中的其他成员具有最大平均相似度的对象。例如，如果重点在于功能，那么原型可以被定义为类别成员中比非成员中更频繁出现的所有功能的组合。该类别的成员资格基于与原型的相似性。如果使用特征列表，则基于该列表来定义相似性。

给定范围以判断相似性是有意义的，并且这是至关重要的特定方面。一个类别的成员资格与一个概念与该类别的其他成员共享的属性数量成正比，与其他类别成员共享的属性数量成反比。在某些情况下，分类决策可能不需要确定给定项目是否属于给定类别的单纯形式，而是确定它是属于 A 类还是 B 类。在第一种情况下，还必须建立成员资格标准作为将该概念的特征与标准进行比较的方法。相反，第二种情况可能要求将该概念放置在两个类别的一个中，并且如果不相互排斥的话，这两个类别（如"水果"和"蔬菜"）至少是对比的。在这种情况下，如果物品 X 的表示与类别 A 的表示比与类别 B 的表示更类似，则可以说物品 X 在类别 A 而不是类别 B 中被分类（见图 5 - 3）。

最终结果仍然是给定概念必须通过某个阈值才能被视为该类别的成员②，尽管对原型理论存在一些质疑，特别是在法律术语概念分类方面。对分类进行说明的最佳方式是基于概念特征与代表概念之间的匹配程度的原型模型，原型概念中更容易被感知的特征使原型理论成为构建法律术语概念的一般含义。如上所述，分类的困难不在于确定某一类别中特征最显著的成员，而在于确定类别成员的明确标准，而原型概念定义理论中类别的外延可能存在不确定性。不确定性既是概念性的，又是认识论的。如果存在认识论的不确定性，则这个概念可能是类别的边缘成员，因为无法发

---

① J. A. Hampton, "Similarity-Based Categorization: The Development of Prototype Theory," *Psychologica Belgica*, 1995, 35 (2-3): 103-125.
② J. A. Hampton, "Similarity-Based Categorization and Fuzziness of Natural Categories," *Cognition*, 1998, 65 (2-3): 137-165.

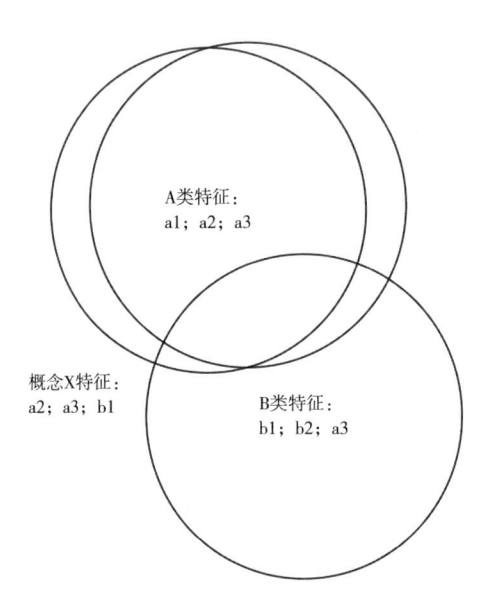

```
                A类特征：
                a1; a2; a3


概念X特征：
a2; a3; b1        B类特征：
                  b1; b2; a3
```

图 5-3　概念的分类决策

现成员资格的标准。因此，不确定性是知识状态而非理解状态的问题。使用一个词语并不需要知道它是否属于类别成员。因此，个人层面的认识论不确定性通常不会成为在普通对话中使用语言的障碍。然而，法律解释通常要求对类别成员资格进行准确的判断。剑桥大学汉克斯（P. Hanks）教授指出，人类自然地倾向于通过类比来建立类别，然而，这种趋势伴随着在内涵特性的基础上进一步理想化类别成员的倾向。[①] 分类的一个关键方面是必须建立成员资格的相似性标准。如果寻求一般含义，那么类别成员资格成为确定该类别成员倾向于拥有的某些属性阈值充分性的概率性问题。在法律领域内，确定正确的门槛值是一个规定性问题。如果在分类中存在随机和单独的变量来源，则甲在乙类中的组测量可以被视为甲被认为属于乙类的程度的度量。即使存在这样的不确定性，可以说有足够的共识认为"番茄"是一种"水果"，尽管它显然不是典型的"水果"，并且大部分公众可能不同意这种称谓。

但是法律术语与概念很难像自然科学术语一样进行这样的实验。因此，在没有模型的情况下，不确定哪些特征与分类相关以及如何对特征进

[①]　P. Hanks, *Lexical Analysis: Norms and Exploitations* (Cambridge, MA: MIT Press, 2013).

行权衡。一般含义的构建理论可以假设文本的含义存在某种事实，至少可以确定概念的一般含义，并将其视为给予类别成员资格的充分条件。

四、本体论方法与构建法律概念体系

作为一种概念化和构建法律领域知识的手段，本体论涉及描述法律领域中存在的术语、概念和概念关系。本体结构可以被定义为由本体关系——子域、相关概念组成的简单分类，使我们能够在其上下文中描述概念。一个本体（ontology）就是一个术语表，其核心作用在于定义某一领域或领域内的专有名词以及它们之间的关系。这一系列的基本概念如同一座大厦的基石，为交流各方提供统一的认识。在这一系列概念的支撑下，知识的搜索、积累和共享的效率大大提高，真正意义上的知识共享成为可能。根据上述理论，在法学名词规范化研究中引入简单的本体论结构：给出构成相关领域词汇的基本术语和关系，以及利用这些术语和关系构成的规定这些词汇外延规则的定义。包含在法学名词中的本休关系的选择考虑到法学名词的域、类型、用户和功能，法学名词旨在为其用户提供概念网络，使其便捷地访问相关的法律知识。认知术语学为这种词典提供了合适的理论平台。关于基于认知和原型语义原理的法律概念语义学的主要发现影响对概念的理解、术语结构、多义词的处理和定义的确定等。

本体论有助于知识的表示，而术语学家则使用本体论资源来建立术语数据库与术语的概念框架。本体关系基于空间和时间的接近，可以被描述为部分整体和整体部分关系。这些关系表示某物是整体的一部分并创造概念阶梯，如县、市、省。与逻辑关系相反，在这些阶梯中，类别只能占用一个实例。某个地区在行政区划中要么是县，要么是州，但不能同时出现。建立逻辑和本体关系使得能够创建主题领域的分类或分层结构。在分层结构中，概念可以彼此协调，从属或对立。理解这些概念之间的关系在法律领域内非常重要，同样对于法律翻译也是如此。翻译等价词通常仅部分等同，并且可以为从属关系或上级关系。阐明潜在等价词之间的这些关系将有助于法律翻译人员确定最合适的等价词，并应对不同法律制度的法律概念之间的概念上的不一致。关于字典中法律概念的组织和表示，重要的是将最充分的本体概念关系包括在法学名词概念体系中。法学名词概念体系中的选定关系必须反映特定领域的概念知识系统，以便能够实现上下文丰富的概念表示。

引用选定的法律概念的示例，以便在更传统的法学名词规范化工具上说明所提出的模型的边缘。对于不确定的法律概念，建议通过目的论定义将它们定义为原型类别。与传统的词汇学定义相比，后者可以提供更大的灵活性，以应对不确定概念的模糊性。本体论是对概念化的精确描述，即本体论用于描述事物的本质。本体论的基本元素是词汇（terms）/概念（concept），转而构成同质化的类（class）和子类（sub-class），然后各个类和概念之间加入了适合的关系（relation）后，形成了一个简单的本体。概念和类皆用来表达词汇本身，而关系则为词汇提供连接，并加入限制条件，使之与现实情况相符合。具体步骤如下：

（1）列出法学名词词条；

（2）按照词条的固有属性和专属特征进行归纳和修改，对词条建立类以及层级化的分类模型；

（3）建立词条与分类模型的关系。

相关概念指的是与起始概念相关的其他概念。类别通过将其下级或上级概念包括在描述中，使得能够在更广泛的概念结构中描述概念。通过使用本体论方法对法学名词概念体系进行构建，可以解决一些法律概念本身的模糊性问题，通过概念网络的关系区分这些不确定法律概念。

第六节　法学名词译名规范化

一、法学名词翻译的等效词

1903年《京师大学堂译书局章程》指出："翻译宗旨，理须预定。略言其要：一曰开瀹民智，不主故常；二曰敦崇朴学，以棣贫弱；三曰借鉴他山，力求进步；四曰正名定义，以杜庞杂。"西方对中国的研究和中国哲学思想常常与推定等效性有关，文化间理解和误解问题相当普遍，中西文化之间跨文化翻译是非常困难的。举例来说，当一个学习中国文化的西方学生将"天"译为"heaven"时，他（她）自然可以认为，在他（她）

的国家的传统中,"heaven"概念所附带的超越性和精神性的内涵适用于"天"。当一个学习西方文化的中国学生将"God"译为"上帝",或者称为"天主"时,他(她)通过联想自身的文化传统来理解这个词。在这种情况下,东西方人都自然而然会联想自身文化背景来理解对方的语言,由于文化的巨大差异,误差似乎难以避免。① 但是在法律这样的专业领域进行国际交流时,准确性是必需的,这就需要在两种语言文化中建立等效词,以实现沟通与理解的准确性。

假设两种语言没有相似的历史时期、没有相似的社会阶层、没有相似的语法来表示完全相同的事物……那么是否能够实现翻译的等效性?我们可以根据法律翻译中的语言转换和理解来检查这一点。在语言转换方面,法律翻译中主要而且经常遇到的困难是翻译外国法律概念。人们经常声称,目标体系中外来的或不存在的法律概念是不可翻译的。关于将英文普通法概念翻译成中文,许多人认为,由于中西法律之间存在概念上的差异,将普通法条款翻译成中文存在不可逾越的困难。就翻译等效性而言,当翻译的目标语言中没有等同的外国法律概念时,需要考虑许多因素。首先需要建立连接点,确定源语言和目标语言之间的等效关系,以便进行翻译。其次,翻译可以被看作一系列的操作或程序,一个符号实体是某个文化子系统的组成元素,它被转化为另一个符号实体,也需要构成另一个文化子系统的潜在元素。最后,需要规定某些信息核心要素保持不变,并且在其基础上,在最终实体与初始实体之间建立起一种被称为"等效性"的关系。②

"等效"的实现是两种基本类型规范约束下的重新组合或妥协,这两种基本类型规范的约束是从目标系统的不兼容的两极和源文本系统中引出的。法律概念是跨越两个辖区的符号,换而言之,源语言法律制度和目标语言法律制度涉及两套符号体系,翻译是符号的重新编码。法律概念形式中的源语言和目标语言中的符号必须具有实质上相似的语义或特征,以被视为等效性语言转移。同时,并非只要源语言和目标语言法律概念具有语义或功能上的相似性,就可以被认为相当于实现了翻译的"等效"。在法

---

① D. L. Hall, R. T. Ames, *Anticipating China: Thinking through the Narratives of Chinese and Western Culture* (Albany: State University of New York Press, 1995), p. xvi.
② S. Šarčević, *New Approach to Legal Translation* (The Hague: Kluwer Law International BV, 2000), p. 233.

律翻译中，除了不确定性的固有语言特性和语言系统性之外，还有两个相互冲突的利益或关注点：法律和翻译的利益或关注点。一方面，具有足够相似程度的源语言和目标语言法律概念需要翻译为等效性、可理解和系统性的语言；另一方面，语言、文化的差异可能产生不同的法律解释和结果。但事实是，不同国家的法律和大多数法律概念并不相同。在大多数情况下，源语言和目标语言法律体系中的概念只能部分对应。因此，在源语言和目标的概念不完全相同的情况下，源语言和目标语言的概念是否等效必须加以区分，即哪些可以视为等效，哪些不可以，以避免混淆不同的法律操作。在翻译中，当一个新的法律概念被翻译成目标语言时，如果目标语言中不存在类似的概念或词语，则需要在目标语言中创建语言符号。这里有必要区分两种新创立的法律概念：第一种是即使在翻译成目标语言后仍然保留在源语言系统中的含义和参照维度；第二种是那些已经移植并融入目标语言法律体系中的概念，其概念和参考维度都是在目标语言中创建的。

第一种类型可以用"衡平法"中的"衡平"（equity）概念来说明。在将"衡平"翻译成汉语时，引入了不同的法律概念和实践。由于中国的语言或法律体系没有这一概念的等效词，所以中国的一个词被创造为"衡平"或"衡平法"（"衡"字面意思是"称量"或"测量"，"平"意思是"公平"或"平等"）。由于中国的"衡平法"一词在中国法律中没有任何实证和功能意义，因此"衡平法"的概念和指称意义来源于英国法律（源语言），而不是汉语。除非中国法律将"衡平法"制度化，否则这个术语在中国体系中仍然缺乏指称性的对象。作为一个概念在源语言系统中具有其概念和参考维度。"衡平法"和"equity"具有相应的语义等效性，可以被视为"等效词"。

第二种类型在将新的法律概念翻译成目标语言之后，与概念相关的法律也被移植到目标语言的法律体系中。当一个概念从抽象转变为具体时，代表概念的符号开始在目标语言系统中拥有自己的生命。它的指称开始在目标语言系统中存在，可能会继续保留原始概念的某些特征或者最终可能会被融合、转化。以"宪法"法律概念为例，"宪法"概念和实践在中国曾经并不存在，直到 20 世纪初才从西方引入。"宪法"一词是从日语中借用来的。"宪法"被翻译和引入的同时被赋予了一个在汉语体系中的概念和指称对象、一种功能指向，并且在 20 世纪初中国颁布了第一部《宪法》时，这个概念被纳入中国政治和法律制度之中，有了不同于西方源语言的含义。

现在"宪法"具有通用含义，即宪法是具有最高法律效力的法律文件，规定了政府的基本结构，这个意义源于西方自由主义传统。但是在同一种语言中，如美国、英国宪法（没有成文宪法）以及澳大利亚宪法也是不同的，英语中的许多法律术语及其定义在不同辖区内也不完全相同。因此，当我们谈到中国宪法和中国宪法实践时，"宪法"特别指向中国的情况。同样，当我们谈论美国宪法时，它的指称对象也是美国。人们普遍承认中国的宪法与自由主义的宪法有很大不同。然而，这并不妨碍"constitution"与"宪法"被视为等效，因为"宪法"在汉语中的基本思想与英语相对应。连接中英文语言符号的核心概念存在一定的等效性。认为中国宪法不能被翻译成英文"constitution"是荒谬的。[1] 在区分等效与非等效之间的界限时出现了一个问题，当一种语言的术语与另一种语言的术语的含义有很大差异时，即不共享核心语义或功能特征，则需要找到并使用不同的术语。一般情况下，"宪法"、"法"和"法治"应该被翻译成相应的"constitution"、"law"和"rule of law"，因为上述名词与英语对象共享核心语义和等效的概念意义，这并不抹杀或否认不同法域内的宪法、法律和法治的差异性。

事实上，当普通法概念被翻译成中文时，往往需要创建新词，因为这些概念在中文中不存在。即使在新的语言术语通过翻译形成汉语语言后，它们的参照对象仍然存在于英国的普通法中，而不是中国法律中，需要参照普通法来理解。双语司法管辖区可能会出现更多复杂情况，如香港，英语、汉语共同存在于法律制度中。因而，香港法律制度中涉及普通法概念的中文翻译需要参照普通法来理解，中国法律概念需要参照中国法律制度来理解。可以说，在概念上和实用上，翻译的等效性需要在不同语言代码系统中的同义性基础上建立相关元素。事实上，不论代码在整个代码中的确切状态如何，都会进行重新编码。等效转换是一个相对的概念。法学名词及其翻译是相对的，如果认为法律概念是一个概念、一个复杂的符号系

---

[1] A. D. Jordan, "Lost in the Translation: Two Legal Cultures, the Common Law Judiciary and the Basic Law of the Hong Kong Special Administrative Region," *Cornell International Law Journal*, 1997, 30 (2): 335–380.

统，翻译的法律概念可以发展和扩展它的意义，并且从语言学上具有两个符号系统的含义和文化，那么这个名词可以在初始引入后在目标语言系统中独立进化或与源语言系统交互式进化。我们需要阅读翻译法律概念，并参考它所指的法律体系，而不仅是以不同语言重新呈现。在这方面，翻译问题的复杂性主要与法律和法律语言的性质有关。法律语言是独特的，因为它以法律制度的存在为前提，以法律语言的特定含义和特殊含义为背景，以法律规则作为规则的显著特征为前提。它与传达普遍信息的其他类型的术语翻译不同，如数学或物理学。因此，自然科学的翻译与法律文本翻译是不一样的。[1]

翻译法律的理解问题，在讨论翻译等效性的语言转换之后，值得深入思考。英国法学家奥斯汀曾经说过："一个词永远不会摆脱它的词源。尽管后来的变化和扩展以及含义的增加影响这个词的概念，但是词源的影响依然存在。"[2] 在这方面，德国著名哲学家伽达默尔（Hans-Georg Gadamer）的理解和语言理论也具有高度的相关性和启发性。根据伽达默尔的观点，语言是理解实现的普遍媒介。[3] 在人类经验的语言本质中，语言的一个基本特征是语言的"无我"（egolessness）[4]，语言是一种社会现象。语言是理解的核心，能够为人们开启新视野，决定了人们对世界的整体态度。[5] 伽达默尔认识到，在人们的理解中、在这些先决判断中存在偏见，这种先决判断取决于视野的远近，视野则取决于语言，由此可以得出语言是人们先决判断中存在偏见的根本原因。[6] 但是，语言并不是与世隔绝的，而是在不断发展变化的。这也意味着语言是开放的，可以扩展和吸

---

[1] D. Freundlieb, "Knowledge of Objects Versus Knowledge of Meanings: A Defence of the Science/Hermeneutics Distinction," *Conceptus*, 1999, 32 (80): 81 – 98.

[2] J. L. Austin, J. O. Urmson and G. J. Warnock eds., *Philosophical Papers* (Oxford: Oxford University Press, 1970), p. 201.

[3] H.-G. Gadamer, *Truth and Method*, trans. by W. Glen-Doepel, J. Cumming and G. Barden (New York, NY: Seabury Press, 1975), p. 350.

[4] H.-G. Gadamer, *Truth and Method*, trans. by W. Glen-Doepel, J. Cumming and G. Barden (New York, NY: Seabury Press, 1975), p. 350.

[5] H.-G. Gadamer, *Truth and Method*, trans. by W. Glen-Doepel, J. Cumming and G. Barden (New York, NY: Seabury Press, 1975), p. 407.

[6] H.-G. Gadamer, *Truth and Method*, trans. by W. Glen-Doepel, J. Cumming and G. Barden (New York, NY: Seabury Press, 1975), p. 240.

收新的媒介内容。① 因此，人们可以从自身内部理解以另一种语言呈现的世界观②，这种理解可以超越任何特定语言的界限。在理解的行为中，现在或熟悉的视野通过接触他人的话语和视野而被扩展、超越。用伽达默尔的话来说，我们进入外国语言世界后，克服了以前对世界经验的偏见和局限，但这并不意味着我们离开并否定了我们自己的世界。③ 在面对一个反映不同视野的观点时，一个人可以找到自己的视野并具备批判的自我意识，换而言之，诠释行为的视野融合是通过质疑和怀疑社会的批判性思维来实现的。

在伽达默尔的思想中，人们可以超越解释视野，但是受到语言经验的制约。正如在引入外国法律语言时，我们会首先从历史中得出先决判断，但是这种先入为主只是一个临时的出发点，随着时间的推移而改变。此外，当我们开始了解外国法律时，会对当前熟悉的法律和分类产生怀疑。我们对外国法律的解释以及对什么是法律的解释意味着我们不可避免地也在自我解释的过程中。对汉语来说，西方文化的冲击与西方法律的移植经历了类似的过程。同样，当西方法律首先被翻译成中文时，尽管中国和西方法律似乎有着无法克服的概念和语言鸿沟，中国人依然用熟悉的语言解释了大不相同的法律。但是，中国语言和文化传统的熟悉视野与西方法律文化的新视野的碰撞与融合，创造出了新的解释视野。意义和解释是依赖于情境的，而情境相关的因素必然是多样的。正是在翻译的历史基础上，中国法律的新知识和新现实才得以存在。

二、法学名词翻译的共时性与历时性

共时性（synchronic）与历时性（diachronic）在语言学中是对应的两个词，简单而言，共时指的是不考虑历史演进的，限于一时的；而历时的意思是探求现象变化的。这里将通过简单地提及现代中国法律翻译对中国

---

① D. E. Linge, "Editor's Introduction," in H.-G. Gadamer ed., *Philosophical Hermeneutics*, ed. and trans. by D. E. Linge (Berkley, CA: University of California Press, 1977), p. xiv.
② H.-G. Gadamer, *Truth and Method*, trans. by W. Glen-Doepel, J. Cumming and G. Barden (New York, NY: Seabury Press, 1975), p. 406.
③ H.-G. Gadamer, *Truth and Method*, trans. by W. Glen-Doepel, J. Cumming and G. Barden (New York, NY: Seabury Press, 1975), p. 406.

文化发展、演进所带来的广泛影响来讨论法学名词的翻译问题。通常，当提到"翻译"时，人们会将其意义与语际翻译联系起来。实际上，翻译是意义的解释过程，也是理解和创造的积极过程。翻译本质是将语言符号扩展为更进一步的、替代性的或更充分发展的符号。名词的翻译是建立在历史文化与语言符号表达的基础上的，具有跨越时间和空间的意义。在现代中国的历史中，语言和翻译语言在跨越语言和时间界限的知识迁移中发挥重要作用。当新的知识或信息最初被引入中国环境时，那些被创造或重新定义以承载这些知识的词语也具有潜在的转化能力。在一百多年的时间里，汉语吸收或融合了西方知识的多种分支，而这些知识在西方历经数千年。这些翻译而来的名词不仅创造了新的意义，而且创造了中国文化中的新现实。将外国法律机械翻译成中文无法采用的抽象、绝对等效的语言，不是复制，而是对中国文化的进一步发展。① 从某种程度上来说，翻译推动了中国近现代的社会文化变革。

以"jury"的翻译为例，英语中的"jury"指的是陪审制度或陪审团（在这个制度下履行职责的一群人）。在翻译成中文时着眼点在于这个人群。19世纪的在华英国传教士麦都思（Walter Henry Medhurst）首先将"jury"称为"有名声的百姓"。另一个德国传教士郭实腊（Karl Friedrich August Gtzlaff）是谈及陪审制度最多的外国人。他首先在《大英国统志》中用"缙绅"表示"jury"的意思，其后在《自由之理》中又改为"复审良民"。后来还有一种观点将"jury"译为"批判士"，即批评、判定的人。理雅各在《智环启蒙》中首次使用"陪审"一词，"trial by jury"译为"陪审听讼论"。"陪审"是陪坐听审的简称。如果仔细考察"陪审"一词，或许并不一定是最好的选择。首先，作为一个法学名词，它过于口语化，不够雅训。其次，意义也不够严谨，考据也不明确。"陪"字在汉语中有陪同、辅佐之意，而英语中陪审制度主要目的在于监督，监督之意大于协助之意。从这个角度来看，"陪审"一词或许不是最佳选择。但是今天站在历史的角度看待时，会发现一个译名的成立并不与其命名的合理性直接关联。"银行""保险"等既不雅训，也不严谨。以严复为代表的中国文士所用译名遵循了"信、达、雅"，但是最终却被日本译名取代，

---

① S. L. Montgomery, *Science in Translation: Movements of Knowledge Through Cultures and Time* (Chicago and London: University of Chicago Press, 2000), p.284.

可见译名的普及与容受需要考虑社会文化发展趋势，而不是仅仅考虑语言、专业学科的因素。

在现代中国，依然不断进行着两种翻译：一是将外国的观念和法律翻译成中文，二是在新的、变化的背景下翻译中国的法律与文化。中国法学名词的解释视野是建立在中西方话语基础上的，在这样的基础上产生了新的意义和现实。汉语构成了中国文化与现实及中国法律文化与法律现实。而现代汉语的意义扎根于中国语言的集体文化记忆中，这种记忆饱含着与外国世界的互动。在现代汉语中，与法律相关的传统意义和最近引入的意义融汇之后被重新编码，从这个意义上说，中国的法学名词是独一无二的。

三、法学名词译名规范化方法

由于解决法律术语等同性问题是非常重要的，因此应该对不同语言、不同法系的法律术语的等同程度进行认真评估。对法律术语的翻译进行比较，在源语言法律体系的术语中找到目标语言法律体系的等价词。一般情况下，翻译人员假设他们的单词列表是等价的，但是法学名词规范化研究需要一套切实可行的方法尽可能精确地衡量这种"等价"（equivalence）。

第一，通过定义衡量等效性。在法学名词译名的翻译中，字典应表明等效程度：完全等价；最接近的近似等价（可接受的等价）；部分相当。法学名词信息的精确度对于指示源语言中的术语与目标语言所表达的概念之间的等效程度至关重要。因此，定义是优选的，因为它们在精确的配方中确立了概念的含义，但对术语用法的解释也可能是有效的。需要两个定义来进行比较并确定等效程度。

第二，将国际通用定义作为参考比对标准。由于不同国家的法律制度可能千差万别，中国属于大陆法系，英国和美国属于普通法系，因此相同的法学名词可能在不同法律制度中的定义也是全然不同的。在这方面，如果存在国际通用定义，则可以作为重要参照。例如，欧盟的定义可以作为衡量两个国家法律术语定义中存在的等效程度的标准。"剥削"是贩运人口罪的核心要素。比较法国和荷兰惩罚人口贩运的条款对"剥削"的定义，要求翻译人员审查上述定义中包含的所有要素。初步检索表明法国定义中存在"器官移除"元素，但荷兰语中没有。这种分析不会非常耗时，因为所涉及的立法定义都不会太长。就"器官移除"这一要素而言，欧盟的定义乍一看似乎没有被荷兰立法者转移。然而，"移除器官"这一要素实际上存在于荷兰的刑法条款中。在经过一些研究之后，翻译人员发现在荷兰关于人口贩运部分的一个单独的延长段落中反复提及"移除器官"这一要素。[①]虽然"移除器官"的要素尚未被纳入荷兰的定义，但将其纳入该条款的其他几个地方可能会产生与法国定义相同的效果，这种定义似乎更为完整。

第三，原文中的语境实例比较。这一点可以看作比较两个语言中该术语的用法是否一致，如果一致则可以认为完全等价。每项术语工作都是从概念的研究出发的。它的意图就是划分清楚概念间的界限。[②]划分概念界限的关键在于把握概念的本质特征，所谓本质特征是指"在特定的知识领域中，对于理解所描述的概念必不可少的那些特征，如果缺少了某一个本质特征，概念就会发生根本性改变"[③]。例如，法学名词"国籍"，表达了一个基本的法律概念，而在许多国家"国籍"与"公民身份"被认为具有相似的含义，二者交织在一起，因为这些术语在不同的法律传统中具有不同的含义。[④]在不完全等价的情况下，可以通过比较术语及其译名的语境，合理地澄清无法弥合的差异。关于"国籍"和"公民身份"之间的关系，"国籍"表示一个人与某个国家的法律联系，但并非所有拥有某一国家国籍的人在该国都享有完全的公民权。[⑤]国籍是必要的，但不足以行使所有公民权利，更多用于表示人与国家之间的正式联系。也就是说，这两个法律术语都受法律体系约束，在翻译中澄清这种差异即可，因为法律系统之间的概念差异是无法避免的。

[①] Wetboek van Strafrecht (Criminal Code of Netherland) 1881.
[②] [奥]欧根·维斯特：《普通术语学和术语词典编纂学导论》，邱碧华译，中国科技出版社，2011，第23页；[奥]欧根·维斯特：《普通术语学和术语词典编纂学导论》（第3版），邱碧华、冯志伟译，商务印书馆，2011，第23页。
[③] 冯志伟：《现代术语学引论》，商务印书馆，2011，第101页。
[④] O. M. Vonk, *Dual Nationality in the European Union: A Study on Changing Norms in Public and Private International Law and in the Municipal Laws of Four EU Member States*, vol. 26 (Laiden: Martinus Nijhoff Publishers, 2012), p.19.
[⑤] G.-R. de Groot, C. J. P. van Laer, "Bilingual and Multilingual Legal Dictionaries in the European Union: An Updated Bibliography," *Legal Reference Services Quarterly*, 2011, 30 (3): 149.

第七节 法学名词修辞的规范化

一、法律修辞的本质

法律修辞,是指法律言语应用时的技能、技巧或方法。由于法律的规范性、严谨性特征,法律文本在措辞方面就必须有特定的要求与规范。西方古典修辞学诞生于古希腊的锡拉丘兹,最早的修辞学源于法庭演说,通过亚里士多德的深入研究后,修辞学才得以理论化、系统化。而且亚里士多德还把修辞学的研究扩大到了其他领域。[①] 佩雷尔曼(Cf. C. Perelman)提出"新修辞学"、图尔敏(Toulmin)提出法律论证理论、哈贝马斯提出交往行为理论和法律商谈理论等,都为法律修辞学的理论发展做出了贡献。

作为一种解决问题的方法论,关于修辞学的理解最初是西奥多·维威格(T. Viehweg)在其名作《修辞与法律》[②] 中做了详细阐释,修辞是研究各种生成言语的手段。它是言语运用的一种实践活动,这种活动是为适应特定的言语环境,对语言进行选择、加工,以增加表达效果的行为,是一种动态活动。王易在《修辞学通铨》中把修辞描述为"由想而以为辞中间之过程",换而言之,修辞是探讨生成语言活动中"初移为辞"到"全移为辞"中间的技术规律,即现代语言学中所论述的由深层结构转换为表层结构的过程。修辞就是将"思想"转换为"言辞"。法律文书在语言表达上的基本要求是准确、鲜明、严密、精练。因此,法律修辞要把努力追求语言的准确性当作第一要求。

法律修辞追求语言的严谨、鲜明、生动,以增强法律语言表达的严谨性、鲜明性、生动性。因此法律语言修辞通过对词语、章句、材料、意境

[①] Aristotle, *On Rhetoric: A Theory of Civic Discourse*, trans. by G. A. Kennedy (New York, NY: Oxford University Press, 2006), pp. 87 – 118.

[②] T. Viehweg, *Topics and Law: A Contribution to Basic Research in Law*, trans. by W. C. Durham Jr (Frankfurt am Main: Peter Lang Publication Inc., 1993).

上的辞格的选择与采用的方式，达到某种积极的修辞效果。在词语使用上大量运用"的"字词组，在章句上运用复句、无主语句、禁令句式等。总的来说，法律语言的"修辞格"大体分为三类：一是词法修辞格，如比喻、仿造、叠韵等；二是语法修辞格，如对偶、排比、但书等；三是章法修辞格，如衬托、引用、象征、比拟等。

二、修辞如何可能有助于法律的思想表达

假定法律的特殊性和有效性是不言而喻的，法律修辞不是关注支撑和保障法律话语权威的政治和制度权力，而是从理论上、从法律判断的规范性辩护技术和一般的立法程序中抽象出来的一种法律文本的表现力；假定法律修辞基于并充分反映了对价值观和社会正义的共识，那么提出的首要问题是，是否有可能用某种程度的严谨修辞来分析定义法律话语？

（一）法律修辞的价值逻辑与法治意识

对基于严格逻辑概念的形式主义的批评倾向于认为，严格确定的逻辑概念如果不是对实质性决策的实际推理过程的描述和解释，则无关紧要。语境的不确定性、语言的模糊性以及关于价值观的制度假设只是在决策过程的任何给定情况下结合排除形式逻辑类别的表现或实现的一些因素。其主要目的是对论证性证据的技术和程序进行分类，这一项目正如当代符号学的发展所显示的那样，可能迅速成为一种形式主义。一系列话语技巧——放大、重复、典故、类比和演说等都在法律话语内部具有一般性的论证意义。论证是根据其说服效果来定义的话语，这种推理的主要目标是就价值、选择或行动方案的可取性达成协议。所有这些考虑必然意味着确定的或同质的受众。虽然佩雷尔曼扩大了受众本身的概念，但在一定程度上将"给定"的普遍受众包括在内，这是发言者和言论的意图。佩雷尔曼关注的话语是一种基于共识的话语，这种话语共识可以被看作一种价值逻辑。简而言之，法律话语应该在价值逻辑上被赋予"理性"或"逻辑"，在这个过程中，可以扩展或概括"逻辑"一词的语义和实用的参考。形式逻辑的方法被扩展到包括价值逻辑，但这种做法并非以任何实质性或实际上超法律的考虑或功能的名义进行。法律价值观的逻辑在其自身价值方面存在共识，即一系列社会价值观的共识，这些价值观在法律受众本身的自我认知中是理想的典型代表。因此，法律修辞最大限度地强调法

律主题的"给定性"和法律判断的权威。正是这些假设使得对法律逻辑或理性的主张完全和必然类似于逻辑三段论本身主要前提的假设。在法律言论方面，这种价值逻辑成为说话者转向教育者的良性项目，并增强对价值观的遵守，确保这种价值观始终被接受。[①] 换言之，逻辑规则对思维过程的产生塑造作用，并形成法治意识共识，反过来促进公民对法律的理解与遵循。以个人权利、自由的保护为基础整合价值规范，试图用逻辑的方法在公民权利与公共权力、国家与社会之间的关系平衡中，设计政治蓝图、实现法治理想。法律修辞方法所寻求的，是以形式法治为主，并附之以实质法治的方法，旨在从思维的形式和实质两个层面推进法治中国建设。

（二）法律修辞的论证与法律的社会功能

法律修辞的作用可以被概括为两个方面：一方面，在立法、司法实践中作为演说者的角色，为特定立法或法律适用行为说明原因；另一方面，论证和分类的论证技巧和价值逻辑，服务于法律的权威性。换句话说，法律修辞追求关于价值、协商一致和认同的协议，这些协议将使法律被描绘成非武断的、有说服力的以及可取的社会规则。法律的合法性，简而言之，是一种需要解释的推定，法律修辞即这种推定的过程。从逻辑的角度来理解法律修辞的关键特征，首先要理解法律话语的一般论证语境，它必然被铭刻在社会背景中，与军事、经济、制度相联系。对法律修辞的这些法理学和规范性限制进行仔细研究，可以看出法律推理或法律价值逻辑的制度界限。尽管法律判决具有意志性的特征，法律论证的心理定义是司法演说者的行为，但是立法与司法活动都是在一般和特定法律主题、系统规则以及惯例、原则等框架下进行了各种处理。总的来说，这些法律传统和论证的概率或主题构成了法律价值的逻辑。在关于法律适用的心理和社会学决定的一般断言的理论之下，我们发现引用了一系列一般法律原则，如自然正义、法不溯及既往、排除任意性、善意原则、法律可预测性，以及各种法律领域的通用标准，所有这些都代表了法律的规范性约束与特定正义所必需的自由度的融合。佩雷尔曼完全同意亚里士多德的观点，强调论证的隐喻和类比等方法是真实论证的构成，并且同样适用于话语领域或法律领域的主要规范性描述。因此，当佩雷尔曼声称法律通过"平衡事实

---

① C. Perelman, *The Empire of Rhetoric* (Paris: University of Notre Dame Press, 1980).

与规范"构建秩序时,二元性就是系统性秩序的一个连贯的法律秩序的阐述,另一个是寻求可接受的解决方案,要求在特定情况下符合公正和合理的要求。[①] 将现代修辞建立在可比较的假设基础上,就法律话语而言显然是更好的,它是一种非常有效的政治决策或策略;一种非常现代的理想主义形式和一种法理学的产物,阐明和重复规范命题的秩序和语言,这些规范命题存在于这样一个事实,即它们对物质性的提及至多是部分的、朦胧的。在确实涵盖了法律价值观的逻辑的同时,法律修辞也以最清晰的方式提出了一种价值选择:法律研究主要是将接受法律关系视为"给定"和双方同意,或者将法律修辞作为一个主要的数据,并在特定的制度权力和社会关系的背景下进行评估,以支持修辞并确定其语义内容。

总而言之,法律修辞对实现法律制度的社会功能有重要作用。司法权威需要通过精心设计的法学名词代码体系来表达,通过科学的法律修辞实现基于社会现实与政治背景的价值选择,最终实现治理社会的功能。

三、法学名词修辞规范化方法

法律语言是法律实践的交际工具,以实用为目的,旨在发挥其认识功能、明示功能、指令功能、执行功能和宣教功能,并不着意于情感功能和美感功能,不追求生动性、形象性。从而,法律语体不但有别于文学语体,也有别于一般公文语体。内容决定形式,法律语言特有的交际功能和独特的语体风格决定了它要凭借一定的语言手段,法律语言在词语的使用、句式的选择、篇章的结构等方面都有独特的修辞方法。但是,法律语体同样属于公文语体,在词汇选用上需要满足公文语体的一般要求。

第一,法律术语多取单义,或者多义词的基本含义,而不是取引申义或比喻义。单义词和多义词的基本义,词义明确、通俗易懂、客观性强,可避免产生歧义。引申义与比喻义有较强的主观性,而法律语体则要求应竭力避免对词义的主观理解,摒弃"言外之意"。并且避免使用感情色彩很强的词语,如"恼羞成怒""声嘶力竭""气急败坏""惨不忍睹"等。这些形象色彩与感情色彩很强的词语因其内涵与外延都存在不确定性,因而影响词义的单一性。在法律文本中使用这些感情色彩很强的词语不能准

[①] A. Paterson, *The Law Lords* (London: Palgrave Macmillan UK, 1982), pp. 9-11, 32-34.

确说明事实，容易使读者产生歧义，不利于法律规则社会功能的发挥。

第二，法律语体要求法律术语解释使用书面语，避免使用口语。一般的书面语体并不完全排斥口语的表现形式，而法律语体则完全排斥口语，这是法律文本庄重、威严的客观要求。例如，用"寻衅滋事"替换"没事找事"，用"聚众斗殴"替换"打群架"，等等。另外，俗语、谚语、歇后语等也不宜采用。

第三，广泛使用法律专业术语。法律是一门社会科学，法律语言应具有科学性，法律专业术语的广泛运用，正是这种科学性的体现。法律术语用来说明法律领域的专业概念，表达法律思想，如果没有含义明确的法律术语，就不可能准确地表达法律思想。法律术语可以分为四种类型：常用术语；常用的但在法律中有专门含义的术语；专门法律术语；技术性术语。第一类与第四类在法律中不具有特别意义，因此在这里不作讨论，第二类与第三类在法律文本中广泛使用，构成法律语体的显著特点，因此接下来将详细阐释。首先，常用的但在法律中有专门含义的术语。如"告诉""当事人""杀人""证据""第三人""辩护""训诫""担保"等，往往具有多种含义，或是内涵不明确，或是外延太宽，并不是在任何时候都能用来准确表达具有一定含义的法律概念。如"告诉"一词，作为日常用语意思是"说给人，使他人知晓"。这种解释在日常生活中是明确的，无须对"告诉"主体、对象、范围、形式等予以限制与规范。而在法律中，"告诉"特指被害人及其法定代理人向法院控告犯罪人及其罪行，并要求追究其刑事责任的行为。由此可以看出，作为法律术语，"告诉"的主体、对象、范围、形式等都有详细的规定与限制。因为这类术语在日常生活中的多数时候表达了多数人所理解的日常词语含义，因此必须对它的法律含义予以定义，才能避免出现歧义，规范使用。其次，专门法律术语，指在立法中规定，表示法律专门概念的词语，如"原告人""起诉""主犯""从犯""胁从犯""财产权""人身权""抢劫罪""诈骗罪"等。专门法律术语的来源有四种：一是沿用古代术语；二是利用旧的法律术语；三是移植国外的法律术语；四是创造新的法律术语。

第四，正确使用模糊词语。法律文本表示外延不确定的概念时，必须使用模糊词语。词义的模糊性是词义概括性的表现之一。法律文件中的模糊词语主要用于表示时间、地点、程度等。例如，"在铁路、公路两旁，河渠两侧，水库周围，工矿区、机关、学校、部队营房附近""在必要时为被告人指定辩护人""故意损毁公私财物，情节严重的，处三年以下有期徒刑、拘役或者罚金"等语句中，"两旁""两侧""周围""附近""必要时""适时""严重"等这些表示地点、时间、程度的词语都属于模糊词语，其含义是相对模糊的、不确切的。但是，在这里没有必要使用确切的词语，也没有别的确切词语能够替代它们，因而，它们又具有相对的确切性。为了保持法律语言的准确性，使用模糊词语要掌握三条原则。其一，使用模糊词语必须以不影响表达事实、行为的基本性质，不影响法律的执行为前提。例如，《刑法》第20条"正当防卫明显超过必要限度造成重大损害的，应当负刑事责任，但是应当减轻或者免除处罚"中的"明显""必要"就是模糊词语，只能从原则上给予规定与限制，但是司法机关可以根据具体情形做出判断，并不影响法条的执行。其二，使用模糊词语应适当限制伸缩性。例如，"一定程度""适当比例""若干问题""相当长时间""打死打伤数人"等词语，伸缩性过大，难以掌握，不便执行，应将其改为确切词语。我国《民法典》第2条："民法调整平等主体的自然人、法人和非法人组织之间的人身关系和财产关系。"其中的"平等主体"即横向经济关系的主体，这就说明了当事人平等的法律地位，揭示了财产关系的性质。其三，使用模糊词语应具有相对确切性。法律文本中的一部分模糊词语，如"情节显著轻微""情节轻微""情节严重""情节特别严重""数额较大""数额巨大"等，其模糊程度有一定的限度，有的甚至有相应的规定，具有某种相对确切性，使用时不得混淆。如"情节严重"一词，在不同的刑法条文中，有不同的含义，有的是作为犯罪构成要件，有的是作为加重刑罚的法定情节，必须准确区分与使用。

第五，控制使用代词。法律语言中的人称代词、指示代词使用频率极低，特别是在立法中，一般不使用代词。尽量不使用代词是法律语言的明确性和庄重性所决定的，因为代词的使用很容易造成语义的含混与歧义，导致理解困难。主体与客体、主语宾语都应该被明确表述，避免出现歧义与模糊。举例来说，法律文本中法律主体都应有统一、规范的名称，应准确使用其名称而不是使用代词。

第六，尽量使用单义性的法律术语。使用单义性词语是法律语言准确性的本质要求。虽然很多法律术语可能是多义的，这也是语言的本质属性，如"冻结""同居""释放""传票"等，都有两个以上的意思，在不同的语境下使用。在法律文本中尽量根据其通用含义，或者其最广为人知的含义进行使用，这样有助于法制的统一，避免理解上的歧义。再如，"原告""被告""主犯""从犯""抢劫罪""抢夺罪"等都是典型的单义性的法律术语。

第六章 法学名词规范化的历史文化与现实维度

　　法律并不存在于物质世界中，而是由人类创造的，作为历史的产物，所有法律都具有相当的文化特征。德国法学家魏德士（Bernd Ruthers）说，"法律是对社会历史的总体状况的反映"。[①] 因此，法律概念通常只出现在一个法律体系或某些法律体系中。实际上，各种法律制度的概念总是或多或少地存在不同。这种分歧的程度取决于不同文化之间的早期互动。可以从比较法研究中借鉴一个简单的发现，尽管法律制度在时间和空间上存在巨大的多样性，但每种文化都有自己的标准来决定严格意义上的法律秩序，以及属于其他规范体系的内容。例如，在我们的文化中，道德规则、生活方式或宗教规则都有中国特色的塑造。从人类学的角度来看，法律现象不是一个孤立的社会现象。简而言之，社会是一个独特的自律语义范畴，因此法律必然会受到历史、文化、语言等各种因素的影响，以下将对影响、塑造法学名词的变量因素进行系统分析。

第一节 汉语对法学名词的影响

一、汉语语言的自然属性

（一）语言的内在本质

　　事实上，包括汉语在内的所有语言本身都是不确定的，然而这种语言

[①] ［德］伯恩·魏德士：《法理学》，丁小春、吴越译，法律出版社，2003，第275页。

性质往往不被人理解或赞赏。人们常常以一种理想的语言观念为指导，认为语言可以是完全精确的、确定的、纯粹的字面意思。人们倾向于认为任何可以被描述的东西都可以被清楚地表达出来，任何可以被认识的事物都可以被认识清楚。然而事实却截然相反，在实际使用中，语言远达不到这种理想的状态。歧义、模糊性、普遍性和其他此类特征往往是普遍而且重要的。它们既不是语言使用者的缺点，也不是自然语言系统的缺陷。语言的不确定性不应作为交流中不可逾越的障碍而被夸大，因为语言和语用策略并不总是通过克服这些障碍来实现有效或成功的沟通。

(二) 汉语交际实践

汉语的句型是由词汇驱动的，而不是由语法驱动的，这是汉语字符构成要素所决定的。每一个汉字可以属于不同的词类并且发挥不同的功能。在这方面，尽管现代汉语在某些方面与古汉语有所不同，但是依然沿袭了古汉语的主要特点。英语是通过事物、本质、物质的方式来构建语言的。相反，古汉语关注更多的是关联性，不关注如何描述事物本身，其关注的是在特定时间它们如何与其他事物相关。古代汉语的一些重要特性可以在现代汉语中辨识出来。举例来说，"东西"这个词，表示一种非实质性的关系。

使用这种表达关系的语言进行交流时，人们通过使用说话者在头脑中形成语义表征的语言属性来推断语言意图或意义。隐含的背景知识和其他背景信息越重要，语言清晰度的要求就越低。换句话说，双方彼此了解得越多，沟通的主题和背景就越具体化，沟通成本越低。对于汉语来说，为了沟通不会产生混淆，必须联系上下文：语言环境，即文本或共同文本的直接词汇和语法环境；实用语境，即沟通事件发生的地方和参与者的语境，如法律环境；即时设定，即情境背景；更广泛的社会和文化或历史环境，即外部环境。[①]

与其他语言一样，在大多数情况下，人们使用汉语互相了解，交流顺畅，没有太大困难。但在有些情况下，汉语可能需要进一步解释和澄清。在特殊情况下，即使进一步的解释和澄清也不能解决不确定性，那么人们会诉诸法庭。总而言之，大部分中国语言的不确定性来源于汉语的固有语

[①] C. K. Ogden, I. A. Richards, *The Meaning of Meaning: A Study of the Influence of Language upon Thought and of the Science of Symbolism* (London: Kegan Paul, 1923), pp. 296–336.

言特征，而一些不确定性来自使用不确定的词语。处理语言特点所必需的语言和语用策略是中国人高度依赖和灵活的交际实践。情境主义和不精确的中国语言可能引发语境主义的中国行为模式。这种行为模式并不局限于法律，而是在中国人生活的各个方面，它在中国文化中很普遍，就像诗歌和绘画等艺术中的哲学和文学一样。

（三）语言相对论

中国语言和法律中的情境主义方法可能是巧合，毕竟语言本身是不确定的。然而，这样的特征也可能表明了语言及其与我们周围世界的关系以及我们的思想和行为的基础。在这方面，人类语言的一个显著特征是它的中心象征性成分。[1] 客体关系通常建立在一个社会群体中，通过符号媒介在相关对象之间获得共鸣，简单来说，语言作为话语符号既是标志性的也是索引性的。语言本质上是社会性的，这就决定了语言是个体活动（包括思想）的社会化或客观化的媒介。[2] 从这个角度上说，语言成为一种特别灵活的信号模式，广泛的形式和功能使语言呈现复杂的多样性。[3]

语言和思想之间的关系，语言和主体之间的关系，或者几个世纪以来有意识和无意识的思想，可以追溯到哲学的渊源。语言或语言结构与文化和思想有一定的关系，但是具体是什么样的关系？语言或文化通过语言影响我们思考的方式，尤其是人类对物质世界的认识，也就是说语言、思想和文化是紧密相连的，所以每种语言都可能有一个独特的世界观。每种语言的背景语言系统（语法）不仅是一种复制，而且本身就是思想的塑造

---

[1] J. A. Lucy, "Chapter 2: The Scope of Linguistic Relativity: An Analysis and Review of Empirical Research," in J. J. Gumperz, S. C. Levinson eds., *Rethinking Linguistic Relativity*, vol. 17, Studies in the Social and Cultural Foundations of Language (Cambridge: Cambridge University Press, 1996), pp. 37–69.

[2] J. A. Lucy, "Chapter 2: The Scope of Linguistic Relativity: An Analysis and Review of Empirical Research," in J. J. Gumperz, S. C. Levinson eds., *Rethinking Linguistic Relativity*, vol. 17, Studies in the Social and Cultural Foundations of Language (Cambridge: Cambridge University Press, 1996), pp. 37–69.

[3] J. A. Lucy, "Chapter 2: The Scope of Linguistic Relativity: An Analysis and Review of Empirical Research," in J. J. Gumperz, S. C. Levinson eds., *Rethinking Linguistic Relativity*, vol. 17, Studies in the Social and Cultural Foundations of Language (Cambridge: Cambridge University Press, 1996), pp. 37–69.

者、个体心理活动的程序和指南。①

首先,语言对经验进行分类,不同的语言对应不同的分类。其次,人们习惯性地将语言分类或类别作为指导。当说话者试图用他们的语言可用的类别来解释经验时,他们自动涉及隐含在该特定类别中的其他含义以及嵌入其中的类别的整体配置,这些其他含义可以被视为一种原始体验。根据语言学家沃尔夫(Benjamin Lee Whorf)的观点,语言并不是盲目地讲述某些明显的现实,而是暗示着不一定由经验带来的联想。最终,这些塑造力量不仅影响日常习惯性思维,而且影响更复杂的哲学和科学活动。由于缺乏谈论经验的另一种语言,发言者不可能认识到他们基于语言的理解的传统性。从这个意义上说,没有一个人可以自由地用绝对公正来形容物质世界,即使在认为自己最自由的时候也被限制于某种解释模式。因此,我们引入了一个新的相对性原则,即所有的观察者都不是由相同的物理证据而被引导到事实的相同图像,除非他们的语言背景相似,或者可以在某种程度上被校准。②

因此,语言的语法结构可能包含形而上学结构的理论。重要的是,人们认识到,语言现象是无意识的,尽管语言中隐含广泛的经验分类,但个体和集体在通常使用时都是无意识的。思想被认为是从对语言分类的全部概念的解释或阅读中产生的。③ 这种阅读语言学类型的过程与语言的正式完整性相互作用,产生对现实的系统重构。总的来说,语言是社会现实的指南。人类不是单独生活在客观世界中,也不是单独生活在通常所了解的社会活动世界中,而是受特定语言的支配,这种语言已成为表达媒介……现实世界在很大程度上无意识地建立在特定的语言习惯上。不同社会所生活的世界是不同的世界,而不仅是附有不同标签的同一个世界。我们可以看到、听到,也可以在很大程度上体验到我们所做的事情,因为我们的语言习惯倾向于某些解释选择……从这个观点来看,可以认为语言是文化的

---

① B. L. Whorf, *Language, Thought, and Reality* (*Selected Writings of Benjamin Lee Whorf*), ed. by J. B. Carroll (New York, NY: John Wiley & Sons and MIT Press, 1956), p. 212.

② B. L. Whorf, *Language, Thought, and Reality* (*Selected Writings of Benjamin Lee Whorf*), ed. by J. B. Carroll (New York, NY: John Wiley & Sons and MIT Press, 1956), p. 213.

③ J. A. Lucy, "Chapter 2: The Scope of Linguistic Relativity: An Analysis and Review of Empirical Research," in J. J. Gumperz, S. C. Levinson eds., *Rethinking Linguistic Relativity*, vol. 17, Studies in the Social and Cultural Foundations of Language (Cambridge: Cambridge University Press, 1996), pp. 37–69.

象征指南。

语言经验的隐含分类与正式完整的符号系统相关。[1] 语言之间的差异不仅在于个别分类的内容,还在于语体系统的安排。[2] 这些分类的系统性是导致语言之间存在巨大差异的一个重要因素。语言是一个强大的塑造因素,使用这种创造性的符号工具来解释经验的过程会对经验产生不可忽视的影响。[3] 近年来,人们越来越意识到并确认语言的自发性、无意识。[4] 虽然人类都具有使用语言的能力,但语言的差异、思维的差异直接影响我们对周围世界的看法。语言和文化相互影响,语言影响无意识的习惯性思维,而不是限制思想。使用不同语法的不同语言的人群被语法指向不同类型的观察和对极其相似的观察行为的不同评估。简而言之,他们对世界会有不同的看法。换句话说,语言的结构和词汇会影响我们对世界的看法,以及我们以何种方式处理它们。在对汉语进行初步研究的基础上,这里提出,汉语语言的基本概念区分可以通过其义务性、重复性和自动性来诱导思维习惯的表现,中国语言使用者的灵活和情境主义行为模式是汉语的基本特征。

二、中国法律语言的不确定性

(一) 汉语本身的不确定性属性

汉语在语言形式上与英语不同,因为汉语以字符作为其语言表达形

---

[1] J. A. Lucy, "Chapter 2: The Scope of Linguistic Relativity: An Analysis and Review of Empirical Research," in J. J. Gumperz, S. C. Levinson eds., *Rethinking Linguistic Relativity*, vol. 17, Studies in the Social and Cultural Foundations of Language (Cambridge: Cambridge University Press, 1996), p. 23.

[2] J. A. Lucy, "Chapter 2: The Scope of Linguistic Relativity: An Analysis and Review of Empirical Research," in J. J. Gumperz, S. C. Levinson eds., *Rethinking Linguistic Relativity*, vol. 17, Studies in the Social and Cultural Foundations of Language (Cambridge: Cambridge University Press, 1996), pp. 37–69.

[3] J. A. Lucy, "Chapter 2: The Scope of Linguistic Relativity: An Analysis and Review of Empirical Research," in J. J. Gumperz, S. C. Levinson eds., *Rethinking Linguistic Relativity*, vol. 17, Studies in the Social and Cultural Foundations of Language (Cambridge: Cambridge University Press, 1996), pp. 37–69.

[4] S. Pinker, *The Language Instinct: How the Mind Creates Language* (New York, NY: Harper Collins, 1994), pp. 59–67.

第六章 法学名词规范化的历史文化与现实维度

式,而不是字母表或汉字的结构表达意义,即语法。在汉语中词语可以承担各种语法功能而没有形态变化。首先,汉字不是严格的英语意义上的词汇。随着上下文的变化,汉字的含义可能会发生变化。即使在相同的一般背景下,同一个汉字也可能有几种不同的含义。汉字更像是词根,而不是文字,[①] 与时态、数字、性别没有任何关系,并且不一定需要英语中的冠词。因此,相比英语而言,汉语更加简洁。但是这种简洁有时也会出现不确定性问题。例如,中英文对照的合同,一方使用的中文短语是以单数形式写成的,但另一方认为应以复数形式理解。不确定性的出现是因为汉语中的单数和复数名词通常没有区别。在汉语中,上下文提供解释的基本线索,对汉语的理解更多地借助语义而不是语法结构。

在西方学者看来,可能当代中国法律在一定程度上是笼统和模糊的。根据美国汉文化学者皮文睿(P. Peerenboom)的说法,中国立法的特征是普遍性和模糊性,术语使用存在不明确和不一致的地方。[②] 西方学者在研究中国法律语言并且进行翻译时切实感受到由于中国法律语言的模糊性而遇到的挫折与困难。20世纪90年代美国学者威廉·琼斯(W. C. Jones)在翻译改革开放后的中国立法时,就表示其在许多情况下不得不进行猜测。[③] 西方学者在对中国法律的研究中得出结论:普遍性和灵活性是中国立法起草的指导原则,口语上称为"倾向于从粗到精"的原则。[④] 立法必须反映国家的统一性,同时满足地区多样性的需要,这也符合立法稳定的原则,因为它允许通过解释的变化来有效完善法律,而不是通过对实际法规的修改。[⑤] 换言之,国家立法必须具有普遍性和灵活性,以便在全国范围内实施并适应各地条件,中国立法并不像西方国家立法那样通过立法语

[①] 范晓:《三个平面的语法观》,北京语言学院出版社,1996,第65—78页。
[②] R. Peerenboom, *China's Long March toward Rule of Law* (Cambridge: Cambridge University Press, 2002), pp. 247 – 251.
[③] W. C. Jones, "Appendix C: General Provisions of Civil Law of the People's Republic of China Enacted by the National People's Congress on 12 April 1986," in P. B. Potter ed., *Domestic Law Reforms in Post-Mao China* (Armonk and London: M. E. Sharpe, 1994), pp. 199 – 224.
[④] P. Keller, "Sources of Order in Chinese Law," *The American Journal of Comparative Law*, 1994, 42 (4): 711 – 759.
[⑤] P. Keller, "Sources of Order in Chinese Law," *The American Journal of Comparative Law*, 1994, 42 (4): 750.

言来强化法律的内部结构和秩序。① 相反，法律语言可以保留部分模糊性，其具体含义可以根据其背景而变化，以使法律得到更好的实施。② 有时中国法律语言的这种模糊性并不能为监管提供可预见性或透明度，但这可能是中国普遍存在的法律工具主义的结果，这样的结果使得法律实施具有极大的灵活性。③ 相比之下，皮文睿认为，中国法律的普遍性和模糊性可能有很多原因。他指出了以下两点原因：首先，中国的许多法律都是根据大陆法系国家的法律体系进行构建的，通常比普通法国家的法规更注重成文法的起草；其次，中国是一个正在发生深刻变化的大国，所以广泛起草的法律和条例需要允许在实施过程中有足够的灵活性以适应当地条件。④ 皮文睿还认为，传统上强调儒家传统的正义特征和对国家法治的统一，都可能是中国法律存在模糊性的重要原因。⑤ 但是必须注意的是，过度的普遍性和模糊性往往会破坏法律的可预测性和确定性。华裔法律语言学者黛博拉·曹（Deborah Cao）将中国法律的灵活性和一般性方法描述为具有广泛性和模糊性的情境主义方法（contextualist approach），也就是说，中国法律的解释和实施依赖背景。

举例而言，设备进口后由乙方投保。当货物付清货款时设备所有权发生转移，如果发生意外损害，保险公司先支付保险费，然后按比例返还甲方已支付的设备款。除了动词没有变化之外，由于缺乏确定设备、货物、所有权和支付的明确条款，其含义可能会产生模糊性。"意外损害"也可能产生歧义："意外和/或损坏"还是"意外损坏"。此外，由于该句子后半句的主语被省略，因此由谁支付给甲方也存在歧义。如果我们按照判决顺序，这可能意味着是保险公司，但也很可能涉及乙方。如果用英语来表达上述意思，就必须根据上下文来判断是否需要添加说明符和语法指示

---

① P. Keller, "Sources of Order in Chinese Law," *The American Journal of Comparative Law*, 1994, 42 (4): 749.
② P. Keller, "Sources of Order in Chinese Law," *The American Journal of Comparative Law*, 1994, 42 (4): 752.
③ P. B. Potter, *The Chinese Legal System: Globalization and Local Legal Culture* (London and New York: Routledge, 2001), p. 11.
④ R. Peerenboom, *China's Long March Toward Rule of Law* (Cambridge: Cambridge University Press, 2002), p. 251.
⑤ R. Peerenboom, *China's Long March Toward Rule of Law* (Cambridge: Cambridge University Press, 2002), p. 251.

符，也就是说，这是一个与进口某些设备有关的合同条款，以及与购买指定设备有关的付款和保险事宜。汉语意思不确定的一个原因是没有时态。时态可以用时间副词来表示，但更多时候是通过上下文暗示。此外，如果比较中文和英文，一些英文时态和其他方面不能用中文表达。例如，"was doing" "would be doing" "would have been doing" "had done" "will have done" "would have done" 很难用汉语表达清楚。汉语中的时间副词如"将""已经"等都不是句子的必要组成部分，都可以被省略。《民法典》"合同编"第504条："法人的法定代表人或者非法人组织的负责人超越权限订立的合同，除相对人知道或者应当知道其超越权限外，该代表行为有效"，《民法典》第171条："相对人知道或者应当知道行为人无权代理的，相对人和行为人按照各自的过错承担责任。"这里的"应当知道"需要进一步解释，"应当知道"是一种法律推定，是指按照一般人的普遍认知能力可以推断出行为人应当知道某种状态。实务中，一般出现这种情况，需要看举证责任的分配问题，哪一方承担举证责任，就应该举出相关的证据来证明对方知道或应当知道，如果证据不足以让法官认为对方有知道的可能性，那么就可能承担因此带来的败诉风险。

汉语的另一个不确定因素来自遗漏。汉语常见的遗漏包括科目、指标、代词和连词。例如，我国《土地管理法》第77条："未经批准或者采取欺骗手段骗取批准，非法占用土地的，由县级以上人民政府自然资源主管部门责令退还非法占用的土地，对违反土地利用总体规划擅自将农用地改为建设用地的，限期拆除在非法占用的土地上新建的建筑物和其他设施，恢复土地原状，对符合土地利用总体规划的，没收在非法占用的土地上新建的建筑物和其他设施，可以并处罚款；对非法占用土地单位的直接负责的主管人员和其他直接责任人员，依法给予处分；构成犯罪的，依法追究刑事责任。"在这句话中，主语都被省略，一般公众可能对执法主体产生歧义。

（二）不确定词语的使用

除了中国法律语言的结构不确定性之外，使用具有不确定含义的词语也会导致模糊与不确定性。以一个法律纠纷为例，孙教授从他的朋友李教授那里借了20500元，写了借条。几个月后，李教授需要钱，孙教授还清了部分钱。一份新的借条被起草：孙借李20500元（孙从李借了20500元），今还欠款18500元（现在还有18500元）。双方后来发生纠纷，对偿还了多少钱，还欠多少钱产生分歧。书面的借条进一步使事情复杂化。"还"有两种不同的发音，有两种不同的含义"尚需"或"偿还"。上面的句子在语法上难以区分"还"所指的含义。其可以被看作今还欠款18500元（现在还有18500元），还可以被看作现在18500元欠款已经还清。如果像孙教授那样选择阅读第一个版本，李教授只欠2000元。如果选择李教授的第二个版本，这意味着孙教授已经偿还了2000元，还有18500元欠款。所以双方诉至法庭。还有一个古老的语言争端故事。曾几何时，一个男人留下了一个遗嘱，他说，"张艺非我子也家财尽予我婿外人不得争占"（张艺不是我的儿子，家产完全交给我的女婿，外人绝对不能侵犯）。不同的停顿和标点则会产生完全不同的意思："张艺非，我子也，家财尽予。我婿外人，不得争占"（张艺非是我的儿子，家产都给他，我的女婿是外人，不能侵占）。从这个故事可以看出通过操纵语言和歧义可以达到不同的目的。现代汉语与古汉语差距已经很大。但是，语言的不确定性仍然是中国语言的重要特点，也是法律纠纷的原因。

法律文本中使用"等"（意思是"等""如""包括"）。"等"在法律文本中允许开放式解释可能导致法条的不确定性和含糊不清。"等"既可以表示开放性，也可以用来结束，这取决于使用的实际情境。在《民法典》"合同编"中，"等"有多种用法。例如，第792条："国家重大建设工程合同，应当按照国家规定的程序和国家批准的投资计划、可行性研究报告等文件订立。"首先，中国法律中的"等"可以被理解为开放式的。如果是开放式的，它将被赋予一定范围的自由裁量权，列举并要求一份除了投资计划和可行性研究报告之外的文件清单，可以被认为是拒绝或接受这种合同的基础。它还赋予地方政府酌情更改文件清单的要求，从而产生更多的不确定性。但是，如果选择将其理解为"包括"，那么所要求的就是这样的合同符合相关程序、投资计划和可行性研究报告，这个范围到此为止。

《民法典》"合同编"第488条："承诺的内容应当与要约的内容一致。受要约人对要约的内容作出实质性变更的，为新要约。有关合同标的、数量、质量、价款或者报酬、履行期限、履行地点和方式、违约责任和解决争议方法等的变更，是对要约内容的实质性变更。"在这种情况下，关于"等"是否意味着开放式是有争议的。如果一项修改不属于第30条所列举的范围，可能会出现分歧，因此"等"在这里意味着包括与

第六章　法学名词规范化的历史文化与现实维度

范围的边界。

政治术语的使用也可能导致汉语法律语言的不确定性。不准确的用法可以在中国法律中模糊的一般原则的表达中找到。这些表述包括"长期关系"、"友谊"、"互信"和"原则上"以及"社会主义和公共利益"。《外商投资法》第20条："在特殊情况下，国家为了公共利益的需要，可以依照法律规定对外国投资者的投资实行征收或者征用。征收、征用应当依照法定程序进行，并及时给予公平、合理的补偿。""特殊情况"的范围广泛，从战争到公共目的所必需的国家建设都可以被包括在内。另一个例子是，《外商投资法》也使用了未定义的"合理的补偿"。如果有任何征用或国有化发生，它将承诺按照法律程序支付"合理补偿"。一言蔽之，中国法律存在两种语言不确定性：汉语固有语言属性造成的不确定性；因不确定语言的缺陷或故意使用一些不确定词语而导致的不确定性。

三、语言不确定性的法律后果

与其他领域一样，法律中使用的语言的特点是不确定性，或者哈特所称的"开放结构"，其解释包含核心定义和不确定性因素。[①] 英语法律语言相比汉语而言，由于时态、主语、宾语等语法的确定性结构，可以做到更加精确的表达。然而有些法学名词诸如"公平合理""正当法律程序"等，无论在哪种语言中都是含糊不清、难以捉摸的。"正义"、"尽职调查"和"合理努力"等抽象法律表达方式也是如此。但是，汉语和法律语言比英语语言更不确定。如果我们用哈特关于法律概念的"核心"和"半影"来描述这种不确定性，那么汉语确定的"核心"范围更小，半影和开放的范围可能更大。究其原因，中国缺乏连贯一致的法律叙述，不像英国普通法中有先例可以解决不确定的案件。语言不确定性和法律存在这样一个悖论。一方面，法律和法治的要求共识是法律必须公开、明确、连贯、前瞻和稳定。[②] 不符合这些要求的法律不是法律，或者说法律制度是

[①] A. G. N. Flew ed., *Logic and Language* (Oxford: Basil Blackwell, 1953), pp. 117–144.

[②] T. A. O. Endicott, "Raz on Gaps—The Surprising Part," in L. H. Meyer, S. L. Paulson and T. W. Pogge, eds., *Rights, Culture and the Law: Themes from the Legal and Political Philosophy of Joseph Raz* (Oxford: Oxford University Press, 2003).

有缺陷的。① 因此，无论是这种语言上的不明确性、模糊性还是普遍性，必须用法律所用的语言来消除，否则法律和法治就无法实现，并可能导致权力滥用。另一方面，语言的不确定性在语言中是固有的，不能被消除，因此在法律体系中是不可避免的。

此外，法律通常会引发道德上的考虑，而这种一般的道德评价考虑必然是模糊的。这是法律含糊不清的最重要来源。② 并非所有法律都是模糊的，但所有法律制度都必然存在模糊性、普遍性和不确定性。事实上，完全精确的法律规制是不可能存在的，模糊的法律并不一定代表法治有问题。同样，用精确的法律取代含糊的法律并不一定会使社会更接近法治的理想。③ 但是，法律语言的确定可以在立法、司法的确定和稳定方面起关键作用。就中国而言，出于历史原因和受民法制度的影响以及其他法律和政治原因，司法部门在稳定法律方面未能发挥必要的作用。不确定的法律语言使得决策者可以做出武断的决定或将其行为排除在法律之外。中国立法中使用不当的语言会产生更多的不确定性，进一步破坏了中国法律的可预测性和确定性。另一个观察结果是，中国的法律语言往往是普通的，或者说是非常接近普通的、非技术性的非专业语言。中国的法律语言有越来越多的法律词汇。然而，在语法和其他语法特征方面，法律汉语非常像普通的正式汉语，这与法律英语形成鲜明对比的是对精确性的痴迷，有时以过度和不可理解为边界。中国法律语言通常和普通语言一样宽松，近年来有所改善，但在语言规制的范畴内适当表达中国法律文本是至关重要的。尽管语言和法律的不确定性永远无法被消除，但这一领域的进一步改进无疑将减少中国法律中的一些不确定性。

---

① T. A. O. Endicott, "Raz on Gaps—The Surprising Part," in L. H. Meyer, S. L. Paulson and T. W. Pogge, eds., *Rights, Culture and the Law: Themes from the Legal and Political Philosophy of Joseph Raz* (Oxford: Oxford University Press, 2003), p. 185.

② T. A. O. Endicott, "Raz on Gaps—The Surprising Part," in L. H. Meyer, S. L. Paulson and T. W. Pogge, eds., *Rights, Culture and the Law: Themes from the Legal and Political Philosophy of Joseph Raz* (Oxford: Oxford University Press, 2003), pp. 99–115.

③ T. A. O. Endicott, "Raz on Gaps—The Surprising Part," in L. H. Meyer, S. L. Paulson and T. W. Pogge, eds., *Rights, Culture and the Law: Themes from the Legal and Political Philosophy of Joseph Raz* (Oxford: Oxford University Press, 2003), p. 191.

第六章　法学名词规范化的历史文化与现实维度

第二节　中华法系对现代法学名词的影响

"中华法系"是法制史上的一个概念，是中国的封建法律和亚洲一些效仿这种法律的国家法律的总称。中华法系形成于秦朝，经过了夏商西周的产生与发展和春秋战国时期的变革、成文法的完善，秦朝的法律已经很完备。此后经过西汉、东汉、三国两晋南北朝长达近八百年的发展，直到隋唐时期，法律思想和相关的制度皆已成熟并自成体系。法学界目前一致确定《唐律疏议》是中华法系成熟的标志，唐后各朝各代皆以此为蓝本制定自己的法律规范。

纵观中华法系的历史形成与发展，不难看出中华法系主要有以下特点：第一，以儒家学说为导引，引礼入法，礼法结合，以儒家思想为理论基础，摆脱了宗教神学的束缚；第二，以刑为主，诸法合体，司法与行政合一；第三，维护封建伦理，确认家族法规；第四，融合了以汉族为主体的各民族法律文化；第五，重视成文法典的制定。中华法系之所以能够被称为"系"，主要是因为它在本国乃至世界法制史上占有重要地位，作为中华法系代表的唐律对亚洲诸国产生了重大影响，朝鲜《高丽律》篇章内容都借鉴唐律，还有日本文武天皇制定的《大宝律令》、越南李太尊时期颁布的《刑书》也以唐律为蓝本。总而言之，中华法系的法理念对后世产生了重大影响。

中国的书面语言大约具有三千年的不间断历史，并且一直是中国文化的唯一连续语言载体。中国的书面语言为中华文明的传播、凝聚和同质化做出了重要贡献，使中国在时间和空间上具有文化连续性。[1] 此外，人们可以质疑过去对中国的重要性。这些古老的说法和故事与 21 世纪的中国有什么关系？今天的中国人，吃麦当劳、喝可口可乐，与过去的中国人有什么共同之处？人们很容易忽视新中国与旧中国之间的联系。然而，大多数古老的词语依然存在，许多汉字仍以大致相同的方式被书写，并保留相

---

[1] D. Bodde, *Chinese Thought, Society, and Science: The Intellectual and Social Background of Science and Technology in Pre-Modern China* (Honolulu, HI: University of Hawai Press, 1991), p.28.

同的基本含义。此外，诸如此处引用的古代词语，无论是"依法治国""以德治国"，还是人们对死刑的态度，在现实生活中经常具有现代反思和表现形式。在现代汉语中，没有一个词已经消失或处于休眠状态。事实上，它们是当今中国词汇中经常使用的词语之一，语言在保持连续性和传播中国文化价值方面发挥了至关重要的作用。通过政治等级、社会网络和正规教育，这些词语以及思想在家庭中传播，无论是同一代还是代代相传，这只是众多文化传播模式中的一种。① 这并不是说今天的中国人以与他们最初理解的方式完全相同的方式理解这些价值观和观念。这里只是试图说明在文化传播和进化过程中，文字、思想和实践被传承，并表现为中国文化实体的一部分，法学名词术语也是其中重要的一部分。

  严复是中国最具影响力的现代思想家和改革家之一，他在1913年出版的孟德斯鸠《法的精神》的中文译本中特别指出中国法律与西方法律的差异："中国自秦以来，无所谓天下也，无所谓国也，皆家而已。"② 西方语言中的"法律"一词在汉语中有四种不同的解释——律、例、法和治。实际上，中国和非中国的学者在过去的一百年里都仔细地注意到了这种语言和哲学上的差异。自19世纪西学东渐以来，中国的法律、文化和社会发生了深刻的变化，当代中国的法律概念和实践更接近西方意义。本章介绍了一些最有影响力的中国封建时期思想家的论述，通过研究可以看到中华法系传统对当代中国法律的影响。以下段落不仅仅是去语境化和孤立的术语，而且是讲述了一个关于中国文化和中国法律概念及其在调节社会关系中的作用。下列术语构成了整个中国文化叙事中法律的基本观念，这些词语以及它们所包含的任何事实和虚构的组成部分，为中华文明创造了个人和社会的重要文化空间。这样的空间也提供了连接现在和古代的界面，表明中国文化的演变具有连续性和变化性。

  当代部门法很多都有对中华法系的借鉴与继承，也正是中华法系对现代法律语言的影响，主要有以下几个方面。

  第一，依法治国与以德治国相结合。党的十八大对社会主义核心价值观进行了高度精练，中共中央办公厅、国务院办公厅印发《关于进一步

---

① L. L. Cavalli-Sforza, M. W. Feldman, *Cultural Transmission and Evolution*: *A Quantitative Approach* (Princeton, NJ: Princeton University Press, 1981).

② B. Schwartz, *In Search of Wealth and Power*: *Yen Fu and the West* (Cambridge, MA: Harvard University Press, 1964).

把社会主义核心价值观融入法治建设的指导意见》,中共中央印发《社会主义核心价值观融入法治建设立法修法规划》等法律文件,与中华法系本质上兼顾天理、人情、国法的思想相似。中华法系中心思想的儒家学说最重视礼教。所谓:"道之以政,齐之以刑,民免而无耻。道之以德,齐之以礼,有耻且格。"孔子说过:"听讼,吾犹人也,必使无讼乎。"这是儒家治理天下的最高理想,反对法令滋彰,主张以德教化。然而事实上,一个社会不能没有法律,也不能没有刑罚。儒家认为第二步不得已的办法是用刑,但是法律必须为道德而服务。"士制百姓于刑之中,以教抵德。"以法家创立律统,到秦汉已成既定事实,后儒家深入律中,使法律礼教化。明刑弼教、出礼入刑,《礼记》中有云,"礼者禁于将然之前,法者禁于已然之后"。礼以德教为主,法以礼教为务,四维八德均可于刑律内求得其迹,法律与道德显示其同质异态的体相。

第二,义务本位,与罗马法以权利为本位完全不同。当代法以义务为本位,可以说是以社会为本位,特别重视人与人的关系。今日世界法学已经进入社会本位时代,有人称作新义务本位时代。中国法系的义务本位,非如埃及、希伯来、印度等宗教化的法律。而君权又受到天道观念和民本主义的限制,因而这种义务本位就很接近今日的社会本位理论。

第三,家族观念与国家概念。身修而后家齐,家齐而后国治,而后天下平。天下之本在国,国之本在家,家之本在身。中华法系主张将国作为家的扩大,所以国与家连贯而成"国家"。

第四,当今我国《刑法》中的免除或者减轻处罚制度。中华法系的另外一个特征就是仁恕精神。幼弱、老耄、愚蠢犯罪,或免其刑,或减其刑,或赦其罪,称为"三纵"。不识、遗忘、过失,往往减轻其刑,称为"三宥"。这些都是仁恕精神的表现。八议中的议贤、议能、议亲、议勤也可以说是与仁爱之道有关。对于自首的人,凡犯罪知悔,往往许其改过自新。《书经·康诰》:"既道极厥辜,时乃不可杀。"这是自首减刑的始源。汉律中称作自告,魏新律开始称为自首。这与今天我国《刑法》中减免刑罚的制度非常接近。

第五,我国《民事诉讼法》中的调解制度与中华法系中的减轻讼累。今天的人认为中华法系的法律民刑不分,这是未知中国的全貌所致。民事法归于礼,刑事法归于律,显然是两种类型。凡关于婚姻田土钱债的事,不涉及刑罚的,乡里即可调解。并在乡间设申明亭,以布告理屈的姓名,起到社会制裁的作用。这与今天的"调解制度"非常接近,是根据法律规定和社会公德,以说服教育的方式,协助当事人自愿达成协议,从而解决民商事纠纷和轻微刑事案件的一种非诉讼法律制度。

虽然说现代化的中国要创造一个新的法系,但是仍然应以中国为本位,实际上就是我国固有法系的更新重建,仍然与中华民族所表现的中国文化一脉相承,不能另起炉灶。所以要建立中国本位新法系,至少要注意两件事情:首先要深入研究、继承、发扬中华法系本身之精华;其次要同时注意中国文化在现阶段及未来应有的动态。中国文化演变到当今,已经融会贯通古今中外的哲理、政理、事理,已经为我们定了一个前进的方向。中国著名法学家陈顾远先生总结中国文化数千年的演变,就学术思想而论有几次大的融合。第一次在两汉时代,诸子百家争鸣之后的融合。儒家兼理法家的任务,阴阳五行的主张、墨家的兼爱、道家的知足,都被儒家学说所吸收。儒家思想已经融百家之长,影响了整个中华民族。第二次在两宋时代,因为魏晋六朝佛法西来,中国思想界又发生新的变化,演变至两宋,儒释道的思想经邵雍、张载、程朱等的努力融合而为理学。[①] 第三次融合在当今时代,西学东渐至今,已逾百年。两种法律体系在中国的土地上生根发芽,使中国文化有了新的生命,这也是我们建立中国本位新法系的指南针。可以说中国古代的政治制度、经济制度、宗族制度、婚姻制度,对今天法学名词的发展都产生了重大影响。本书试图将一个新的对象或事件与我们已经熟悉的典型或特征形式进行比较,即原型模型。文化原型模型通常是特定的,可以是文化偶像、典型事件或个人、神话,是我们对世界进行分类的大部分经验的基础。对我国而言,可以把经典作品视为中国文化原型的一部分;可以将现代中国法律和文化置于相关的深刻的重要社会变革时期:19世纪后期和20世纪80年代以后。中国法律的变化和持久的观念,以及来自西方的任何新的法律观念,都是在不断汲取中国传统文化取向和原型的基础上制定和发展的,这也意味着旧的文化和新的文化一直处于不断的竞争、交融之中。

---

① 范忠信、尤陈俊、翟文喆编校《中国文化与中国法系——陈顾远法律史论集》,中国政法大学出版社,2006,第24—37页。

第三节　西方法律思想对中国法学名词的影响

一、近代中国法学名词翻译历程

名词是学术语言的基本单位，近代科技名词体系的形成需要与外语建立一种对译关系。也就是一个名词既是其所在语言词汇体系中的一个要素，同时又是其他语言的一个等价物。现代科学的发展要求使用不同形式的表达方式指称相同的概念。严复在《普通百科新大词典》的序言中强调了科技名词译名的重要性："今夫名词者，译事之权舆也，而亦为之归宿。言之必有物也，术之必有涂也，非是且糜所托始焉，故曰权舆。"[①]所谓一一对译关系的建立，就是在两个名词体系中寻找意义上的等价物，并使之成为固定的联系。等价物不存在的情形，就需要利用既有的语言成分创制。严复的"一名之立，旬月踟蹰"，说的就是"术语或专名的译名定名不是轻而易举的事"。[②] 在中文版的圣经中，约翰福音 1-1 的开头语，"起初就是道"，总是被渲染成优雅的"太初有道"。把中国哲学概念翻译成英文，是中西语言和思想的困难和智力挑战。由于人类存在不同的语言与文化，因此需要翻译。中西文化之间的跨文化翻译是相当有难度的。在西方对中国的研究中尤其普遍，特别是在翻译中国哲学思想方面。同样，在翻译中英文的法律方面也经常遇到困难。即使是一个看起来很简单的字"法"，人们也许会问："法"是西方文化范畴的"法"还是具有中国特色的含义？"法"这个字在中文和英文中分别对应的含义是否完全相同？本章将讨论与法律翻译及法学名词翻译相关的问题。

在中国，翻译的历史可以追溯千年，翻译一直在整个中国文化历史演进中发挥重要作用。佛经被翻译成中文，尤其是从公元 3 世纪到 7 世纪，丰富了中华文化。19 世纪上半叶，中国与西方在知识领域的接触和交流

---

① （清）黄人主编《普通百科新大词典》第 2 册，上海国学扶轮社，1911，第 277 页。
② 石立坚：《专名与术语》，《自然科学术语研究》1988 年第 2 期，第 29 页。

主要始于英国和美国传教士，通常通过翻译进行传教活动。法律翻译的出现相对较晚，据考证，法律文本的引入和翻译很可能是由林则徐开始的。1839年，林则徐组织并委托美国传教士彼得·帕克（Peter Parker）翻译国际法文件。1847年魏源的《海国图志》包含了西方文化各个方面，其中简略地提到了西方法律制度。这被认为是最早被翻译成中文的西方法律文本。更为系统地引入西方自然科学及包括法律在内的社会科学是从1862年建立"同文书院"开始的。美国传教士和法律学者丁韪良（William Alexander Parsons Martin）在同文馆任职期间写就了《万国公法》。从19世纪下半叶开始直到20世纪的前20年，西方法律翻译对现代中国法律语言和中国法律产生了不可忽视的影响。19世纪末20世纪初，有影响力的西方法律翻译学者包括丁韪良和严复，他们翻译了孟德斯鸠的《论法的精神》。他们作品的影响力跨越了时代，这种"译介"为现代中国法律进程奠定了基础。"译介"字面意思是"翻译和介绍"或"通过翻译引入"。这可以指任何类型的翻译文本，但是在法律翻译中，"译介"不仅包括介绍和描述外国法律和法律制度，更重要的是，"译介"也用于介绍和描述通过移植外国法律来制定中国法律。"译介"是从19世纪末开始的，1896年到1936年，中国人主要通过翻译西方法律和法学著作来编纂中国法律。[①] 同时，明治时期（1868—1914年）的日本法律语言和法律对中国的"译介"起了重要辅助作用，这些日本法律语言和法律涉及大部分日本对欧洲法律的翻译。近年来，"译介"再次在建构中国法律体系和法律方面发挥了作用，吸收了大量民法和普通法的元素，特别是商法领域。西方法律思想被引入中国文化，最初的介绍和随后的移植一直在创造新的法律、意义和现实，这对中国和西方来说都是新的。

20世纪初中英概念等价物，即译名的获得主要有以下三种方式。

一是使用既有词语。作为中国近代著名的翻译家，同时也是清学部编订名词馆总纂的严复认为中外之间存在共同的概念体系，相同的指示物在不同的语言中是能够唤起相同的概念的。因此，严复在进行科技名词翻译时尽量在中国语言文化中寻找已经存在的对译词。例如，将"right"译为

[①] D. F. Henderson, "Chapter 5: Japanese Influences on Communist Chinese Legal Language," in J. A. Cohen ed., *Contemporary Chinese Law: Research Problems and Perspectives*, vol. 4, Harvard Studies in East Asian Law (Cambridge, MA: Harvard University Press, 2013), p. 158.

权利，严复有过如下阐释：唯独"rights"一词，仆前三年，始读西国政理诸书，即苦此字无译，强译"权利"二字，是以霸译王，于理想为害不细。后因偶披《汉书》，遇"朱虚侯忿刘氏不得职"一语，恍然知此职字，即"rights"的译名。然苦其名义与"duty"相混，难以通用即亦置之。此以直通职，彼以物象之正者，通民生之所应享，可谓天经地义，至正大中，岂若权利之近于力征经营，而本非其所固有者乎？至"obligation"为义务，"duty"为责任，吾无间然也。[①] 事实上，不同语言的使用者可以有相同的概念，但不必也不可能有相同的命名依据。信、达、雅是以严复为代表的中国文士们在翻译西方科学时的追求。但是，各语言的词语是自成体系的，处于不同词汇体系中的词语分布，即原词在原文中可以出现的语境与译词在目标语言中的语境不可能完全相同。

二是新造。张之洞认为西方人文社会科学领域的新概念不应新造，而应使用中国典籍中的词语。严复在主持名词馆工作时深感全部用既有语词翻译西方书籍几乎是不可能的，因此"索之中文，渺而不得"时"译者遇此，独有自具衡量，即义定名"。严复新造的译名就有"物竞""天择""储能""效能"等。新造词也需要通过语素分解对应的直译与表达最相近含义的意译。

三是借自日本。严复在翻译《天演论》时，日本已经逐渐成为新知识撷取源泉。除了传教士的媒体以外，黄遵宪的《日本国志》《时务报》的日文报刊翻译专栏"东文计学""报译"等都提供了这种可能性。世纪之交，西学东渐，东学日本译名已经是一个无法回避的问题。对于日本译名，严复认为日本自明治以来努力接受西方的新知识30余年，但东学始终不是西学的本源，在译词上、内容理解上有很多不完备的地方，故不能以东学为依据。但是以严复为代表的中国文士的翻译理念及科技名词的译名受到了日本译名的巨大挑战。日本译名与中国文士译名的不同造成了名异实同的问题，也就是说，中日用不同名词指称相同的概念，如此自然会有一个孰优孰劣的比较。严复批判日本译名不见中国经典，不够雅训。但是事实上，严复享有盛名的译著《天演论》《原富》中的译名，如"天演"最终却被"进化"取代，这其中的经验教训值得我们深入分析。

以"天演"为例，从词的理据上看，"天演"表达的是生物在自然界

[①] 严复：《与梁启超书三》，载王栻主编《严复集》第3册，中华书局，1986。

的发展演化，而"进化"则是给这种变化加上了一个"西方"价值观视角，即单向的进步观："以人为论，由孩提以至长大成人。以国为论，由野蛮以至于开化。"[①] 为了表达"天演"的具体情况，严复使用了"浅演""初级浅演社会""深演"等术语。严复想要赋予"evolution"以深刻的思想史上的内涵。汉语与英语一个最大的不同在于动词、形容词等谓词无法或不具备转变成体词的手段，如"possibility"可能性、"personality"人格、"variety"多样性等。此外，副词与名词在翻译时难以区分，如"freedom""liberty"在汉语中翻译为自由，在以严复为代表的中国文士看来，"自由"在中国语言传统中是一个虚词、副词，因此严复翻译为"自繇"，这种严格按照中国传统语言文体规则的做法显然不利于知识的传播。严复在主持名词馆的科技名词术语审定工作时，按照其所遵循的"信、达、雅"，中国传统语言规则等所审定的科技名词包括"天演""计学""自繇"等最终都被简单易于理解的日本译名"进化""经济""自由"所取代。梁启超评价严复主持的科技名词审定工作时说道："严氏于西学中学皆为我国第一流人物，复经数年之心力，屡易其稿，然后出世，其精善更何待言。但吾辈所尤有憾者，其文笔过于追求雅，刻意模仿先秦文体，非多读古书之人，一番殆难索解。欧美日本诸国文体之变化，常与其文明程度成比例。"严复主持的科技名词审定工作，在科技名词层级结构上并无不妥，但其文笔太过于追求"信、达、雅"而使得语言晦涩难懂，给一般读者获取新知识造成一定的阻碍。汉语也已经迈入了新国语、白话文变革的历史进程之中，因循守旧，一味追求"雅训"，最终严复主持的科技名词审定只能归于失败。从清学部编订名词馆的科技名词审定的历程、结果来看，在审定科技名词时决不能把科技名词审定隔绝于社会文化的发展趋势之外，应该将其置于国家民族发展的大背景之下，遵循汉语演进规律，使科技名词审定更加有效地推动科技发展、社会进步。

二、西方法律概念翻译方法

翻译是指在语言和跨文化交流中将源语言（source language）中的文本呈现为目标语言（target language）。在这个过程中一个重要的方面

---

① 王栻主编《严复集》第3册，中华书局，1986。

是试图在源语言和目标语言之间的词汇、句法和文本层面上寻求等效替换。早期中国译者如何将西方法律翻译成中文,以及他们如何介绍、促进跨文化交流,不仅可以揭示翻译的一些亮点,还可以揭示语言、文化和观念如何演变和相互作用,知识和价值如何跨国界传播。

近代西方法律概念词化的方式主要是"译词"和"借词"。1914年语言学家胡以鲁在其文章《论译名》中提出"译"与"借"这两个不同的概念,并且讨论了译词新词的创制以及如何接受包括日语词汇在内的外来词。关于"译词"与"借词",胡以鲁教授如是道:"传四裔之语者曰译。故称译必从其义。若袭用其音,则为借用语,音译二字不可通也。"汉语接受西方法律概念,需要使用自语言有意义的语素成分将源语言中的概念移入自语言,其方法有二。一是用现有的语言成分移译。用现有的语言成分进行移译的前提在于人类具有一个共同的意义体系,或者曾经有一个共同的意义体系,即意义的"原风景"。① 有人否定存在这样的"原风景",而中国近代翻译家严复则把这个意义体系扩大到极致,认为在中国的典籍中完全可以找到与西方概念对应的名词。事实上,语言的词汇体系具有非常大的柔软性,自我调节、自由完善,即词汇体系的自我重构。理论上没有完美的对译,但是随着交流的增加,在自然选择下会产生一个最大的近似值。意义体系的构建与语言文化有着密不可分的关系,作为概念载体的名词不是孤立的,而是在其所处的语言中,与其他词保持千丝万缕的关系,牵一发而动全身,任何一个词的变化,都会引起同一语义场内其他词语的变化。二是新造译词对译。复合词翻译,可以分为直译、意译、混合译。直译是指将原词分解成语素,再在目标语言中选择与之对应的语素组成复合词。意译则指的是对原词在源语言中的含义融会贯通,在目标语言中找出一个最大近似值。

与"译"相对立的是"借",主要指借音或借形。现代汉语中的许多音译词就是如此。如果说"译"指的是新词译词创制上的概念,那么"借"则指的是语言接触和词汇交流上的概念。"译词"在名词的意义对应上几乎是同步的,但是"借词"则不同。由此看来,"借词"融入目标语言文化所需要的过程相对"译词"来说要更加复杂,如"迪斯科"并不能一开始就让公众望文生义。不同的翻译方法见表6-1。

---

① 沈国威:《近代中日词汇交流研究:汉字新词的创制、容受与共享》,中华书局,2010,第30页。

表 6-1　不同翻译方法

翻译方法		译词
译词	直译	共和、殖民、法学
	意译	哲学、主观
借词	音译	逻辑
	借形	取缔、演绎、范畴

在翻译的《万国公法》中，丁韪良及其合作者所使用的主要翻译方法是创造新词并用现有的中国术语表达新的法律含义。在《万国公法》中，许多西方法律概念，特别是国际法概念第一次被引入中国。当丁韪良的汉语手稿被呈献给清廷的恭亲王奕䜣时，其抱怨说，审查这本书时，发现它通常涉及联盟、战争法和其他，特别是有关战争爆发的法律和国家之间的制衡。它的词语和句子混乱无序，除非是亲自解释，否则不能清楚地理解它。

混乱的原因之一可能是丁韪良和他的中国合作者引入的大量新词。丁韪良描述了这样的新词是如何被创造出来的：国际法是一个独立的研究领域，应该为此设计一个特定的词。因此，如果偶尔在原文中出现难以用中文全面呈现的段落，那么译文有时会呈现晦涩难懂之处。以汉字"权"为例，在《万国公法》中它不仅包含了某人执政的含义，也包含了普通人应该获得的权利的含义，有时为了这个意思增加一个字符"利"。例如，这样的翻译方式和新术语在刚开始使用时可能看起来很晦涩，但是当人们多次遇到它们时，人们会意识到在那里除了使用这种表达方式之外别无他法。

诸如"主权""民权""法院""责任""义务""利益""人民""国民政府""国家""赔偿""自治""限制""选举""司法""管辖""国会""议会"等词沿用至今。而丁韪良创造的部分新词，它们的使用时间较短，之后被更合适的词语所取代，如"据外"现在被"中立"取代，"新法"现在是"自然法"，"公法"现在是"国际法"，"理法"现在是"法理"，"法使"或"公使"现在是"法官"，"合邦"现在是"联邦"，"下坊"现在是"下议院"，"上坊"现在是"上议院"。

丁韪良在翻译中，除了创造了许多新词，他还将现有的汉语词语进行了全新的组合，赋予它们新的法律含义，如"权利"。译者的注释也被用于新的表达方式，向中国读者解释新的法律含义。事实上，对翻译进行注释解读是当时使用的重要方法,这是让中国读者熟悉新术语和新含义的一个重要方法。相反,另一种翻译方法是通过使用现有的中文词来表达外来词的意义,即用现有的汉语词语表达对应的外国概念。例如,在19世纪末,中国人接触美国时可能会认为美国的"总统"相当于中国的"皇帝"。反之亦然,"朝廷"起初被西方人翻译为"administration"(行政)。在这一方面,近代中国最著名的翻译家严复在翻译西方社会科学时,选择了类似的中文词语来形容外国概念的含义。正如圣经中文版中的"太初有道"一样,严复倾向将现有的中国术语用于外国概念,而不是使用音译或创造新词。他认为,日本对西方人文社会科学的翻译是粗俗的。例如,严复用儒家的"理学"来翻译"哲学",将"社会学"翻译为"群学"(群体研究),将"进化论"翻译为"天演论",然而经过历史的验证,这些并未被普遍接受。① 严复作为那个时代最成功的翻译者,或许已经看到了许多汉语传统词语正在消亡,因此他才希望通过使用现有汉语词语及含义表达西方概念的方式,使汉语焕发新的生机与活力。虽然与丁韪良相比,严复所创新的术语翻译没有被普遍接受,但是他在翻译和作品中所阐述的观点、理念却对中国近代社会科学的发展产生了巨大的影响。严复现今被公认为近代中国最具影响力的思想家和翻译家。

并非所有的早期法律翻译都采用了和丁韪良、严复所使用的方法相同的模式。虽然严复拒绝借用日语,但是一些与他同时代的人,特别是中国的法律学者从法律日语中借用了大量的法律术语。到了19世纪末和20世纪的前30年,许多中国的法律学者都在日本受过法律培训,他们有选择地使用日本的法律和法律语言,这些语言是日本从欧洲法律中"译介"来的。大量的法律术语是直接从日语中借用的,通常被称为"拿来主义"。借用日语的原因包括中日之间的语言、法律传统的共同性,后者在19世纪中叶之前受到中国文化的巨大影响,两个社会在相似的历史环境下都处于现代化进程中,明治维新之后日本法律的西方化可以说是相当成功的。② 直接借用

---

① 沈国威:《近代中日词汇交流研究:汉字新词的创制、容受与共享》,中华书局,2010,第30页。
② D. F. Henderson, "Chapter 5: Japanese Influences on Communist Chinese Legal Language," in J. A. Cohen ed., *Contemporary Chinese Law: Research Problems and Perspectives*, vol. 4, Harvard Studies in East Asian Law (Cambridge, MA: Harvard University Press, 2013), p. 158; T. -S. Wang, *Legal Reform in Taiwan Under Japanese Colonial Rule, 1895 – 1945: The Reception of Western Law*, vol. 15, Asian Law Series (Seattle, WA: University of Washington Press, 2000).

日语词汇并非没有人反对。黄遵宪（1848—1905 年）可能是第一个向中国引进日本法律的人。1890 年，黄遵宪发表了《日本国志》，其中包含了他对日本刑法的翻译，日本刑法主要模仿的是法国"刑法典"。黄遵宪直接从日本借用的新刑法概念和术语包括"公诉"、"私诉"、"检察官"、"民法"、"赔偿"和"损害"等。在此期间通过直接借用日语引入中国的其他西方法律概念包括"公证人"、"仲裁"、"债务"、"债权"、"义务"、"法人"、"法医学"、"诉讼法"、"法律"、"议案"、"审判"和"宪法"，这些法律术语今天仍在使用。

因此，早期翻译西方法律的活动，采用了两种主要方法。一种是通过使用现有汉语词汇将新词语和外国概念融入汉语，另一种是引入具有新法律含义的新词或直接借用日文翻译。至今，引入的大多数术语已经在中国词汇中成为中国法律语言和政治话语的组成部分。近年来，在翻译中外文法律的过程中，翻译者遇到了类似的问题。新的法律概念仍然需要中文造词，但近一百年来，许多西方法律概念和法律词语已经被翻译或移植到中国的语言和法律体系中。将中文法律文本翻译成英文时出现了另一种类型的问题。这里只讨论词汇难点而不涉及句法和语法问题。由于许多现代中国法律术语最初是从英语和其他外语翻译过来的，现在当我们将中文法律文本翻译成英文时，这些中文术语正在经历一种二手翻译。这时可能给译者带来困境，给英语翻译带来挑战。举例来说，"干涉"，是从国际法的英文单词"intervention"翻译过来的。比如，"武力干涉""军事干涉"。《联合国宪章》第 2 条第 7 款规定："本宪章不得认为授权联合国干涉在本质上属于任何国家国内管辖之事件，且并不要求会员国将该项事件依本宪章提请解决；但此项原则不妨碍第七章内执行办法之适用。"然而，另一个英文单词"interference"也被翻译成中文"干涉"。当把中文翻译成英文时，应该使用英文单词"intervention"还是"interference"？例如，中国的一项外交政策是"互不干涉内政"。但是"intervention"和"interference"这两个英文单词在国际法中的含义可能略有不同，"interference"这个非技术性术语的含义比"intervention"更广泛。"互不干涉内政"应该被翻译为"mutual non-intervention in internal affairs"。然而，从这条原则在当代中国政治和法律话语中的使用来看，"interference"的更普遍和更广泛的含义似乎比"intervention"更合适。但是，翻译人员对此没有简单或明确的答案。

第六章 法学名词规范化的历史文化与现实维度

另一个类似的例子是对"原始占有"的翻译,字面意思是"先前的占领"。这个短语最初被用于俄文术语"pervonachal 'noezavladenie"的中文翻译。然而,国际法和俄文术语的英文翻译,使用了"先占权"一词,从而导致了两者之间的冲突。在国际法中,"先占"是通过"占领"方式获取领土的方法。"prior possession"和"prior occupation"在英语中不尽相同。因此,当"原始占有"被翻译成英文时,尽管"原始占有"与"先前占领"之间存在表面的语义相似性,但最好使用"prior possession"而不是"prior occupation"。还有一个例子是对汉语"惯例"的翻译。汉语"惯例"常被用作英文"international custom"和"international practice"的中文翻译。但是,在国际法中,这两个概念的含义差异不是微不足道的,因为前者是指具有法律约束力的做法,而后者是指不具约束力的用法。因此,当国际惯例被翻译成英语时,有必要确定它实际涉及的是两个含义中的哪一个。

选择不同的词语可能导致英文读者理解中国法律时产生混淆。例如,《中华人民共和国合同法》(1999年)受普通法和民法的影响很大。特别是,中国立法中的许多法律概念来自国外,许多术语都是翻译的术语。根据中国法律,合同的形成基于合同各方的提议和接受(第13条),要约被定义为一方当事人以缔结合同为目的,向对方当事人提出合同条件,希望对方当事人接受的意思表示。发出要约的一方为要约人,接受要约的一方为受要约人。对于普通法的律师来说,这听起来很熟悉,但根据中国法律,法律没有明确要求考虑合同。相比之下,在普通法中,如果不考虑合同,要约就无法成立。在翻译方面,似乎没有什么回旋余地,除了将"要约"和"承诺"翻译成英文"offer"和"acceptance"。正如所指出的,尽管在合同法中借用了西方法律语言,中国人提供和接受的概念方法却与普通法世界有很大不同。[①] 因此,即使我们在讨论中国合同法时使用熟悉的英语法律语言,也不能认为这两个词在两种语言和法律中都是一样的。我国《海商法》(1993)是另一个受外国法律影响很大的立法,这是中国第一部将普通法系统地引入中国法律法规的立法文书。《海商法》以"联合国海牙规则"(1924年)和"汉堡规则"(1978年)等国

[①] P. B. Potter, *The Chinese Legal System: Globalization and Local Legal Culture* (London and New York: Routledge, 2001), pp. 45–46.

际公约以及体现国际海事规则和惯例作为标准。这些习俗和惯例起源于普通法系的英美法，但中国的商法是受欧洲大陆法系影响的成文法。因此，试图根据普通法来模仿国际海事法律和习惯对于新中国海事法来说并不容易。中国《海商法》涉及很多外国法律概念，这些概念在中国法律中并不存在，但它们是由移植立法创造的，现在已成为中国法律体系的一部分。举例来说，"lien"和"maritimelien"的法律概念与《海商法》中使用的汉语概念"留置权"截然不同，尽管中文术语是从英文"lien"（在大陆法系中起源于法国的一个词）翻译过来的。尽管如此，在翻译中，"lien"被用作汉语概念的语义等效词。对于中国法律的英文读者来说，需要注意的是，用英文书写和翻译的中国法律并不自动与英国法律等同。

一个稍微不同的例子是《民法典》中规定的"诚信原则"。包含"诚信"这一词的同一条款的两种不同翻译可以说明将中国法律翻译成英文的困境：第7条"民事立体从事民事活动，应当遵循诚信原则"。在这里，诚实信用被翻译成英文，为"good faith"、"honesty"或者"trust worthiess"，可能会带来不同的含义。一方面，法律学者认为，"诚实信用"在我国《民法典》中实质上等同于普通法中的英文"good faith"。如果我们把"诚实信用"翻译成英文"good faith"，那么人们可能会觉得中文和英文的概念相似或相同。不过，"诚实信用"也植根于中国文化传统。"诚信"在儒家、墨家、道家、法家和佛教中都有论述，但主要存在于儒家思想。"诚信"中的"信"是儒家思想的核心理念（仁、义、礼、智、信）。"信"常常被翻译为"可信赖"，但也可以被描述为"善于言辞"或"恪守自己的话"。关于"诚实"，"诚"，词源学著作《说文》："诚，信也。从言，成声"（意识到、去完成）。可以理解为"意识到所说的是什么"。

鉴于中国人在思维上的传统联系和"诚信"的既定意思，"诚信"在我国《民法典》中必然会有自己的独立存在和含义，而与"诚实信用"相关的传统意义不可避免地会影响中国人在法律上的理解。尽管如此，但我们还是需要记住，"诚信"在被纳入《民法典》之前并不是中国传统法律语言的一部分。对"诚信"和其他条款的具体适用和解释可能需要参考现有的中国法律规则与司法实践，这也意味着汉语的解释可能不同于与合同有关的国际公约和外国法律。

第六章　法学名词规范化的历史文化与现实维度

　　再次使用"权利"一词进行说明,把权利翻译成英文为"power or authority and benefit or interest"而不是"rights"。一方面,中国的"权利"概念在语源学和政治上与"权力"概念紧密相连,而且在今天中国的政治现实中依然如此。另一方面,无可否认,"权利"是一个借用和翻译的术语,它在中国背景下的近一百年中一直在发生变化。然而,其含义正在接近西方自由主义的"权利"含义。因此,汉语"权利"应该被翻译成"rights",因为"power and benefit"将会导致不必要的混淆。在将"权利"翻译为"rights"的过程中,一个不足之处就是,英文读者可能会将"权利"与西方自由主义背景下"rights"概念完全等同。

　　上述讨论有许多含义。首先,就翻译策略而言,现代中国法律语言在很大程度上是一种翻译语言。将当代中国法律文本翻译成英文时,需要掌握英语法律语言的历史、语言背景以及知识,以确定使用哪些英文单词。其次,对于中国翻译的英文读者来说,尽管现代中国法律语言是一种受西方法律和术语影响很大的翻译语言,但许多中国法律术语都是在中国法律背景下展现出来的。中国的法律语言及其术语,远不等同于引入理解的简单等效语,常常具有新的含义,可以创造性地改变、扩大甚至破坏已有的西方概念。翻译中的输入行为可能会使整个目标语言和文化结构发生错位或重新定位,因为它在目标语言中引入了一种"可能已经"或"尚未到来"的历史、文化。

　　正如看到的,外国法律的翻译产生了超出原始文本的意义,影响了中国文化,并在中国法律中产生了新的含义。[1] 翻译涉及两套规范之间的相遇、碰撞,即使不是对抗,也符合两个规范。源语言和目标语言之间存在源符号和目标符号,包括语言和法律规范。事实上,翻译的文字或文本构成了第三类符号,这是由源代码和目标代码的双边考虑引起的,新代码包含新信息。[2] 源符号提供了需要重新编码的基本信息,目标符号提供了需要的参数以重新呈现该信息。翻译是一种复杂的解码和重新编码过程,是一种标志产生活动,不仅影响语言,而且影响结果。

---

[1] R. Kevelson, *The Law as a System of Signs* (New York, NY: Plenum Press, 1988).

[2] W. Frawley, "Prolegomenon to a Theory of Translation," in W. Frawley ed., *Translation: Literary, Linguistic and Philosophical Perspectives* (Newark, DE: University of Delaware Press, 1984), pp. 159 – 178.

第四节　立法定义与司法定义对法学名词的影响

一、立法定义的影响

国家发布的法律中通常包含明确和隐含的法学名词定义表达，下位法也是如此。确定这些定义在多大程度上需要反映在法学名词规范化工作中是一个重要问题。特别值得注意的是，作为一个法律问题，立法定义作为法定定义对于法学名词定义是非常重要的。立法机关的声明必然优于司法系统中法院的声明，正如全国人民代表大会作为国家权力机关一样。因此，在某种程度上，法学名词表达了规范或法律权威的定义，立法解释必须具有权威性。但是必须考虑到，明确的立法定义是为狭隘和特定的目的而给出的，而司法定义经常被设计得更广泛和更具跨领域性。因此，司法定义、立法定义的权重需要平衡。

立法中的定义同法律语言和日常语言紧密相连，有时立法中对一些典型的法学名词如"抵押""信托""地役权"等做出了明确的定义，而有时概念的定义需要从相关立法中被推导出来。比利时马克·范·胡克教授说，一个语词有某种特定的法律意义，即其意义会从相关法律渊源的法律规范中自动获得。[①] 源自日常的普通语言中的某一词语在法律领域中有了不同的意义时，尤为需要立法定义。通常在法律起草中，立法中的词汇被假定具有日常意义，除非以规定方式被明确界定。[②] 立法定义是规定性定义，事实上，立法定义限制了某一语词的确切内容和范围。从语言学和逻辑学上说，概念的定义是由种差加属组成。但是在立法定义中，更多是以如下三种方式表达。[③]

[①] [比] 马克·范·胡克：《法律的沟通之维》，孙国东译，法律出版社，2008，第179页。
[②] [比] 马克·范·胡克：《法律的沟通之维》，孙国东译，法律出版社，2008，第179页。
[③] [比] 马克·范·胡克：《法律的沟通之维》，孙国东译，法律出版社，2008，第181页。

第六章 法学名词规范化的历史文化与现实维度

第一，当 X、Y 存在时（发生时），Z 就发生。例如，二人互负债务，根据相关规定，各得以其债务相互抵消。

第二，Z 包含……

第三，Z 的适用标准是……

上述三种形式可以概括为适用条件与法律后果，也就是说，立法定义中的概念总是以条件加后果，而不是种差加属的形式表达。因此，在立法文本中有限的语句无法准确表达全部法律条件与法律后果，这意味着立法中的法学名词定义往往仅是一种"操作性定义"。立法定义仅是一种特定形式的语言使用，它反映了如何使用术语，但不一定比任何其他用途更有权威。在立法中使用一个术语可以表明它作为法律技术概念的程度或方式，在这种情况下，它将比法律期刊或其他法律背景中的随意参考更具影响力。例如，国际条约中使用的主要条款通常在条约本身中定义，这是因为要避免因各国法律制度不同而可能出现的歧义。定义有助于解决这些问题。例如，1982年《联合国海洋法公约》第1条就规定了该公约的用语定义与范围，分别对"区域""管理局""倾倒"等术语进行定义。但是，在立法中以特定方式定义某个特定术语这一事实并不意味着法学名词定义中必然包含该定义甚至反映它：事实上，一个术语需要明确地定义在特定立法背景下的某种特定方式可能相当于证明其作为法律的技术组成部分并不具有该含义，因此只有在立法背景足够重要时才将其纳入法律词典中。

此外，一个法学名词的定义常常需要从法律中的不同规定，也就是立法中的不同部分所表达的适用条件和法律后果来进行判断。正是这些法律规则创造了某一法学名词的定义，不仅是某一个立法定义。正如所有的法律规则，这些规则要服从于解释，而解释有依据法律适用的语境。总而言之，一个法学名词的立法定义并未真正确定其最终定义，它仅提供了一个起点。例如，在司法实践中如果经过权衡，发现支持另一定义，那么司法解释也会毫不犹豫偏向另一定义。

二、司法定义的影响

在法学名词规范化工作中，司法机关的影响来源于司法解释与指导性案例对法律术语的定义，这对于法学名词规范化工作起到一定的示范作用，主要反映了一些法律术语的使用。但是由于我国属于大陆法系，判例不具有普通法系国家的造法性。此外随着社会发展，司法实践中对法律术语的定义也一直发生变化。即使在普通法系国家，如最著名的司法词典——英国《斯特劳德司法词典》（Stroud's Judicial Dictionary），也存在司法实践的发展而导致词条过时的情况。或者将司法词典简单描述为司法机构提供特定表达定义的时间列表更为准确。律师将定期进行咨询，以确定是否有一个具有约束力或有说服力的先例来解释对他们所处理的案件或事项很重要的表达方式。法院将听取引用，有时会在判决中重复这些引用，包括司法词典中记录的实际引用，以及司法词典中的散文段落，这些段落分析或总结了一些决定对特定构建的影响。实际上，司法词典至少部分地被视为关于某些词语和短语含义的法律论文。这些考虑可能会影响字典编辑必须做出的另一种选择，即是否要提炼司法声明的效果，或者通过引用逐字地将它们合并。

不仅成文法包含大量的法律定义，这些也出现在司法和行政决定中。例如，《刑法修正案（八）》中禁止被宣告缓刑的人员从事特定活动，进入特定区域、场所和接触特定的人是正确的。"特定"这一名词就应当有一个范围，否则监督执行的人员自由裁量权就太大。再如，在国际法院关于海洋争端的司法实践中，都会在具体案例中对"公平"原则的适用进行定义并给定范围。"公平"概念最早出现于1969年国际法院的"北海大陆架案"，此后在历次判例中相习，并在1982年《海洋法公约》第74条和第83条中得到确认，在适用于解决领海冲突时主要观点如下。第一，公平不能简单地作为抽象的公正来适用，而是按照那些构成大陆架法律制度在这一领域里发展的思想适用一项其本身要求适用公平原则的法律规则。第二，划海洋界应根据公平原则和考虑一切有关情况，通过协议进行，应使每一方能尽可能多地取得构成其陆地领土向海洋自然延伸的大陆架部分，但一国的延伸不应分割他国领土的自然延伸。第三，"公平"不等于"平等"或"平分"，公平应结合具体情况进行分析与适用。例如，公平要求不能把一个拥有广阔海岸线的国家同一个拥有有限海岸线的国家的情况等量齐观。

第七章 法学名词规范化的宪法维度

第一节 宪法对法学名词的规范作用

一、以宪法为依据的概念系统的整合规范

法律学说制定了复杂的系统化方法，主要涉及法律概念。德国法学家魏德士教授这样阐释这种系统："法律规范包含了法律秩序应当实现的价值导向的零碎部件，这些部分组成了社会理想的整体……法律适用对这个实质的、内部的价值评价系统揭示的越多，就越接近立法目的。"[1]

必须说明的是，给法律概念甚至法律规范构建一个金字塔形的规范系统，并且设置统一的价值评价标准，这是一个法学研究的理想状态。在现实中，立法者对法律调整的生活领域的认识往往存在漏洞或矛盾，立法在本质上是滞后的，因此立法中不可避免地存在混乱与漏洞，这些混乱与漏洞导致人们无法识别法律秩序的统一的价值评价系统。此外，各种法律规范在制定时有着不同的时代背景与价值观导向，这种情况下进行系统化规范似乎不切实际。因此，在构建法律概念系统时也必须考虑法律的制定时间与现行法律所适用的事实之间的差别。反过来看，只有法律秩序具有统一性、系统性，在具体法律规范出现冲突或漏洞时，法律概念系统才能更好地解决冲突或漏洞问题。无论法律秩序在形式上如何划分，在适用中必

---

[1] [比]马克·范·胡克:《法律的沟通之维》，孙国东译，法律出版社，2008，第181页。

须将其作为价值评价整体。因此,法律实践与法学研究在解决具体问题时通常依据"法律的统一性"或"宪法的统一性"。虽然法律规范中充满了不可调和的冲突与不可避免的漏洞,但是通过法律规范或概念的系统的假设,可以更好地寻找漏洞、解决问题。简单来说,这种系统化可以看作一个方法上的辅助概念。法律适用、法律规范漏洞与法律概念体系之间是互相作用、互相影响的关系(见图7-1)。因此,从理论上研究构建法律概念系统是有重要意义的。法律秩序中的价值评价系统最终是随着政治和世界观的确立而建立起来的,正如任何具体的法律规则的价值评价标准一样。因此,只有在共同的价值基础上才能理性地讨论它。统一的法律价值观来自以宪法为基础的整合性的解释,通过以宪法为依据对法律概念系统进行整合才能达到形而上的和谐。

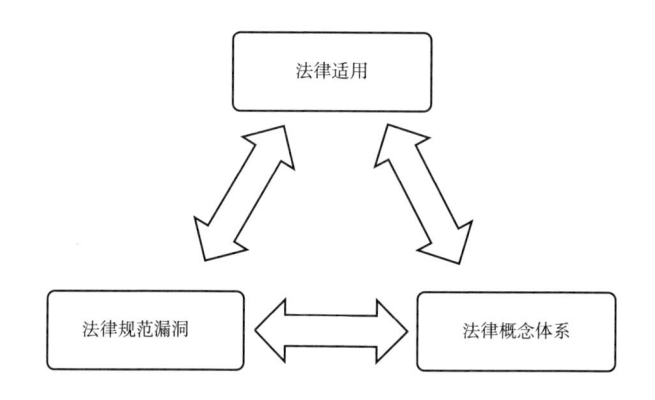

图7-1 法律适用、法律规范漏洞与法律概念体系关系示意

作为最高等级效力的规范,宪法主要旨在产生规范效应。宪法规定了一个政治实体的社会的公共权力,并决定了如何组织和行使这种权力。对于公共当局,宪法是一种行为标准,相似地,对于公众来说,宪法作为一种判断标准,使他们能够看到是否违反了行为准则。当然,违反宪法的行为仍然可能发生。但是,宪法允许区分合法和非法的权力主张或治理行为,并规定任何非法行使权力的后果。这使得宪法成为人类文明的伟大成就之一。宪法的一个主要优点是,它使政治权力不是专制地行使,而是根据一套规则行使。这些规则使国家行为可以预测,并使公民在与公共当局打交道时有一种基本的安全感。宪法的另一个优点是,由于政治决策规则与政治决策本身之间的区别,某些基本价值观和程序被排除在日常政治辩论之外,被用作竞争政治力量的共同基础,而宪法规范能够使社会和平解决政治冲突。最后,通过区分长期原则和日常决策,宪法规定社会如何适应变化的条件,从而确保变革的连续性。正是由于宪法提供的这些优势作为政治的基本法律框架,并且由于其以创造"良好"秩序为目标,宪法的职能远远超出规范性监管。无论所有社会中存在的意见分歧和相互冲突的利益如何,宪法都有望将其统一起来,宪法被视为凝聚社会共识的保证。

宪法的整合性功能在不同层面得以实现。构建合法化公共权力和规范公共权力的过程是在司法层面上进行的。宪法规定谁有权使用政治权力,同时为使用政治权力的行为提供判断标准。宪法规定了这一标准,赋予其法律效力,而不依赖于该标准是否真正得到遵守,违反法律的个人不会使其失效,其效果在于允许人们确定哪些行为是合法的或非法的,并对这些资格附加法律后果。历史上有许多未能为社会融合作出贡献的宪法实例,一个典型的例子是魏玛宪法。当然,人们不能否认许多宪法具有相当大的整合社会的力量。最好的例子就是美国宪法,美国宪法无论是在社会秩序还是在价值观等方面都具有巨大的整合作用。[1] 虽然宪法规范作为具有约束力的法律文本,自动产生规范效应,但宪法规范的影响是不同的。总之,魏玛宪法和美国宪法的例子表明,这种影响存在但不一定能发挥出应有的作用。原因是社会整合的过程并未在规范层面展开,而是发生在现实世界中,是一个社会过程,可以与宪法联系起来,但不受其控制。这也是法律规范的边界,简而言之,法律可以影响,但不会决定这样的过程。

二、以宪法为坐标的价值逻辑规范

德国法学家魏德士教授认为,法律秩序实际上是价值秩序。[2] 其他法律规范也包含价值标准,这些价值标准根据法律秩序的层级结构在总体上形成了"价值体系"。[3] 以宪法为价值坐标,处理公民自由与他人权利、

---

[1] H. Kohn, *American Nationalism an Interpretative Essay* (New York, NY: Macmillan, 1957), p. 8.
[2] [德]伯恩·魏德士:《法理学》,丁小春、吴越译,法律出版社,2003,第66页。
[3] [德]伯恩·魏德士:《法理学》,丁小春、吴越译,法律出版社,2003,第331—332页。

公民自由与社会秩序、国家公权与公民权利等各种价值之间的关系，是法律概念体系的价值逻辑规范。

在特定的价值主体看来，自己所追求的一切价值都是美好的，因而价值冲突是不可避免的。① 在法律领域，价值冲突会导致认识分歧、行为冲突和结果差异。英国法学家戴雪（Albert Venn Dicey）在其著作《英宪精义》中就法的价值冲突进行过讨论：如何才能既不削弱联合行动的权利，又不削弱个人自由权利的价值？如何既不限制联合行动的权利，又不破坏公民个人的自由权利？在法律学科研究领域，解决法的价值的冲突有许许多多种方式。② 卓泽渊教授把解决法的价值冲突的方式分为三种类型：主体认同方式和外在统一方式、民主方式和专制方式、法律方式和法外方式。由于本文的研究对象是法律概念，对其他方式不作讨论，而是尝试以宪法为坐标建立一种精确化的价值等级体系。简单说，就是依据法的价值等级体系决定法律概念的价值选择。在法律科学的发展历程中，不止一个学者设想过这种精确化的法的价值体系，但是都失败了。因为要抽象地确定各种价值的量度是不可能实现的，抽象地进行选择，往往出现错误。根据魏德士教授的理论，凯尔森的"法律秩序位阶结构学说"是解决法律内部价值冲突的重要工具之一。"法律秩序位阶结构学说"的出发点是，并非一切法律规范都处于同一位阶，这就是法律规范的层级结构。法律概念作为法律规范的构成要素也同样遵循这样的层级结构。因此，在出现法律内部的价值冲突时，上位法优于下位法。根据这一学说，魏德士教授把宪法规范列为价值序列中的基础规范。我们无法直接排列将各种价值量度化的法的价值层级体系，但是我们可以根据宪法的价值逻辑规范法律概念。换言之，在构建法律概念体系时，可以把宪法作为价值规范的逻辑基础，遵循宪法规范中的基本价值。美国法学家博登海默说过："任何值得被称之为法律制度的制度，必须关注某些超越特定社会结构和经济结构相对性的基本价值。"③ 法的基本价值的意义体现在立法和司法各个方面，在进行法的价值判断时应首先考虑其

---

① 卓泽渊：《法的价值论》（第3版），法律出版社，2018，第535页。
② ［英］阿尔伯特·韦恩·戴雪：《英宪精义》，雷宾南译，中国法制出版社，2009，第230—245页。
③ ［美］E. 博登海默：《法理学：法律哲学与法律方法》，邓正来译，中国政法大学出版社，1999，作者致中文版前言。

与基本价值是否相互矛盾。

事实上,许多国家都在宪法中规定了关于彰显基本价值的条款,而且这些条款往往与每个国家的社会文化有着密切的联系。例如,哥斯达黎加宪法提到"国家的历史和价值观";东帝汶宪法提到该国的"文化和传统价值观";埃及宪法提到"家庭以及它所体现的价值观和传统";卢旺达的宪法语言要求"基于文化传统的正面价值观的促进";土耳其宪法援引"土耳其的历史和道德价值观";乌干达宪法有"与基本权利相符的文化和习俗价值";阿根廷宪法要求"培养民主价值观",这一主题经常出现在许多宪法的段落中;巴西宪法将"平等和正义视为多元和无偏见社会的最高价值"。就我国《宪法》规范来说:一方面,民主与共和作为宪法产生的政治前提是我国《宪法》的基本价值,这不仅体现在我国《宪法》的政治制度条款上,也体现在我国名称"中华人民共和国"上;另一方面,法治首先是宪法之治,以宪法约束、限制权力。

第二节 法学名词规范化与宪法实施

一、我国宪法规范的沟通分析

(一) 作为言语行为的宪法规范

"言语行为"(speech act)[①] 中的言语不仅仅是词语,也是行为语言的行为性特征。法律语言也不例外,法律在极大程度上依赖于行为性特征。通过语言,人们接受了公共的以及个人的法律责任,承担法律角色,移转法律权利,强加法律义务等。法律文本的言语行为功能可体现并实现立法者的意图。立法文本是立法者所做出的宣称,它遵循一定的格式,是对适用对象做出的规约、许可、授权等,给人以明确的概念。用于这类施为行为的动词性词语包括"任命""贬低""降职""免除职

---

① 言语行为理论是一种语言哲学学说,由英国奥斯汀提出、美国塞尔等人加以发展。

务""剥夺教籍""命名""命令""宣判"等。从而我们可以得出,立法行为和行政行为都属于施为行为,法官的宣判是施为行为运用的典型语境之一,如法官说出:"我判决……"我们不难看出,不论在法律英语还是法律汉语中言语行为理论无处不在。我国《宪法》是国家立法机关也就是全国人大的一项行为。《宪法》在我国法律体系中具有最高法律地位,是其他法律的法律渊源和权威。如果宪法是一个言语行为,那么它是什么样的言语行为?它执行什么行为?首先,宪法可以被看作立法言语行为,而不是其他类型的言语行为,如司法言语行为。通常来说,立法言语行为必须遵循相关的法律制度惯例。我国《宪法》作为立法言语行为,由国家立法机关人大通过并颁布。我国现行《宪法》于1982年制定,随后进行了五次修正,是在适当的法定权限下根据中国法律规定的法定程序进行修改的。简而言之,我国《宪法》是具有法律效力的立法言语行为。

(二) 宪法实施什么行为?

宪法的具体章节和条款可以进一步分为具有不同言外行为的不同言语行为。在哈贝马斯看来,根据他们提出的明确主张,表达性或交际性话语可以分为三大类:(1) 强制性言语行为,与真理主张联系在一起;(2) 规范性言语行为,说明规范的正当性;(3) 具有真实性的表达性言语行为。我国《宪法》的序言主要包括真理主张,序言基本上描述了《宪法》起草者如何看待中国,以及对现代中国的历史和社会事实进行了独特的政治解释,这些陈述主要与通过立法者看到的历史事实有关。关于《宪法》的正式部分,即第二章和第三章,它们主要包括调节言语行为,赋予权利和义务,以及规定国家权力和政治体制结构。作为规范性言语行为,这些规定明确提出了规范性的正当要求,但隐含地规定了真实性和有效性要求。

由于宪法的主要言语行为是规范性的,立法者通过适当的法律程序制定宪法的行为,使宪法创造并合法化了新的事态和一系列制度事实。例如,我国《宪法》规定中华人民共和国是工人阶级领导的、以工农联盟为基础的人民民主专政的社会主义国家(《宪法》第1条)。《宪法》还规定了基本政府结构,总体经济制度,文化、教育、人口、环境和语言政策,首都,国徽,国旗等一般原则和其他事实。我国《宪法》中的言语行为也为我国法律和政治制度的运作创造了一系列法律规则和原则,包括

第七章　法学名词规范化的宪法维度

一般法律规则。一条基本规则是宪法具有最高法律效力。宪法被公认为母法，构成了我国所有其他法律的基础。如果宪法与另一法律之间存在冲突，则遵循上位法。从这个意义上讲，宪法是我国法律制度的主语言行为。此外，"宪法"还包含个别言语行为，以及诸如"必须""应当""可以""不得"等词语的规定，赋予我国公民权利并规定许可和禁止。例如，第二章"公民的基本权利和义务"赋予我国公民各种权利，包括政治权利和自由、言论自由、出版自由、人身自由、社会和经济权利、文化和教育权利等，其他权利和义务包括劳动的权利和义务、接受教育的权利和义务等。总之，我国宪法作为立法言语行为承载着各种言外之意的力量，传达了一系列命题，并确立了某些制度事实。

（三）宪法言语行为的主体与客体

如果我们认为法律和立法本质上是交际性的，而不仅仅是受制裁威胁支持的命令，那么宪法言语行为的主体与客体是谁呢？对于立法言语行为来说，立法机关，即具有颁布立法的立法权的机构，是立法者的发言人，即言语行为的主体。法律的对象是法律所针对的普通大众，由普通公民和国家组成。部分学者认为，只有司法机关才是法律言语行为的对象与客体，[1] 这可能是不准确的，司法机关可以被视为立法集体对象中的一个。此外，法官对法院判决中所含法条的解释是一种不同类型的言语行为。在这个集体对象中，可以包括行政机关和司法机关。尽管行政人员的意图通常体现在立法中，从这个意义上说，行政人员是事实上的作者，但它也是对象或客体，因为法律是由行政部门执行的，行政部门应遵循立法指令，就像社会大众一样。

在我国的宪法设定中，宪法的发布者是立法机关，人大通过并颁布了宪法，其客观对象是整个中国社会。在这个集体对象中，除了公众之外，我们还可以在《宪法》文本中进一步区分不同的直接客体或主导客体。例如，第一章"总纲"针对整个社会，第二章"公民的基本权利和义务"主要针对公民，也针对国家。第二章的大部分规定都以公民为主体，如"任何公民享有宪法和法律规定的权利，同时必须履行宪法和法律规定的义务"（第33条第4款）。有些条款主要针对国家，如"国家尊重和保护

---

[1] F. Bowers, *Linguistic Aspects of Legislative Expression* (Vancouver: University of British Columbia Press, 1989).

人权"(第33条第3款)。在第三章"国家机构"中,从第57条到第140条,直接客体主要是国家,规定了政府结构,包括立法、行政和司法权力。因此,由于宪法是影响公民和政府的基本法,我们可以说中国宪法的对象既包括公民也包括国家,也就是整个中国社会。

澄清宪法的发布者和客观对象是必要的,但更重要的是,宪法是否在语言上成功地在发言者和对象之间进行有效的言语行为,以达成理解、建立关系。在传统言语行为理论中,言语行为中的言外行为能否有效执行,在于发布人的意图是否得到满足或对象是否承认。[1] 然而现实却难以实现,但是哈贝马斯认为,社会中形式合理性与实质合理性的矛盾并不具有必然性,这一矛盾是有解决的希望和可能性的。沟通行动是行动者为了协调相互之间的行动而进行的行动,这种协调又是行动者相互之间以语言为中介,通过相互沟通而达到的。故可以说,沟通行动是人们相互之间的一种运用语言进行交流的行动,是使用语言的行动,即言语行为。

二、宪法实施与沟通理论的逻辑联系

(一) 我国民主制度是一种"沟通民主"

从沟通理论的角度来看,社会公众作为宪法言语行为的对象,并不是单一性地接收信息,而是通过各项民主制度,通过调整自己的行为对宪法的治理方式与功能产生反馈与影响。简而言之,社会公众在国家治理和社会治理中具有积极性、主动性,宪法的治理力量与其构成的政体秩序之间存在着更为紧密的联系,只有宪法下的制度被认为是"良好"的制度,得到社会公众的认同与遵循,宪法才能发挥其社会治理功能。如果生活在这种制度下的社会公众不认为制度是好的,那么即使使用权力工具维护它,在这种情况下,宪法也不再有助于社会的融合,甚至最终无法履行其法律职能,这就是魏玛宪法的命运。[2] 作为一项规则,一个系统对"好"

---

[1] K. Bach, R. M. Harnish, *Linguistic Communication and Speech Acts* (Cambridge, MA: MIT Press, 1979).

[2] D. Lehnert, "Desintegration durch Verfassung?: Oder wie die Verfassung der Nationalversammlung von 1919 als Desintegrationsfaktor der Weimarer Republik interpretiert wurde," in H. Vorländer ed., *Integration durch Verfassung* (Wiesbaden: VS Verlag für Sozialwissenschaften, 2002), p. 237.

的看法预先假定了高度的包容性。社会中越多人认同其宪法，其产生的社会治理效应就越大。

在我国，人民行使当家作主权利的国家权力运行机制是人民代表大会制度，这种制度设计本身就体现了对人民意愿的反映力和接纳力。在考察作为我国根本政治制度的人民代表大会制度的性质时，必须正视两个问题：第一，坚持党的领导是人民代表大会制度作为根本政治制度赖以存在的合法性前提，这点与西方宪政理论下的"代议制"明显不同；第二，人民代表大会制度必须在宪法框架内有序地运行，离开了对宪法的尊重和遵循，人民代表大会制度就会失去可靠的政治基础和法律依据。因此，坚持共产党领导和严格遵守宪法，是人民代表大会得以有效生存和有序发展的制度前提。

不同于西方宪政理论中简单"对话"式协商民主，我国的民主是一种把民主形式与民主效果有机结合在一起的"沟通民主"。"沟通民主"不同于西方宪政理论下的选举民主、对话民主、投票民主，它本质上是党的群众路线在民主制度中的充分体现。"上情下达、下情上达""批评与自我批评""保持与人民群众的密切联系"等都是"沟通民主"的重要民主形式。这种沟通最终要解决的是如何使人与人之间相互理解、相互信任以及达成行动上的共识，真正把民主形式与民主的目标结合在一起，而不是简单地体现个人意愿或表面上的民意。通过"沟通民主"，解决宪法规范如何在国家治理体制中得到有效贯彻落实，解决涉及人民群众的切身利益和真实需求的问题，是一种深度意义上的民主，要在法理上摆脱西方宪政理论对公共权力合法性解释的负面影响。我国国家治理与社会治理的合法性基础来源于以宪法为依据的中国特色社会主义民主制度。在我国，人民代表大会制度是坚持党的领导、人民当家作主与依法治国的有机统一的政治制度。各级人民代表大会及各级国家政权机关由选民和选举单位按照程序选举产生，依据宪法和法律有效地代表人民履行国家职能；中国共产党领导的多党合作和政治协商制度是我国的一项基本政治制度，是人民集体意志的一种反映形式，能够有效代表和实现各行各业、各个阶层的根本利益，这种政治协商形式能够有效避免陷入西方宪政理论所面临的"多数人的暴政"的困境，根据中国特色社会主义民主政治的实际情况来集中反映和体现人民的集体意志。在党的领导下，正确处理公共利益和个人利益的关系，把个人利益、个人理想与国家、民族的前途和命运有机结合起来,在人类命运共同体的构建中获得最大限度的自由,实现真正意义上的人民民主。习近平法治思想的精髓是确立宪法至上的法律权威,使得宪法所体现的党和人民的共同意志能够在现实生活中得到全面和有效的实现。

(二) 沟通视域下"合法性"的多元分析

自马克斯·韦伯提出政治统治的"合法性"问题以来,"合法性"一词一直是人们考察政治秩序及其正当性的一个重要概念。韦伯认为真正的统治是一种"权力-服从"关系,它不是建立在暴力强迫之上的,而是必须"唤起并维持统治的合法性的信仰"。范·胡克认为"合法性"是指法律秩序为人们所认可或赞同进而接受或服从。哈贝马斯认为:"合法的制度应该得到承认,合法性就是承认一种政治制度的尊严性……统治的稳定性。"① 合法性的宪法基础是一种政治性观察,政治命令通过内部复杂、存在历史偶然性的和多层次的法律贯彻执行,通过获得社会凝聚力来获得治理合法性。因此并不存在严格的合法性,规范性政治形式存在一种相对偶然性。此外,合法性的本质是政治机构通过赋予宪法以合法性,将抽象的正义和人格尊严概念转化为对公权力与私权利的法律与规范约束。将沟通理论运用于宪法的社会治理功能研究中,通过阐明社会产生内在凝聚力的方式来对社会政治秩序合法性进行分析,这是更加科学的分析方法。

将法律的合法化与公共领域、沟通理性联系起来,通过沟通进而形成一致认同的价值和规范的场所,所以它能为政治权威的合法性提供理论论证和价值准则,成为政治权威的合法性基础。宪法作为言语行为需要获得一种言外之力,而不仅仅是调节力量,更重要的是,能够让社会公众接受宪法中所载的各种有效性要求,认同进而遵循。宪法沟通具有有效性不是因为必要的法律条件,而是因为社会中的沟通参与者所感知、经历的语言外环境和社会事实。正如哈贝马斯所说,言语行为的受众必须确信言语行为是合理的,因而是可接受的。② 结合上文对宪法作为言语行为的考察,可以从哈贝马斯的协商民主理论和法律话语理论中得到进一步的启示,这

---

① [德] 尤尔根·哈贝马斯:《重建历史唯物主义》,郭官义译,社会科学文献出版社,2000,第262页。
② J. Haberma, *Between Facts and Norms: Contributions to a Discourse Theory of Law and Democracy* (Cambridge, MA: MIT Press, 1996), p.19.

在其交际行为和言语行为理论中具有基础性作用。正如哈贝马斯所说，积极的法律（立法）应该对公民行为产生规范、引导作用，并应该让参与者参与立法，以达成理解并建立人与人的关系、法律和社会关系。公民应该是立法（包括宪法）过程中的平等参与者，他们的参与和共识使影响他们的法律具有合法性。改革开放40多年来的发展表明了我国社会治理模式的转变，逐步实现从人治向法治的转变，实现由依法治国到依宪治国的发展，中国的政治经济生活需要由宪法治理。此外，宪法体系有自己的话语参与规则，政治话语的宪法化程度不断提高，宪法机构的重要性日益增强，当前合宪性审查的制度构建表明了这点。[①]

要在法理上摆脱西方宪政理论对于公权力合法性解释的负面影响，必须要坚持民主集中制原则和党的组织活动原则，按照"个人服从组织，少数服从多数，下级服从上级，全党服从中央"的"关系准则"来处理公职人员与所在机构之间、不同国家机关之间、不同公共权力机构之间的关系，解决可能存在的行为矛盾和冲突，把公共权力行使的合法性最终统一到党的执政权上。总而言之，在新时代，坚持党的领导，坚持马克思主义思想路线，把增强党的领导贯彻于国家治理和社会治理的方方面面，是依宪治理的制度和逻辑前提。与西方国家在权力运行层面实行的"权力制衡""三权鼎立"制度不同的是，中国特色社会主义制度把权力的立脚点放在正当性上，也就是说，我国的政治权力结构在源头上具有"三权并举"的特征，而在权力的根本归属上把国家权力的合法性与社会权力的正当性有机结合在一起，实现了执政党的政治权力、最高国家权力机关的政治权力以及最高政治协商机构的政治权力"三者有机统一"，为国家治理和社会治理提供了有效的合法性依据。

三、以沟通为进路促进"宪治"

（一）以"沟通"增强国家认同、维护宪法权威

关于宪法的一个核心问题——宪法对社会的治理功能如何实现？现有的理论只是基本的，并没有得到经验数据的支持，尚未开展填补这一差距

---

① J. Haberma, *Between Facts and Norms: Contributions to a Discourse Theory of Law and Democracy* (Cambridge, MA: MIT Press, 1996), p.19.

所需的比较历史研究。在这种情况下,答案只能是抽象的,并且只能通过使用具体的例子来证实。一个出发点是观察到宪法的法律效力并不能保证其社会治理功能,而且必须在法外的社会范围内寻求实现这种功能的先决条件。简而言之,一个宪法体现了一个社会的基本价值体系,如果一个社会认为其宪法恰恰反映了它所确定的那些价值观并且是其特定性质的来源,那么它将对社会产生治理效应。仅仅是宪法在法律上起作用的事实并不意味着它将具有任何社会治理功能。① 因此,宪法的治理功能取决于宪法的沟通与感知方式。

为了实现宪法的社会治理,社会环境起着至关重要的作用。美国宪法学家布鲁斯·阿克曼(Bruce Ackerman)强调了"宪法时刻"(constitutional moments)对宪法治理和身份建构力量的重要性。② 他用这个术语专指那些从通常的政治过程中脱颖而出的罕见时刻,这些时刻通常以宪法为基础修改社会秩序原则或规则。事实上,历史上的绝大多数宪法都是为建立或重建政体而起草的。社会中的历史断裂经常在这里发挥关键作用:它们主要采取胜利的革命形式,推翻被鄙视的外国统治者或压迫政权,但偶尔也会使一个国家在灾难性崩溃后重新构建。③ 然而,一个"宪法时刻"一定不能被当作制定成功的宪法的必要条件。一些宪法在"宪法时刻"出现,但其没有发挥任何治理功能,18 世纪资产阶级革命后,法国的多部宪法就是此类。在"宪法时刻"下的宪法需要在过去和现在之间建立联系,宪法的社会治理最为成功的例子就是美国宪法。美国的历史始于对英国的成功革命,最终建立在一个独立国家的基础上。这些行为在两个创始文件中得到体现:《独立宣言》(1776 年)和《联邦宪法》(1787 年)。两者都对美国的集体记忆非常重要,并象征着该国政体的起源和发展。《独立宣言》不仅代表着对外国统治的摒

---

① Constitutions of this type are often called "symbolic constitutions", cf. M. Neves, *Symbolische Konstitutionalisierung* (Berlin: Duncker & Humblot, 1998).

② B. Ackerman, *We the People*, Volume 2: *Transformations* (Cambridge, MA: Harvard University Press, 2000); B. Ackerman, "Symposium, Moments of Change: Transformation in American Constitutionalism," *Yale Law Journal*, 1999, 108 (Special): 1917 - 2349.

③ Cf. B. Ackerman, "The Rise of World Constitutionalism," *Virginia Law Review*, 1997 (83): 775; L. Henkin, "Revolutions and Constitutions," *Louisiana Law Review*, 1989 (49): 1023 - 1056.

弃，而且建立一个以自治、自由和法治为基础的新政体的思想也在其中得到体现。美国宪法在社会治理中扮演着重要角色，这与结构和事件之间的差异有关。①《独立宣言》的通过是人们在国家法定假日可以纪念的事件，正如巴士底狱的风暴为纪念法国大革命提供了一个焦点。但是，《独立宣言》以及"美国革命"被"宪法"所表达的价值观合法化，这些价值随后将形成新秩序的基本原则。只有将宪法作为规范性文本才能使新秩序具有永久性并获得合法有效的形式。即使在今天，宪法仍然有效，变化相对较小。宪法体现了使所有美国人独立于其起源和传统而团结起来的信念，这种统一是由宪法文本的简洁和开放所促成的。首先，美国作为一个移民国家，无法提供与完全成熟的民族国家相同的识别潜力：在通过宪法之前，没有任何国家存在。此外，对于任何移民到新国家的人来说，移民意味着打破他们自己的传统。新的传统始于宪法，宪法代表人们在求同存异，彼此尊重。其次，美国的宪法管辖权从一开始就确保人们将始终认识到宪法的重要性以及社会和政治意义。

"二战"后的德国分裂为西德和东德，传统的识别因素并不存在。其他民族国家往往拥有完整的一体化和认同基础，"二战"后的德国面临着真空。"二战"后，德国基本法在1949年5月23日获得通过，次日生效，标志着德意志联邦共和国的成立。德国基本法是联邦德国法律和政治的基石，特别是其中包含的基本权利尤为重要。联邦宪法法院作为独立的宪法机构保障这些基本权利，维持国家政治组织体系，并对它们进行完善和发展。长期不受干扰的经济增长使联邦共和国成为一个繁荣的经济大国和稳定的民主国家。"基本法"在战后德国的社会治理中发挥着积极作用。基本法通过宪法审查保障了公民个人的基本权利，这反过来又加强了宪法的法律效力，没有这种效力，象征效应就不可能实现。因此，"基本法"能够填补识别因素的真空。从20世纪70年代开始，德国"基本法"甚至为许多国家所借鉴。这些国家在德国宪法中看到了经济繁荣和政治稳定的保证，并在起草自己的宪法时借鉴了这一点。没有什么能比"宪法爱国主

---

① M. Kammen, *A Machine that Would Go of Itself: The Constitution in American Culture* (New York, NY: Alfred A. Knopf, 1987); J. Heideking, "Der symbolische Stellenwert der Verfassung in der politischen Tradition der USA," in H. Vorländer ed., *Integration durch Verfassung* (Wiesbaden: VS Verlag für Sozialwissenschaften, 2002), p.123.

义"这种表达更恰当地描述德国的情况。

因此,上述例子表明这样一个事实:通过宪法"沟通"可以增强公民身份与国家认同,也就是说,宪法是凝聚社会的重要纽带,但法定的爱国主义如何转化为内在身份认同才是最值得关注的问题。2018年2月24日,习近平总书记在中共中央政治局第四次集体学习时强调:"宪法法律的权威源自人民的内心拥护和真诚信仰,加强宪法学习宣传教育是实施宪法的重要基础。"① 中国自古以来就是一个多民族的国家,我国所倡导的主流价值观离不开我国的历史和国情。习近平法治思想依托中国特色社会主义宪法制度的实践,根据中国共产党作为执政党的经验,全面系统地构建体现中国智慧的国家治理体制。坚持马克思主义路线,坚定对习近平新时代中国特色社会主义思想的理论自信。我国《宪法》第24条第2款将爱国作为中国特色社会主义核心价值观的重要内容:"国家倡导社会主义核心价值观,提倡爱祖国、爱人民、爱劳动、爱科学、爱社会主义的公德……"《宪法》第52、54、55条分别规定了公民具有维护国家统一、民族团结、国家安全、保卫祖国等宪法义务。类似地,《香港特别行政区基本法》第104条规定:"香港特别行政区行政长官、主要官员、行政会议成员、立法会议员、各级法院法官和其他司法人员在就职时必须依法宣誓拥护中华人民共和国香港特别行政区基本法,效忠中华人民共和国香港特别行政区。"《澳门特别行政区基本法》第102条除上述规定外还规定"必须宣誓效忠中华人民共和国"。上述规定都充分体现了国家和公民之间的密切法律联系。因此,贯彻习近平法治思想中依宪治国思想,就要重视国家与公民之间的法律联系,强调爱国主义、以人为本等宪法价值。通过加强对宪法的宣传教育,增强中国公民对国家的认同感、崇敬感,牢固树立"四个自信",以民族自豪感为依托,不断强化公民个人与国家之间的法律联系,增强国家凝聚力。使宪法秩序成为人民自觉选择的一种生活方式。② 把社会生活、社会经济政治文化生活纳入宪法和法治的轨道。正

---

① 《人民网评:宪法法律的权威源自人民的真诚信仰》,人民网,2018年2月27日,http://opinion.people.com.cn/n1/2018/0227/c1003-29837962.html。
② 胡锦光:《论推进合宪性审查工作的体系化》,《法律科学》(西北政法学院学报)2018年第2期,第28—36页。

如习近平总书记在党的十九大报告中指出的："人民有信仰，国家有力量，民族有希望。"①

（二）以"沟通"促进宪法实施

习近平总书记在2012年纪念现行宪法公布施行30周年大会上的讲话中指出："只要我们切实尊重和有效实施宪法，人民当家作主就有保证，党和国家事业就能顺利发展。"② 根据法律沟通理论，作为言语行为的宪法规范如何成功地在立法主体和对象之间进行有效的沟通，以达成理解、建立密切关系？从这个角度来看，法律规范的约束力不在于所说的内容的有效性，而在于其协调效果。因此，言语行为成败的条件就其可接受性而言：在言语行为中，说话者提出可以被听众接受或拒绝的要约。同样，正如哈贝马斯所指出的那样，单纯的必要性与威慑之中的行事语力（illocutionary force）被剥夺了，因为在这种必要性或威胁中，不是有效性要求而是权力要求，并且它们不是以相互理解的可能性为目标，而是以说话者对听众的影响的因果效应为目标。简而言之，在哈贝马斯的理论中，面向相互理解的语言的交际使用以这样的方式发挥功能，即参与者同意言语行为的有效性或者确定他们在进一步交互过程中考虑的分歧点。每一个言语行为都涉及提出针对主体间认可的批评性有效性声明，说话者承诺的内容取决于要建立的人际关系的具体含义以及主题强调的普遍有效性要求。具体而言，根据哈贝马斯的观点，关于立法中的规范性言语行为，其有效性来源于正当性和恰当性。但是正如在每一种交往行为中，有效性主要有四种类型，即可理解性、正确性、真实性和真诚性，都是在规范性言语行为中同时提出的，并且必须承认它们是合理的，因为言语行为是可以接受的并能促成交流。

在中国法律体系中，宪法的主体是政府，而对象是前面讨论过的社会公众。根据哈贝马斯的言语行为理论，中国宪法言语行为若要成功，需要立法者和对象同时在两个层面进行交流：主体间的层面和宪法中所载原则和规则内容的层面。他们需要在这两个层面上对交流的各种内容达成一

---

① 《习近平：决胜全面建成小康社会　夺取新时代中国特色社会主义伟大胜利——在中国共产党第十九次全国代表大会上的报告》，共产党员网，2017年10月27日，https://www.12371.cn/2017/10/27/ARTI1509103656574313.shtml。

② 《习近平在纪念现行宪法公布施行30周年大会上的讲话》，中央人民政府网站，2012年12月4日，http://www.gov.cn/ldhd/2012-12/04/content_2282522.htm。

致，即宪法言语行为成功引发立法机关/政府与社会公众之间的相互关系。总结我们对宪法作为一种言语行为的考察，我们可以从哈贝马斯关于协商民主和法律言语行为的理论中得出进一步的含义。宪法的特殊之处在于其是一种单向的沟通过程。宪法制定者作为法律规范信息的发出者单方面地将规则强制施与法律主体，社会公众可能没有回应。通过选举权和代议制的方式影响立法只是一种间接的反应。其他部门法律在法律适用过程中可以通过诉讼程序或其他法律程序对法律规范的"施为行为"进行直接反应。例如，在刑事案件中通过控辩交锋，被告人可以直接对某个具体刑事法律规范的理解做出反应。在我国，《宪法》作为根本大法，确定基本权利和义务，并规定立法权，对国家机构、组织权力进行规范和限制，由立法机关制定下位法来具体保护个人权利，这是对《宪法》间接适用的模式。2001年的齐玉苓案被称为中国"宪法第一案"，最高人民法院当时做出批复称，陈某等以侵犯姓名权的手段，侵犯了齐玉苓依据宪法规定所享有的受教育的基本权利，并造成了具体的损害后果，应承担相应的民事责任。由此可以看出，我国《宪法》作为最高效力层级的法是一种单向的沟通，《宪法》的特点决定着立法文本应当被表达和被解释的方式。然而，哈特曾指出，从法律现实主义者的角度出发，法律规范具有难以消除的不确定性，尤其是将宪法的精神、价值理念体现在一般法律规则中时。合宪性审查对不符合宪法秩序的一般法律规范进行矫正，在一定程度上弥补了宪法沟通单向性的不足。正如在一个标准的谈话中，模糊不清的话语可以通过提问、交流等方式被阐明和矫正。通过对具体法律规范的合宪性审查，宪法规范的内涵可以被进一步阐明。习近平总书记在党的十九大报告中明确提出："加强宪法实施和监督，推进合宪性审查工作，维护宪法权威。"[①] 通过推进合宪性审查，对一般法律规范是否符合宪法的原则、精神、价值理念以及内涵等进行审查，促进宪法实施，维护宪法权威，形成以宪法为最高规则的统一规则体系。按照这一规则体系形成统一的秩序，这一秩序即是宪法秩序，人们生活在由这一秩序所体现的价值之中，促进宪法实施并且最终实现宪法主客体之间的良好有效沟通。

---

① 《习近平：决胜全面建成小康社会 夺取新时代中国特色社会主义伟大胜利——在中国共产党第十九次全国代表大会上的报告》，共产党员网，2017年10月27日，https://www.12371.cn/2017/10/27/ARTI1509103656574313.shtml。

第三节　合宪性审查的法律语言学进路

法律语言作为法律的表意系统与载体，在各项法律实践活动中都起着举足轻重的作用。按照党的十九大报告要求，加强宪法实施和监督，推进合宪性审查工作，维护宪法权威。合宪性审查是一项系统工程，在逐步推进的过程中面临许多问题，如规则体系统一、价值审查、基本概念澄清等。法律语言学就是从立法和司法的角度，阐释在立法工作和司法实践中语言运用的规律、特点、功用的一门学科。按照党的十九大报告要求"推进合宪性审查工作"，要充分发挥合宪性审查在维护社会主义法制统一原则方面的重要作用。合宪性审查是一项系统工程，审查内容包括：立法授权；立法程序；宪法的原则、精神、价值理念；依据宪法的规范内涵。[①]法律语言作为法律的逻辑概念表达载体，在体现立法意图、传递法律信息和表达规范等方面的作用是不言而喻的。判断一般法律规范是否符合宪法的原则、精神、价值理念甚至内涵不能像数学运算一样清楚明了，但是通过法律语言的规范化进程可以为合宪性审查提供一种理论进路、一种辅助性工具。

一、当前我国合宪性审查面临的主要问题

（一）庞杂的法律规范体系需要进一步协调

实现良法之治的目标是建立良好的社会秩序，社会秩序建立在法律规则体系基础之上，因此只有实现规则的稳定与确定才能实现秩序的稳定与确定。2011年1月24日，吴邦国委员长在"形成中国特色社会主义法律体系座谈会"上的讲话中明确指出："一个立足中国国情和实际、适应改革开放和社会主义现代化建设需要、集中体现党和人民意志的，以宪法为统帅，以宪法相关法、民法商法等多个法律部门的法律为主干，由法律、

[①] 胡锦光：《论推进合宪性审查工作的体系化》，《法律科学》（西北政法学院学报）2018年第2期，第28—36页。

行政法规、地方性法规等多个层次的法律规范构成的中国特色社会主义法律体系已经形成。"[1] 中国特色社会主义法律体系的形成，总体上解决了有法可依的问题。但是，宪法作为《立法法》规定的具有最高效力的根本法如何在法律体系中发挥统帅作用，如何协调法律法规规章各级规范体系的效力等级关系，这些问题都需要做出更加清晰的制度安排。2015年修正后的《立法法》新赋予235个设区的市地方立法权，享有立法权的主体的数量骤然增加，多元的立法主体与作为单一制的国家体制之间似乎产生了严重的紧张关系。总的来说，我国当下规则之治方面存在如下问题：一是政出多门，二是为适应社会的高速发展而出现法律规则不稳定、多变的情形。推进合宪性审查工作的一个重要方面就是要维护规则体系的统一，坚持社会主义法制统一是构建中国特色社会主义法律体系的基本原则。宪法作为国家的最高效力层级的规则，其他规则都必须在宪法之下、符合宪法，形成以宪法为核心的中国特色社会主义法律体系。

截至目前，《宪法》《立法法》对于合宪性审查的对象范围尚无明确规定。正如秦前红教授指出的，如果范围过宽，则配套措施、机制还需要加强；但是如果范围过窄，则不能完全满足社会大众对构建有效合宪性审查制度的期待。[2] 虽然学界对于合宪性审查对象范围存在一定争议，但是总的来说一般认为合宪性审查应逐步推进、扩大范围。第一个层次，对法律进行合宪性审查。第二个层次，继续将行政法规、司法解释和地方性法规等其他法律文件纳入审查范围。第三个层次，将国家机关权限争议，特别是某些职务行为纳入审查范围。虽然依据我国的法律与社会现实，法律与其他法律文件的审查范围已经是巨大的了，能做好法律与其他法律文件的合宪性审查工作已经是迈向法治、维护规则体系统一的重大进步，但是随着法治的不断推进，审查范围必将随着社会现实的需要而逐步扩大，正如上官丕亮教授所说："未来合宪性审查将涵盖到包括法律在内的规范性文件、国家机关的行为、一些社会团体的行为、高级官员的行为，等等。"[3] 在合宪性审查的美好愿景中，必须认识到，行政法规、地方性法

---

[1] 《吴邦国出席形成中国特色社会主义法律体系座谈会》，中央人民政府网站，2011年1月25日，http://www.gov.cn/ldhd/2011-01/25/content_1792076.htm。
[2] 秦前红：《合宪性审查的意义、原则及推进》，《比较法研究》2018年第2期，第66—77页。
[3] 卢义杰、房立俊：《推进合宪性审查 完善宪法监督制度》，《中国青年报》2017年10月24日，第4版。

规和其他规范性文件的总量巨大，对这些法律文件进行合宪性审查工程量浩大，全国人大法工委现有的机构人员配置可能难以满足。

面对上述困境，法律语言学的概念体系进路为合宪性审查在规则体系的统一方面提供了理论支持。众所周知，法律规则具有系统性特征：规则的每个要素构成了一个更大整体的一部分。法律科学的一致性要求每个构成要素保持一致性，这样做的结果应该是每个要素都与整个法律秩序相一致。秩序的系统性特征突出表现在采纳新法律或改革旧法律时，这通常反映在许多法律和法规中，其中包括与新法律或改革法律不相符的条款（章节），或者其他需要修改的法律法规。在技术层面上，法律秩序的系统性特征更为清晰，因为法律文本的组成部分通过引用相互关联。① 法律概念作为法律规则的结晶，法律概念体系与法律规则体系是平行对应的。因此通过对法律概念体系的镜像审查，可以为法律规则体系的合宪性审查提供一种可操作路径。

（二）社会主义核心价值观缺乏明确的审查标准

党的十八大报告中提出社会主义核心价值观，十三届全国人大一次会议将社会主义核心价值观写入宪法。把社会主义核心价值观融入法治建设，确保我国法治建设的价值导向，进一步通过合宪性审查保障社会主义核心价值观的要求体现在法律、法规规章和公共政策之中。社会主义核心价值观由宪法确认，再由具体法律规则实施，合宪性审查就是一种保障社会主义核心价值观融入法治建设的过程。但是价值观作为价值导向，是一种抽象的认识，如何将这种观念、认识融入具体法律制度？在合宪性审查中，如何对宪法所确认的精神、价值、理念进行审查？上述问题的困境在于审查对象的抽象化以及审查标准难以确定，而法律语言学中的符号学方法则可以为价值观审查提供一种初步参照。

对我国签署的国际条约进行考察可知，条约约首部分都会特别强调价值观的确信，如"acknowledging"（承认）、"affirming"（确认）、"attaching particular"（附加特定）、"sharing the opinion"（共识）等。在强调确信的短语之后，紧跟着的是价值导向词语，主要代表就是"人权""普世价值

---

① 互文性理论注重将外在的影响和力量文本化，一切语境无论是政治的、历史的，或社会的、心理的都变成了互文本，这样文本性代替了文学，互文性取代了传统，自主、自足的文学观念也随之被打破。互文性理论将解构主义的、新历史主义的，乃至后现代主义的文学批评的合理因素都纳入其体系，从而也使自身在阐释上具有了多向度的可能。

观"。一般会采用如下表达方式:"better standards of life"(更好的生活水平),"common welth"(共同福利),"equality and right"(平等与权利)等。① 通过上述丰富而复杂的标志性词语,可以看出国际条约中西方价值观的集中体现。资本主义价值观是资产阶级思想家在反对封建专制统治、进行资本主义民主革命的过程中提出和逐步形成的。其纲领性内容或标志性口号是早期西欧资本主义提出的"自由、平等、博爱",以及今天以美国为首的西方国家倡导的"自由、民主、人权"。虽然价值观是一种抽象的认识,但是可以通过语言符号表现出来,通过规范语言符号,可以实现对价值观的初步规范。

宪法作为最高位阶的国内法,定义并确定了一国法律秩序的"基本价值",同样也规定了这些基本价值对一切法律秩序领域的效力和作用强度。宪法对基本价值的确认,实际上是依据我国传统与现实生活审慎构建宪法价值体系,并由此进入宪法所调整的公共领域,进而推衍出宪法体制和宪法权利体系的过程。在此过程中,宪法的"形式共识"得以升华为宪法的"实质共识"②。总而言之,宪法价值标准主要是关于基本权利和国家权力的规定,通过具体的部门法律得到具体化,从这个角度来看,整个法律体系以宪法为坐标的法律价值秩序得到了重新塑造。

(三) 中国特色社会主义权利概念需要进一步澄清

我国 1982 年《宪法》确认了我国公民的基本权利,采用"中华人民共和国公民有……的权利"的表达模式,彰显权利、弘扬权利观念。但是权利本身就是抽象的,当宪法以概括性表达方式进行表述,人们领会它、享有它、行使它时,需要将一般法律规则中的权利具体化。宪法是分配国家权力与公民权利的契约,因此确保一般法律规则符合宪法中的基本权利规范是合宪性审查的重要功能之一。

权利作为法律关系的"最小公分母",其重要性不言而喻,然而对具体法律规则的内涵与宪法的权利规范是否相符进行判断存在以下几个问题:一是宪法中对权利的规定是概括性的,不容易把握;二是权利作为"西学东渐"的产物,需要考虑我国历史文化语境,不能生搬硬套西方概

---

① 孙伟平:《从单纯"对着干"走向"创造性转化"——如何正确对待西方资本主义价值观》,《南华大学学报》(社会科学版) 2015 年第 1 期,第 44—48 页。
② 韩大元:《宪法与社会共识:从宪法统治到宪法治理》,《交大法学》2012 年第 1 期,第 7—21 页。

念。例如，联合国《公民权利及政治权利国际公约》中的权利与我国公民基本权利的概念内涵是不同的。人权是近现代宪法渊源所在，更是西方宪政理论的思想精髓。西方宪政理论中的人权观来源于资产阶级革命时期涌现的一系列思想家，伏尔泰、孟德斯鸠、卢梭等都围绕人权发表了大量的著作，这些思想归根结底大都是以个人自由作为西方宪政理论的逻辑起点，其核心要义在于保护人的自由不受政府公权力的侵害。例如，美国1791年《权利法案》第1条规定："国会不得制定关于下列事项的法律：确立国教或禁止宗教活动；剥夺言论自由或出版自由；剥夺人民和平集会和向政府诉冤请愿的权利。"可以看出，西方宪政理论对于资本主义宪法正当性的辩护在于人的尊严与人的自由作为自然权利的不可剥夺性，是一种抽象的、对抗式的人权观。与资产阶级人权观从抽象的个人自由和尊严出发来论述人权的正当性不同的是，社会主义人权观从形成一开始，就坚持了马克思主义基本人权观，强调了人权的物质性、社会性，指出人权不是抽象意义上的，而是具体意义上的，首先是生存权。习近平在致"2015·北京人权论坛"的贺信中指出："长期以来，中国坚持把人权的普遍性原则同中国实际相结合，不断推动经济社会发展，增进人民福祉，促进社会公平正义，加强人权法治保障。"[1] 总而言之，必须明确的是中国特色社会主义权利概念与西方宪政中的人权不能完全等同起来，我国宪法中公民基本权利的逻辑起点在于人民的生存权和发展权，因此需要结合语言学研究方法，对中国特色社会主义法律体系中的权利规范进行研究与澄清。

语言学研究需要考虑"共时性"，即将历史、文化、社会因素纳入概念分析范畴中来，现代术语学之父欧根·维斯特曾指出：术语学要进行共时的语言研究。术语不是孤立地研究某个概念，而是将这个概念放在特定的概念系统、历史文化中进行研究。现代语言学创立人索绪尔指出："共时语言学研究同一个集体意识感觉到的各项存在并构成系统的要素间的逻辑关系和心理关系。"[2] 法律作为一种社会规则，本质上可以看作社会生活形态和民族文化传统的描述、呈现和表达，因此，确定宪法中的权利等相关基本概念，必须运用语言学方法，追溯中国历史文化渊源，以明晰中

---

[1] 《习近平致信祝贺"2015·北京人权论坛"开幕》，中央人民政府网站，2015年9月16日，http://www.gov.cn/xinwen/2015-09/16/content_2932985.htm。

[2] [瑞士] 费尔迪南·德·索绪尔：《普通语言学教程》，高名凯译，商务印书馆，1980，第165—166页。

国文化中事实与规范互动过程中权利概念的产生、发展、变化。在此基础上进行合宪性审查，才能有效维护宪法权威，确保宪法总纲地位。

二、法律语言学为合宪性审查提供操作路径

（一）概念体系为规则体系统一提供参照标准

1. 法律概念体系与法律规范体系的镜像关系

为了从法规或案件中推断出法律的内容，法学家可以根据主题对法律进行系统化分类，法律概念在法律系统的基础上形成概念体系。法律的系统化分类有各种方式，如可以归类为私法与公法，也可以进行更精确的区分，并将私法条款分为与合同、侵权、财产、家庭和继承相关的法律概念，还可以分为实质性和程序性规定。可以看出，存在着对法律规则以及法律概念进行分类或系统化的许多可能性。分类或系统化的作用是将一些初步的顺序引入所研究的主题。如果没有这种方法论的方法，法学家们就有可能迷失在他们试图理解的法律中。任何法律规范都不是独立存在的，任何具体规范都是整个法律秩序的组成部分。也就是说，任何一个法律规范都与其他法律规范存在内部或外部的联系，而不是孤立存在的。这种法律规范之间的相互联系通常被称为"法律体系"。借助法律体系，可以对现行规范进行整理和梳理，如民法、刑法等。法律汇编、法学教学，甚至是法律概念也遵循这样的划分。这种划分只是形式上的，并不产生实际的法律后果。这种系统思维不允许出现明显的评价矛盾。简单说，如果基于相同的事实得出了不同的法律后果，那就违背了追求合理性的立法。因此，和谐、统一就成为系统化的原则，法律体系与法律概念体系都须遵循该原则。

2. 通过术语学方法进行概念系统化

进行法律术语的研究即是澄清概念及概念和概念之间的逻辑关系，术语试图分析、记录和描述特定学科的概念，法律领域中法律术语主要涉及法律分支或法律学科的概念。法律概念代表知识的单元，它们是在特定社会中随着时间的推移而演变的法律体系的一部分。法律概念，其定义和范围的本质特征在于它们是法律体系的一部分，因此它们由其法律背景定义，该背景即它们与邻近概念的关系以及它们在特定法律环境中的嵌入性。术语学理论认为应该从主题领域的角度来看待概念。某个主题领域的概念之间的关系可以

在图形概念图中示出或者表示为术语中的特定链接。在法律中，主题领域可以是法律的特定分支，如继承法、商业法、选举法等。然而，最重要的是确定可以进行这种划分的法律制度的总体框架。这种系统特性在不同法律制度的概念之间产生了根本的差异，因为每个概念都将嵌入同一法律体系的其他概念的系统中，可能与另一法律制度的概念有很大不同。

法律概念的系统化的过程简单来说可以分为两个步骤：第一，法律概念首先通过法律的构建和划分得到外部整理；第二，在内部协调整合以符合价值评价体系的目的。随着社会多元化发展，法律也趋于多元化、细致化，但是纷繁复杂的法律系统需要一个轴心，宪法作为根本大法就是法律系统的轴心。首先，宪法主要是建立政府的基本规则并保护公民基本权利；其次，该法律位于其法律体系的顶点。宪法是一套特殊的法律规范，在主题和地位方面与其他法律规范不同。在主题方面，宪法明确了政治权力的合法性并规范了政治权力的行使；在地位方面，宪法优先于所有其他法律规范。宪法对整个法律系统的整合是一个实际的过程，以宪法为出发点与依据，通过这个过程，政体成员共同发展归属感和集体认同，使他们与其他政体区别开来。根据行为理论，社会整合主要是通过社会化过程中获得的价值观和规范来促进，并影响社会成员的行为。根据系统理论，社会各种功能系统所施加的约束起着决定性的作用，并在一定程度上决定个体行为。如上所述，必须在制度发展和协调领域或在价值决定领域寻求宪法的整合效果，因此宪法也被视为社会凝聚力所必需的基本共识的保证。

3. 审查法律规范中的系统化概念

具体来说，法律体系的逻辑一致性体现在法律概念的系统化上，反之法律概念的系统性保证了法律体系的逻辑一致性。从词义聚合的角度来看，法律术语作为法律概念的指称具有系统性。如"主权""管辖权""属人管辖权""主动属人管辖""被动属人管辖"等有一定的逻辑关系。法律是一种以国家力量为主体实现的人类行为关系的规则，统一性与规则性都是法律的要素。举例来说，《刑法》第二编"分则"中关于犯罪的分类，如危害国家安全罪，危害公共安全罪，破坏社会主义市场经济秩序罪，侵犯公民人身权利、民主权利罪，侵犯财产罪，妨害社会管理秩序罪等，上述先后顺序也可以看作一种以宪法为依据的系统化，如果颠倒则不符合宪法规范的要求。总之，法制统一原则要求法律概念和法律语言统一、规范，而法律语言的规范化又为法制统一提供了重要理论基础。

(二) 符号学方法为价值观融入法治建设提供初步参照

符号的运用是自然科学与法律之间的共通之处。自然科学中，诸如"能量""质量""运动""空间""加速度"之类的概念通过符号直接表现其巨大差异。在司法中，证据、正当程序等符号可反映司法公正性。但是，区别不在于它们的使用，而在于使用它们的性质。科学家将理论建立在假设的象征性元素上，希望最终将它们转化为与直接感觉经验可观察到的事件相对应的符号，所追求的最终目的就是建立可靠的事实判断。法律的制定基于社会发展现实，因为立法本身对社会关系产生重要影响，因此立法追求的目的就是对社会关系施加应有的或规范的判断与影响，要做到这点就需要利用价值符号。利用价值符号的目的是对调整对象产生评价和引导的作用。不像科学的符号，法律中的价值符号不是发现的工具，相反，它们是主要的规范引导工具，它们的主要用途在于作为维护或改变人类社会关系的手段之一。简而言之，价值符号背后代表了其所体现的利益倾向，也就是这些工具有权保护的价值体系。在法律体系中，这些价值符号至少通过两种方式发挥作用：一是作为价值假设得到积极的、真实的证据和道德论证的支持，二是作为不受实际或道德确认的不言而喻的结论。

中国特色社会主义法律体系是社会主义核心价值观的具体化，因此应以社会主义核心价值观引领法律价值取向，致力于构建以公平和正义为价值取向的法治体系，确保依法治国和社会主义核心价值观保持高度的统一。当使用价值符号作为价值假设时，必须遵循合理的证明，也就是需要与给定的基本价值体系保持一致。然而，这些符号往往不是作为价值假设本身，而是作为没有理由或证明的事实和价值结论。例如，"公益""国家利益""社会主义""诚信"等都可以被视作价值符号。对于一些新的价值符号的引入，必将涉及利益冲突，正如过分强调个人主义必然损害公共利益。因此，有些人会因此主张将价值符号引入立法时应做充分调查，这意味着将调查以下内容：（1）引起冲突情况的现有事实；（2）根据可用的最佳经验证据提出的关于该政策决定的可能后果；（3）正在努力建立的基本价值观；（4）拟议的政策决定的可能后果是否与这些价值观一致或不一致。因此，重点将从搜索适当的符号转移到对事实和价值观的调查。通过事实假设和伦理前提的认证分析，关于提出的政策决定的有效性将被明确承认，价值观将服务于法治社会的建设。简而言之，它将成为发展规范性法律科学的宝贵手段,以这种方式,通过可靠的实证知识来阐明我们法律提出的政策决定的可能后果。

我国在立法实践与合宪性审查中应善于运用价值符号,使我国法律体系能够集中体现社会主义核心价值观,通过制定完善公正的法律体系为各利益主体提供合法、有序、高效的制度环境和博弈规则,通过制度设计和政策安排来均衡各社会阶层的利益诉求,通过改革构建一个有机协调、公正的法治体系,使社会的利益结构尽量趋于平衡态势,"使总体社会的运行达到或接近民生保障、社会公平、社会活力有机统一的理想状态"[①]。

(三) 从语义学角度界定中国特色社会主义基本权利概念

"权利"作为一个法律概念是在19世纪中期从西方引入的。权利作为现代法治的基础,一个简单但关键的词语,蕴含着关于中国文化与社会转型的复杂故事。这里将重新审视中国的"权利"概念,将其出现和发展与文化进化模式联系起来,并将中国社会语境下"权利"概念与西方自由主义"权利"概念进行比较。

古汉语中没有与"权利"概念相当语义的词语,随着西方社会和政治科学的引入和翻译,权利观念在19世纪中叶从西方传入中国。在中国社会、政治和文化的巨大动荡和变革时期,权利与民主、自由与宪法等其他思想一起从西方传入中国。美国传教士丁韪良被认为是创造"权利"这个词的人,丁韪良于1864年首次将"权利"作为法律术语,使其成为国际法中"right"的中文翻译。在汉语中,"权"和"利"一般分开使用,"权"意为"权力","利"意为"利润"或"利益"。"权"和"利"很少用作复合词,在哲学著述中偶尔会发现这种用法。例如,在《荀子·劝学》中提到"权利":"是故权利不能倾也,群众不能移也,天下不能荡也。"

1. 权利与权力

"权利"有一个同音词"权力",但后者意味着"权力"与"权威"。"权利"与"权力"在西方自由主义中是互不相容的,但是在汉语中这两个词语有一个共同的字:"权"。在古汉语中,"权"是指一种重量测量工具,因此,"权"这个字在政治语境中意味着"权衡"、"审慎"和"平

---

① 张铃枣:《社会主义核心价值观视域下的社会政策价值取向》,《福建师范大学学报》(哲学社会科学版)2017年第1期,第50—56页。

衡"。但是，权力的更常见意义和主导意义是"权力"、"权威"和"特权"，最常见的是"政治权力"。因此在我国社会文化语境下，"权利"中包含了一部分"权力"的概念内涵。这可以通过中国人对西方权利观念在历史文化背景下的吸收和内化以及语言运用的方式来说明。继丁韪良使用"权利"以及其他西方政治科学作品的引入和翻译之后，关于"权利"的法律概念在19世纪末中国的知识分子中引发了激烈的争论。与"权利"概念相伴而来的是西方的"权利"观念。然而，中国人的权利观念与西方是不同的，"君君臣臣父父子子"的传统权力观念背景下，在介绍和翻译西方的"权利"概念时，特别是康德和洛克（John Locke）等西方自由主义哲学家认为权利对个人具有内在价值的思想不容易被接受。19世纪末和20世纪初的"民权"（人民权力或民众赋权）概念丰富了汉语中的"权利"概念。改革者和知识分子如康有为、梁启超和孙中山主要是关注中国恢复主权的权力，讨论权利也多是指的人民政治权力方面。这些知识分子谈论的是人民的权力，而不是个人权利或公民自由。在国家危急存亡的关键时刻，"民权"概念与观念的倡导在中国近代反封建、反法西斯斗争中发挥了重要作用。

当代，我国《宪法》第2条第1款规定："中华人民共和国的一切权力属于人民。"第57条规定："中华人民共和国全国人民代表大会是最高国家权力机关……"除了"权力"，其他"权"组成的词语包括"权威""权限""管辖权""权能""授权""行政权""司法权""立法权""主权"。可以说，"权"在当代我国法律体系中很常见，广泛用于与政治权力和权威相关的法律法规中。"权利"虽以"权"开头，但通常用于其他词语之后指称各种权利，如公民权、选举权、男女平等权、受教育权、产权等合法权利。近年来，出现了许多与权利相关的新词语，如"肖像权""隐私权""保持沉默的权利"等。我国通过1991年以后的一系列人权白皮书，以及2004年"人权入宪"等都宣布了我国的人权立场，《宪法》第33条更加明确了作为法律概念的"人权"。

2. 权利与责任（权利与义务）

在中国的文化和哲学语境中，"责任"往往作为与权利密切相关的法律概念。事实上，强调责任可能是中国文化中缺乏权利的原因。康有为是19世纪末的重要改革家之一，他在《万身公法》目录提要及"实理公法"全书中指出，中国个人权利概念的缺失可以直接追溯到儒家中家庭责任的传统。在儒家思想中，人与人之间的责任与义务是有区别的，但它们是互利互惠的，责任或义务可以被看作一种隐含权利。例如，父亲有受到赡养的权利，儿子有义务赡养父亲，同样地，父亲有抚养责任，儿子有被抚养的权利。儒家思想中通过互惠的责任要求，保护了相应权利。可以说，中国传统文化中权利和义务之间的关系是一种隐性的互惠关系，这与现代法律思想中权利义务关系是一致的。在 19 世纪末期西学东渐以来，对西方法律思想的回应是在中国知识传统所提供的概念和范畴的框架内进行的，许多新引入的思想都建立在儒家思想和其他中国本土思想之上。如前所述，儒家的"责任"概念被认为或同化为 19 世纪后期的"权利"对应概念——"义务"。我国《宪法》第二章"公民的基本权利和义务"第 33 条第 4 款规定："任何公民享有宪法和法律规定的权利，同时必须履行宪法和法律规定的义务。"宪法中体现了"权利"与"义务"是相关的概念。

中国特有的权利观念还体现在儒家思想中个人与集体的关系上。在儒家思想中，一个人的权利、义务与他的社会角色有关，人们出生于社会，无法单独繁荣，个人的发展取决于团体的和谐与力量。换句话说，儒家思想将个人视为根，将社区视为叶子，孔子在《论语》中说："德不孤，必有邻。"儒家思想强调"个体"与"群体"关系为一种生存方式，强调个人与他人形成一种和谐的生存环境，即个人对社会的责任感。个人必须培养自己，不是为了自己，而是为了家庭和社区的福利。儒家个人主义意味着个人必须发展自己的创造潜力，以便在社会关系中发挥自己的特殊作用。个人利益与集体利益的从属关系主要是由儒家思想衍生的社会历史传统及其对社会组织权威和等级制度的假设引起的。在一定程度上可以说，中国传统社会的基本单位不是个人而是集体，如家庭、宗族、村庄、士绅。从孙中山的代表作品《民权初步》中可以看出，在 20 世纪之交，孙中山和梁启超等改革派认为中国传统上过于个人主义，过于集中于自身和家庭，而中国人缺乏作为公民维护自己的权利和履行其职责所必需的群体忠诚和群体参与感。因此，孙中山提倡的中国人迫切需要建立的权利观，不是个人自由，而是人民政治权利，他主张有必要在有效的政治基础设施和公民社会中赋予人民权利。[1]

---

[1] 孙中山：《孙中山选集》，人民出版社，2011。

在当代，我国社会文化语境中的权利观体现在我国《宪法》中，如第51条规定："中华人民共和国公民在行使自由和权利的时候，不得损害国家的、社会的、集体的利益和其他公民的合法的自由和权利。"《宪法》体现的集体利益和个人权利的关系在中国法律中也有具体表达。如《合同法》（1999年）第1条规定："为了保护合同当事人的合法权益，维护社会经济秩序，促进社会主义现代化建设，制定本法。"同样，《合同法》要求合同满足"社会公德"的要求（第7条）。《民法典》第1条也做出类似的规定。综上所述，权利和权利观念的引入在中国文化环境中被接纳与重塑。

3. 人权

"人权"概念包含一个简单的信息，即人们凭借人性本身拥有一些不可剥夺的权利，并且应当得到平等对待。这个想法最初是由欧洲思想家提出的，可以追溯到约翰·洛克和他的自然权利理论，作为当代人权学说的哲学基础。但是，我们今天所理解的人权观念是我们时代的观念，它的当代表述首先在1948年的《世界人权宣言》中被提出，随后《公民权利及政治权利国际公约》《经济、社会及文化权利国际公约》等国际公约与条约中有过表述。人权观念现在成为当代世界政治的主要内容：国际公约呼吁保护人权、各国政府宣称捍卫人权、非政府组织倡议人权……人权话语似乎已经成为一种全球现象。人权清单同样在日益增长：妇女权利、土著权利、动物权利、儿童权利、同性恋权利、语言权利等。权利主体除个人外还包括群体：一个家庭、一个部落、一个国家、一个文化，甚至全球。

我国的"权利"和"人权"概念存在一个演变过程。卡瓦利-斯福尔扎（Cavalli-Sforza）和费尔德曼（Feldman）的文化传播模式理论声称，文化包括人类行为的总体模式及其在思想、言论、行动和人工制品中体现的产品，并依赖于人们学习和向后代传播知识的能力。[1] 这种文化实体的传播或者特征可以通过印记、调节、观察、模仿或直接教学传递。根据卡瓦利-斯福尔扎和费尔德曼的理论，语言及作为其组成部分的单词，可以被视为文化对象。语言变化可以像有机体一样进行分析，如语法的变化、进入语言的新词、词义的变化等。成为语言的一部分的新单词，

---

[1] L. L. Cavalli-Sforza, M. W. Feldman, *Cultural Transmission and Evolution: A Quantitative Approach* (Princeton, NJ: Princeton University Press, 1981), p. 3.

或者由于旧单词的部分发音或删除的变化或者早期使用中的单词融合而导致的旧单词的修改，都是语言创新。文化传播的创新可以被视为生物学中突变的类比，但文化进化中的突变可以指导创新，即创新是有目的的、解决特定问题的，并非随机的。语言通常如何发生变化？根据卡瓦利－斯福尔扎和费尔德曼的理论，对于语言创新，例如，在词汇表中引入了一个新词，涉及创新传播中的两个不同过程：第一个过程是对语言的认识或对知识的革新，第二个过程涉及实际采纳、做出决定，这可能是采纳者的经济、情感或其他因素的部分动机，并且是文化选择的典型例子。这两个过程之间可能存在延迟。文化传播可能涉及漫长而复杂的学习过程，但是，文化传播和进化可以相互独立发生，权利是一种在文化背景下传播和发展的文化特征。

从汉语中的权利的语言变化及其作为文化特征的中国文化的演变，可以得出许多结论。将权利和人权视为文化对象或单位，可以在文化上传播，从人到人，文化到文化。在中国的情况下，中国文化中权利观念的引入和接受是一个漫长的文化演进过程，至今仍在继续。如前所述，"权利"一词和"权利"与"人权"的概念并不是中国传统文化的固有特征。它代表着一种创新。它实际上是一种变异，涉及古汉语中"权"和"利"含义的变化，并增加了"权利"的新含义。在这种文化特征的传播中，就卡瓦利－斯福尔扎和费尔德曼的模型而言，第一次引入中国的"权利"源自西方哲学、法律和政治思想，当其被翻译成中文时，当"权利"作为法律术语使用时，就会产生对这种创新的认识或了解。提高认识和了解"权利"概念的其他来源还包括通过其他方式接触中国知识阶层。丁韪良在汉语中对权利的使用可能被视为这种语言创新的一个可识别的交流点。他们接受和采纳这一概念的决定受到许多因素和历史条件的影响。接受并非随意，而且这种改变并非无意识。鉴于语言模糊性，"权利"概念的含义并未完全确定。此外，受到强烈的中国传统文化价值观和习俗特别是儒家思想的影响，中国社会文化语境下的"权利"概念与其他概念密切相关，如"责任""集体主义"等。

我国《宪法》中的权利观念和权利语言正在逐步发挥影响，那些认为"权利"和"人权"的概念对中国人来说是外来的或不可理解的或与中国文化不相容的观点是错误的。在这方面，阐明权利的含义可能有助于我们了解我国独特的"权利"概念与权利观念。正如卢布曼指出的那样，封建时期中国的权利主张可能被认为是基于家庭、社区的主张。尽管国家颁布的法律规则并没有对此类权利主张做出界定,但是不能否认中国传统文化中权利观念的存在。从本质上讲,可以得出结论,权利观念在中国文化中是隐性的。然而由于中西方"权利"概念之间在范围、内容和本质意义上的差距,西方自由主义不断攻击我国权利保护状况。事实上,中国和西方之间的"权利"概念本质上区别并不是如此巨大的。但是必须认识到,中国文化传播、发展的历史表明,中国的权利观念不是也不会与西方相同。

"权利"这个词的产生及其在中国的引入并没有自动产生西方权利的原始观念和实践。与任何其他外来文化元素一样,"权利"经历内化、跨文化认知过程,而不是被动或机械接受、照搬。一个社会及其价值观、道德、文化和语言不断处于发展变化的过程中,源于西方的"权利"概念与观念既不固定也不完整,通过参考不同的历史和文化传统,"权利"概念可以得到扩展、丰富和深化。在中国、西方和其他地方,"权利"概念都是处于不断进化中的。中国的文化价值观和儒家思想能够接受、采纳和培养权利观念,同样也在为"权利"概念的发展作出贡献。美国法学教授罗宾·韦斯特(Robin West)提出可能还有重新定义"权利"的空间。罗宾·韦斯特提议承认以人类普遍性为基础的消极权利和积极权利,它依赖于人性的概念,同样关注人们的相互依赖和社群倾向。[1] 在这方面,个人权利和集体利益之间的冲突可能不像某些人想象的那样不可调和。德国法学家罗伯特·阿列克西(Robert Alexy)教授认为,我们可以在个人和集体利益之间的二分法的基础上为权利辩护:一项权利可以通过一般或在特定的背景下的集体利益维护来实现。[2] 儒家的道德和政治思想可能更有助于进一步理解当前形成的公共利益(common wealth)观念中的人权。[3] 通过"权利"概念,一个看似简单的法律概念可以说明一个文化和社会。语言变化比文化变化快得多。语言变化,特别是新词的创造更加明显,而

---

[1] R. West, "Introduction: Revitalizing Rights," in R. West ed., *Rights* (Burlington, VT: Ashgate, 2001), pp. xi – xxxi.

[2] R. Alexy, "Individual Rights and Collective Goods," in C. Nino ed., *Rights* (Surrey: Ashgate Publishing, 1992), pp. 163 – 184.

[3] C. S. Nino, "The Communitarian Challenge to Liberal Rights," *Law and Philosophy*, 1989, 8 (1): 37 – 52.

文化则以更微妙和复杂的方式演变，而且更慢。不可否认，汉语一直是保护和传播中国文化价值的有力工具。最后，中国土地上的权利演变表明文化在不断发展中融入社会法治变革。

合宪性审查是党中央贯彻落实全面推进依法治国的一项重要举措，其根本目的在于加强宪法实施和宪法监督，实现依宪治理。"合宪性审查"是一个有别于西方宪政思想的概念，是体现中国特色社会主义法治的道路自信的一种制度安排，可以将其看作一种专门的技术和机制，通过法律语言学中的概念分析、体系分析、符号学方法等可以使合宪性审查的技术与机制更加完善成熟。

第八章　法学名词的一般含义构建

第一节　为什么法学名词术语特别难以定义

一、法学名词定义的一般理论

法律语言与大多数其他特定语言不同，因为法律语言是具有文化约束性的，并在每个特定社会与其法律系统相互交织。法律语言不是一种通用语言，如自然科学语言是全世界科学家使用的几乎通用的语言。法律语言是在行政主体或私主体发生关系过程中形成的，法律语言建立在法律规范与具体案例之间的辩证关系中。考虑到法律是社会现实的反映，法律语言是不断变迁和发展的，因此为基本法律术语提供合适定义是非常复杂的问题。哈特曾经为法律术语"权利"提供了定义方法，开启了"分析法学"对法律术语研究的先例。1953年牛津大学的哈特教授发表了题为"法理学中的定义和理论"的讲座，尝试将哲学分析工具应用于法律问题。[①] 下面将试图解决对基本法律术语进行定义所涉及的一些复杂问题，以及阐释为何定义法律术语如此困难。哈特曾指出由于经典的定义方法为法理学带来了困难，他谈到了当代分析法学所面临的一些最古老但最麻烦的问题，他不仅讨论了奥斯汀和凯尔森的方法，而且还包括对法律哲学的态度，这种态度承认关注法律与语言之间关系的必要性，以及该领域的特殊问题。

---

① H. L. A. Hart, *Essays in Jurisprudence and Philosophy* (Oxford: Clarendon Press, 1983), pp. 22 – 23.

事实上，为了探求法律的"不可把握性"，哈特提出了为基本法律术语定义的特殊技术。他的三步法要求：第一，选择一个句子，其中被定义的术语发挥其特有的作用；第二，解释句子，"首先通过指定句子的真实条件"①；第三，解释句子，"通过展示术语是如何用于从特定情况下的规则中得出结论的"②。

需要注意的是，这种基本法律术语定义的方法并非旨在将新术语引入系统，而是旨在阐明旧的、熟悉的术语。定义的功能是描述现有的语言习惯或预测未来的习惯，哈特的方法显然是前一种类型的定义。实际上，如果我们已经知道定义在句子中扮演的特征角色，那么将提出这样的疑问：哈特式的定义是否是必要的？因为如果自然语言中的句子可能是真的，那么它必须是有意义的，因此在构造句子时使用的词语必须与句子结构的规则相结合。因此，如果我们能够通过定义术语来构建句子，那么至少可以满足某些最低限度的解释要求。从这个角度来看，哈特式法律术语定义方法存在一定的局限性。

美国法学家德沃金（R. Dworkin）在分析法学的基础上拓展出了"法的一般原则"体系。一些法律学者如卡尔·恩吉士（Karl Engisch）、乌尔里希·克鲁格（Ulrich Klug）、奥塔·韦恩伯格（Ota Weinverger）、乔治·亨里克·冯·莱特（George Henrik von Wright）等试图建立价值和规范逻辑学，丰富了法律逻辑学。概念法学的代表人物格雷尔格·弗里德里希·普赫塔（Georg Friedrich Puchta）曾经试图建立一个"概念金字塔"，由最高概念推导一般概念，再由一般概念推导下位概念。德国法学家卡尔·拉伦茨（Karl Larenz）这样评价这个"概念金字塔"："丧失了宽度而赢得了高度。宽度越大，材料越充足，高度越低，远眺可能性越小——反之亦然。这一逻辑体系的境界是完美的，条件是，在其顶端屹立着一个最一般的概念，其余一切概念位于其下，即能推出这些不同种类的下位概念，也可以从基础的要点出发，通过一系列的中间环节，采取放弃特殊性的方法，上升到一般概念。"③普赫塔的"概念谱系学"虽然饱受争议，但是他的法律概念的逻辑分析方法为后世提供了重要理论基础。概念法学派的伯

---

① H. L. A. Hart, *Essays in Jurisprudence and Philosophy* (Oxford: Clarendon Press, 1983), pp. 22 - 23.
② H. L. A. Hart, *Essays in Jurisprudence and Philosophy* (Oxford: Clarendon Press, 1983), pp. 22 - 23.
③ Karl Larenz, Methodenlehreder Rechtswissenschaft, 6. Aufl., Springer-Verlag, Berlin/Heidelberg, 1991, S. 20.

恩哈德·温德沙依德（Bernhart Windscheid）将实证主义转向了自然法，笃信立法意志的客观理性。从19世纪末至20世纪，客观解释理论蓬勃发展。卡尔·宾丁（Karl Binding）、阿道夫·瓦赫（Adolf Wach）、约瑟夫·科勒（Josef Kohler）、古斯塔夫·拉德布鲁赫、威廉·邵尔（Wilhelm Sauer）等在法律概念的分析与研究上提供了重要的理论基础。人们希望借助客观解释方法，赋予抽象的法律概念实质性意义。其中，德国法学家古斯塔夫·拉德布鲁赫的研究超越了自然法与实证主义法的界限，认为法律概念既不是绝对形式主义的符号，也不等同于"正义"价值，应该在一个开放的体系中定义法律概念。①

事实上，在法律这一特殊领域中的术语都不对应具体物，甚至其中一些术语在法律之外并不存在，这使得术语含义的确定成为一个困难的命题，特别是在立法机关没有提供规定的定义的情况下。这可以被视为一种不确定性，一般而言，如果一个术语未能"为所需的目的提供足够的细节，则该术语或条款是不确定的"。牛津大学的拉德洛（Peten Ludlow）教授区分了不准确性（under specificity）和不确定性（under determinacy）。②不准确性指的是词本身表达得模糊不清，而不确定性是指词的适用背景信息不全，故而无法确定明确含义。在对法学名词进行定义时，我们追求的目标不是"确定性"（determinacy），而是"准确性"（specificity）。

总而言之，法学史上的一个不言而喻的事实是，不同时代、不同地域的法学家们不断地尝试为基本法律术语提供定义，在本书中将讨论一些判断法律定义是否成功的建议。因此，需要一个标准作为依据，以判断法律术语定义是否成功。首先，作为一个初步标准，可以合理地要求该定义至少不会比其他替换结果引发更大的混乱。其次，系统地使用术语，对术语"定义"的系统使用，在法律框架中确定法律概念的定义。这个框架是一个法律系统，其原始和派生概念以及确定定义的效率的标

---

① Karl Larenz, Methodenlehreder Rechtswissenschaft, 6. Aufl., Springer-Verlag, Berlin/Heidelberg, 1991, S. 20.
② Karl Larenz, Methodenlehreder Rechtswissenschaft, 6. Aufl., Springer-Verlag, Berlin/Heidelberg, 1991, S. 20; P. Ludlow, "Contextualism and the New Linguistic Turn in Epistemology," in G. Preyer &G. Peter eds., *Contextualism in Philosophy*, *Knowledge*, *Meaning*, *and Truth* (Oxford: Claréndon Press, 2005), p. 204.

准与任何其他框架所使用的定义不同。这里要研究的是对法律术语提出的拟议定义，拟议的标准只是将其作为一种启发式原则的基础，用于评估所做的定义工作。

二、法学名词定义困难的原因

尽管普遍认识到定义法律术语的困难，但并不总是清楚为什么法律术语比其他领域术语更难定义，这里将对定义困难的原因进行分析。

第一，定义法律术语困难的一个明显原因是无法提供所谓的物理上可感知的对象，如"责任"或"法律"，因此只有法律专业人士才有可能正确使用法律术语。[①]的确，任何基本法律术语的正确使用都不能得到保障，这种技术独立于其他词语的使用。[②]相反，在建构法律系统时，需要引入定义，以确保正确使用法律术语，这些定义应该由其他通常比定义更清晰的术语构成。

第二，定义的其中一个困难是模糊性程度。例如，霍菲尔解释了"权利"的四个不同类别的法律现象，然而他没有意识到由于将相同的术语应用于不同类型的法律现象而导致模糊。如果没有将一些容易确定的标准加于术语，则该术语适用于某一特定区域的每个类别中都有对该术语的适用存在疑问的可能。[③]

第三，不同法律术语之间的"家族相似性"（family resemblance）可能导致进一步的混淆。法律术语是概念的指称，由于法律概念体系在构建时就存在"核心"与"半影"，因而导致同属一个概念类型的法律术语存在相似性，故而容易混淆。例如"要约"与"要约邀请"，"要约"是当事人自己发出的订立合同的意思表示，而"要约邀请"则是当事人希望对方当事人向自己发出订立合同的意思表示的一种意思表示。要约一经发出，邀请方可以不受自己的要约邀请的约束，即受要约邀请而发出要约的一方当事人，不能要求邀请方必须接受要约。要约邀请不是一种意思表

---

① W. N. Hohfeld, *Fundamental Legal Conceptions as Applied in Judicial Reasoning: And Other Legal Essays* (New Haven, CT: Yale University Press, 1923), pp. 30 – 31.
② B. Russell, *Human Knowledge: Its Scope and Limits* (London: George Allen & Unwin Ltd, 1948).
③ M. Black, "Vagueness: An Exercise in Logical Analysis," *Philosophy of Science*, 1937, 4 (4): 427 – 455.

示，而是一种事实行为。两个概念都具有订立合同的意思表示这一核心要素，两者的"家族相似性"使它们容易混淆。

第四，价值与情感意义的混淆。一些法律价值如"正义""善意"等往往带有一些情感色彩，完全的价值无涉将不具备法的要素，但是混淆情感因素与价值也将导致意义偏差。例如，将"未成年人王某有权得到父母的抚养"解释为"父母虐待未成年子女是残忍的"，含义虽然相似但是却没有在情感上保持中性。但是，在关于家庭法的论文中使用这两个定义只会导致减少应该用于所提供的法律解释的注意力。如果"××有权从父亲那里获得支持"的定义是"法律要求父亲提供财务支持"，那么它比前两个定义中的任何一个都更客观。虽然任何有意义的定义都能够发挥可能改变一个人态度的情感影响，但这个维度可以最小化，态度改变在评估定义的功能时是可以忽略的。相对而言，这种定义是情绪中立的，但在鼓励有效处理定义的术语方面可能是最成功的。这并不是说这些定义不会影响任何态度，相反，这样的定义具有更加理性、客观的价值判断。为了避免将那些符合当时的有效立法程序要求的纳粹政权的法规确定为法律，一些规定将法律界定为不仅符合当时有效且可强制执行的立法要求的法律，而且还要求立法必须"符合自然正义""满足正当性的要求""不对基本权利施加暴力""不违反自然法"。事实上，判断定义的道德要素是很困难的，因为尚未证明有一种研究技术可以产生可在主体间验证的结果，用于判断法律何时符合自然法或自然正义的要求。另外，定义的道德元素所产生的情感意义会导致法律术语的模糊。

第二节 "一般含义"的提出及其正当性

由于认识到无法明确定义法律术语，因此需要考虑发现可能试图定义这些难以捉摸的术语的其他方法。在成功定义某个法律概念之前，需要考虑某些预备情形。定义的初步预备之一是确定要求定义的目的。相信一个术语或表达具有一个准确的含义，并且这显然是如此，因此不需要详细说明操作的基础。在许多方面，这类似于细菌学家窥视他的显微镜，希望某种形式的微观生物在他的幻灯片中显现出来，以便他可以识别出一种新的病毒。除了上述有关目的困难之外,在提供定义之前,必须知道可以使用哪些方法。如果我们所希望的只是正确地记录"权利""责任"等法学名词,或许可以做得最多的事情就是让一些杰出的法学家或法律专家将标签附加到该术语被认为应适用的法律事件上,除此之外,还有哪些替代方案可用于推进法学名词的定义任务呢?

一、一般含义原则

法学名词应该以什么标准来解释?法律文本应该以什么标准来解释?很难对这些问题做出精确回答,因为必须结合个案分析,这样的例子比比皆是。例如,考虑一项刑事量刑条款,如果被告"在与……有关的期间"使用"武器",则应加重惩罚。那么对于毒品走私犯罪而言,如果被告在毒品走私犯罪中交易枪支,是否违反了规定?举一个非常容易理解的例子,考虑制定一项法规来区分蔬菜和水果的关税。番茄应该被植物学家定义为水果吗?虽然在进行法律解释时涉及许多模糊性的语词,但是一般情况下,法院都认为解释应由同样适用于法律之外的语言用法的一般原则所决定,即根据其"一般含义"在司法活动中对法律文本中的语词进行解释。以美国宪法为例,在其著名的哥伦比亚区诉海勒案(*District of Columbia v. Heller*)中,关于解释美国宪法第二修正案是否赋予个人保有和携带武器的权利,美国最高法院指出:"在解释这一条款时,我们的原则是宪法是为选民所理解的;它所使用的单词和短语与它们平时被使用的含义一致,以区别于技术含义。'平常的意义当然包括一个习语的意思,但它不包括那些普通公民所不知道的秘密或技术含义。'"[1] 我国《立法法》第 3 条和第 87 条分别对立法提出了"应当遵循宪法的基本原则"和"不得同宪法相抵触"的要求,立法活动与宪法解释密切相关。宪法解释是探求宪法规范客观内涵的一种活动,其目标在于追求解释的合理性、正当性与宪法秩序稳定性价值,合理性与合法性是法律解释的内在要求,一般含义就是合理性的一种实现形式。在立法上未定义的术语应赋予其"一般含义",法律文本中的文字应根据公认的和典型的传播标准来解释,宪法推定是"在特定的环境中,法规服从于公认

---

[1] *United States v. Sprague* [1931] 282 US 716,[716] – [731].

的、有效的沟通标准"①。

　　什么使一些定义成为一般含义的构成要素，以及如何确定对于法律文本解释具有至关重要的意义的决定因素……这些问题的答案是不言而喻的。例如，一般含义学说的支持者美国大法官斯卡利亚（Justice Scalia）提出，测试一个术语是否能合理承担"一般含义"，在于当你在聚会谈起时普通人是否都能理解。尽管一般含义学说的发展尚处于起步阶段，但法院在决定案件时通常会设法确定法律文本中关键法律术语的一般含义，这并不令人惊讶。法律文本被广泛认为是一种沟通方式，如果假设成功的沟通是大多数情况下的立法目标，那么这些法律文本应该被不同的人以同样的方式理解。这一广泛要求的一个方面是，法律文本应该可以为一般公众所理解，而不仅仅是法官和法律专业人士。当能够清楚地阐明法律、条例和其他行为规范时，即使人们在不同的环境中，依然能够以同样的方式理解这些内容。一种假设，即法律文本中的法律术语可以有一个一般含义上的意义，意思是立法者有意或将在某一意义上达成一致，当然，不考虑其法律文本的适用标准。一般含义原则不是这样一个不切实际的期望，而是主张确定法律文本的标准应该是客观的，并且尽可能与立法者意图相一致。著名美国大法官奥利弗·温德尔·霍姆斯（Justice Oliver Wendell Holmes）曾说过，有时法律解释并不是问立法者要表达什么，而是确定这句话在一般情况下意味着什么。作为一种客观标准，一般含义原则要求法律文本中的关键术语应该按照其一般含义来解释。事实上，这可能是最被广泛引用的法律解释公理，可以将一般含义理论称为"最基本的语义解释规则"。一般含义学说的影响不仅限于法律和宪法案件，更影响到法官解释几乎所有类型的法律文本，包括合同、信托、遗嘱等。法定解释的典型顺序过程说明了它作为相关文本的假定意义的重要性。法院首先将"法定结构的一般原则适用于规约的语言"，解释任何模糊的语言，以准确反映立法机关的意图。然而，如果语言没有歧义，"就没有进一步解释的空间"，除了一些例外情况如该词语具有"普通和明显的含义"。②

---

① 韩大元：《论宪法解释程序中的合宪性推定原则》，《政法论坛》2003年第2期，第3—7页。
② *Zuni Pub Sch Dist No. 89 v. Dept of Educ* [2007] 550 US 81 [90].

二、对一般含义的辩证研究

在花费大量时间概念化"一般含义"学说之前,应该考虑这个学说的影响。如下所述,应考虑司法决策的性质以及在任何特定情况下法律关注的其他方面,以及法律文本解释的困难和专门语言、结构方面的问题。尽管司法活动中经常适用一般含义,但是一些学者认为,即使法律文本是一种沟通形式,也不能认为法律文本的沟通内容完全能够代表其法律含义,法律文本的沟通含义有时不同于该语言的一般含义,而应是法官赋予文本的权威含义。在这一点上,对这种区别的充分理解是,语言的一般含义必须基于对语境的狭义考虑(因此意义的决定因素较少)而不是文本的沟通意义,如果文本的沟通意义不是决定性的,那么一般含义也不会起决定性作用。

反对法律沟通理论的学者认为,法律文本的内容通常就是其语言意义,因此法律解释应该关注沟通效果理论。具体来说,基于沟通所建立的立法模型是错误的,因为立法和立法体系的目的通常并不在法律沟通范畴内。法规对法律内容的贡献不一定由立法机构传达的内容构成。字面含义不能决定什么是正确的法律结果,此外立法的字面含义并不影响确定正确的法律结果。[1] 如上所述,法律文本的沟通内容不一定是其法律内容。[2] 司法部门通过一般的含义概念和其他方式,有时会做出与立法意图相反情况的判断。例如,美国大法官法兰克福(Justice Frankfurter)曾经说过:"当律师谈到立法机关的意图时,我曾说我不在乎他们的意图是什么,我只想知道这些词的意思。"[3] 同样,美国联邦最高法院一贯宣称:"低级联

---

[1] M. Greenberg, "Legislation as Communication? Legal Interpretation and the Study of Linguistic Communication," in A. Marmor and S. Soames, eds., *Philosophical Foundations of Language in the Law* (Oxford: Oxford University Press, 2011), pp. 217–264.

[2] M. Greenberg, "Legislation as Communication? Legal Interpretation and the Study of Linguistic Communication," in A. Marmor and S. Soames, eds., *Philosophical Foundations of Language in the Law* (Oxford: Oxford University Press, 2011), pp. 217–264.

[3] F. Frankfurter, "Some Reflections on the Reading of Statutes," *Columbia Law Review*, 1947, 47 (4): 527–544.

邦法院和大多数州法院都会宣称它会根据其条款适用明确无误的法定语言。"[1] 然而，这些引文以及其他有关一般含义的陈述并不能提供司法决策的完整图景，因为它们误导性地暗示了文本含义始终是法律含义的决定性因素。

或许在很多情况下，文本的沟通内容不能代表其法律意义。有时法院声称根据法律条款确定使用明确无误的法定语言来进行法律解释，然而，许多法定语言（以及其他法律文本中的语言）并非明确无误，相反，它可能是含糊不清的。有时歧义与模糊之间的区别在法律解释中很重要，而法院有时却不能正确区分这两个概念。如果法规不明确，法院可以通过一些司法解释原则解决含糊不清的问题，例如，"宽大原则"规定，刑事法规中的含糊不清应被解释为有利于被告。[2] 如果法律条款含糊不清，法院可能试图以某种方式对案文进行精简即更加确定。[3] 在这些情况下，文本的沟通意义将与其法律含义不同。

即使在不涉及歧义或含糊不清的情况下，文本的沟通意义也可能与法律意义不同。一种观点认为，某一特定情况总是会包含一些未被立法者预计到的情形，在这种情形下，单独的不作为不能决定相关利益是否应该占上风。[4] 文本本身并不是决定性的，因为它的一般含义所没有考虑的情况可能是决定性的，即使把法官的意识动机放在一边，也可能导致法院歪曲或忽略文本的沟通内容。因此，在文本的沟通意义之外的情况，往往可以决定案件的结果。例如，一些法官认为，如果立法者的目的与一般含义或沟通意义不一致，那么与目的相一致的意思应该被适用。

正如上述讨论所说明的那样，一项法律条款的法律意义在法律适用中有可能偏离其一般含义。事实上，学者们普遍认为，文本的法律意义可能取决于基于法律而非语言的解释原则和判断，一些学者已经发展了本体论来解释当法院使用法律文本时通常涉及的区别。美国法学教授迪尔斯马

---

[1] F. Frankfurter, "Some Reflections on the Reading of Statutes," *Columbia Law Review*, 1947, 47 (4): 527–544.

[2] Z. Price, "The Rule of Lenity as a Rule of Structure," *Fordham Law Review*, 2003, 72 (4): 885–941.

[3] A. E. Goldsmith, "The Void-for-Vagueness Doctrine in the Supreme Court, Revisited," *American Journal of Criminal Law*, 2003, 30 (2): 279–313.

[4] B. Flanagan, "Revisiting the Contribution of Literal Meaning to Legal Meaning," *Oxford Journal of Legal Studies*, 2010, 30 (2): 255–271.

(Peter Tiersma)认为,前一段所解释的情况要求在一般含义与哲理解释之间做出区分,这代表了法官选择超越解释的意义的实例。[1]

虽然上面描述的情况在某些方面是正确的,但本书侧重于法学名词的定义,以便更好地解释被比较与对比的法律概念。因此,概念定义将限于用于赋予法律术语权威性意义的所有情况。[2] 虽然文本的沟通意义本身并不能决定法律意义,但这样的现实并不会有损一般含义学说的价值。在确定文本的法律内容时,必须承认,沟通意义(一般含义)在这一决定中具有影响力。那些质疑一般含义的决定性作用的批判者也承认了这一学说的影响。从可信的观点来看,法律文本的一般含义与其法律意义的确定是密切相关的。[3] 批判者承认文本的沟通意义与其法律含义的相关性不足为奇。

下面将阐释一般含义学说的逻辑基础,关于这里给出的一般含义学说的必要性的简要讨论应集中在法治和逻辑理性上。第一,法定文本中法律术语的一般含义提供了立法意图的一般指示。例如,我国《立法法》第6条第2款规定:"法律规范应当明确、具体,具有针对性和可执行性。"再如,美国联邦最高法院的规定:"法院认为,法定语言的一般含义准确地表达了立法目的。"[4] 第二,另一个理由与法治和民主原则有关。运用一般含义原则是对立法机构立法权的尊重,并且承认人大代表对法律文本本身进行投票,而不是在某种非文本目的上投票。[5] 该文本是立法者针对内容条例草案的投票通过,包含了立法者可能拥有的意图。第三,另一个基本原理是,法律的公正性要求刑法的一般含义具有决定性意义。这种原则反映在罪刑法定的原则中,这要求刑事法规中的含糊不清应被解释为有利于被告。举例来说,作为一种适用于分歧很大的情况下的默认规则,一般含义学说是合理的。[6] 从这个角度来看,一般含义为解决问题提供了一种有效方式。

---

[1] P. M. Tiersma, "The Judge as Linguist," *Loyola of Los Angeles Law Review*, 1993, 27(1): 269-283.

[2] B. Slocum, "RICO and the Legislative Supremacy Approach to Federal Criminal Lawmaking," *Loyola University Chicago Law Journal*, 2000, 31(4): 639-692.

[3] M. Greenberg, *The Communication Theory of Legal Interpretation and Objective Notions of Communicative Content* (UCLA School of Law Research Paper No.10-35, Los Angeles, CA: UCLA, 2010), https://papers.ssrn.com/sol3/papers.cfm?abstract_id=1726524.

[4] Marx v. General Revenue Corp [2013] 133 S Ct 1166, [1172].

[5] United States v. Locke [1985] 471 US 84.

[6] D. A. Strauss, "Why Plain Meaning?" *Notre Dame Law Review*, 1996, 72(5): 1565-1582.

毫无疑问，正如上面提出的理由所阐释的那样，一般含义学说是有影响力的，因为很难想象这样一种实用的解释方法不产生影响。即使那些主张发现除文本含义以外的其他事实的方法学也是决定性的，通常也会考虑到一般含义。例如，考虑美国法学家亨利·马尔文·哈特（Henry Melvin Hart）和阿尔伯特·赛克斯（Albert Sacks）教授一度颇具影响力的法律程序方法，在法院应该假定立法机构是"合理地追求合理目的的合理人士"的情况下，主张采用以目的主义的方式进行解释。① 他们坚持认为，为了达到目的，法院不应该给出"一个法律规则适用主体不会理解其含义"的语词。同样，无论谁主张立法机关的意图应该构成文本的意义，同样必须依靠一般含义学说。

虽然不能绝对地说，按照法律文本的一般含义对其进行解释的过程永远能证明其中的法律含义是起决定性的，但对一般含义的相关性的反对通常是不具有说服力的。如果人们承认一般含义可能不具有法律意义的决定性，那么继续的批评必须提供替代方法来确定文本含义或者完全拒绝其相关性。然而，建议的替代方案并不具有说服力。其中一种说法是，一般含义原则为立法起草过程增添了不必要的成本，使用一般含义作为默认含义是代价高昂的，因为它迫使"立法机构如果不想要最可能的含义，就会进一步指定一个词的含义"②。可能会迫使立法机构对每一条法规中的每个法学名词进行语言分析，确定每个词的最可能的含义，然后在每次要定义一个词的时候写出详细的小节和定义部分。③ 上述论点可能会强调法律术语具有其固有的多义性特征，这使得起草文本涵盖未来的所有情形成为一个困难的命题。然而，这些现实并没有削弱一般含义学说的价值，相反，这些观点反而支持该理论：如果一般含义不是未定义词的默认含义，除了"可能的含义"（或者"任何含义"）之外，很难想象其他的替代方案。立法机构如果非常谨慎，也会在一定程度上考虑法院对法定词语含义的理解。重要的是，用一种一般性意义的方法，与可能的含义方法相比，

---

① H. M. Hart, A. M. Sacks, eds., *The Legal Process: Basic Problems in the Making and Application of Law* (New York, NY: Foundation Press, 1994).
② A. Greene, "The Jurisprudence of Justice Stevens Panel Ⅲ: The Missing Step of Textualism," *Fordham Law Review*, 2006, 74, (19): 13–36.
③ A. Greene, "The Jurisprudence of Justice Stevens Panel Ⅲ: The Missing Step of Textualism," *Fordham Law Review*, 2006, 74, (19): 13–36.

立法机构可以更好地对意义进行预测。一般含义原则与可能的含义方法相比降低了起草成本。采用一般含义方法，只有在某些具体含义或是面对一个不寻常的含义时，才需要详细的小节和定义部分。相反，如果采用可能的含义方法，立法机构更倾向于起草详细的小节和定义部分，以确保法规的范围不超过合理的预期。

三、法律解释的困境与法学名词的一般含义

相关文本语言的一般含义并不总是决定性的，不会消除相关性，但是很难想象其他更有说服力的替代方法。贯穿本书的一般含义原则的一个根本问题是语境对语意的影响。一些学者认为，法律文本中的术语并不是普通的语言，而且在这些文本中赋予词语的含义必然与在非法律语境中赋予词语的含义不同。[①] 例如，从普通公众的角度来看，法律语言有时是难以理解的，尤其是法律术语。

当然，法律文本的语言通常包含技术性和专业术语及复杂的语法和结构，法律解释的复杂性可能使一般含义学说在专业人员看来十分奇怪。本书将注意力集中在法律文本中的术语使用上，并观察到法律文本经常使用具有不同意义的常见术语，如"宣告"和"上诉"等。[②] 法律文本中既有故意使用具有灵活含义如"明显错误"和"适当考虑"的词语和表达方式，也有极度精确的表达如"不动产"。法律文本通常以非个人化的结构为特征，即避免第一和第二人称代词"我"和"你"，法律文本的独特语言和结构说明了法律法规在制定时是由专家撰写的。[③] 如果这意味着将一般含义学说置于错误的位置，那么将法律语境中的技术或法律术语例外放在一边，在法律语境中赋予法律术语的含义应该与非法律语境中赋予这些术语的含义不同。如果这样，一般含义原则应该被某种"一般专业意义"原则所取代。许多法律学者对此产生了争论，拒绝了法律语境中一般语言意义的相关性。法律文本在不同的上下文语境中具有不同的含义，文本具

[①] H. E. S. Mattila, *Comparative Legal Linguistics：Language of Law, Latin and Modern Lingua Francas*, trans. by C. Goddard (Hampshire and Burlington：Ashgate Publishing, 2006).

[②] D. Mellinkoff, *The Language of the Law* (Boston, MA：Little, Brown and Company, 1963).

[③] P. M. Tiersma, "The Judge as Linguist," *Loyola of Los Angeles Law Review*, 1993, 27 (1)：269 - 283.

有作为法律文本的一个含义,如果是在技术手册中则具有另一含义。① 合理的理由是,法律文本的含义应该被框定为普通人对文本所表述的自然语言的理解,他们在文本的预期受众范围内,并且理解文本的类型是法律文本。"一般含义"这个概念是一种用词不当,它应该被描述为"一般的法律含义"概念。②

确实,通常判断法律术语的一般含义的人都是专业人士,比普通人更具客观理性,同时更懂法律。此外,在司法实践中确定法律术语的一般含义时,法院也通常会考虑其法律后果。然而,上述批判的关键问题在于,强调法律术语的独特特征,过分强调了独特性对法律解释的影响,可能不利于确定一个法律术语定义的参照标准。③ 从某种程度上说,法律语言是在法律话语的特殊语境中以普通的方式使用的一般语言。④ 此外,法律文本通常是以非专业人士为对象来编写的,也就是说,法律实施的对象是普通人,这恰恰说明了一般含义的价值。一般含义应该更准确地被视为"一般法律含义"的主张将文本的法律内容与其单词和短语的含义相混淆。虽然法律文本作为一个整体当然必须具有一些法律意义,这在大多数情况下反映了法律权利和义务的相互关系,但并不是说每一个单词和短语都必须具有某种专门的法律意义。通常,法律纠纷涉及法律文本中某些特定术语的含义,在法律背景之外是完全可理解的,并且显然没有某种特定的法律含义。在司法实践中,法院往往不得不定义诸如"使用"⑤、"番茄"⑥、"年龄"⑦、"车辆"⑧ 和"现在"⑨ 等词。法院定义这类常用词语的明确含义并不足为奇,因为表达模糊不清会导致理解障碍与认

---

① L. B. Solum, *Legal Theory Lexicon 071*: *The New Originalism* (Charlottesville, VA: University of Virginia School of Law, 2013), https://papers.ssrn.com/sol3/papers.cfm? abstract_ id = 2223663.
② D. A. Strauss, "Why Plain Meaning?" *Notre Dame Law Review*, 1996, 72 (5): 1565 – 1582.
③ N. Fabb, "Is Literary Language a Development of Ordinary Language?" *Lingua*, 2010, 120 (5): 1219 – 1232.
④ S. Azuelos-Atias, "On the Incoherence of Legal Language to the General Public," *International Journal for the Semiotics of Law -Revue Internationale de Sémiotique Juridique*, 2011, 24 (1): 41 – 59.
⑤ *Watson v. United States* [2007] 552 US 74; *Smith v. United States* [1993] 508 US 223.
⑥ *Nix v. Hedden* [1893] 149 US 304.
⑦ *Inc v. Cline* [2004] 540 US 581, [586] – [598].
⑧ *McBoyle v. United States* [1931] 283 US 25.
⑨ *Carcieri v. Salazar* [2009] 555 US 379.

识分歧。① 相反，最困难的法律解释往往涉及那些最常用的词语，因此确定常用法律术语的一般含义，有利于提高法律语言的确定性与准确性，于法律实施、法律解释、法律实践都是有益的。

四、区分一般含义和其他方法

如上所述，一般含义原则对法律术语定义具有影响力和适用性，尽管这样的术语具有独有的特征，尽管法律术语的一般含义并不总是作为法律意义被采用。然而，在构建一般含义概念之前，重要的是比较一般含义学说和其他与它相关或混淆的相似概念。一般含义通常与其他概念相混淆，应该将其与一般含义的正确概念进行区分。然而，有些术语要么被适当地用作一般含义的同义词，要么成为与一般含义原则完全背道而驰的含义。诸如"常规使用"、"常用"、"自然含义"、"日常意义"、"正常使用"和"共同理解"等术语有时对于一般含义而言是相对无异的同义词，但是有时又是不同的。

（一）一般含义与"文本主义"

区分普通意义学说和所谓的"文本主义"（textualism）的解释方法是很重要的，因为两者被广泛认为是重合概念。一位著名的法律文本主义学者曼宁（Manning）将文本主义描述为主张法官"应该在制定的文本的语义输入中寻求法定的意义"②。在曼宁看来，文本主义主张明确的法规应该被严格实施，即使这样做并不能"完美地实现立法目的"③。例如，美国自1987年以来，司法活动对字典的依赖急剧增强，有多达三分之一的司法判决引用了字典的定义。④ 在我国也有相似情形，以"词典"为关键词在"北大法宝"检索截至2020年10月的数据，可获得6228条记

---

① R. Charnock, "Clear Ambiguity: The Interpretation of Plain Language in English Legal Judgments," in S. Cacciaguidi-Fahy and A. Wagner, eds., *Legal Language and the Search for Clarity: Practice and Tools* (Bern: Peter Lang Publication Inc., 2006), pp. 65 – 103.

② J. F. Manning, "Constitutional Structure and Statutory Formalism," *The University of Chicago Law Review*, 1999, 66 (3): 685 – 697.

③ J. F. Manning, "Constitutional Structure and Statutory Formalism," *The University of Chicago Law Review*, 1999, 66 (3): 685 – 697.

④ J. J. Brudney, "Faithful Agency Versus Ordinary Meaning Advocacy," *Saint Louis University Law Journal*, 2012, 57 (4): 975 – 996.

录。虽然由于受到检索词等因素的影响，这里的检索结果并非所有有效的案例样本，但其可以在某种程度上反映我国法院引用词典的趋向。越来越多的依赖词典情形与文本主义和"它对一般含义的强烈关注"有着密切关系。一般含义与文本主义之间存在着明显的联系。对一般含义的司法需求，一直在伴随着文本主义的兴起。当然，各种各样的原因可以解释一些或全部的相关性，例如，法律的法定化，可能是对文本语言的一般含义的一种体现。在司法实践中，一般含义原则增加了对含义的客观标准的考察。

以上是一般含义与文本主义的相似性，尽管这两个概念之间存在着联系，但一般含义并不等同于文本主义。事实上，没有一种全面的解释方法已经被法官接受。相反，法官使用不同的解释方法。在法律解释方面，学者倾向于承认三种主要的理论：文本主义、法意主义和目的论。[①] 文本主义主张，法院应当关注文本的"语义导入"，但目的解释理论主张法律解释与立法目的相一致。因此，尽管许多法官不同意文本主义的原则，但这些法官至少声称要坚持一般含义原则，这表明这两个概念是截然不同的。文本主义与一般含义学说之间的一个主要区别是关于文本主义者对于解释的主张，文本主义是一种解释的整体方法论，不同于一般含义学说，它只是一个较大解释过程的一个方面。正如本书详细说明的那样，一般含义原则仅代表法律文本的推定含义，需要通过其他考虑来完善，其中包括考察与法律问题有关的更广泛背景。简而言之，可以通过立法意图来补充法律文本推定的一般含义。

一般含义原则的正当性基于一种普遍的观点，即法律文本的起草者采用自然语词来表达其一般含义。回想一下最高法院的观点，即它认为法定语言的一般含义表达了立法目的。因此，这个学说至少在很大程度上不是基于政治考量的议程，也没有提到司法机构的宪法角色。至少按照定义，一般含义学说只涉及文本的语言意义。因此，一般含义学说可能会排除对立法历史的考虑，但仅仅是因为这种考虑与文本语言的一般含义无关。具体而言，文本主义者经常以与一般含义的正确概念不一致的方式解释语言，而且往往似乎更多地关注限制司法裁量权，而不是遵守语言结构和使用的有效原则。例如，文本主义使用的主要解释工具是字典，然而，字典

[①] A. Marmor, *Interpretation and Legal Theory* (2nd edn) (Oxford and Portland: Hart Publishing, 2005).

中也会存在与所讨论单词的一般含义不同的解释,特别是在考虑语境的情况下。

最后,一般含义原则也应与"字面含义"的概念区别开来。字面含义和一般含义是截然不同的概念,在研究法律语言时应该加以区分。语言中充满了非文字的含义,如隐喻、习语、俚语等,当使用这样的表达方式时,字面含义可能与它的一般含义不同,当然,这种语言的使用在法律文本中并不常见。[1] 然而,在法律文本中,各种各样的表达都被运用到与字面含义不同的普通意义上。[2]

(二) 一般含义和"普通含义"

另一个常被误认为与一般含义同义的概念是"普通含义"。狭义上,简单含义学说相对无争议,即使不准确,因为如果它不承认法律考虑甚至可以克服"简单"的文本含义。普通含义规则规定,法规应使用法律语言的普通含义进行解释,除非法律对一些术语另有明确定义。[3] 除了描述意思规则表明明确的法定语言应该根据其术语来应用,一般将普通含义定义为"与一般的意思准则相一致"[4]。

尽管有上述说法,但将一般含义完全等同于普通含义是错误的,普通含义原则因其简单化的语言观而经常受到学者的批评。一个普遍的批评是,普通含义原则主张法规通常是明确的,并且能够基于仅考虑语言的角度直接适用于特定情况。[5] 类似的批评是,它是无原则的,只是用一个解释者对法律文本含义的印象主义直觉进行分析。美国语言学者索兰(Solan)认为,"纯语言规则的存在反映了某种直觉层面对人们成功沟通的潜力的高度信任"[6]。他进一步正确地认为,法官明确地依赖于文字语言具有明确的含义,因为他希望描绘法治运作。换句话说,法官援引平等意义规则,以便将裁决视为落实作者意思而不是依靠固有的司法

---

[1] P. M. Tiersma, "The Judge as Linguist," *Loyola of Los Angeles Law Review*, 1993, 27 (1): 269 – 283.
[2] C. J. L. Talmage, "Literal Meaning, Conventional Meaning and First Meaning," *Erkenntnis*, 1994, 40 (2): 213 – 225.
[3] P. M. Tiersma, "The Judge as Linguist," *Loyola of Los Angeles Law Review*, 1993, 27 (1): 269 – 283.
[4] A. Scalia, *A Matter of Interpretation: Federal Courts and the Law-New Edition* (Princeton, NJ: Princeton University Press, 2018).
[5] P. M. Tiersma, "The Judge as Linguist," *Loyola of Los Angeles Law Review*, 1993, 27 (1): 269 – 283.
[6] L. Solan, T. Rosenblatt and D. Osherson, "False Consensus Bias in Contract Interpretation," *Columbia Law Review*, 2008, 108 (5): 1268 – 1300.

裁量。

考虑到与普通含义规则相关的消极内涵以及其不幸的名字本身，重要的是要将一般含义规则的正确概念与普通含义规则区分开来。区分这两个概念的另一个理由是，在某些情况下，明确的含义规则事实上可以代表合法的（即使有争议的）但是不同的法律命题。一项研究表明，简单含义规则有时被用来指一个术语的特殊但被接受的含义。① 相反，一个词的一般含义在概念上与任何专门的含义不同。简单含义规则的另一个观点是，它是一个证据规则，如果规定文本是完全由文本语言决定的，则法官不能考虑任何外部证据来决定文本的含义。在这种对普通意义规则的理解下，普通意义主义显然是可区分的。虽然是普通含义的决定因素。可能会受到限制，该学说不是证据。相反，普通含义仅仅是文本的推定意义，可以通过其他考虑来克服。

对这两种学说进行进一步区分，一般含义是指表达通常在上下文中具有的意义，而普通含义的规则指的是在文本中缺乏含糊性，② 这个区别是重要的。与普通含义规则不同，一般含义学说不应被视为夸大语言的清晰度。事实上，即使在上下文中，词语的普通含义可能是模糊的或模棱两可的，因此不是"普通"的。此外，对普通含义的确定是无法自行决定的。因此，普通含义原则不能反映或假定人们有成功沟通的潜力，至少在狭隘的、确定的意义上。正如本书所表明的那样，一般含义学说对于文本的解释尤其重要，因为确定作者的实际意图是不可能的，而其他确定文本含义的方法与一般含义方法相比则相形见绌。

（三）一般含义和通俗含义

经典概念定义方法并非被全然抛弃，无可置疑，一些术语可以根据必要条件和充分条件来定义。具有科学或技术含义的词语可能有一些原型特征，但通常由一组必要和充分的属性来定义。这些类别因此可能没有模糊的标准边界，例如，"斜边"是由一组标准属性（与90°角相对的三角形中的一条线）以及"奇数"这样的术语定义的。或许这样的含义应该被认为是权威的。例如，在没有其他标准的哲学论证的情况下，"鸟类"这

---

① M. McGowan, "Do as I Do, Not as I Say: An Empirical Investigation of Justice Scalia's Ordinary Meaning Method of Statutory Interpretation," *Mississippi Law Journal*, 2008 (78): 129 - 150.

② P. W. Schroth, "Language and Law," *American Journal of Comparative Law*, 1998, 46 (S1): 17 - 39.

个范畴是否涉及单个必要且共同足够的属性"似乎是动物学家解决的问题"[1]。同样，语言学家普特南（Putnam）提到了一种语言分工，其中"自然种类"的术语比较容易被规范与固定。因为自然类物体是在没有人为干预的情况下形成的，而这些术语对应的都是为特定目的服务的物体。[2]

显然，法律科学中的词语由于没有在自然物质世界中的对应物，因此法律科学中的术语难以被规范与固定。虽然不同于具有确定性的技术或自然科学含义的术语，但是法律术语的含义也不同于"通俗"含义。一些学者认为，科学或技术含义一般应该被描述为"真实"的含义，而通俗含义是"错误"的含义。因此，不符合科学含义的通俗含义可能是认识论混淆或无知的证据。语言学者马戈利斯（Margolis）指出，一个术语的概念可能在一个类别的边界上，即使人们可能在认识论上对这样的概念术语感到困惑，但是这样的术语可能依然属于该类别。[3] 因此，在某些情况下，类别模糊性并不是全盘否定通俗含义的理由。因此在构建一般含义的概念时并不完全否定通俗含义，内涵属性的不确定性以及概念的外延依然可能构成一个术语的科学含义。[4]

第三节 如何确定法学名词的一般含义

尽管"一般含义"概念与"文本主义""字面含义"并不相关，但与其他概念一样，它必然基于意义的"客观"含义，也就是说，法学名词"一般含义"中的决定因素如何被识别和概念化的证据问题是至关重要的。本文提供了确定"一般含义"决定因素的一般框架。确定一般含义的一种方法是基于词条语义，换句话说，一般含义可以是基于语言的惯

---

[1] E. Margolis, "A Reassessment of the Shift from the Classical Theory of Concepts to Prototype Theory," *Cognition*, 1994, 51 (1): 73-89.
[2] H. Putnam, "Is Semantics Possible?" *Metaphilosophy*, 1970, 1 (3): 187-201.
[3] E. Margolis, "A Reassessment of the Shift from the Classical Theory of Concepts to Prototype Theory," *Cognition*, 1994, 51 (1): 73-89.
[4] P. Hanks, *Lexical Analysis: Norms and Exploitations* (Cambridge, MA: MIT Press, 2013).

例和系统性，而不是与语言主体相关的推理过程。此外，可以在"狭义语境"和"广泛语境"之间做出区分，一般含义是在"狭义语境"下基于事实考虑的基础上确定的。

一、保持情感中立

对于英国法学家边沁来说，研究法律术语应该考察句子而不是单词，哈特也同意这种观点，认为分析法律术语时应转向分析某些典型的法律句子，因为典型句子中嵌入了需要定义的术语。霍菲尔德也承认：严格的基本法律关系是独特的，因此，正式定义的尝试总是难以令人满意。[1] 因此，最有希望的程序似乎包括在"对立面"和"相关性"的方案中展示所有各种关系，然后在具体情况下举例说明它们各自的范围和适用。因为法律概念只有在法律制度的背景下才具有意义，所以初步的问题是确定法律制度的含义以及其与哪个特定制度有关。普遍主义者可能希望无论文本如何，"甲某有投票权"的不同实例都具有非常相似的含义。然而，即使是相对薄弱的分析也表明，句子描述的现实生活事件或采用句子的真实后果，根据判决的背景，即根据违反相关法律制度的不同而有所不同。实际上，同一组术语在针对同一法律制度但由不同人发表时的含义可能具有实质上不同的含义。有些词语是独特的、以自我为中心的，如"我""现在""这里"等，但是任何单词或词组都可以采用独特的、以自我为中心的单词的某些特征。这种情况在法律术语方面尤为常见，因为之前已经表明了法律术语的多维功能，也就是说，当"法律"或"权利"等法律术语主要用于实现对态度的改变时，法律术语的含义可能受该术语的使用者影响。例如，著名马克思主义者列宁（Lenin）与古罗马政治家西塞罗（Cicero）同时定义相同的法律术语"权利""法律"时，显然会产生不同的含义。但是，当法律术语主要用于表达相对中性的情感目的时，例如，当哈特或霍菲尔德使用它们时，由于用户转移而导致意义转移的困难可能更容易被忽略。也就是说，如果西塞罗和列宁都将"法律"定义为由一个专门的政府机构通过有效制裁所强制实施的法律规则，则可能每个

---

[1] W. N. Hohfeld, *Fundamental Legal Conceptions as Applied in Judicial Reasoning: And Other Legal Essays* (New Haven, CT: Yale University Press, 1923), p. 36.

定义者的每个关键词对每个定义者都具有相同的含义。诚然，西塞罗和列宁可以通过描述不同的现象来满足定义的每个标准。例如，西塞罗可能将罗马的市府（praefectura urbis）描述为制裁申请机构，而列宁则详细说明了人民代表委员会的运作，但这仅仅意味着每个定义者都指的是相同意义的不同现象，而不是意思不同的东西。

二、假设沟通目的

本书提出了这样一种观点，即法律术语的解释必然是一种假设性的做法，依赖语言习惯，这在很大程度上构成了一般含义原则。在确立这一立场时，特别关注有意识主义者关于语言和意义的主张。从某种意义上说，由于一般含义概念被法官所接受，尽管在法理意识形态和解释方法上存在着广泛的差异，所以有可能发展它的理论而不解决任何特定的意义理论。本书的许多内容涉及一般含义的正确的规范性和积极性概念，以及探索一般含义的决定因素，似乎没有必要加入关于意义整体定义的争论。尽管有这些考虑，正如本书已经提到的那样，关于一般含义及其决定因素的正确概念的争论只有在准确描述法律解释的性质和可能性以及一些假定的或明确的定义时才有一致的沟通意义。

由于任何一般含义的定义只是根据总体沟通意义的一些定义而连贯一致的，所以在讨论关于一般含义的决定因素的争论之前，应首先确定沟通意义的正确观点。然而，与此同时，正如沟通意义的选定定义应该或至少暗示关于解释过程中是否需要或禁止各种意义决定因素的某些结论，解释过程的性质以及是否可用无意义的决定因素可能会影响关于沟通意义定义的结论。因此，意义的定义与意义的决定因素之间的关系都是相互提供信息的。一般含义的构成和证据方面可以从交际意义的可能定义中获知，并且可以看出，对意义的性质，语言和解释有一定的理解。

一般含义应被视为法律文本交际意义的核心方面。文本的交际意义是它的真实含义，而不仅仅是对它的适用约束。此外，法律文本的交流内容即使不是决定性的，也与文本的法律内容相关。只有在接受客观的解释方法时，这种观点才有可能。在客观的观点下，文本的含义是一个有能力的口译员通过口译，根据口译员所知情况的特征可靠地使用解释方法给出的意思。① 因此，只有当相关翻译可以获得时，预期意义才能构成实际意义。② 因此，实际交际意图不能直接作为交际意义的标准之一，意义惯例也必须成为所有法律解释理论的基础。这种结论在客观的解释理论中是显而易见的，但对于实际的意向主义也是如此。至少在解释法律文本时，实际的有意者必须依赖于意义惯例。类似于故意主义者声称文本主义者必须对不仅仅基于文本的文本做出假设，实际的有意者必须对作者做出不基于作者交际意图的实际证据的假设。即使假定文本意味着作者的意图，相关的解释者也必须能够确定这个预期的含义。因为话语通常是为了传达一些可以获得的预期意义而进行的，所以口译员通常认为作者想要遵循意义惯例。这些关于意义的广义假设与作者的实际意图无关，而是法律文本中的词语应赋予其一般含义的基本概念的基础。

三、一般含义的决定性因素

本书着重阐述了一般含义的内在要求之间的张力，即它在语境中是可概括的，即意义是内在的语境。在不同的语境中理解一般含义的一种动机是保持一般含义和沟通意义之间的差距。本章概述了一般含义学说的理据，解释了为什么沟通意义和一般含义应该是法律解释的方面。

这些理由包括从注意到法律解释的正当性。本书还讨论了法律术语的一般含义，以及如何客观定义一般含义解释的构成问题。目前，一般含义理论被大大低估了，根据现有的、被广泛认可的框架来确定它的决定因素，应该有助于为解释它的学说带来一定程度的系统性。因此，在对一般含义原则的概念化过程中，本节将话语划分为三个层次的意义："文本意义"、"沟通目的"和"沟通效果"。至少，一般含义必须包含"文本意义"的概念，这是最基本的意义层次，将语言描述为传统的和上下文无关的。然而，文本意思并不构成一个完整的命题，因为需要考虑信息发出者的目的与信息接收者的理解程度。

美国联邦最高法院大法官约翰·马歇尔（Justice John Marshall）认

---

① C. Gauker, "Zero Tolerance for Pragmatics," *Synthese*, 2008, 165 (3): 359–371.
② R. Stecker, S. Davies, "The Hypothetical Intentionalist's Dilemma: A Reply to Levinson," *The British Journal of Aesthetics*, 2010, 50 (3): 307–312.

为，法律文本中的"法律术语应该被理解，因为这些词语通常表达特定的法律意义，而这些法律需要公众的知悉与尊重"[1]。法律文本的对象可以被划为三类：政府机构中的专业人士、私主体中的专业人士、一般社会公众。该结构旨在捕捉某些特殊属性。沟通需要说话者在给定知识的句子中做出更具概括性的意义分配。[2] 理想化的沟通似乎需要相对较高的语言能力，例如，明智的受众可能需要具有：（1）所需的文化和语言知识；（2）利用他的知识以及任何可用的背景信息来解释词语以达到其预期含义的技能。确定法学名词含义的其他可能性，如原型分析或语料库研究的结果，显然超出了普通人可能会执行的那种分析，尽管它们可能会产生与那些可能产生的解释相一致的解释。除了三个层次的意义，在思考普通意义时，大多数解释性的问题都有一个正确的答案，因此不确定性因素在法律解释中是一个大问题。[3] 然而，构建一般含义的一个重要方面，应考虑到关于其与文本主义之间的争论，包括考虑语境对意义的影响。一种捕获可概括意义和保持一般含义与沟通意义之间的差距的方法是将一般含义理解为语义意义，而不是将其视为一种主要依赖于语用过程的学说。此外，一般含义应根据"狭义语境"的某些定义来确定。然而，这些构筑一般含义的方式并不能消除解释性的自由裁量权。

四、一般含义的交际功能实现

本章引入了"文本意义"作为最基本的意义层次，其次是"所说的话"和"所传达的东西"的意义层次结构。"所说的话"要求明确说明语境，而不是文本意义，即必须明确说明内容涉及的参考范围。这种语言现象属于所说的范围，而且会被认为是一般含义。量词是一个表达式，用数量来修改引用表达式。例如，假设在一个关于语义的研讨会上，甲问乙："是否有哲学家？"乙回答："是的，尽管大多数人都是语言学家。"甲明

---

[1] Brian G. Slocum, *Ordinary Meaning: A Theory of the Most Fundamental Principle of Legal Interpretation*, (Chicago and London: The University of Chicago Press, 2015), p. 102.

[2] J. Levinson, "Intention and Interpretation: A Last Look," in G. Iseminger, ed., *Intention and Interpretation* (Philadelphia, PA: Temple University Press, 1992), pp. 221–256.

[3] A. Scalia, B. A. Garner, *Reading Law: The Interpretation of Legal Texts* (Thomson/West, St. Paul, MN, 2012).

白乙指的是有限的参加研讨会的人，并不涉及整个世界。同样，乙理解甲的意思同样受到上下文限制。如示例所示，将有限域指定给量词直接与表达式的一般含义相联系，并在其正确的上下文中考虑。尽管如此，还是存在着一种无法遏制的自由裁量权，使任何一般含义的确定成为可能。此外，没有理由认为即使可能，"常识"或背景假设和知识的一致性足以形成解释性共识。

本章还考虑了解释的实质性规则和文本性规范是否是一般含义的决定因素。实质性规则是基于"宪法"规定的关于法定含义的推定。法定含义推定是指从起草者的词语选择、语法上的句子放置以及与"整个"法规的其他部分的关系中得出的推定。虽然实质性规则不是一般含义的决定因素，但是一些经典文本含义是，尽管它们可能被归类为会话含义。会话含义是一种沟通方式，而不是字面上所说的，并且某些文本规范可以根据某些会话含义理论合法化。会话含义就是一种解释的自由裁量。

尽管语言现象使用上下文来限制条款的字面含义的方式各不相同，但在不涉及某些系统方面的情况下，可能需要词语的一般含义。法律解释通常涉及确定一个概念是否落入相关文本规定中所述的口头概念的参数范围内。把字词类别视为由成员的必要和充分条件构成的司法倾向与所谓的经典概念理论意义是一致的。然而，经典理论与语言学家和心理学家对类别原型结构的研究不一致。这些类别不是一组简单的标准特征，而是没有明确界定的边界。相反，它们往往只是在其焦点中明确定义，并且类别之间存在边缘区域。

原型理论可以适应二元定义的法律制度的需要（对于一个项目是否属于某个特定类别的问题，"是"或"否"的答案），以及减少实证研究的能力。即使在司法适应方面存在固有的局限性，原型理论也优于从必要和充分的成员资格标准来看意义的经典模型。尽管如此，法律文本通常提到的无形类别或不在法律之外存在，或与法律制度的需求相比只存在于高水平的普遍性中。在这种情况下，相关术语的一般含义要么不存在，要么不足以确定许多案例（当然，在其他案例中也可能是这样）。定义时不应该依赖一般的含义学说，而应该以其他理由来决定案件，并明确这样做。

在前面的讨论中，已经做了一些努力来指出在定义基本法律术语时涉及的一些问题。有人提出，主要困难之一是由于这样一个事实，即所提供的定义通常都是在不知道其预期功能或定义如何产生的情况下提供的。虽然这种无知不一定意味着完全失败，但它经常损害分析的有效性，并且经常产生其他可避免的混淆。因此，了解定义或分析所期望的目的非常重要。正如在法律冲突中一样，"程序""财产"等资格标签和在国内法中使用的相同标签功能不同，因此基本法律术语的运用也可能实现不同的法律目的。因此，必须事先知道该术语的哪个意义要受到审查。此外，在分析法律术语时，至少首先用充分措施围绕定义，以防止该术语的情感意义过度影响旨在分析描述性意义的内容，这可能是重要的。如果没有这样做，并且没有提供对情感意义的单独分析，那么对描述性意义的分析就不太可能实现分析的目的。如果分析的目的需要忽略情感意义问题，以便随后将分析的术语用于某些（好的或坏的）宣传主义目标，则可能不是这样。分析问题的这一方面，即情感意义的问题，在处理法律问题时尤其重要，因为可以并且已经从法理学著作中得出特殊的政治含义，而这非研究本意。

第二篇

法学名词规范化的实证研究

第九章　欧盟法律术语规范工作的经验及借鉴意义

我们将首先仔细研究欧盟法律术语规范工作的一般方面，在此之后，研究在判例法层面如何将不确定的概念术语化。分析已解决的判例有助于更好地理解欧盟法律概念，以及审查法院建立欧盟法律概念意义的方法在多大程度上与认知语言学的意义方法相一致。欧盟的语言多样性通过24种官方语言反映出来，其法律概念的解释自治体系是标志性的。虽然对于欧盟而言，共享一种法律语言的概念是一个理想状态，但由于概念上的自治，可以在一个独特的欧盟话语中概念化欧盟法律。在这方面，必须在欧盟法律词典中考虑多种语言和"概念自治"理论。

第一节　引入"概念自治"理论

在术语研究中，"概念"通常被定义为知识单元，同时法律概念构成了法律知识。另一方面，术语使得有可能就概念进行沟通，并反映出专家在脑海中构建特定知识的方式。但是，不应误导人们认为术语是语义上孤立的单元，因为它们总是与概念作为语义表示相关联。[1] 术语是在专业文本中传达概念意义的语言单位，学习术语即打开了一个概念结构和概念背

---

[1] M. T. Cabré, *Terminology: Theory, Methods, and Applications*, vol.1, trans. by J. A. DeCesaris (Amsterdam and Philadelphia: John Benjamins Publishing, 1999), pp. 163–200.

后的语言知识的窗口。① 从认知角度来看，知识可以被视为相互关联的概念，它们是意义的基础。② 从认知语言学的角度来看，如果一个概念在超国家层面激活其自身的知识要素，而不是在成员国的国家层面，那么它就可以被视为自主的。从欧盟法的角度来看，概念自治是欧盟法律统一适用的先决条件。通过解释欧盟超国家层面的概念，这些概念被赋予了自主或欧盟的含义。这种语义独立性保证了欧盟概念不会被解释和应用于国家法律意义上，这种意义弥合了欧盟超国家法律秩序与国家立法的冲突。与此同时，无论成员国一级的国家法律差异如何，整个联盟都以统一的方式适用概念。因此，独立于成员国法律的自主解释产生欧盟法律的独立概念。③

自主意味着它被概念化并由欧洲法院（European Court of Justice）解释，而不论归因于这一概念的国家法律意义。换句话说，这个概念在德国或意大利法律中如何被解释，与欧盟在欧洲法院认为的意义无关。此外，鉴于被认为是一项事实随着新的判例法而变化，其含义可以被描述为流动的和模糊的。尽管如此，欧盟立法者有时并没有提供概念的定义。在这种情况下，还要由欧洲法院在欧盟层面建立一个自治概念。④ 正如已解决的判例法所表明的那样，如承诺等概念缺乏法律确定性。毫无疑问，这不利于欧盟法律的统一适用和法律确定性。在这方面，有学者指出，法律翻译与法律确定性不相容，⑤ 因此欧盟立法翻译本质上并不完善这一事实导致了法律上的不确定性；⑥ 而欧洲法院的自主目的论方法增强了法律翻译和法律确定性的兼容性。这种说法可能看起来有点矛盾，考虑到反对意见认

---

① P. Faber, "The Dynamics of Specialized Knowledge Representation: Simulational Reconstruction or the Perception-Action Interface," *Terminology*, 2011, 17 (1): 9–29.

② J. Engberg, "Chapter 12: Word Meaning and the Problem of a Globalized Legal Order," in L. M. Solan and P. M. Tiersma, eds., *The Oxford Handbook of Language and Law* (Oxford: Oxford University Press, 2012), pp. 175–186.

③ A. L. Kjær, "Introduction: Language as Barrier and Carrier of European Legal Integration," in M. R. Madsen, A. L. Kjær, H. Krunke and H. Petersen, eds., *Paradoxes of European Legal Integration* (London: Routledge, 2008), pp. 163–170.

④ S. Šarčević, "Creating a Pan-European Legal Language," in M. Gotti and C. Williams, eds., *Legal Discourse across Languages and Cultures*, vol. 117 (Bern: Peter Lang Publication Inc., 2010), pp. 23–50.

⑤ Heikki E. S. Mattila, *Comparative Legal Linguistics* (Hampshire/Burlington, VT: Ashgate, 2006), p. 347.

⑥ Heikki E. S. Mattila, *Comparative Legal Linguistics* (Hampshire/Burlington, VT: Ashgate, 2006), p. 347.

为，欧盟法律确定性可能会以牺牲其他基本价值为代价。[1] 换句话说，如果欧盟公民不能依赖各自语言的立法文本，而是必须要求欧洲法院来确定法律规定的含义，那就一定会破坏法律确定性。然而，欧洲法院的方法强调概念自治的重要性，通过集中于概念，而不是语言表示，强调这是一个统一和自主解释的概念。从这个角度观察，欧洲法院的方法减少了法律的确定性和翻译的不相容性。事实上，将重点放在欧盟多语言法律环境中的概念可能会使法律翻译更接近实现法律确定性的目标。

根据欧盟法律，欧洲法院究竟如何确定一个概念的自主含义？它根据具体情况确定，即通过考虑有关案件的具体事实和在欧盟层面制定自主标准。对欧洲法院的方法进行的分析得出两个结论。首先，遵守法院的目的论方法和自主解释，重要的是从欧盟概念出发，而不是从给定语言中的语言表示来确定概念的含义。其次，这个过程的先决条件是划分欧盟法律下的概念含义，如果不考虑其超语言背景，就无法做到这一点。

为了描述概念，有必要通过使用与所讨论的概念相关联的术语来研究激活哪些知识元素或概念结构，即努力解决概念化问题，并研究如何在给定的概念结构中理解概念。在这种背景下，有趣的是分析欧洲法院如何处理欧盟法律模糊概念的解释，假设其方法可以在定义和理解这些概念方面提供有价值的帮助。欧盟法律的多语言特征使判例法在"设定解释边界"中更具相关性。[2] 欧洲法律委员会的自主目的论解释可以作为欧盟法律规定的界限设定或意义划分的指示。

欧洲法院引入自主概念以规避法律语言和文化之间的比较和翻译的负担。从这个意义上说，概念上的自治可能导致创造欧洲共同话语，与国家话语截然不同，从而标志着欧盟文化和语言的多样性。概念自治是欧盟法律及其概念的核心特征。因此，在欧盟法律词典的研究中必须考虑概念上的自治。鉴于欧盟法律和概念的自治理念来自欧洲法院的判例法，本章分析了具体案例，以证明法院如何实施欧盟自治概念。概念的自主性反映了欧盟法律作为超国家特殊法律秩序的本质，应该被解释为语义和法律上的独立。正如所阐述的那样，欧洲法院的应用解释的目的论方法导致了自主的概念化。

---

[1] C. Robertson, "EU Multilingual Law: Interfaces of Law, Language and Culture," in S. Šarčević, ed., *Language and Culture in EU Law* (London: Routledge, 2015), pp. 51 – 70.

[2] F. P. Ramos, "International and Supranational Law in Translation: From Multilingual Lawmaking to Adjudication," *The Translator*, 2014, 20 (3): 313 – 331.

法院的解释方法可以与意义的认知、感知进行比较，因为概念的含义是由"超越单词"决定的，并考虑到由给定概念激活的概念结构和知识。

第二节 欧洲法院协调不同语言版本的法律概念

一、多语言下的法律概念与《维也纳条约法公约》

关于条约语言的同等真实性原则基于战后国际法——1969年《维也纳条约法公约》（Vienna Convention on the Law of Treaties）制定的原则。在讨论多语言解释时，必须适当注意《维也纳条约法公约》，特别是其第33条。根据《维也纳条约法公约》第33条第1款，除非双方另有协议，否则所有真实文本也具有权威性。① 文本和版本之间进一步区分，虽然文本是经过身份验证的条约的语言版本（第10条），但版本是指未经过身份验证的任何其他语言版本。《维也纳条约法公约》第33条第3款规定，多语种条约的条款被假定为在每个真实文本中具有相同的含义。同样，欧洲法院的判例法也证实，欧盟的二级法律文书的每一个同等真实的语言版本都被认为具有相同的含义。但是，人们应该意识到，如果真实文本的措辞含糊不清，那么平等意义的推定就不会成立，从而导致人们对不同版本法律概念的怀疑。还应指出，《维也纳条约法公约》提到了解释目的和背景的重要性（第31条第1款和第2款），并允许补充解释手段（第32条）。② 后者包括求助于准备工作条约的立法历史意义上的条约及其结论

---

① M. Derlén, *Multilingual Interpretation of European Union Law* (European Monographs Series Set, Alphen aan den Rijn: Kluwer Law International BV, 2009), p.12.
② Vienna Convention on the Law of Treaties, Article 31 reads as follows: 1. A treaty shall be interpreted in good faith in accordance with the ordinary meaning to be given to the terms of the treaty in their context and in the light of its object and purpose. 2. The context for the purpose of the interpretation of a treaty shall comprise, in addition to the text, including its preamble and annexes: a. Any agreement relating to the treaty which was made between all the parties in connexion with the conclusion of the treaty; b. Any instrument which was made by one or more parties in connexion with the conclusion of the treaty and accepted by the other parties as an instrument related to the treaty.

第九章　欧盟法律术语规范工作的经验及借鉴意义

的情况。由于多语言所引起的问题，欧洲法院（EJC）提出应避免依赖一种语言版本。然而，鉴于多语制在实践中所带来的问题，有必要更详细地概述欧洲法院在协调欧盟法律的不同语言版本方面所采用的方法，以便得出的结论对法学名词的定义和翻译都有借鉴作用。

菲斯特（Schübel-Pfister）教授总结说，除了文字解释之外，欧洲法院还使用了语境、目的论和历史方法。① 同时可以安全地概括一下，从严格的语言学角度来看，欧洲法院更多地依赖于目的和背景（作为补充性解释方法），而不是特定语言版本的措辞。通过检查目的和背景（包括语言语境），可以协调不同的语言版本。至于语言以及语言对意义的理解，不可能指望24种语言总是说同一个东西。尽管法律将24种语言版本视为法律上同等真实和权威的，但判例法的现实表明，意义存在差异，欧洲法院需要通过不依赖于语言层面，而是使用概念性的认知术语方法来干预解决这些差异。这种方法为先前提出的主张提供了更坚实的基础，即意义实际上不是术语等同的问题，而是在概念层面上解释。

在"科克诉内部市场协调办公室"案（*Kik v. OHIM*）、"CILFIT诉卫生部"案（*Srl CILFIT and Lanificio di Gavardo SpA v. Ministry of Health*，简称"CILFIT案"）两个案例中，欧洲法院明确指出，欧盟法律的所有语言版本都具有同等效力，在解释法律规定时需要比较不同的语言版本。② 由于法律翻译本质上是不完美的，并且由于所描述的概念化差异，不同语言版本的法律文本本质上可能存在不一致的情况。"CILFIT案"判决中所阐述的准则可以被视为进行多语言司法推理时的重要参考：（1）欧盟不同的语言版本的立法都是同等真实的，因此，对欧盟法律规定的解释涉及不同语言版本的比较；（2）欧盟法律使用了特有的术语；（3）法律概念在欧盟法律和各成员国的法律中不一定具有相同的含义；（4）欧盟法律的每项规定都必须放在特定背景下，并根据整个欧盟法律的规定进行解释，并考虑其目标及参考因素。"CILFIT案"引起了法律学者的广泛讨论。可以将法院的"CILFIT"命题概括为法院在多语言解释中应遵循的指示：

---

① I. Schübel-Pfister, *Sprache und Gemeinschaftsrecht: Die Auslegung der Mehrsprachig Verbindlichen Rechtstexte durch den Europäischen Gerichtshof*（Berlin: Duncker & Humblot, 2004）, pp. 245 – 246.
② Case C – 361/01 P, *Christina Kik v. Office for Harmonisation in the Internal Market*［2003］ECR I – 8283; Case C – 283/81, *Srl CILFIT and Lanificio di Gavardo SpA v. Ministry of Health*［1982］ECR 3415.

(1) 不要孤立地看待一个版本；(2) 所有语言版本都具有同等效力，任何一个语言版本的正确法律解释都涉及并行阅读所有版本；(3) 考虑每一种语言的概念体系。

欧盟文本的不同语言版本必须给予统一解释，并且在版本之间存在分歧的情况下，必须参照其作为构成部分的规则之目的和一般方案来解释有关条款。"语境和目的解释论"[①] 也需要依赖于文本，同时也依赖于语言外的知识和语境。事实上，这里有一个类似于认知术语的理解，即概念总是更广泛的概念结构的一部分，并且它们的意义被外部语境所修改。事实上，如果克服语言分歧的唯一方法是依靠目的论解释——作为一种超越文本的隐蔽操作，并考虑到语言外部信息，以划定欧盟法律下概念的含义，那么在术语研究和翻译中应遵循相同的方法。目的论和认知术语方法都强调了概念的重要性，在概念层面上寻求统一性，而不是在术语层面上寻求统一性。

二、欧洲法院案例研究

法律概念不能脱离它所属的概念结构，并且概念在其中实现其全部意义。不同的法律概念结构具有不同的界限这一事实使得法律概念、法律翻译和词典编纂的复杂性得以被比较。虽然我们可以使用术语"消费者"来翻译英文术语"consumer"，但这样的术语表示不同的概念。由于欧盟法律的分散性及其与国家成员国法律的特殊关系，其所描述的概念化差异在欧盟范围内呈现出一种新的形式。欧洲合同法就是这种情况，其中一些基本概念在不同的立法文书中有不同的规定，本部分将通过分析不确定的欧盟法律概念的例子来证明这一点。考虑到欧洲法律概念的独立性已经在欧洲法院的解释实践中得到发展，有必要仔细研究欧洲法院的既定判例。

（一）示例1："使用补偿"概念

"补偿"在许多不同的法律文件中有不同的规定，如《共同参考框架草案》（Common Frame of Reference）、《关于保护消费者远程合同的权益

[①] M. Derlén, *Multilingual Interpretation of European Union Law* (European Monographs Series Set, Alphen aan den Rijn: Kluwer Law International BV, 2009), p.158.

的指令》（Remote Contracts to Protect Consumers）和《欧洲共同销售法》（The European Common Sales Act），更不用说成员国的国家法律文书。因此，不同的概念化使概念在欧盟法律下的含义划分复杂化。与此同时，不同的概念化强调了欧洲法院对概念的自主解释的必要性。在"梅森那"（Messner）案①中讨论了上述使用补偿概念的含义，其中法院必须确定，如果撤销远程合同，消费者是否获得使用补偿，即消费者如果退出远程合同，是否可以获得临时使用货物的补偿。根据欧洲议会和理事会1997年5月20日"关于保护远程合同消费者的第97/7/EC号指令"，行使撤回权必须限于退回货物的直接费用。为了解决手头的法律问题，不仅要根据相关条款的目的界定使用概念和使用补偿的含义，还要考虑更广泛的背景和相关概念。无论在欧盟法律下如何界定使用补偿的具体含义，在任何分析中都必须考虑损害赔偿问题。此外，必须确定对消费品使用的补偿是否属于指令第6条意义上的"罚款"或"收费"概念，并且与"关于保护远程合同消费者的第97/7/EC号指令"不相符，因为它不代表直接成本。

法院结论认为，对费用和指控的更广泛的解释（如导致国家法律承认的不当得利的解释）既不能从措辞中推断出来，也不能遵循基于方案、精神和目的解释。例如，关于使用补偿的规定是否属于更广泛的收费类别？使用补偿必须基于所购货物的实际价值和货物的预期寿命。这必须根据具体情况确定，强调语外语境和概念结构的作用。因此，概念自治避免了这种不同概念化的问题。反过来，概念上的自治使得欧洲法院能够应对不同语言中有时不可调和的差异，而不仅仅是不同语言中的法律术语，更重要的是法律概念结构。

（二）示例2："工会"概念

在"汽车工业协会"案中，欧洲法院必须确定"工会"一词的含义。② 在法语中法律术语"syndicat"的含义更广泛，包括更多的职业联合会，而在英文术语中仅仅指工人联合会。在审查当前规则之后，欧洲法院发现，汽车工业研究会并不是一个工会性质的组织。它进一步指出，不

---

① Case 489/07, *Pia Messner v. Firma Stefan Krüger* [2009] ECR I-7315.
② Case C-149/97, *The Institute of the Motor Industry v. Commissioners of Customs and Excise* [1997] ECR I-07053.

能允许一个版本优先于其他语言版本，并且如果语言版本之间存在分歧，则必须参考其目的和上下文。在案例"亨宁·维德法德诉市政公社"（*Henning Veedfald v. Arhus Amtskommune*）中，欧洲法院必须确定用于制备移植器官的灌注液是否属于产品以及医院的运营活动是否可以被视为一项经济活动。在两个场合，欧洲法院都选择了一种目的论方法来解释上述概念的含义。通过这样做，欧洲法院强调欧盟法律概念的自主含义，同时考虑到有关案件的具体情况。在没有法律概念的法定定义的情况下，这种案例与分析案例的方法尤其重要，因为它源自概念，即欧盟法律下的概念的含义。最重要的是，欧洲法院考虑了可以被描述为超语言的因素，即立法目的和在欧盟法律下界定概念含义的更广泛背景。同样，法律概念被视为更广泛的概念结构的一部分，在这些概念结构中，虽然所描述的欧洲法院的案例与分析案例的方法可能会导致不一致的判例法，对法律确定性产生不利影响，但它强调了语言语境对于解释概念的意义与认知术语观点保持一致的重要性。将认知术语的原则应用于法律解释有助于更好地理解法院的解释方法，特别是在欧盟法律多语言背景下的意义解释等方面，其中法律的统一适用并不总是容易的。

第三节 欧盟法律术语工作概览

一、组织机构

在制定欧盟的法律术语时，面临的问题很多。首先，正式语言的数量非常多。[①] 每个机构（理事会、委员会、议会、法院）都对其文本的语言和翻译承担自主责任。新术语通常是在实际翻译过程中产生的。尽管存在术语数据库，但是欧盟仍然需要协调各机构的解决方案，欧盟机构有时可

---

① Council Regulation (EC) No 920/2005 of Regulation No 1 of 15 April 1958 determining the language to be used by the European Economic Community and Regulation No 1 of 15 April 1958 determining the language to be used by the European Atomic Energy Community and introducing temporary derogation measures from those Regulations [2005] OJ L 156/3.

能有意识地采用避免分歧的术语解决方案。

欧盟委员会在创建联盟的法律语言方面处于中心地位。许多成员国立法文本最终是根据委员会提出的项目和提案制定的。通常，这些文本必须在词汇尚未建立的条件下制定和翻译，这就是为什么委员会设立一个名词专门机构，它参与规划词汇、帮助翻译人员，并在委员会术语数据库中收集术语。不得不说司法和行政文本的早期阶段不可能考虑到所有的语言。从一开始，这些文本通常用法文或英文编写，甚至在编写文本的过程中可能会出现工作语言发生变化的情况。相同版本只能在以后进行比较，然后可以将其翻译成同源语言并列。在组织框架中，找到恰当、透明和独特的术语来表达欧盟法律中新的法律概念至关重要。一方面，必须确保各种语言之间的术语统一。另一方面，创造的术语必须适应每种语言的特点，并协调共同体术语和各成员国语言传统的目标之间的不同，以及它们的特殊需求。

二、表达新法律概念的术语

为了表达欧盟法律的概念，欧盟已经尝试创建全新的法律术语。在创建新的共同体条款时，其目的是避免使用与任何一个成员国的法律秩序内容密切相关的表达方式。这种中立的目标有时会导致创造一些复杂的术语。但是，在法律环境下，复杂或平庸的术语比误导性术语要好。还应该记住，欧盟公务员经常阅读母语以外的文字。因此，使用外国人容易理解的术语是很重要的。在欧盟，通用术语通常用于专业意义上。欧盟机构特别使用语义领域非常广泛的词语（如"联合国""社会""委员会""法院"）进行明确指定。然而，通常情况下，它们是单独使用的。如果上下文不清楚，可能会导致混淆。一个可以很好地说明这一事实的例子是"社会"这个基本术语，它根据上下文指定不同的实体。这由欧盟的结构来解释。如前所述，欧盟的第一支柱包括目前排名第二的"欧洲共同体"（The European Community）。在有关欧洲法律体系中，"社会"一词可能指：（1）欧洲共同体（前欧洲经济共同体）；（2）两个（之前为三个）共同体之一（欧洲共同体、欧洲原子能共同体或2002年以前的欧洲煤钢共同体）；（3）由多个共同体组成的整体。

三、制定法律术语等价词（equivalence）

欧洲法律中使用的大多数术语符合欧洲法律语言的共同传统。这涉及表达一般法律概念的术语（如"举证责任""作者权利"）。这些概念已经通过法律语言中的既定术语表达出来。在某些情况下，一个特定的概念只在一个国家的法律秩序中或在某些国家的法律秩序中被知晓。最后，正如前文所指出的，许多概念都是全新的，它们是在欧盟本身的框架内创建的。在这一种情况下，所涉概念必须以各种成员国语言表达。在将新概念转化为欧盟语言时，使用引用语、外国语词语、借词等方式生成词语。有时，所有或几乎所有语言都以相同的方式形成原始术语的对应词，但通常各种术语的版本不是通过相同的方式制定的。通常情况下，新的术语是对原始术语（外来词）的修改，有时是后者的直接引用，但有时也有借用的含义。此外，形成新词是自由地表达特定的概念。语言专家对外国文化的态度在各地都很复杂。

为了说明这一问题，我们提出了一些关于将基本欧盟概念翻译成成员国语言的例子。我们首先发现，语义转借（calque）在任何地方都比较容易被接受。例如，法语法律术语"marche interieur"的各国版本："mercato interno"（意大利语）、"mercado interior"（西班牙语）、"mercado interno"（葡萄牙语）、"internal market"（英语）、"binnen markt"（德语）、"interne markt"（荷兰语）、"indre mark"（丹麦语）、"inre marknad"（瑞典语）。相比之下，外来语言构成了一个更加微妙的问题，即使在涉及全欧洲共同的拉丁语言背景的情况下。通常，某些语言只选择一种解决方案，而不是直接使用这个外来词。芬兰语和希腊语仍然是唯一没有采用拉丁语术语的语言。当然，芬兰语不是印欧语言，而希腊语是欧洲最古老的文化语言。因此，希腊人不一定需要采用源于拉丁语或其他欧洲语言的词语，恰恰相反，拉丁语词语通常是希腊语的语义转借。这种差异表明，用其他成员国语言带出原文术语的含义是多么困难。丹麦甚至对某些术语有四种翻译，有些翻译没有传达原始术语中包含的意义，这就是为什么建议根据交流的情况和需要，从功能出发进行翻译。

第四节 其他国际组织

术语问题是所有国际组织讨论的重要议题，尤其对于旨在协调其成员国的法律命令的组织而言。和欧盟一样，这些组织的工作语言通常是法语和英语。术语问题主要存在于国家成员进行国际合作时的文本中，因为这些文本必须翻译成各个国家的语言。这类问题也可能出现在国际组织的主要工作语言法语和英语之间的关系中，因为国际私法的术语最初是在这两种语言中的第一种语言框架下制定的。举例来说明这一主张：在海牙国际私法会议的公约中用"公共"（ordre public）表示法院或行政当局可以将适用外国法的结果设定为违反法院（或其他机构）所在国家的基本价值。实际上，这一保留包含在所有国际私法公约中。随着时间的推移，"公共"已经获得了确切的含义，尽管这个术语在语义上是开放的。在美国加入海牙会议后（1964年），英语成为会议公约的第二语言，法文和英文文本具有同等效力。在这一点上，问题出现在"公共秩序"一语的英文翻译中。"公共政策"一语在法律英语中存在，但这一术语的意义在传统普通法中与"公共秩序"一语所建立的意义不同。在比较各种海牙公约时，似乎用了两种术语策略来用英语表达"公共秩序"，其中第一种策略是直接引用。例如，1961年《遗嘱处分方式法律冲突公约》（Convention on Conflict of Laws Related to the Forms of Disposal of Wills）第7条规定，适用本公约的任何法律，只有在明显违背"公共秩序"时才可以拒绝。在几份海牙公约的英文文本中，都可以找到"公共政策"与"公共秩序"的表述。

第二种策略是解释性翻译。1971年《承认与执行外国民商事判决公约》第5条第1款中的法文文本："……不兼容或不公开，但……不符合所涉国家的公共政策，或者如果判决的结果不符合正当法律程序的要求，或者在这种情况下，任何一方没有足够的机会公平地介绍案件情况。"最近对海牙公约的审查表明，现在只出现"公共政策"一语，例如《关于国际保护成人公约》（2000年）第21条。因此，我们可以得出这样的结论：通过语义推导，英文术语"公共政策"逐渐获得了与法文原始术语

"ordre public"相同的含义。英文始于直接引用。后来,一个国家自己的"对应词"被放在引号旁边。然后,这个"对应词"被取消了,但是提供了补充说明。今天,随着法文和英文含义的统一,后者的误导性消失了。这使得可以放弃法文的英文被引用。

  24个欧盟法律语言版本的问题反映在欧洲法院的判例法中,并导致法律上的不确定性。同样,语言版本之间的分歧破坏了不能依赖各自语言版本的欧盟公民的合法期望,因此必须设法应对多语种所带来的实际问题。这些问题主要涉及欧盟立法的各种语言版本与法律翻译的不完善之间不可避免的分歧,正如已经观察到的那样,由欧洲法院来弥补翻译的不完善性。鉴于这些原因,我们将多语言和概念自治作为欧盟法律最显著的特征,在确定欧盟背景下最合适的法律词典编纂方法时必须考虑这些特征。

第十章 立法语言中的法学名词规范化

立法语言是指规范性法律文件使用的语言，规范性法律文件包括宪法、法律、法规、条例、法典以及其他规范人们行为准则的指示、命令等，以法律条文的语言为研究的侧重点。在立法过程中，要考虑法律条文所表达的法律内容及其语言表达形式。法学名词作为立法语言中的逻辑概念表达要素，在体现立法意图、传递法律信息、表达规范等方面都有着重要影响。因此法学名词的规范化，对健全我国社会主义法治、完善我国社会主义法律体系具有极其重要的意义。我国虽然已经颁布《立法法》，但对立法过程中立法语言（包括法学名词）的规范并没有提出相应的要求。因此，法学名词规范化研究对立法语言规范化具有理论与实践价值。

第一节 我国立法表达现状及问题

出于上面提到的所有原因，每个公民都应该理解法律语言是启蒙时代的理想已被证明在很大程度上是乌托邦式的。这同样适用于现代民主的法治国家。通常，公民对法律语言模糊性的批评实际上是由于对事物本身理解的困难。立法者或其他当局经常通过法律语言从其他专业中规范技术问题，这使问题变得复杂化，法律的语言、技术的语言、商业的语言，与其他语言交织在一起。从外行的角度来看，这使得法律文本理解起来更加困难。然而，更加困难的地方在于，在法律语言中，普通语言的词语通常具有隐藏在明显清晰表达背后的技术含义。这引起了虚幻理解的问题：读者想象其已经理解了文本，尽管现实是这种理解相当于误解。虚幻的理解往往比读者立刻注意到他不理解文本要危险得多。寻找这个问题的通用解决方案是困难的，确保高质量的法律语言需要经常与几个有助于进一步加深隐匿性的强大因素作斗争，消除一个因素往往意味着加重另一个因素。这同样适用于消除借词。用本民族的普通语言替换外来词很容易导致基于文化差异的误解。

良好的文本构造以及简短的句子使法律语言更加清晰。然而，这还不够，还需要考虑与术语相关的困难。我们已经注意到虚幻理解法律术语的问题，通常，如果没有对所涉及主题的实质性了解，就无法正确理解这些术语。但是，条款的含糊不清可以部分得到纠正。法律术语虽然是一种专业语言，是一种"行话"，但其依然应该尽量简明扼要。因此，创建新的法律术语需要确保其透明度，以便它们为每个公民提供至少对其内容的概述。尽管如此，作为法律文本的读者，律师和外行人确实存在差异，即使在法学名词规范化之后这种差异也仍然存在。提高法律文本的质量应该从法律和法规开始：立法者使用的语言被传递给法院和政府。立法的语言要求为如下几点：一是起草法律时，应严格限制在必要的范围内（简明扼要）；二是立法语言应忠实尊重既定的语法规则（正确性）；三是应根据案件的性质始终使用法学名词（精确度）；四是立法者应尽可能使用不能解释的表达，而不是含糊不清的表达（清晰度）；五是法律法规应严格按照逻辑方式制定，推理应保持一致（逻辑统一）。

当前我国立法中术语使用存在的主要问题可以归结为如下三个方面。

第一，法学名词内涵界定模糊。法学名词的精确性，即要求在制定法律规范时，条文中使用的法学名词术语要准确妥帖，概念明晰；在制作司法文书时，叙述事实、判断事理等要准确适当用词。要求法律名词表述做到高度精确是毫无疑义的，而且随着法律的进一步发展和完善，对法学名词使用精确性的要求越来越高。但是模糊性是普遍的、客观存在的现象，力求精确的法学名词也很难摆脱这种模糊性的基本特点。准确并不完全等同于精确，准确性可以说是更高的精确性。恰如其分的模糊性也可以包含在准确性之中，只有精确与模糊的有机统一才能达到准确。波兰的沙夫（A. Schaff）教授在《语义学导论》中曾这样阐述："交际需要语词的模糊性，这听起来似乎是奇怪的。但是，假如我们通过约定的方法完全消除了语词的模糊性，那么，正如前面已经说过的，我们就会使我们的语言变得如此贫乏，就会使它的交际的和表达的作用受到如此大的限制，而其结果就摧毁了语言的目的，人的交际就很难进行，因为我们用以互相交际的那种工具遭到了损害。"① 法学名词作为法律概念的指称，具有精确性和单义性特征，立法时应准确使用法学名词，避免出现矛盾或混乱的情形。但是，目前由于我国法律规范数量庞大繁杂，在法律制定过程中存在许多相互不一致的情形。在现行法律条文以及司法实践中，模糊词语却得以大量使用，如《刑法》第 164 条第 1 款规定："为谋取不正当利益，给予公司、企业或者其他单位的工作人员以财物，数额较大的，处三年以下有期徒刑或者拘役，并处罚金；数额巨大的，处三年以上十年以下有期徒刑，并处罚金。"在这一条款中，"数额较大""数额巨大"等词语均是模糊词语。

第二，法学名词在单一法律或法律体系中不能统一。法学名词本应规范统一，然而，对于同一概念，法律法规中却用几个异称来表述，这就会导致法律体系建设中的混乱。具体来说，我国《刑法》中表达刑事处罚时使用了"刑罚处罚"、"刑事处罚"和"犯罪处罚"三个名词，实同名异。又比如，我国《水法》第 33、34 条规定了"饮用水水源保护区制度"，"禁止在饮用水水源保护区内设置排污口"，而《青海省饮用水水源保护条例》第 18 条、《西宁市饮用水水源保护管理办法》第 18 条使用的是"饮用水水源准保护区"。一字之差，保护对象、保护范围、保护期间等客观法律要求都发生了巨大的变化。这就说明，在环境法制体系中，地方立法存在一些与上位法相抵触、表述不一致的情况。然而，省、市人大及其常委会制定的地方性法规不得同上位法相抵触，是社会主义法制统一原则的内在要求。

第三，法学名词逻辑不一致。例如，我国《反恐怖主义法》第 1 条规定："为了防范和惩治恐怖活动，加强反恐怖主义工作，维护国家安全、公共安全和人民生命财产安全，根据宪法，制定本法。"根据该规定，《反恐怖主义法》所保护的法律价值秩序依次为"国家安全""公共安全""人民生命财产安全"。该法第 3 条将恐怖主义的犯罪客体依次表述为"社会""公共安全""人身财产""国家机关""国际组织"等，第 3 条规定对于犯罪客体的表述与第 1 条规定中所保护的法益顺序表述存在逻辑不一致的情况。

---

① ［波］沙夫：《语义学引论》，罗兰、周易译，商务印书馆，1979，第 355 页。

第二节　导致立法语言模糊的因素

从某种程度上说，立法语言的模糊性是难以避免的。尽管语言专家付出了努力，但立法语言往往仍然是复杂的。立法语言的功能和特点的表述已经明示或暗示地表明了造成这一事实的原因。

第一，传统的影响。一般来说，用于特殊用途的语言的词条密度越大，句子结构就越简单，技术和自然科学的语言就是如此。这些语言包含许多表达专业概念的术语，但句子短而且结构简单。相比之下，尽管后者在技术方面同样丰富，但这一发现对法律语言来说并不适用。法律语言的句子比其他语言的语句长，而且包含更多的从属语句。为了解释这种差异，必须考虑到法律语言是一种历史悠久的语言，也许是所有语言中最古老的具有特殊用途的语言。法律语言的形成至少有两千年的历史。因此，从历史的观点来看，法律语言与其他语言之间存在很大的差异。我们应该考虑到中华法系概念的特殊性，以及风格概念根深蒂固的事实。

第二，社会的复杂性。社会现实在不断发展变化，因此，它需要高度专业化的法律规则体系，反过来又需要新的法律条款。在某种程度上，这种发展意味着回归过去。在拉丁语是主要法律语言的日子里，法律文本仅用于社会精英。在我国也是一样的，在中华法系发达的时期，法律语言主要掌握在社会精英手里。曾几何时，人们只是间接获得有关法律内容的信息，如与税负、刑罚等义务有关的信息。启蒙时代的理想状态是每个公民都能理解法律语言，这在很大程度上是乌托邦式的，这同样适用于现代民主的法治国家。

第三节　法学名词规范化与科学立法

法律作为一种特定话语内容的交流形式，是一门基于推定理性和普遍性的科学，具有精确、确定、可预测等特征，而上述这些需要通过规范性的代码（专有词汇）表达反映出来。法律的规范性、权威性、精确性等交际功能的实现都需要法学名词的规范化得以发挥。

一、法学名词规范化是立法基本原则的要求

第一，法学名词的单义性与精确性保障了立法的科学原则。根据《立法法》第 6 条第 1 款的规定："立法应当从实际出发，适应经济社会发展和全面深化改革的要求，科学合理地规定公民、法人和其他组织的权利与义务、国家机关的权力与责任。"科学原则要求立法表达应当从客观实际出发，实事求是，遵守客观世界的普遍规律和人为约定的一般规则。"如果一个立法者用自己的臆想来代替事情的本质，那么人们就应该责备他极端任性。"[①] 只有通过调查研究，结合立法和司法经验，尊重立法规律，遵守逻辑（规律）规则、语法规则和修辞规则，才能避免立法表达的盲目性和随意性。在法典起草阶段，科学原则要求立法机关采用明确的立法用语确认公民权利，合理规定犯罪与刑罚，遵循权力有限原则分配国家权力和职责。"准确"是科学立法的首要目标，对专有名词术语的规范化使用正是立法语言准确性的表现。一些法学名词也出现在日常用语中，但其并没有法律上的特定含义，其在不同的语境中使用具有不同的含义，当在法律领域，就具有了特定含义。法学名词的单义性还保障了立法语言能够准确无误地表述法律内容所决定的特有事物，这就是法律语言的特指性特征。例如，诉讼法上的"第三人"是一种特殊的诉讼主体，专指民事诉讼中对他人之间的诉讼标的具有独立请求权的，或者虽无独立请求权，但是案件结果与其有法律上的利害关系，故而参与到诉讼中的人。这与日常用语中的"第三人"毫无共同之处。再如，刑法上的"国家工作人员"，与日常用语中的"国家工作人员"也不相同。刑法上的"国家工作人员"是指国家机关中从事公务的人员，国有公司、企业、事业单位、人民团体中从事公务的人员和国家机关、国有公司、企业、事业单位委派到非国有公司、企业、事业单位、社会团体从事公务的人员，以及其他依照法律从事公务的人员。法学名词是法律概念的指称，可以准确、扼要、明晰地表明这些法律概念。此外，有很多法学名词术语不但在我国法律规

[①] 《马克思恩格斯全集》第 1 卷，人民出版社，1995，第 347 页。

范中使用，而且在世界各国通用，如"罪刑法定""善意原则"等。还有一些法学名词术语是历史遗产，在长期使用中已经具有了固定的含义，舍弃这些去创造新的用语，必然导致法律上的混乱，损害立法的科学性。规范地使用法学名词，准确、简明地反映其表达的概念，使立法表达更加确切，这对于理解、运用法律非常重要。

第二，法学名词的系统性维护了法制统一原则。维护法制体系的统一性是科学立法的必然要求。从词义的聚合角度来看，法律术语有系统性。例如，"起诉""受理""调解""审理""裁决"等词语有一定的语义顺序关系。法律是一种以国家力量为实现主体的人类行为关系的规则，统一性与规则性都是法律的要素。法律的科学性——意味着所有关于法律的系统知识——应该被划分，根据法律的种类、主体、客体等。本书以中国政府尤其是立法机关关于法律体系建设的认识和实践为基本线索，探讨了中国社会转型背景下法律体系建设的整体思路和布局问题。法制统一原则要求法律概念、立法用语统一，法学名词规范化为法制统一提供了重要理论基础。

第三，法学名词的逻辑性与一致性是立法协调原则的体现。法律科学的一致性要求每个构成要素保持一致性，这样做的结果应该是每个要素都与整个法律秩序相一致。秩序的系统性特征突出表现在采纳新法律或改革旧法律时，当新法律或改革法律与旧法不相符时，旧法律的处置也需要修改。在技术层面上，法律秩序的系统性特征更为清晰，因为法律文本的组成部分通过引用相互关联。即使引用的基本概念预设了一种关联关系，这涉及互文性。[①] 法律秩序的系统性特征还表现在，在所有法律环境下尽可能合逻辑且一致地适用法律。

第四，法学名词规范化为可操作性提供了扎实的基础。可操作性是指法律规范能够得到司法机关、执法机关的有效适用。可操作性原则要求避免语义不清、过于原则性或者概括性的立法表述，明确具体地表述刑法的适用条件。《立法法》第6条第2款要求："法律规范应当明确、具体，具有针对性和可执行性。"法的生命力在于施行，只有

[①] 互文性理论注重将外在的影响和力量文本化，一切语境无论是政治的、历史的，或社会的、心理的都变成了互文本，互文性理论将解构主义的、新历史主义的，乃至后现代主义的文学批评的合理因素都纳入了其体系之内，从而也使自身在阐释上具有了多向度的可能。

具有可操作性的法律规范才能得到有效实施。法律的可操作性取决于立法表达技术，而法学名词规范化使用是立法表达技术水平高超的体现。

第五，法学名词专业性与大众性兼具的信息表达是立法民主原则的体现。卢梭曾经说过："任何法律，不经过人民的亲自批准，都是无效的，都不能成为一项法律。"[①] 立法民主原则的首要要求应该是法律采用人民能够了解的语言。例如"税法"，在这些问题上，法律必然是非常复杂的：这是一个分配正义的问题，必然以高度详细的规则为前提。这些规则甚至可能用语言形式表达与计算某些福利津贴或应付税款有关的数学公式。虽然立法者从技术角度进行立法是可以理解的，因为如果将这些法律的原则通过简短的公告传达给公民，则很可能会忽略细节，但是立法用语的专业性与大众性并非针锋相对的，应尽可能调和。立法语言既不能全是精英语言，也不能过多地使用大众语言。立法起草者只有在法律规范中合理分配并运用精英语言和大众语言才能使法律条文表述达到最佳效果。[②] 在立法中，我们一方面应当借鉴国外立法经验和立法技术；另一方面更应考虑人民群众的文化水平和法律知识，要更加关注立法用语能否适应司法实践问题。在法律草案征求意见时人民群众对晦涩法案术语的反应，很大程度上折射出当前中国普通民众对法律专业用语的陌生。不应忘记，"立法的权力是属于人民的，而且只能属于人民"[③]。人民有权力要求法律条文能够为自己所理解，法律更需要由民众来理解并遵守，所以立法表达应当适合民众的普遍理解能力。制定法律并让公民遵守法律的前提是理解法律。

二、法学名词规范化是实现立法沟通的基础

（一）作为言语行为的立法与中国立法实践

言语行为和法律言外行为的理论和应用是从普通的语言哲学发展而来的，主要来自奥斯汀和塞尔的言语行为理论，即以言行事。在哈贝马斯的

---

① ［法］卢梭：《社会契约论》，李平沤译，商务印书馆，2011，第106页。
② 郭自力、李荣：《刑事立法语言的立场》，《北京大学学报》（哲学社会科学版）2004年第2期，第81—86页。
③ ［法］卢梭：《社会契约论》，李平沤译，商务印书馆，2011，第64页。

言语行为命题中，我们看到语境化和语言概念的潜力和价值作为交际行为。从这个意义上说，言语行为在达成理解和建立关系方面具有主体间的基础，这与中国现代立法具有特殊的关联性。对于中国而言，近年来，出现了大量的法律，形成了一种"法律化"浪潮。[①] 法律的有效性成为一个重要命题，因为如果颁布的众多法律是无效或无法实施的，那么法治就无法实现。一个重要问题是：这些法律如何成功沟通？在立法言语行为中，只有法定条款在言外之力中提出的可理解性、正确性、真实性和有效性主张都发挥作用，且其必须被认为是交流方之间可接受的言语行为的合理性主张，才能确保沟通成功。

2018年是改革开放40周年，中国的政治、社会、经济、法律制度及其实践都发生了重大变化，特别是中国在法律体系和法律制度的合理化和法治化方面做出了重大努力。一些社会发展已经在宪法上得到反映，如将"法治"纳入宪法，以及全国人民代表大会在立法过程中职能的变化。本章将立法看作一种交流和解释的行为。立法的含义是通过互动和沟通建立起来的，并通过解释和重新解释来构建。中国立法实践的变化可能会对中国成为一个多元化社会产生积极影响。

中国属于大陆法系国家，立法是尤为重要的法律渊源。全国人民代表大会是最高立法机构，其职能在《宪法》中有所规定（第62条至第64条）。其权力包括修改宪法、制定和修改基本法、选举和罢免高级官员、审查和批准国民经济和社会发展计划和计划执行情况的报告、审查和批准国家的预算和预算执行情况的报告，以及总体上监督宪法的实施等。全国人大常务委员会的权力包括立法、解释宪法和法律、监督宪法的实施、撤销非法行政法规或地方性法规等（第67条）。在全国人大中，有一些专门委员会，如民族委员会、宪法和法律委员会、财政经济委员会、教育科学文化卫生委员会，这些委员会的职能是在全国人民代表大会和全国人民代表大会常务委员会领导下，研究、审议和拟订有关议案（第70条）。这些权力和立法程序也在《立法法》中正式确定。

根据《宪法》、《立法法》和《全国人民代表大会组织法》，一个代表团或者三十名以上的代表联名，可以向全国人民代表大会提出属于全国人民代表大会职权范围内的议案。全国人民代表大会设立民族委员会、宪

---

① J. Habermas, *The Theory of Communication Action* (Boston, MA: Beacon Press, 1987).

法和法律委员会、监察和司法委员会等专门委员会。各专门委员会可以根据工作需要，任命专家若干人为顾问；顾问可以列席专门委员会会议，发表意见。各专门委员会审议全国人民代表大会主席团或者全国人民代表大会常务委员会交付的议案。总的来说，提出建议是代表们在理论和实践中代表人民发表意见并参与立法工作的一种方式。

关于立法程序的规定明确了中国立法过程中的参与主体，谁在与谁交谈。全国人大代表、专门委员会和中外专家现在有更多机会参与到拟议的立法过程中发表评论。全国人大的立法程序比以往任何时候都更具互动性和透明度，这对社会法律的实际运作也很重要。普通人可以通过个人参与或通过媒体更好地了解和理解法律。中国立法的变化有很多原因，有些变化可归因于不同的国内和国际环境，如中国融入全球体系，以及中国的改革和经济需要。鉴于中国立法过程和实践的变化，一个显而易见的问题是：中国的法律制度及其法律的效力如何？中国现在拥有大量的法律，在短时间内取得了令人瞩目的成就，法律制度及其立法程序也在不断完善，但是中国不同法律的实施之间仍存在巨大差距，法律的实施还有待增强。

一般来说，法律的弱点和不遵守的根源可能包括传播问题、规范的不适当性、审查或监督失败。此外，中国的原因还包括实际的、文化的和制度性的因素，如腐败问题等。正如前文所指出的那样，出现这种情况的原因是多种多样的，通常是多重和重叠的，在大多数情况下，有历史原因和体制问题。最重要的原因是，缺乏中国的法律文化传统，在遥远的土地上引入或移植了许多法律实践和概念，但是缺乏必要的支持环境使这些移植的法律繁荣昌盛，如法治、宪治的概念和实践。在这方面，有人认为，法律与实践之间的差距也可能被看作中国文化中"人治"的传统：缺乏对法律的尊重，这样做往往是为了找到灵活的方法来解决社会问题。然而，文化与传统不应该被用来当作借口。

鉴于立法机构和立法实践在当今中国经历的一种"司法化"浪潮中的变化，本书将探讨中国法律和立法研究中不常讨论的问题，即将立法视为一种交际和符号学过程。

（二）法学名词规范化与立法沟通理论

哈贝马斯认为法律具有重要的交际功能，并将法律看作一种对社会所做的能够自我调节的交际行为，法律被认为是有能力将"交往权力转化为行政权力的媒介",是复杂世界中实施决策的政治制度之间的"中间人"。[①] 在这种制度和程序中,立法在现代社会中占有重要地位。在通过立法进行的交际研究中,已经确定了两个模型。第一个模型是消息模型。法律包含一条信息:立法者是信息的发送者,公民是接收者。根据维特芬(Willem Witteveen)教授的说法,这个模型依赖于从发送者到接收者的信息可以被正确传输的预设。在第二个模型中,文本模型包括一个作者、一个文本和一个阅读器。与信息模型中信息被忠实地传输不同,在文本模型中,信息由作者在文本结构中规定。在这里,法律具有象征性的价值:它的开放规范需要解释,因为法律不能自我实现,而是诉诸通过解释赋予法律意义的读者。在这方面,法律规则是二次建造的建筑,首先由立法者构建,随后在对用户的解释中重新构建。正如维特芬教授所指出的,两者之间存在着密切的联系,这两种模式都与法治相协调,对应于两种立法模式,每种立法模式都有自己对民主和法治的假设。[②]

参考立法传播模式的研究,以及传播和符号学理论,尝试构建中国立法模型,该模型中有许多假设。首先,它在政治上是中立的,因为它可以用来描述任何政治制度,推动民主和非民主的立法传播,因此,该模型与之前的模型不同。然而,这种中立并不意味着立法和法律一般不受政治影响。政治、文化和其他影响可以作为必须考虑的背景变量来解释,但这些并不被视为立法交流的决定因素。毕竟,法律在任何社会中都有调节社会关系的基本功能。[③] 其次,立法模式需要考虑到特定社会中各种行为者的意义建构与解释过程中产生的分歧。在中国的情况下,还必须考虑或突出书面法律与现实之间的差距。任何社会都可能存在不完全反映法律声明的实际问题,但是这破坏了法律的效力和人们对它的信任。最后,该模型将立法既作为产品又作为一个过程,[④] 这种建设性模型中的"建设性"指的是"意义潜在构建"和"意义生成"。立法作为一个过程,实际上至少包

[①] J. Habermas, *Between Facts and Norms: Contributions to a Discourse Theory of Law and Democracy* (Cambridge, MA: MIT Press, 1996), p.150.

[②] W. Witteveen, "Legislation and the Fixation of Belief," in R. Kevelson, ed., *The Eyes of Justice: Seventh Round Table on Law and Semiotics* (New York, NY: Peter Lang Publication Inc., 1994), pp.319-348.

[③] R. Hodge, G. Kress, *Social Semiotics* (Ithaca, NY: Cornell University Press, 1988).

[④] M. A. K. Halliday, R. Hasan, *Language, Context, and Text: Aspects of Language in a Social-Semiotic Perspective* (Melbourne: Deakin University, 1985), p.10.

第十章 立法语言中的法学名词规范化

括两个子过程：颁布前的立法子过程和颁布后的解释子过程。从概念上讲，有必要标记这样的划分。子过程可以是基于命令或基于通信的。颁布前的立法子过程包括立法过程中各方之间的沟通或不沟通，如立法者、起草者、执行机构、利益集团或对特定法律有兴趣的公众。[1]

颁布后的解释子过程包括法官、律师和普通公民等的解释过程。法定条款可以作为最终产品的命令或禁止性规定，但是，在颁布之前，这样的法律可能会采取协商和沟通的过程，并以民主的方式提供有关各方的投入和参与。出于同样的原因，可以在没有社会成员在起草过程中提供意见的情况下制定法律，法律的制定由立法机关或行政机关决定或指挥。然而，作为一种制定产品，法律可能会受到解释成员的解释和重新解释。立法模型由作者（立法机构）、读者（如法官、律师和普通公民）和法律文本（代码）组成，它们在一个更广泛的社会文化语境中共存（见图10－1）。

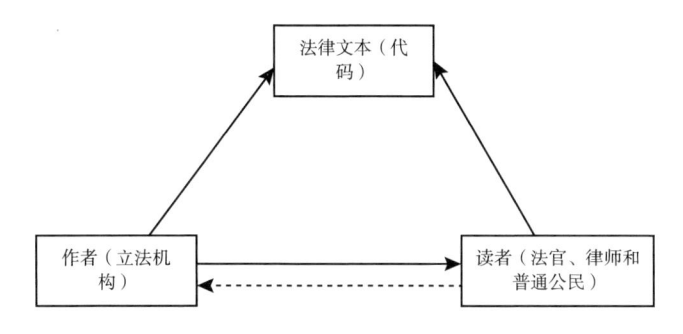

图 10－1 立法的模型建构

重要的是要指出该模型不同于上面提到的消息和文本模型。作者和读者之间的沟通是双向的。在以前的研究中，信息流程呈现为从立法者到接收者的单行道，如消息模型和文本模型中所述，然而情况并非如此。公民在立法中扮演着民主的角色，在"意义潜在的建筑"中，公民不仅仅是被动接收者，他们在立法中提供或应该有机会提供意见。此外，在起草或撰写立法文本时，作者和读者之间的双向交流的强度或程度可能如图10－1中虚线所示那样变化。例如，立法机关或政府与民众之间的沟通可

---

[1] J. Habermas, *Between Facts and Norms*: *Contributions to a Discourse Theory of Law and Democracy* (Cambridge, MA: MIT Press, 1996), p.33.

能是相当多的,即"协商民主"。相反,立法过程中的民众投入和反馈大大减少。在这种情况下,信息流主要是从作者到读者,立法机关或政府占主导地位。立法中的意义构建可以进行多次,首先由立法机构进行,然后由读者进行。

在民主社会中,立法和重新解释可能或应该使法律制度更具互动性或更能相互促进。而且,在这个模型中,立法文本是一个代码,一个标志系统。作为代码的文本按照定义是多维的,并且与社会现实紧密相连,这隐含于理论之后的意义建构过程中的符号、对象或指称与解释的三元相互作用。立法文本可以被视为一个标志或代码,是关联的、相对的和考虑语境的,整体操作并且由于符号、对象或指示物与解释者之间的相互作用而产生意义。法学名词规范化为沟通提供了信息发出者与读者共同的代码系统。从语用学上讲,人们对立法文本的理解可能会受到身边所发生的事情的影响。例如,当法律在很大程度上被视为无效或无法实施时,会导致人们对法律的失望或缺乏信任,并且因此出现法律信仰危机等问题。此外,关于作者、文本和读者之间的关系,立法文本的含义由读者协商和构建。法律颁布后,立法机构(作者)的重要性下降。然而,立法文本的性质是规范性文本,这意味着作者的影响依然存在,但重点转移到文本作为法律应该如何理解和解释。从这个意义上说,在立法起草中,法律应该针对读者而不是作者。在意义协商过程中,当读者与文本进行互动或协商时,读者会将其在社会环境中的经验方面带入构成文本的意义。[1] 虽然这种特殊性也是在共同社会文化语境范围内的,[2] 但是必须认识到,具有与作者或其他读者不同的社会经验的读者可能会在同一文本中找到不同的含义。

普通法系国家的法官是读者,在解释法律和决定案件时,他们通常会注意到社会公众的期望。有时候,法官会因为判决与普遍的社会标准和观点不相容而受到批评,也就是说,法官的解释被认为或与更广泛的社区的解释不一致。这不是对与错的问题,而是司法官员的生活经历以及解释的特殊性质的结果。简而言之,立法文本可以有多种解释。然而,正如学者所指出的那样,多重解释的可能性和皮尔斯(Peirce)教授的"符号学概

---

[1] J. Fiske, *Introduction to Communication Studies* (2nd edn) (London and New York: Routledge, 1990), p.4.
[2] T. A. Sebeok, *Style in Language* (Oxford: John Wiley & Sons, Inc., 1960), pp.350–377.

念"并不能得出解释没有标准的结论。① 皮尔斯教授认为社会是一种超验原则,文本意义有可能在一个读者群体之间达成一致。从长远来看,符号学的过程产生了一种社会共享的观念,即社会所参与的事物就好像它本身是真实的一样,并且超验意义不是在过程的起点处,而是必须假设在此过程中。正如翁贝托(Umberto)教授所说,这并不意味着文本具有独特或最终的意义,而意味着"任何解释行为都是开放与形式之间的辩证关系,是解释者的主动性和背景限制的相互作用"②。在法律上,立法文本可供不同读者阅读。法律文本的意义仍然通过作者、文本、读者和上下文来调解。虽然只有某些司法解释最终成为法律,但它们通常包含立法者(作者)意图或社会(读者)期望以及社会文化的既定和共同意义,是作者、文本和读者的意图或权利的相互作用。解释立法文本是或应该是互动和动态的,因此,意义不仅仅是从发送者到接收者的物理发送,而且是结构化关系中的各种元素,包括作者、文本、读者和上下文之间的彼此交互。

制定和阅读立法文本是平行的过程,因为它们在这种结构化的关系中占据重要位置。在制定法律的互动过程中,包括立法机关和公民在内的各种行为者参与和投入"意义构建"至关重要。同样,公民作为阅读和解释法律的读者之一也是至关重要的。读者与制定法律的立法机构一样重要,甚至在某些情况下比立法机构更重要。如果读者不是由发起人阅读和解释立法,那么法律将毫无意义。作为法律文本,立法是遵循所需法律程序的产品,但这个产品只有在被解释、读者交流与沟通的过程中,才能被赋予真正的意义。在这方面,关于立法过程中各种行为者所扮演或认为扮演的角色,沃恩(Carrion-Warn)教授曾提出,立法者发出的法律信息的接收者不是法官,而是最终的主体。允许/禁止/要求适用,而法官只是一个中间人。③ 他指出,只有当法官适用立法信息时,才能说有真正的发送者(立法者)和接收者(主体)。在那个阶段之前,信息的发送者只是一种"语言结构",而接收者是一个空白的空间,一种可以实现和定义的可

---

① U. Eco, *The Limits of Interpretation* (Naperville, IL: Blooming Press, 1990).
② H. G. Gadamer, *Truth and Method*, trans. by W. Glen-Doepel, J. Cumming and G. Barden (New York, NY: Seabury Press, 1975).
③ B. S. Jackson, *Semiotics and Legal Theory* (London and New York: Routledge Kegan & Paul, 1985), p. 262.

能性，只有在司法话语本身传达给他时才会发生。① 似乎有可能在立法过程中更好地描述不同行为者，如立法机关、法官和公民的角色。在法官解释法律之前，"接收者"远非空白。如这里所述的接收器，即读取器，不仅仅是合法消息的被动接收器。相反，读者在法案制定成法律之前和之后，在法律由一位读者（法官）解释之前和之后，是或应该是立法和实施过程的完全参与者。正如图 10-1 所示，法官和公民都是互动行为的重要成员，尽管作为读者之一的法官处于不同的法律地位制定了规范性的声明。在中国的情况下，目前看来，立法过程中的参与者，即立法机构、法官和公民，已经开始在不同程度上感受到他们的存在。为使立法进程有效运作，所有三个行动者都需要做出实质性贡献，除了立法机构，司法机构和公民都需要发挥作用。

除了提出的法律意见之外，当前人们可以立即做出的贡献之一，就是将某人告上法庭，以检验法律，这成为沟通过程的一部分。证据表明，诉讼案件越来越多，这可能是法律提高其在中国的有效性和成为中国文化的必要条件所必需的。社会或社会关系中的沟通目的是在社会系统内维持平衡。② 在立法过程中，作者和读者是沟通者，立法文本是其社会环境的一部分。作者、文本、读者和语境都是符号系统和过程的一部分，它们的内部关系是相互依赖的。如果作者和读者对文本具有相似的态度，则系统处于平衡状态。文本在交际环境中所处的位置越重要，他们就越倾向于达成一致，这可以通过大多数立法机构达成共识通过一项立法来说明。法案，一个复杂过程的简化说明。重要的是要认识到法学名词或文本没有将作者的经验传达给读者，正如维特芬教授所说，并不能保证文本的读者能够收到创作者所写的信息，③ 读者得到的含义可能不是作者的意思。文本是意义的连续性的实现，④ 如前所述，传播过程是一种动态行为，其中作者和

---

① B. S. Jackson, *Semiotics and Legal Theory* (London and New York: Routledge Kegan & Paul, 1985), p. 262.

② J. Fiske, *Introduction to Communication Studies* (2nd edn) (London and New York: Routledge, 1990), p. 33.

③ W. Witteveen, "Legislation and the Fixation of Belief," in R. Kevelson, ed., *The Eyes of Justice: Seventh Round Table on Law and Semiotics* (New York, NY: Peter Lang Publication Inc., 1994), pp. 319–348.

④ M. A. K. Halliday, *Language as Social Semiotic: The Social Interpretation of Language and Meaning* (Baltimore, NY: University Park Press, 1978), p. 122.

读者都是平等的传播者。政府可能会规定法律意味着什么或应该意味着什么，但人们可能会看到不同的方式。

最后，与立法相关的是立法的合法性问题。哈贝马斯认为，制定法律的民主程序是合法性的形而上学来源。因此，民主舆论和意志形成的交际预设和程序条件是实证法合法性的重要来源。哈贝马斯认为，话语和反思形式的交际行为在法律规范的制定和应用中起着组成性作用。此外，根据哈贝马斯的话语原则，可能要求合法性的唯一规则和行为方式是"所有可能受影响的人都可以同意作为理性话语的参与者"。法律法规的制定必须通过交际和保障参与权利，法律话语以这种方式获得了民主原则的法律形式。[1] 总之，在这里提出的建设性模型中，立法被视为一种交流和解释行为以及符号学过程。重点不仅在于过程的行为或阶段，还在于立法文本的制定和解释过程，及其与生产/接受文化的互动、传播在建立和维护价值观中的作用，以及这些价值观如何使得沟通具有意义。[2]

正如哈贝马斯所说，法律"不是一个自我封闭系统"，而是由"被剥夺权利的公民的民主的道德生活和中途满足它的自由政治文化"所滋养，并且立法的民主程序依赖于公民参与权利、共同利益的实现程度。在中国的情况下，立法中新兴的参与和话语实践是令人鼓舞的，但是当前中国的法治道路还在继续，要理解法律和立法的含义，需要在社会中构建法律与现实之间，或事实与规范之间的具有张力的规范性方法。

（三）法学名词为立法提供系统化、规范化的语词库

在立法表述本身的过程中，并不能也不可能随时创造语词为其所用。那么，语词从哪里来？当然需要有一个系统的规范的法学名词词库以从中调用，而词库的建立需要不断地创造积累，形成规模。正如我们所认识的法律语言体系各组成部分是互为作用的一样。语词在这个大的体系中，各个部分互为支撑、互为验证。中国政法大学刘红婴教授指出，法学名词规范化词库需要创建，而创建又必须经法律领域内的约定与确认，这个过程需要在学术思想的表达中完成。[3] 立法的语词库主要是专有名词术语，立法

---

[1] J. Habermas, *Between Facts and Norms: Contributions to a Discourse Theory of Law and Democracy* (Cambridge, MA: MIT Press, 1996), p.448.
[2] J. Fiske, *Introduction to Communication Studies* (2nd edn) (London and New York: Routledge, 1990), p.189.
[3] 刘红婴：《法律语言学》，北京大学出版社，2007，第122页。

中调用时依据习惯与目的进行运作。例如,"法案"与"法律案"两个术语如何选择,后者专业涵盖力与精确度都比较高,因此《立法法》选用"法律案"。总而言之,法学名词词库可以在以下三个方面发挥重要作用。

第一,为立法沟通提供知识共识的基础。社会现实越来越复杂,立法者所面对的对象既具体又抽象,其成员在身份、地位、职业、性别等方面各不相同。要说服这样的复杂受众群体,立法者需要首先对"受众"进行分类,然后根据不同的受众采取不同的修辞策略。当然,这只是一种无法实现的理想状态。对不同的受众,立法者最终所呈现的也只能是统一的规范文本。无论立法者采取什么样的修辞策略,他都没有办法真正完全说服所有受众。在一个价值多元的社会中,任何事物想要获得大众的一致接受都是极其困难的,立法者只好将目光倾注于特定的对象,也就是法律工作者。此外,普通公众与立法者之间也不具有充足的共识以作为交流的基础,因此法学名词规范化为这一共识基础的实现提供了理论基础。法学名词规范化为立法提供了系统、规范的概念体系,为无论是用语选择还是使用都提供了一个重要参照。因此,准确使用法学名词,将使立法语言表达保持客观中立、前后一致、逻辑周延、繁简适当。

第二,为立法文本逻辑结构提供重要参照。法律文本的结构应是非常严谨的,因为法律文本的逻辑处理有助于将法律信息置于清晰的层次结构中,有利于传达规则信息。法律文本从抽象走向具体,从实质到程序,文本的结构应该是一致的,具体而言就是主要概念在次要概念之前出现,一般规则在特殊条件和例外之前出现,法律文本的结构性特征构成了其形式主义的一部分。然而,应该指出的是,这种形式主义超越了文本结构的组织:它涉及句子和短语层面的固定公式。法律文本包含许多固定的词组,在接下来的段落中,我们将非常简短地考察立法文本的结构,然后我们继续更详细地检查司法判例的形式特征。这样做的理由是法律(和条例)更明确地表明了与法律文本结构有关的问题。法律和法规可按逻辑顺序分为较小的整体(如抽象—具体,实质—程序),细节因法律文化和内容而异。从法律语言的角度来看,法律的编纂有其优点。代码的逻辑结构告诉读者关于法律概念的层次结构以及表达这些概念的术语。由于这样的结构,律师或翻译人员很容易在代码中找到他们正在查找的术语,并确定使用这些术语的背景。此外,代码的结构反映在对其术语的解释中:文章的位置影响其中使用的术语的内容。因此,在编制这些汇编时,应该谨慎地从术语的使用领域得出结论。

第三，应对句子的复杂性与语言元素多样性问题。在本书的各个部分中，我们谈到了法律语言中的句子往往非常长和复杂的事实。这在很大程度上是由于法律语言涉及一种自古以来有着特殊用途的语言，其文体元素通常源于中国特有的文化背景。正如我们下面将要看到的，近年来语言专家一直在努力提高法律语言的质量，特别是提出缩短过长的句子。事实的描述和案件的早期阶段以及判决的理由和执行部分都通过长难句表达出来，并由许多从属条款分解。法律和行政语言比普通语言更少使用动词，因为一个名词能比一个动词给出更客观的评价，特别是在涉及社会事实的情况下。在普通的语言文本中，名词只占字词的三分之一，这些名词经常形成短语或者复合词，这加强了法律和行政文本中名词的丰富性。这是因为为表达一个新的法律概念而创建的术语也应该尽可能透明，如果构成所述短语或复合词一部分的特定单词各自表达新概念的基本特征，则能确保这种透明性。此外，不同的语言元素混合在法律语言中。首先，在技术层面上，法律语言包含来自普通语言的词语。其次，法律语言又包含专业技术术语。语言学研究表明，在法律文本中，与其他专业语言相比，仅具有法律意义的此类法律条款的数量相对有限。大多数法律术语都来自普通语言，在法律环境中具有特定意义。这有时是危险的：不熟悉的读者通过想象得出该术语的含义，但实际上这个术语意味着法律语言中的其他内容。最后，法律文本几乎总是包含其他专业术语（如"商业""技术""金融"等），充分理解这样的法律指令需要这些科学的知识，这加深了文本理解的难度。

第十一章 司法语言中的法学名词规范化

第一节 法学名词解释与法律解释的联系

法律解释说明了语言与法律之间的重要关联。实际上，对于理解和定义不确定的法律概念，法律解释方法被证明是非常有用的。为此，本章探讨了法定解释的一般方面和法律中不同的解释方法，特别关注目的论或目的性解释方法，试图通过探索术语方法如何为法律解释中的意义建构提供经验基础，为法律解释提供一个新的视角。

不论是成文法还是判例法，在适用法律规则的具体案例时总是存在着选择。法官必须在成文法语词的具有选择性的意义间做出选择，或是在对判决先例之要旨"究竟是"什么的相互竞争的诠释间做出选择，法官必须从明显预先存在的规则中稳当确定地推理演绎出判决结果。尽管应遵循法律的立法目的进行解释，但是规则的字面意思可能看起来是不确定的，正如情境主义的语义理论所言，在不同情境中对规则语义的理解可能是不同的。法律规则的内容不应该被客观地固定下来，而应该被认为是在相关的范围内达成一致。因此，法学名词解释在某种程度上为法律解释提供了理解基础。

第一，为法律解释提供了逻辑的概念领域。法律植根于语言，没有语言就没有法律。与此同时，法律不仅仅是语言，因此，要理解法律，我们必须诉诸某种解释。但没有语言就没有解释，因为解释意味着直接或间接地依赖语言,毕竟,解释被认为与文本和语言意义有关。[①] 在法律解释学中,理解只是一种自动发生的认知行为,而解释发生在一个人因模糊或文本不清晰而被迫反思意义时。[②] 对法律的理解必然地涉及语言、逻辑和常识原则的应用,而不仅仅是法律规则,而且,许多解释规则都是普通的语言原则。例如,归纳原则——其中一般词语遵循特定项目的列举,一般词语被视为适用于类似于那些具体列举的其他项目。可以说,法学名词构成了解释规则的一部分,限制了词语在特定类型体系中的含义。前者的规则是隐含的,后者是明确的。人们可以将法律视为具有其内在逻辑的概念领域,因此,仅仅依靠语言知识来理解法律概念或法律规定的含义是不够的,因为法律知识不仅仅是对文本的理性主义解释,同样,解释(以任何形式)可能与法律文本的表面意义不同,因为该文本仅提供有关法律规则的信息。[③] 应该记住,法院的任务不同于立法文本起草者的任务,法院试图将特质事实与不同精确度的词语相匹配。[④] 因此,对于法院而言,法律解释可以看作处理抽象术语与现实世界之间的关系。出于这个原因,这些术语不仅是抽象的,而且是开放式和不确定的,以便尽可能多地捕捉现实生活中的事件和意外事件,也就是说,理解立法者所传达的法律概念和法律知识需要某种形式的解释。但人们可能会以不同的方式解释一个术语,如律师和诗人可能对解释有不同的看法,后者认为解释是一种创造性的选择过程或一种澄清意义的方式,前者认为法律解释是法院确立法律规则含义的方式。[⑤]

第二,为法律解释提供了经验基础。法学名词规范化为法律解释实践中的意义建构提供了更为稳定的经验基础。法院调查法律规则是否适用于

[①] F. Bowers, *Linguistic Aspects of Legislative Expression* (Vancouver: University of British Columbia Press, 1989), p. 166.

[②] K. Larenz, *Methodenlehre der Rechtswissenschaft* (Berlin and Heidelberg: Springer, 1983), p. 195.

[③] M. V. Hoecke, *Law as Communication* (European Academy of Legal Theory Series) (Oxford: Hart Publishing, 2002).

[④] F. Bowers, *Linguistic Aspects of Legislative Expression* (Vancouver: University of British Columbia Press, 1989), p. 166.

[⑤] T. Ćapeta, "Multilingual Law and Judicial Interpretation in the EU," *Croatian Yearbook of European Law & Policy*, 2009 (5): 1-17.

特定情况，就需要确定概念的含义。许多法律纠纷都涉及词语的含义，[1]法院经常就法规中的一个词语是否应适用于特定案件的事实进行辩论，因此，法律学说被称为意义科学就不足为奇了。[2] 类似地，法律论证和法律决策可以看作逻辑学中的推理过程，[3] 将客观存在的概念转换为可以理解认识的术语，并在解释过程中赋予概念明确的含义。重申一下，歧义和不确定性不仅仅是语言的特征，因此，也是法律的特征。这些观点与认知理解相容，即意义既不固定也不自主。法律规范不具有脱离现实的预定含义，而是依赖于先前讨论的概念化过程。法官和语言学家往往处理的是疑虑的"半影"，而不是"确定性的核心"。

第三，体现了法律规范的标准。"法学名词"是所有法律概念的指称，而"法律概念"是组成法律规范的基本单位。法律概念的定义与理解体现了法律规范的标准，在法律解释中起决定性作用。从法律语言学的角度来看，规则与规范对应于概念的术语。例如，"刺破公司面纱"的隐喻概念中，公司法人人格概念的解释可以看作一个标准，以确定是否追溯公司独立人格背后的实际情况，使特定股东直接承担公司责任。

第二节 法学名词在法律解释一般方法中的应用

法律解释的方法论问题一直是法律史上的一个争论焦点。在将立法文本作为法律解释学的一部分进行解释的背景下，有两种广泛的方法：文本解释方法和自由主义方法。[4] 根据文本解释方法，仅仅根据字面意思或简

---

[1] L. M. Solan, "Statutory Interpretation in the EU: The Augustinian Approach," in F. Olsen, A. Lorz and D. Stein eds., *Translation Issues in Language and Law* (London: Palgrave Macmillan UK, 2009), pp. 35–54.

[2] M. V. Hoecke, *Law as Communication* (European Academy of Legal Theory Series) (Oxford: Hart Publishing, 2002), p. 181.

[3] 一个指号产生和应用的过程。在这个过程中，某物成为对某个机体而言的指号，或者说，某物通过某个第三者（指号）而考虑到另一物。指号过程包含五种因素，即指号载体（v）、解释者（w）、解释（x）、意谓（y）和特定条件（z）。

[4] S. Šarčević, *New Approach to Legal Translation* (The Hague: Kluwer Law International BV, 2000), p. 61.

单含义搜索单词的含义可能是有缺陷的。基于这个原因，通常区分文本、语法、历史、体系、语境以及目的论或目的性解释方法，而目的性解释方法最后被发展为补充上述其他方法的主要解释方法。假设立法者的意愿已经以清晰可靠的方式表达出来，那么应通过词语和语言分析确定需要解释的法律文本术语的一般和技术含义。

法律解释方法可归纳如下：（1）一般含义规则。根据简单的意义规则，法院应该解释一项法规，以便赋予其词语普通含义。这种方法可以与上述文本或语法解释方法进行比较，不用说，它违背了认知语言学的主要假设，而后者否认首先存在普通或非文本的自主意义。（2）考察简单意义和立法历史。为了验证其对法律规则语言的解读，法院可能考察立法历史，立法历史的含义是用于起草法案的准备材料，即委员会报告、会议委员会报告或负责起草的个别立法者的陈述。在这种情况下，立法历史可与上述历史解释方法相媲美。（3）社会目的规则。根据这一规则，法规被解释为实现其旨在实现的社会目的。（4）考察对法定解释的外部影响。这些影响包括刑事法规的宽容规则、对行政解释的尊重、合宪性审查和根据基本价值观的解释。

一、宪法解释

宪法解释的一个突出方法被称为"原旨主义"（originalism），根据该原则，应依据制宪者的意图或宪法条文的含义来解释宪法。一般而言，与法定解释相比，宪法解释似乎具有更大的灵活性。[①] 这种灵活性的原因之一是宪法的大部分内容都用非常笼统的方式表达，如"自由""正当程序""平等""言论自由"等，这有利于广泛地解释。宪法解释具有更大灵活性的另一个原因是宪法的根本大法性质要求在定义宪法概念时适应当前的社会现实。正如美国宪法学家伯纳姆（William Burnham）所说，"制宪者认为重要的问题在今天很可能已经不是问题"[②]。

在法学名词规范化研究中面临的一个问题是宪法以何种方式、在何种

[①] W. Burnham, *Introduction to the Law and Legal System of the United States* (St. Paul, MN: West Academic Publishing, 2006), p. 322.

[②] W. Burnham, *Introduction to the Law and Legal System of the United States* (St. Paul, MN: West Academic Publishing, 2006), p. 322.

程度上影响法律秩序的其他领域，特别是私法。如果不存在特别法律规定，那么这就是宪法与私法之间的（体系的）意义关联和效力关联问题，简而言之，就是体系解释的问题。宪法中的基础性价值判断，如基本权利，对整个法律秩序有着非常重要的作用。在第七章中已经就宪法的价值标准对其他法律领域的影响问题进行了分析与讨论，这里具体以"人格尊严"为例说明宪法对法律概念的相应解释产生的效力和影响。我国《宪法》第38条规定："中华人民共和国公民的人格尊严不受侵犯。禁止用任何方法对公民进行侮辱、诽谤和诬告陷害。"关于该条的解释，目前宪法学界的通说认为，该条所讲的"人格尊严"是指姓名权、肖像权、名誉权、荣誉权和隐私权。

在德国，关于宪法价值渗透整个法律秩序的最轰动的案例之一就是联邦法院与宪法法院做出的关于一般人格权的判决——德国联邦宪法法院"索拉娅"（Soraya）案，该案确定了严重损害人格权行为的赔偿金额，判决直接背离德国《民法典》第253条，直接援引宪法权利。德国《基本法》第1条和第2条涉及保障人的尊严和一般人格权。在民法领域，德国《民法典》中许多具体法律规范以及一些专门法也规定保护一般人格权。例如，德国《民法典》第823条第1款规定保护生命、身体、健康和其他权利的不可侵犯与自由。德国《联邦数据法》规定保护与公民个人有关的数据。人格尊严可以说是法律概念解释的典型例子，因为进行解释时首先应考虑其作为宪法的基本权利的定位，还有和其他基本权利的关系，如人格尊严与言论自由的关系。此外，还应考虑私法规范如民法中的规定，同时也应与整个私法相互协调。德国宪法法院的判决中这样说明：由于人格权保护的优先地位来自德国《基本法》第1条和第2条，因此不适用德国《民法典》第253条是合理的。[①] 通过德国的案例可以看出，对法律概念的解释不是对规定它的某一个具体规范进行解释，而是应该面向整个法律秩序。

"半影意义"是对概念的不同语境解释的集合。由于社会现实不是单一和静态的，而是复杂和动态的，假设规范条件的完备是不符合实际的。事实上，正是由于规范不能考虑到所有可能的条件，从而产生所谓

---

① 参见联邦宪法法院判决（Bundesverfassungsgericht，简称 BVerfGE），Beschluss vom 14.2.1973 – I BvR 112/65, in: BVerfGE 34 (1973), S. 269。

的"半影"。这里必须认识到，歧义和不确定性不仅仅是语言的特征，也是法律的特征。这些观点与认知理解相容，即意义既不固定也不自主。因此，法律规范不具有脱离现实的预定含义，而是依赖于先前讨论的概念化过程。因此，法官和语言学家往往处理的是疑虑的"半影"，而不是"确定性的核心"。[1] 正是由于法律概念"半影"的存在，这个概念的成员资格可能会受到质疑。规范的多主体系统领域（normative multi-agent systems）提供了对法律领域中构成性规则的计算说明，其中根据上下文分析概念"半影"的问题，简而言之就是根据法律概念体系进行分析。

二、目的和字面意思

法律解释经常涉及文本中"所说"的内容和立法者意图之间的明显张力。乍看起来，这种区别似乎是语义学（semantics）与语用学（pragmatics）之间在字面意思和说话者意图意义之间的区别。语义学研究句子的字面含义，语用学研究句子的言外之意。而归结到能力（competence）与表现（performance）的区分上，语义学研究一种语言能力，而语用学则研究人类的具体语言表现。字面意思是与句子类型相关联的，而意图的意义与特定语境中观察到的话语实际相关。然而，这种区别似乎与法律解释无关。

拒绝语用解释有两个主要原因。一是缺乏对话语情境的共同认识。语用理解取决于对话者对于语境相关细节的认识，这在法规体系的背景下是很难达到的。由于法律的层级较高，在具体规则中考察立法者的意图往往有一定困难。文本应该以其普通、自然的含义来解释，这个意义通常是由一个法官团体决定的。二是意思的含义具有很强的主观性，取决于个人的理解。此外，它必然依赖于上下文，在不同的场合以不同的方式解释相同的规则表述，这种灵活的解释方式将使法官有一个不可接受的自由裁量权。事实上，如果规则的内容根据情况而有所不同，他们会发现自己在个案的基础上进行裁决，他们不能再被说成是遵循规则了。因此，在法律裁决的背景下，法官倾向于固定的字面意思而不是采用语用学解释。即使明

---

[1] H. L. A. Hart, *Essays in Jurisprudence and Philosophy* (Oxford: Clarendon Press, 1983).

显的意图和所说的内容之间存在明显的冲突，法官也倾向于根据案文的字面含义做出决定。事实上，司法解释的目的通常不是要发现落实立法机关推定的意图，而是要确立所用概念的"正确"含义。在法院，立法机关打算做什么或者不打算做什么，只能通过合理的和必要的推理，从其选择制定的立法机构合法地确定。事实上，我们经常所说的"立法目的"不在于寻求立法机关的意思，而在于确定他们所说的真正含义。在审判一个案件时法官有义务确定一个"正确"的含义，并且这个含义被认为必须是固定的和不变的，因此它可以被一致地适用。但是，这样能一致适用的字面语义也是存在不确定性的，于是便出现了新的问题。法学名词作为立法语言中的逻辑概念表达要素，在体现立法意图、传递法律信息、表达规范等方面有着非常重要的作用。

三、文义解释和不确定性

文义解释是法律解释中最基本的方法，文义解释优先是法律解释主体必须恪守的原则。根据进行文义解释时所把握的尺度松紧，文义解释又可以进一步划分为字面解释、限缩解释和扩张解释，这三种解释均有各自不同的适用场域，各自发挥着释明模糊的法律意义的功能。如果意义显而易见，字面解释往往会导致荒谬。除了导致荒谬这一风险之外，与字面解释相关的另一个问题是普通或自然的含义并不总是清楚的。如有疑问，法官尽可能遵循有关先例。然而，先例并不总是一个充分的指导，因为在以前的案例中可能没有讨论过新案例中提出的具体问题。如果法规的含义未有权威性规定，法官会参考司法解释，这些司法解释构成中国特色社会主义法律体系的组成部分，但是这些条款通常不提供详细的定义，相反，它们往往只涉及原型案例，因此可以消除某些不可能的、周边的解释。此外，他们常常用短语来对冲，以便法官如果认为适合，可以提供不同的定义。这种短语的典型例子是："除非出现相反的意图"或"除上下文另有要求外"。在语言不确定性的情况下，含义条款作为辅助判断很少有用。如果一切都失败了，法官偶尔会引用字典的定义来支持某种特定的解释。他们不情愿地这样做，首先是因为字典的使用似乎意味着用技术定义代替首选的"自然"含义，其次是因为字典不提供单一的"正确"解决方案，而提供各种各样的在不同情况下可能会有的意义。在含义含糊不清的情况下，引用不准确的地方，或含义看起来不确定的地方就会出现问题。

在使用广义术语的情况下，法定含义被认为是模糊的，申请的细节由法官决定。法定起草者通常以这种方式使用"合理""公平""安全"等字眼。虽然模糊性已被证明是法律的根本属性，但它不能被认为是一个语义问题，因为通过给出更准确的规则，这种不精确总是可以在必要的范围内得到弥补。在有两种可能的解释的情况下，这种意义被认为是不明确的。在这种情况下，法院别无选择，只能考虑背景以解决歧义。法律辩论集中于周边情况的外部证据在多大程度上可以作为参考因素，对上下文的了解将使各方能够提供适当的参考，从而避免含糊不清。在其他情况下，参考可能是不准确的，问题是特定的用法是否可以通过从主要意义或主要意义的延伸而得出。如果字面意义看起来不确定，那么要决定的问题不再是一个特定的理解是否可以从主要的或原型的意义中推导出来，而是如何定义字面意义本身。由于法官通常需要在两种相互竞争的解释之间做出决定，因此这个问题通常以模棱两可的方式在法律判断中提出。而法学名词规范化为法律解释提供了一种参考，即在可能的话语情境中为法律概念提供更加明确的含义。

四、情境主义

哈特表明，所有术语都受到他称之为"不确定性半影"（penumbra of uncertainty）的限制。他举了一个将"汽车"作为"机动车"（vehicle）的没有争议的典型例子，提出"飞机"等作为不太清晰的名词存在于总称的"半影"中。[①] 由于他称之为"自然语言的开放性质"，法官总是需要运用自己的判断力，解释禁止在公园使用车辆的规则。这种方法看起来可以令人满意地说明如何使用一个中心词来引用相关概念的情况，但是，语义的开放式结构理论并不能解决在中心词本身出现不确定性时遇到的结构问题。美国最高法院经常指出，语言不能脱离语境来解释，如果根据围绕它们的条款进行分析，那么单独看待那些看似含糊不清的词语可能会变

---

① H. L. A. Hart, *The Concept of Law* (Oxford: Clarendon Press, 1994), p. 126.

得清晰。① 这里的背景意味着术语的直接背景，司法解释实践中语言语境也是考量因素，法院可能依赖于自己对有关术语的理解，法院不仅会借助于字典定义或专家意见，还会诉诸语言知识。

在他著名的尾注中，哈特明确提到了怀斯曼（Waismann）早期对开放性结构的更为激进的定义，这与法律解释中观察到的词语不确定性问题更为相关。② 怀斯曼指出，所有概念都与无限数量的语义特征相关联，其中存在尚未被注意到并且可能永远也不会被任何人注意到的语义特征。因此不可避免，对术语进行的语义描述很可能是不完整的。但是，如果按照怀斯曼的观点，这些概念本身是根据相关语言学群体的当前的知识状态来定义的，那么意义仍然是附带条件的，并且不能独立于语境而固定。鉴于怀斯曼意义上的开放结构，无论单词或短语是否适用于新环境，都会成为一个经验问题，取决于背景假设和迄今未被注意到的背景特征。换而言之，一个术语对新情况的适用性取决于它与来源情况的相似性。目标情况必须与来源情况相似，不仅涉及该术语的"明确"定义，还涉及隐藏背景。如果这两种情况有分歧，这个术语是否适用就不清楚了。③

此外，语言学家普特南指出人们用言语表达的含义必须受到他们的知识的限制。例如，对于大多数普通人来说，在大多数情况下，"黄金"是指有光泽和黄色的金属，专家们可能会使用原子量或分子结构作为判定特定金属是金的标准。④ 普特南的解决方案是将这个概念作为一种"刻板印象"来表达，对应于语言学界共享的、可能不完善的知识。通过协商一致建立的刻板印象通常没有问题，然而，问题出现在所指对象与社会建立的刻板印象之间只有部分相似之处，例如，对于苹果和柠檬的差别。并且该术语的适用性是否将再次作为经验问题出现，这取决于社区中的使用情况。塞尔（Searle）指出，即使是最简单的句子，并且是在没有语境歧义的情况下，意义在某种程度上也必须依赖于背景假设。⑤ 塞尔的结论是，

---

① L. M. Solan, "Chapter 6: Linguistic Issues in Statutory Interpretation," in L. M. Solan and P. M. Tiersma, eds., *The Oxford Handbook of Language and Law* (Oxford: Oxford University Press, 2012), pp. 87–100.
② H. L. A. Hart, *The Concept of Law* (Oxford: Clarendon Press, 1994), p. 297.
③ F. Recanati, *Literal Meaning* (Cambridge: Cambridge University Press, 2004), p. 143.
④ H. Putnam, "Is Semantics Possible?" *Metaphilosophy*, 1970, 1 (3): 187–201.
⑤ J. R. Searle, "Literal Meaning," *Erkenntnis*, 1978, 13 (1): 207–224.

所有的话语都必须根据一些默认语境来解释。在没有任何合理的情况下，不可能有精确的字面含义。因此，这个词语的含义是不确定的，语境必须在确定所说的内容方面发挥必要的作用，字面意思不能独立于语境。

因此，必须承认，每个术语的语义解释在某种程度上都必须取决于上下文。在雷卡蒂（Recanati）对语言"文字主义者"（literalists）和"情境主义者"（contextualists）之间的辩论进行深入的讨论时，他提出了"意义消除主义"（meaning eliminativism）的一种形式。他拒绝字面含义的概念，认为术语的语义不是表达该术语的"语义潜能"（semantic potential），术语的语义取决于语境的某些方面。这个问题的含义不是固定的，而是可以根据上下文以不同的方式实现。[1] 如果"说什么"的法律建构在某种程度上取决于话语领域，那么似乎有必要接受所谓的字面意义以及语用的意向意义因情况而异。在这种情况下，似乎不可能避免逐案判决。相反，如果没有固定的字面含义，那么机器可以运用语用含义来产生理想的目的性含义。没有任何预先存在的客观含义似乎相当于证实了奥斯汀的分析，奥斯汀认为，显性表达和言外行为从根本上说通常是常规的，不是从它们的语义中，而是从语境使用中得出它们的含义。[2]

第三节　法律解释的局限性与法学名词一般含义理论

一般含义原则的重要性部分取决于立法意图的有限存在以及其他一些熟悉情况下的法律解释的限制性质。本书第十章详细论述了为什么如果寻求文本语言的沟通意义，法律解释者必须根据客观的意义决定因素，也就是法律术语的一般含义来构建解释。这一章将进一步解释对立法者意图含义的约束，这些意思必须存在以便认识到语言不能代表立法者的真实意思表示，以及解释文本时可用的意义决定因素的有限性质。应该认识到，无论以何种方式对立法者的实际意图进行传达与解释，也

---

[1] J. R. Searle, "Literal Meaning," *Erkenntnis*, 1978, 13 (1): 207–224.
[2] J. L. Austin, *How to Do Things with Words*, vol. 88 (New York: Oxford University Press, 1962).

必须诉诸某种标准方法（如一般含义），文本的含义可能不仅仅是立法者的意思表示。

法律文本的真正含义本应超越立法者的立法目的，因为法律文本（如法令和合同）通常应用于其起草者未考虑到的各种情况，无论是由于起草者忽视还是当时这一问题不存在的情形。起草者的忽视可能是出于各种原因，包括可以理解的无法预见所有可能属于或不属于法律文件的各种情况。因此，起草者选择的词语可能是确定的，但词语的预期扩展即应用的参考范围可能是未知的。例如，是否可以说，在飞机尚未发明时，起草者将"飞机"包括在旨在用于"车辆"的法规内？或者相反，起草者不打算在法规范围内包括"飞机"？[1] 如果在这种情况下要引用"意图"，它必须是非常笼统的、有目的和能够被推知的意图。此外，文本的含义与立法者意图以不同的方式出现，期望目标受众能够掌握立法者的意图显然是不合理的。立法目的解释和基于语言惯例的含义的巧合只是偶然的。仅仅通过话语来表达意思的意图并不能保证它实际上意味着什么。阐释学概念理想的重点在于，用于沟通的词语，如写作中使用的词语，具有超越其具体内容的意义的沟通行为。[2] 因此，有些情况下，语言的含义与说话人的意图可能分离。

事实上，有时即使作者的预期目的是已知的，文本含义仍然会超越它，这对于文学文本来说确实如此。文学作品最终比他们的作者更重要、更独特，并且保留了创作者实际心理过程的自主权。虽然文学作品应该被视为一种沟通话语，但它应该受到不同的基本解释规则的支配。[3] 与文学解释相反，法律解释是一种零和游戏。在诉讼和任何具体的解释性争议中，只有一种解释可以享有优先权，也就是说指定权威解释是必要的。涉及法律文本时，即使法官通常采用立法目的解释方式，并不是每个解释性争议都将立法者意图的特定历史事实作为其最终目标。在许多情况下，解释的最终目标本质上必须超越立法者的意图。除了上面提到的不经意的不确定性之外，一种这样的情况涉及有意的不确定性。人们普遍认识到，为了将立法负担转移给其他人，主要是立法机构和司法机构，起草了有意含

---

[1] McBoyle v. United States［1931］283 US 25.
[2] D. Weberman, "Reconciling Gadamer's Non-Intentionalism with Standard Conversational Goals," *The Philosophical Forum*, 1999, 30（4）：317-328.
[3] J. Taylor, *Linguistic Categorization*（Oxford：Oxford University Press, 2003）.

糊的法律语言。不确定性既非有意也非无意,对法律文本的解释是特有的,因此可以说它构成了一种正常的事态,而不是偶然的问题。在故意不确定的情况下,立法者的意图不足以解决解释性争议,必须采用法律或其他非语言学原则来选择解释。在这种情况下,该语言的一般含义同样不足以解决解释性争议。

即使足以解决解释性争议的立法目的可以被认定,法律原则通常也会作为法律解释的限制。一般含义解释也是如此。应该很容易接受的是,即使这些解释可能与相关语言的一般含义不同,法院经常会根据法律特定的问题来选择解释方法。本章已经简要地解释过,法律文本中语言的含义并不总是以语言的一般含义为基础。例如,法院可能会认为应该对法规进行狭义解释,以便引起一些合法利益,如对追溯适用法律的不公平性的关注。该语言的语言含义可能不表示对法规范围的任何限制,但法院将提供一个基于法律而非语言上的担忧。后面的章节更详细地讨论了某些解释原则是否有助于确定一般含义,或者更恰当地将其归类为基于法律关注的原则,或者在某些情况下可能是错误的语言观点。

对一般含义的另一个根本制约在于基本法治和民主原则。基本法治和民主原则的进一步解释概念是,法律是立法者在议案最终通过时投票的内容,而不是立法者可能拥有的各种意图和动机。法律的含义是由立法者的意思决定的,而不是由立法者颁布的。虽然立法意图在法定解释中的作用引起了激烈的争论,许多学者认为它应该对法官的意义决定起作用,在任何情况下都没有明确的立场允许立法沟通意图与法律意义共存。例如,这种立场会拒绝公民必须充分注意到刑事规定的原则。因此,文本的含义由作者的意图决定的故意主义立场不能作为一种法律含义理论,尽管有意识主义者仍然认为它可以作为沟通内容意义的基础。

法官采用的除了法治和民主理论概念以外的其他约束条件。在合同案例中,正如法官所解释的那样,合同与当事人的个人或个人意图无关。一方有权依据对方的陈述和传统意义,通过客观、合理的标准来解释,而不是只有一方当事人意图的某些秘密意义,即使该当事人起草了合同。在文学和法律文本方面,必须承认作品的意义有时超越了立法者意图,当然也包括文本的一般含义。这些约束来自解释的理论,而这些理论不作为他们的最终目标,要么是立法者意图,要么是语言的一般含义。

本书试图将一般含义概念化为一种理论,为了连贯起见,必须在某种程度上与文本的交际意义相对立。原则上，一般含义在很大程度上取决于语言系统性的含义，而不是任何可以追溯到文本起草者的具体解释性线索。这种一般含义的概念化对于保持考虑名词解释的情境来说是一个巨大的挑战。先前的章节已经研究了语言现象（包括量词、时间介词短语和文本规则中的语言使用原则）与上下文相互作用对名词含义解释的作用方式，但是必须注意的是，注重语言的系统性必然会损害解释的自由裁量性。自由裁量权的不可判定性与一般含义的确定性之间的关系与平衡值得深入研究。一个法学名词的一般含义只能被认为是默认的或推定的含义，要求解释者参考广泛的语境来确定起草者的意图对于正确理解这个名词具有重要意义。

  对法学名词的含义进行解释是一个复杂的问题，自由裁量权可以看作固有的方面，但是确定法律语言的系统性应该被视为对法律解释的有价值的贡献。这样可以帮助证明为法学名词定义的正确方法，也解释了大多数法律实践中的一些概念的法律解释不是普通语言意义的原因，其他尚未确定的系统性语言也与法学名词的解释有关。例如，即使对于传统上不被视为依赖于上下文的名词，句级上下文也是该名词含义的重要参考。考虑到语义学家之间的一致性，词语带有许多意义维度并且在给定语境中带来特定意义。句子层面语境对名词含义的贡献，毫无争议地，是重要影响因素中的一个方面，因而也是法学名词解释的参考因素。在对一个法学名词进行定义和解释时，过分关注其涉及的情境、社会、政治、历史等外在因素，可能导致不恰当的广泛含义，因为这样捕捉到的是"可能"的而不是"一般"的含义，由于语言本质的创造性，这些含义可能导致无限的潜在含义。然而，在应然状态下，法律应是客观和确定的。法律实践中应倾向于以避免应用中的不确定性的方式来定义词语。通过定义法学名词的一般含义，并将这些定义视为必要和充分的意义条件，似乎可以缩小解释性裁量。

  在对法学名词进行定义时构建一般含义，这与普通的字典的定义工作是完全不同的。一般含义上，字典是一个高度抽象的结构，为了完成单个或多或少地呈现单词的工作，在可访问的列表中，词典使设置的单词往往远离其日常用途。词典编撰时对术语定义的过程往往是对一个词语给出一个精确的定义，是一个规定的过程，而不是描述性的过程。并且一个规定的定义不可避免地将技术术语的状态赋予所定义的单词，这种方式产生的定义很可能不能准确地反映这些术语的一般含义。因此，这种对法学名词的一般含义的语义构建方法反映了术语在自然语言中的灵活含义，与科学家的规定性定义之间有巨大区别。基于语言本身固有的内在的灵活性，法律语言应该被视为一个系统，而不仅仅是一个个松散的单词。在进行法律解释时，应认识到虽然有必要考虑背景，但解释法律并不是一种不受语言原则约束的完全自由裁量的行为。可以肯定的是，法庭声称在定义词语时应遵循语境方法。然而，法院考虑的上下文通常包括但不限于句子范围。法院认为相关背景是有关条款如何与整个法定计划相契合，法院当然也可以根据相关法规的"目的"或从法规的立法历史中收集到的信息来选择含义。法院的背景考虑因素应被一定的规范所约束，语句可能在不同的情境下具有不同的解释与含义，但是单个特定名词语义却应具有一定的可预知性，即作为等式中的常量存在。

在美国最高法院的"尼克斯诉赫登"案（*Nix v. Hedden*）[1]中，法院必须根据1883年《关税法案》判定应将西红柿应归类为"蔬菜"（vegetable）还是"水果"（fruit）。最高法院首先陈述了其惯常做法是定义术语的一般含义而不是其技术含义。法院指出，当事方引用的多部字典都将"水果"一词定义为"植物的种子，或含有该种子的植物的一部分，特别是某些植物的多汁的果实，覆盖并包含种子"。但法院认为，从植物学角度来说，西红柿是一种果实，就像葡萄、苹果等一样。但是从人们的"共同知识"来看，无论对于卖家还是消费者，这些果实都是种在菜园里的蔬菜，无论是熟的还是生的，就如马铃薯、胡萝卜、甜菜、菜花等蔬菜，不像水果一样作为甜点。法院指出，这里的定义确定必须基于普通人的"共同知识"。[2]因此，在法学名词的一般含义构建时对普通人"共同知识"的考虑，为法律解释提供了沟通基础。

虽然上述提出法律解释中应考虑法学名词的一般含义，但不能忽视的是任何名词的一般含义都有一个边界，那么这个边界在什么地方将是接下来要讨论的问题。"西红柿"和"水果"等可能是相对容易区分的一般含义，因为它们显然存在于法律之外并且为大众所熟悉。然而，法律文本中的术语往往指的是无形的概念，这些概念可能不在

---

[1] *Nix v. Hedden*［1894］149 US 304.
[2] *Robertson v. Salomon*［1889］130 US 412,［414］.

法律之外存在，或者出现概率非常低。例如，"敲诈勒索"是我国刑法中的一个重要术语，但该术语显然是法律的创造，其一般含义能否涵盖所有意义呢？根据我国法律的规定，敲诈勒索是指以非法占有为目的，对被害人使用威胁或要挟的方法，强行索要公私财物的行为。在犯罪客体上，"敲诈勒索"侵犯的是复杂客体，即公私财产所有权和公民人身权利或其他权益，显然日常用语中"敲诈勒索"仅仅针对财物。可以看出，法学名词的一般含义无法涵盖所有使用意义，因此法学名词的边界限于法律科学领域内。

第四节　法学名词规范化在司法实践中的功能

一、明示功能

法律是人们必须遵循的行为规范，调整各种社会关系就是法律的重要功能之一。为了使这一功能得以实现，法律就需要明确指示人们什么可为而什么不可为。首先，法律已经颁布实施，就要让人们学习和熟悉它。其次，司法人员的执法工作，也离不开法律规范的功能。最后，司法机关执行法律的结构必须通过制作相应的司法文书加以实现。法律语言是行使权力的工具，加强了法官和政府官员的权威。这同样适用于公共角色的言语行为和私人角色的言行行为。司法语言尽可能地规范统一是人权保护的要求。在法院和公职人员适用法律时，权利保护和法律确定性要求制定程序形式，明确界定各方角色，需要有准确的文本引用和基于明确公式的指导模式。这就需要对程序进行详细的规定，这又意味着语言的复杂化。如果这样的文件含糊不清或不完整，这些缺陷会使文件丧失法律效力。这就是为什么草拟合同的律师在日常工作中为确保绝对确定性增加了他们所能想到的每一种条款。该文本是先前制定的，这意味着法律文件趋于延长，计算机技术的发展促进了标准条款泛滥（增加条款不再需要人工书写）。

二、指令功能

所谓指令意味着指示、命令，即为行为人提供规范引导。指令功能是法学名词作用于司法实践的重要功能之一。指令性功能体现的是法律的强制性特征，当有些公民不尊重法律时，公共当局需要加强法律权威，特别是制裁，这涉及处罚（徒刑、罚款等）、损害赔偿等。由于法律语言是具有权力的语言，通常是绝对的。一般来说，法律本身并不包含正当性，并且它们的目的不是启发。在语言层面，这种威慑性在动词符号中体现得最明显，这些动词性词语给出了正面的命令（如"必须""有义务"）或否定命令（如"禁止"）。必须强调的是，强制性不是所有法律语言使用的特征。特别是，法律学者和倡导者的语言具有不同的特征：它旨在说服读者或听众。大量的论证是后一种语言的典型特征，因此需通过表达结论的词语来确保文本的一致性。

对违法者的制裁传统上通过法律具有庄严、神圣性质的信念得到加强。通过类比，法院采用的某些语词表达神圣性在法律诉讼中存在的概念，如宪法宣誓。在过去，法律的神圣特征不仅体现在当局的各种行为和文书中，而且体现在私人文件中，特别是遗嘱。这加强了法律的权威，并激起了那些有犯罪倾向的人的恐惧。自古以来都通过法律语言表达方式加强法律的权威性、指令性，使人们遵循法律规范。西方法律的基础是罗马法，拉丁语被用来表达技术法律概念，并强调司法权威。在中世纪，法庭诉讼程序可以用拉丁语进行，尽管当事方本身并不理解这种语言。从普通人的角度来看，在某种程度上正因为法学名词专业性的使用，司法行政具有了仪式感、庄严感，因而令人印象深刻和敬畏。鉴于司法机关的独立性，在对法院执法人员进行法律语言的培训时，应该侧重于高等法院，因为下级法院遵循前者创造的语言模式。在许多国家，法律语言变得更加清晰，因此普通公民更容易理解。提高法律语言的质量，需要对法官和政府工作人员进行持续培训。

三、宣教功能

任何社会都需要核心价值观作为共同的导向，建立起广泛认同的价值标准，引领人们的思想和行为，增强本民族的凝聚力和向心力。① 作为指引性的价值判断，法律是指导人们满足共同需要的工具。在所有已知的人类社会中，都存在一些指导公共生活、社会关系的规则。法律规则要发挥作用，必须适用于整个社会系统，并且必须能够解释这些规则与社会系统之间的关系。法律保护的是一个社会的所有成员的共同价值。法律的价值导向体现在如下三个方面。第一，指引。法律主要是指出或宣布那些对人民的共同利益来说是必要的规则，使用任何种类的暴力或压力威胁或惩罚违反者其实是次要的，最重要的是将其作为一种对社会关系的指导性判断。因此，法律的权威来自针对公共利益的客观必要性。第二，保护社会共同价值。作为法律的规则应关注社会共同利益需要，即社会共同价值，背离社会共同价值的规则不应该是法律的一部分。人们的共有利益和个体利益之间的差异构成了复杂的社会关系，保护、秩序、安全、和平等共同价值观是可以传达给所有社会成员的对象。谋杀、强奸、抢劫、纵火等犯罪行为都是直接危害公共利益的行为，如违反合同的"侵权行为"等则间接涉及公共利益。保护社会公共利益的价值观与保障个人利益在本质上是一致的。第三，确立权威。产生指引性功能的法律是由权力机关制定的，因为权力规定指引方式、手段，保障规则实施。

本章阐述了在司法实践中如何克服词语的含义，假设语言学家和法学名词编纂者都可以从法院的解释实践中学到宝贵的经验教训，在讨论某种规则时，规则的内容包括具体词语的意思，不是依靠个人的知识或直觉，而是取决于适当的社会认知的共识。法律也是如此，这也是法律界的共识。个别法官仍然可以持不同意见，就像他们可以认为这个规则是不公正的一样，但他们仍需接受权威决定。哈特的"承认规则"暗示，公众成员需要从心理上认同所要遵守的主要义务规则，如果不是这样，法律制度就会失败。法律随着时间的推移发展，考虑到新出现的社会需求和价值，这一事实表明，它不是独立于参与者而固定的，而是对变化的共识确实做出反应。然而，作为一种哲学理论，上述解决方案面临着巨大的障碍，因为作为基础的社会认知共识的边界是很难确定的。语法的使用确实是通过

---

① 周利方、沈全：《国外核心价值观建设的实践类型及启示》，《理论月刊》2011年第11期，第158—162页。

对实践的观察发现的，而不是由外部权威强加的。[1] 在一个特定的语言范围中，单词和短语的含义在于该范围赋予它们的含义。就此而言，双方的共识似乎是语言传播与交流的基础。法律裁决也是一种合议活动，从根本上取决于意义和解释。然而，它也要求确定性，同时不能忽视道德问题。

考虑到这一点，我们将法院用于确定概念含义的方法与当代意义的语言方法并列。概念的意义是通过考虑目的和更广泛的背景来确定的，即超越语言水平。换句话说，法官在考虑语言背景的同时，界定和解释法律概念的含义。术语研究中的概念定义与概念体系有助于更好地理解法律解释，认知术语框架会使法律解释方法看起来更加客观和透明。

---

[1] A. Wagner, W. Werner and D. Cao, *Interpretation, Law and the Construction of Meaning: Collected Papers on Legal Interpretation in Theory, Adjudication and Political Practice* (Dordrecht: Springer Netherland, 2007), p. 47.

第十二章 迈向现代化的法学名词

第一节 法学名词规范化与法治建设

语言不是静止的，作为语言的基本构成成分，词语也不可能一成不变。法学名词术语的现代化，即通过用更现代的名词替换过时的词语单位、创造新词和变化语义，换而言之就是通过基于可读性或可理解性原则的简明语言规则使法律语言现代化。法学名词虽然只是一个个单词或短语，看似简单，但它们所蕴含的内容，却是丰富多彩、深刻广博的。通过一个个法学名词，我们就可以了解整个法律制度、体系，以及原则、观念等的基本内涵，及其对社会的巨大功能。现代化法学名词发展的趋势反映了现代化法律语言使用的问题，中国法学名词的语义演进一定程度上可以体现中国法律制度的演进。

一、法学名词的变迁反映了法治发展历程

十八届四中全会提出"全面推进依法治国"，我国法治进程进入了加速发展时期，一些关键法学名词的变迁体现了新中国的法治历程。《人民日报》作为中国的官方媒体在2013年进行了一系列的数据统计，通过新中国成立以来至2013年《人民日报》中提及法治词汇的数据可以看出：一些法学名词的变迁深刻体现了中国的法治发展进程。1978年之前，《人民日报》上并没有"依法治国"的叙述。1978年，党的十一届三中全会提出"有法可依、有法必依、执法必严、违法必究"的社会主义法制建

设的"十六字方针"。1985年,《人民日报》上开始逐渐提及"依法治国"。1997年,党的十五大报告提出"依法治国"基本方略。从十一届三中全会到1997年党的十五大,可以说是中国实施依法治国方略的理论准备和初步实践阶段。1999年,"依法治国"被写入宪法。2011年全国人大常委会委员长吴邦国宣布中国特色社会主义法律体系已经形成。2014年十八届四中全会提出"全面推进依法治国"。

"法制"和"法治"一字之差,却全然不同。"法制",专政工具;"法治",水则寓意"法之公平"。从图12-1至图12-3中可以看出,《人民日报》对于"法治"的描述到20世纪90年代才逐渐兴起。1997年,十五大报告指出"依法治国,建设社会主义法治国家",报告将过去通常讲的"法制国家"改为"法治国家"。图12-2中的几次峰值对应着"宪法"的大事记:1949年,具有临时宪法作用的《中国人民政治协商会议共同纲领》颁布;1954年,我国第一部宪法——"五四宪法"颁布;1982年,现行宪法(又称"八二宪法")通过;1988年、1993年、1999年、2004年、2018年,全国人大分别对宪法部分内容做出修正,2004年宪法修正,"国家尊重和保障人权"被写入宪法。2012年,现行宪法公布30周年时提到"宪法"的次数到达最高峰值。

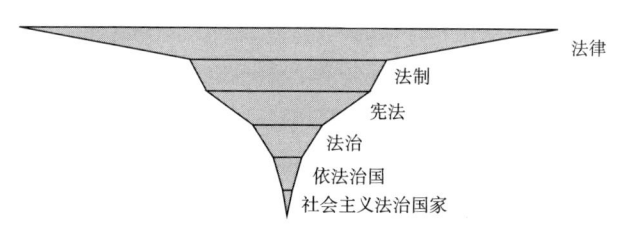

图12-1　《人民日报》中不同"法治"关键词的比重

资料来源:《从法制到法治——〈人民日报〉中的法治词汇变迁》,新浪网,https://news.sina.com.cn/c/z/fzcehua/。

不同时期《人民日报》对"宪法"的描述也不相同。1954年,虽然"宪法"一词出现频率非常高,但是大部分关于"宪法"的讨论多为歌颂宪法及宪法草案,并不是讨论宪法本身和宪法精神。经过几十年的法制建设,十八届四中全会正式确立了"依宪治国"的指导思想,宪法以根本大法的地位和力量保障着国家和个人的发展,每个值得铭记的时刻都是中国特色社会主义道路上的艰辛求索。

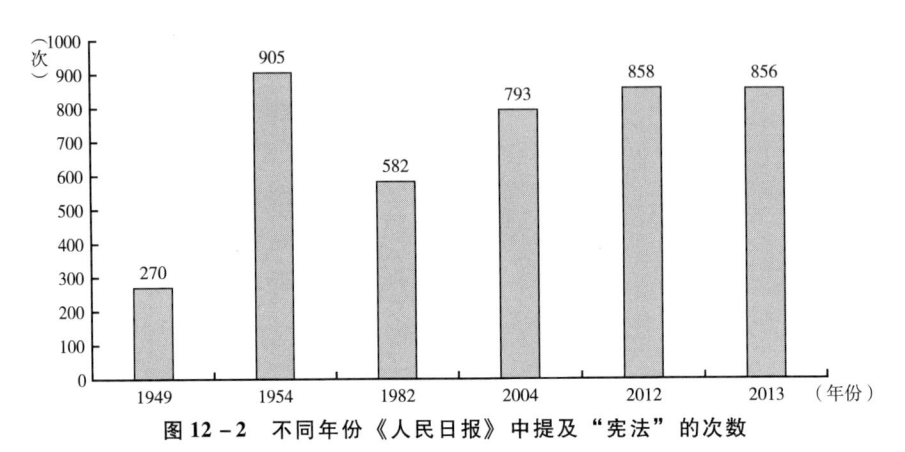

图 12-2　不同年份《人民日报》中提及"宪法"的次数

资料来源：《从法制到法治——〈人民日报〉中的法治词汇变迁》，新浪网，https://news.sina.com.cn/c/z/fzcehua/。

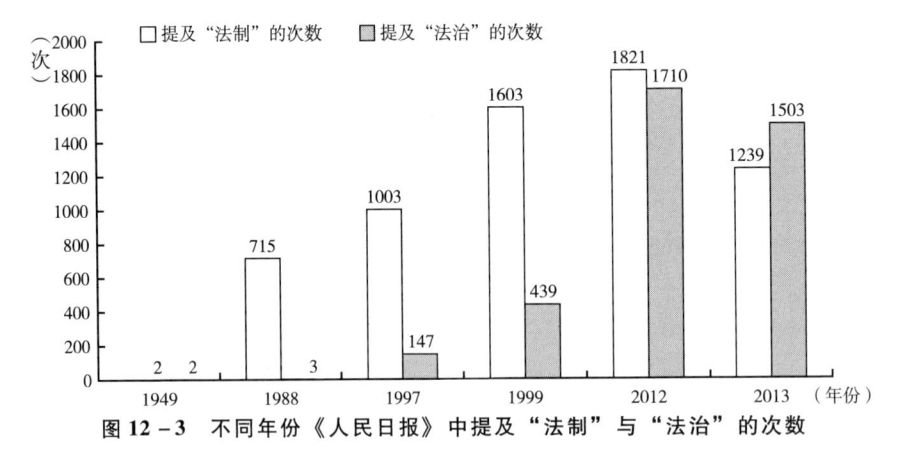

图 12-3　不同年份《人民日报》中提及"法制"与"法治"的次数

资料来源：《从法制到法治——〈人民日报〉中的法治词汇变迁》，新浪网，https://news.sina.com.cn/c/z/fzcehua/。

二、法学名词规范化推进法治工程

法治的理想至少可以追溯到亚里士多德时代，这一思想深深植根于大多数现代民主社会的公共政治文化中。例如，1948 年的《世界人权宣言》宣称："鉴于为使人类不致迫不得已铤而走险对暴政和压迫进行反叛，有必要使人权受法治的保护。"① 虽然有时法治的理想也会受到负面评价，理由是它是一种掩盖权力关系的意识形态结构，但即使是一些批评者也必须承认，遵守理想可以遏制强权者对权力的滥用。那么，法治是什么？最初的观察是，法治有几种不同的概念。实际上，法治可能根本不是一个单一的概念；相反，理解法治的理想可能更准确，因为法治可以被视作一系列先关概念，而不是一个单一概念，诸如"法制""宪法""宪治"等。通过研究这些法学名词的发展规律，可以看出一个国家社会政治、法律发展的规律；反之亦然，法学名词规范化同样促进了法治建设。随着社会的不断进步，法律语言已日益成为社会语言生活越来越重要的一个部分，法治应该是一种关于对话和理解的工程，那么法学名词规范化即是推进法律对话与理解的工程。

1999 年 3 月，中华人民共和国全国人民代表大会通过了宪法修正案，将"依法治国"和"建设社会主义法治国家"纳入宪法。在此之前，法治只是政策的一部分。《立法法》也规定了"建设社会主义法治国家"。法治目标的确立，特别是其被纳入宪法后，已被视为现代法律发展的重要一步，因为语言可以影响人们的世界观和现实的建构。本章的第一部分将假设一个法律概念的符号学框架来构建法治的意义，并将其应用于当代中国语境，然后讨论适用于中国的符号学方法的含义和优点。

（一）法治概念的符号学理解

语言是一种符号系统，法律是语言表达的语料库，是情境和决策、法律事实和行为等组成的网络。② 把法律看作一个符号系统，符号代表的是指示对象。指示对象可以是真实的、可感知的或仅可想象的，③ 也就是说，对象可以是抽象概念，也可以是物理对象。④ 符号和对象之间不一定存在可观察的关系，例如，并非所有单词都具有物理对象，法律中的大多数词都没有物质对象与之对应。此外，根据对符号结构的分析，可以用不同的方式划分符号。任何可识别的、可察觉的、可知的或可想象的东西都

---

① 《世界人权宣言》，联合国网站，https：//www. un. org/zh/udhrbook/UDHR% 20booklet% 20CH_web. pdf.

② E. Landowski, "Towards a Semiotic and Narrative Approach to Law," *Revue Internationale de Semiotique Juridique*, 1988, 1 (1)：79 – 105.

③ D. Greenlee, *Peirce's Concept of Sign*, vol. 5, Approaches to Semiotics (The Hague：De Gruyter Mouton, 1973), p. 31.

④ B. S. Jackson, *Semiotics and Legal Theory* (London and New York：Routledge Kegan & Paul, 1985), pp. 14 – 15.

可以作为符号。① 这包括实际存在或发生的事物，以及思想、自然规律和习惯。所有人类认知，包括感官知觉、情感感受和推理，都涉及符号。作为符号，它必须与其指示对象建立关系并被解释。这种解释过程被称为"符号学过程"，这种行为在开放式和无穷无尽的模式中不断产生意义。符号学、符号、解释、对象、翻译等过程中的每个变量都可以进行个体检验和变异。美国语言学家皮尔斯认为，符号学是一种行为、一种影响，它涉及三种元素的合作，包括符号、对象和解释。② 一个符号可以代表某人、某东西，这种立场关系可以由一个解释者根据以前建立的社会习俗和规则来进行调解。③ 简而言之，这个符号是通过先前的思想和意志反过来影响未来的，每个符号都根据习惯/惯例代表解释者的对象。解释是一种习惯，指导未来并呈现关于对象的行动或思想。④ 皮尔斯将解释者作为符号关系的基础包含在内，表明所有思想在某种程度上都是一种解释问题。所有先进思想都使用这种或那种符号，因此依赖于惯例，这种思考取决于一个人的语言或符号学领域。皮尔斯认为一定领域内的认同是知识和人际关系进步的基础。⑤ 通过涉及三元合作的符号学过程，文化产生符号的意义和属性。⑥ 符号的含义在符号学过程中产生（见图12-4）。

如果将法律看作一个符号系统，那么法律概念，即一般法律思想和规则的抽象对象，可以被视为更大的法律体系中的符号，具有皮尔斯语言中的三元素。在这个三元关系中，法律概念（如"法治"）作为符号，其解释是在特定情境下的动态操作过程。首先，作为符号的法律概念是三维的：（1）在语言维度，即语言符号，语言中的单词；（2）在参考维

图 12-4 符号学过程

---

① D. L. Gorlée, *Semiotics and the Problem of Translation: With Special Reference to the Semiotics of Charles S. Peirce* (Amsterdam and Atlanta: Rodopi, 1994), p. 51.
② D. Greenlee, *Peirce's Concept of Sign*, vol. 5, Approaches to Semiotics (The Hague: De Gruyter Mouton, 1973), p. 32.
③ U. Eco, *A Theory of Semiotics*, vol. 217 (Bloomington, IN: Indiana University Press, 1979), p. 16.
④ D. Greenlee, *Peirce's Concept of Sign*, vol. 5, Approaches to Semiotics (The Hague: De Gruyter Mouton, 1973).
⑤ D. Greenlee, *Peirce's Concept of Sign*, vol. 5, Approaches to Semiotics (The Hague: De Gruyter Mouton, 1973).
⑥ U. Eco, *A Theory of Semiotics*, vol. 217 (Bloomington, IN: Indiana University Press, 1979), p. 16.

度，即指示对象，在本例中，指称物包括与法律相关的物质对象或抽象概念，如体现相关法律理念或思想的法律制度；（3）在概念维度，从指称对象的符号、外延和内涵中得出的含义，来自其语言用法以及解释者在解释过程中的语境。换句话说，法律概念的前提是法律体系和特定法律规则的存在，法律术语在其背景下获得其意义和特定意义。[1]

其次，在法律概念方面，指称物是明确的，虽然指称对象不一定是世界的事物或状态，但是规则、法律条款却是明确的。[2] 法律概念的指称并非等同于法院或法律文件或其他物质事物，而是一种秩序的制度化反映。虽然法律概念大多是抽象的而非具体的，但是这并未改变法律概念所具有的实质性概念意义。这个概念中存在三元关系，即使它的真实世界存在是可疑的、尚未实现的。但在另一个层面上，实际上，人们对这个概念的理解可能会受到周围事件的影响，例如法律信仰危机。我们可以将法律概念视为一种符号。以英国法律中的"衡平"（equity）为例，它在中国法律中不存在，没有相同的语言符号或指称，它在汉语中没有功能意义。但是当这个概念在其英语语境中被引入汉语并对其思想进行解释时，无论是否建立和实践相应的规则或法律，这个概念都会在中国符号系统中创建它所代表的概念中的这种符号的指示。也就是说，这里有一个想法或潜在的指称用汉语表达，但是在中国制度体系中仍然不存在。它的指称在原始的英国法律体系中可以找到。可以想象，这种参照潜力可以移植或适应中国法律体系，具有原始概念的特征作为实际的指称。法律概念的移植使我们想到了不同法律制度中法律概念之间的相同点和不同点的问题。不同社会中的法律概念可能相同也可能不相同，例如，与澳大利亚相比，中国与刑法和婚姻家庭法相关的某些概念非常不同，其他一些概念可能有相似之处，如两国商法中的某些概念。只要这些法律概念发挥作用，履行其在该社会中的角色，不同语境中的概念没有优劣之分。大多数概念可以根据符号学模型进行分析，而不论它们的相似性或差异性如何。法律概念可以被视为符号，并在符号学的解释过程中进行比较。来自两个不同社会的法律概念很少相同，这是因为：一方面，语言的性质决定两个词语在两种语言之间

---

[1] H. L. A. Hart, *The Concept of Law* (Oxford: Clarendon Press, 1994).
[2] U. Eco, *The Role of the Reader: Explorations in the Semiotics of Texts* (Bloomington, IN: Indiana University Press, 1979), p.181.

甚至在一个语言系统中很少相同;另一方面,具有自己的文化、政治、社会条件和环境的人类社会永远不会重复。但是不可否认,人类社会有许多共同点,不同文化背景下的法律概念可能存在重叠或分歧。

在法治作为一种法律概念的情况下,它无疑是西方的概念,与西方的法律、政治的实践和理想密切相关。在当今中国,至少在学术界,这个概念主要基于西方的观念,尽管有些人可能会说古代中国法家有类似的观点,但是不得不承认判断这一概念及其在中国的实践存在与否的标准来自西方法学。从符号学的角度来看,这样的概念可以被描述为在像中国这样的国家中具有意义存在的标志,与西方国家相比具有相似性和差异性。值得考虑的一个问题是,我们目前对法治的理解是否允许或是否应该允许这种差异以及应该在多大程度上适应这种差异。

最后,如前所述,作为符号的法律概念是相对的,西方和中国的概念都是如此。法律概念是一个交叉引用符号的网络,即一个复杂的符号系统。随着思想的增长,它们不断被解释,概念变得更加复杂,它所表示的过程在复杂性方面成比例增加。随着它的发展,意义网络变得越来越密集,有意义的区域的增加变得越来越多,概念变得越来越丰富。因此,法律概念的解释过程不是线性的静态的,而是动态的、互动的。

语言符号,无论是"依法治国"还是"法治",相同的字符已经使用了两千多年。但是,这种符号系统以及它所属的社会都在不断发展,"不断地对应并代表变化的社会规范"[1]。如果如上所述,在法律概念中允许意义的演变,那么我们就不应该忘记语境变量。背景可以分为直接的语言情境、社会背景或文化背景,即更广泛的文化、社会、政治和法律层面的背景,这些背景增加了意义层次与内涵。内涵涉及语言符号的社会文化,它们受到社会文化变迁和历史因素的影响,受到文化的制约,[2] 内涵可能因不同的背景和不同时期以及不同的解释和受众而异。符号也可能在内涵层面获得意识形态价值,情境意识形态可以改变和转变意义。[3] 因此,法律概念在不同文化中很少相同,而且不需要相同,应该考虑到差异。在法

---

[1] R. Kevelson, *The Law as a System of Signs* (New York, NY: Plenum Press, 1988), p. 4.
[2] M. Danesi, *Of Cigarettes, High Heels, and Other Interesting Things: An Introduction to Semiotics* (London: Macmillan, 1999), p. 29.
[3] M. Danesi, *Of Cigarettes, High Heels, and Other Interesting Things: An Introduction to Semiotics* (London: Macmillan, 1999), p. 29.

治的情况下，这种差异可能部分源于社会政治或道德价值等。因此，法治概念的价值可以通过语境和意义建构的调和与进化过程来解释。作为符号的概念包含相关性、相对性和上下文，但三元素不是离散的和孤立的，而是整体地运作，在语言符号、指示物和解释者之间相互作用而产生意义。"法治"作为一种法律概念的意义产生于不同社会环境中的解释过程，服务于不同的价值观。

（二） 当代中国法治概念的三元关系

法治的概念有着悠久的历史，但关于什么是法治或如何衡量法治几乎没有一致意见。制定正式或薄弱的法治理论需要包括对法治的价值、目的，以及法律的必要特征、制度安排和解释理论的说明。尽管如此，中西方的关于法治概念的理解依然存在某些共同点。法理学观点已经确定法治概念的一般含义："法治的理想包括至少通过公布的正式规则对公民之间以及公民与政府之间的基本社会关系进行授权治理，并通过公布的正式规则进行一致解释和适用，政府本身受制于规则。"[1]

如果我们从符号学模型的三元关系来看这一点，那么作为语言符号的"法治"就具有相应的法律规则作为理想和法律制度作为机制。它们是什么样的规则和制度，以及根据这些标准评估中国的情况如何？在符号三元关系方面，"法治"是符号所采用的形式。"法治"由两个汉字组成，"法"（法和法律）和"治"（统治或治理）。"法"本质上表示"公平"、"直"和"正义"的含义，源于其汉字中的水基准。它也带有"标准"、"测量"和"模型"的意思。"法治"这一概念的提出，归于战国时期法家思想学派著名的代表人物商鞅和韩非。中国学者一般将今天的法治与古代中国的法治区分开来，因为他们认为法家的法治思想等同于人治。今天，在中国的法律用语中，使用了两个相似的词语："法治"和"法制"，前者强调治理，后者强调制度。1976年之前主要使用"法制"，而之后开始对"法治"和"人治"进行辩论。"法制"的内容是立法和司法制度等，相比之下，"法治"是指依法治国而不是人治的理论和原则。"法制"仅仅体现了一种法律的工具观，而"依法治国"是宪法中使用的短语，体现了依法制定和适用的法律意识，意味着政府和官员以及公民都受法律约束。

---

[1] J. Raz, *The Concept of a Legal System* (2nd edn) (Oxford: Clarendon Press, 1980).

(1) 指称对象

如前所述,除语言符号外,法治三位一体还包括将概念与各种规则制度化。正如约瑟夫·拉兹(Joseph Raz)所指出的那样,在法治的形式或理论中,规则需要表现出某些形式的属性。①

首先,正如约瑟夫·拉兹所说,法律规则必须是完整的、明确的、一般的,并且符合适当的正式表达方式。这些规则必须是公开的,是跨越个人和其他法律实体的统一,一致且易于遵守,必须具有前瞻性、开放性和清晰性,并且相对稳定,这同样适用于立法规则。其次,规则制定还需要各种机构和程序。必须有规则制定机构,包括立法机关和行政机构,在争议案件中确定有效的法律规则的公认法律标准。规则制定者必须遵守有利于制定、颁布和实施具有正式属性的规则。提前公布规则的机制以及解释和适用规则的公认方法也是必要的。此外,还必须有一个独立、公正和易于理解的法院和其他法庭系统,以及补救和制裁机制。② 最后该规则的实质性理论必须包含特定的经济安排、政府形式或人权概念。

约瑟夫·拉兹将所有法治的必要条件加上上述理想社会法律秩序的所有其他传统成分以及形式理论的制度形式组成一个整体。在符号学模型方面,语言学符号保持不变,但实质指示物与理论上的指示物不同。如果要从符号中提取政治和经济结构作为其所代表的一部分,如果说法治是建立在某些道德价值观上的,那么法治就有其法律制度和在形式理论的情况下所要求避免的政治、经济和其他价值观念。在指称对象层面,从符号学的角度来看,反对上述价值观的论证是法治的制度化指向了法律制度化,而不是政治制度或其他制度或观念。要说法治作为政治或经济结构的指称是一种错位的身份,事实上,法律和政治密切相关,法治往往与民主意识形态联系在一起,尤其是在大众媒体中。法治是民主与宪治的基础。③ 这种联系可以被视为该术语的内涵,内涵不是来自符号本身,而是来自社会使用和能指及所指的方式。内涵依赖于环境、社会、文化和政治。

不可否认,法治也是西方的观念。西方民主认同的法治意义源于其与西方哲学思想和民主实践的紧密联系并衍生的观念。如前所述,解释的语

---

① J. Raz, *The Concept of a Legal System* (2nd edn) (Oxford: Clarendon Press, 1980).
② J. Raz, *The Concept of a Legal System* (2nd edn) (Oxford: Clarendon Press, 1980).
③ S. Ratnapala, "Welfare State or Constitutional State?" *QUT Law Review*, 1990 (6): 133 – 136.

境和媒介过程也有助于相关意义的理解。采用一种完全实质性的法治概念，其结果是剥夺了任何独立于司法理论的功能概念。规则的制度化是一回事，它所服务的价值是另一回事。从本质上讲，法治作为一种法律概念并不能简化为一种政治概念。有人认为，作为一种法律概念的法治在社会的法律制度而非政治制度中具有参考基础。这种概念的含义首先来自法律指称对象，即相应的法律制度和哲学具有哪些属性。

（2）中西法治的区别

如前所述，许多学者对今天的法治与过去的法家理论中的法治进行了特别的区分，并且拒绝了传统观念。这些论点隐含着中国必须拒绝其自身有缺陷的古典遗产以构建现代法律体系的思想。因此，近年来中国不仅积极接受法治词汇，还有西方自由主义传统中的相关概念，以及这些概念的深层理论基础。人们还认为，法治的基本原则是通过公平程序，即正当程序实现公正的程序原则，其中有些人主张法治的程序化和程序的合法化。法治是一个目标，实现这个目标仍然需要努力。简而言之，修辞尚未成为现实。这将我们带到了法治所指的第二个方面，即制度方面。在立法规则方面，中国立法起草的基本原则包括一般性和灵活性，法律内部一致性很重要，反映出具有不同区域需求的国家的统一性，符合立法稳定原则。然而，中国法律中有时存在过度的普遍性和模糊性、遗漏和不一致之处，再加上赋予地方立法、执法的自由裁量权，也破坏了法律的可预测性和确定性。法律作为社会秩序的本质属性要求法律语言是普通公民可以理解的普通语言，我国法律也从其更广泛的社会背景中获得确定性和可预测性，并且立法语言可能存在的不一致性尽量在适用中得到部分补救，通过中国社会的共同价值观和规范以及政治和社会背景来弥补法律语言的不确定性、模糊性与法律确定性、可预测性之间的差距。西方人可能更愿意接受狭隘的限制，即为了限制决策者的自由裁量权而产生的普遍性、平等性、公正性和确定性的美德，牺牲公平和特殊正义的法治。相反，中国的道德传统，无论是儒家还是道家，都拒绝了这种普遍原则，而是强调法治国家、法治政府、法治社会一体建设，各方面有机结合不可偏废。在法律机制和程序的制度化方面，在发展和提高立法、司法和法律职业的专业性方面，在法律结构和制度建设的合理化方面都存在重大进步。我国法治建设的最终目标是在整个中国范围内，使法治成为一种全社会的主要生活方式与一种全民信仰。法律规定与实践之间依然存在很大差距，而且现实中许多人倾向于忽视法律，通常是寻找灵活的方法来突破规则，然而法治的崇高地位已经被广泛承认并且在我国《宪法》中确立。

虽然不可否认，中国法治当前仍然面临着许多问题与障碍，如立法语言的模糊性为执法保留的自由裁量权可能过大；人民代表大会制度在履行其立法和政府监督的宪法职能方面的有效性需要加强……但是上述问题本身并不是对法治的否定，可以将其看作理想的薄弱版本。法治研究的本质是法律如何与社会中的其他力量相互作用。从符号学的角度来看，"法治"是一个活生生的符号，虽然它可能与西方的意思或功能不同，这不会使其作为符号无效。鉴于不同的社会现实、文化传统和价值观，这种概念在中国和美国这两个不同社会之间的解释可能永远不会相同，但是不会影响人们对法治的理解。由于前面描述的语境变量，中国人心目中的法治显然与西方不同，因此，西方法治概念中的政府的政治结构和方向并不是中国是否具有法治的决定因素。对于我国而言，宪法、社会发展以及社会文化，是确保法治的背景基础。法治在中国语境下可能存在不完美之处，但这也是法治理想的吸引力和持久性，即其可塑性，以适应不断变化的政府形势和政治力量。

（三）法学名词是法治意识与法治现实的连接

语言介于我们与现实之间，"权利""义务"这些词语本身不是物质世界客观存在的。[①] 基于皮尔斯的符号学模型明确地表达了符号所指的经验世界中的某些东西，指示物可以是具体的或抽象的。符号学与现实之间存在关系，作为一个概念的"法治"可以在这种符号学三元关系中解释。众所周知，语言在现实的社会建构中起着重要作用。在创造言语和写作时，语言被发明以指向物质或社会现实。随着系统变得越来越复杂，符号以语言或其他形式表现出来并表达现实，同时也表达了现实的缺失，并且可以假设符号意味着什么。此外，对于符号的解释者，他们也对符号的真值进行模态判断。换句话说，符号、文本或类型所赋予或声称的现实状态，以及传达消息对其本体论状态的地位、权威性和可靠性，或其作为真理或事实的价值可能会有所不同，具体取决于解释者对世界和媒介的了解

---

① A. Korzybski, *Science and Sanity: An Introduction to Non-Aristotelian Systems and General Semantics* (Brooklyn, NY: Institute of General Semantics, 1958).

程度。①

在当代中国，法治在很大程度上仍然是一个理想的状态，并试图找到立足点，在此过程中借鉴西方思想。今天值得注意的是法治的制度方面，如其在宪法中的地位和合法性的提高以及法律机制的不断发展和加强。中国的法律和法律程序已经显示出法治的一些基本属性，与自由主义不同，中国的法治正在服务于它的目的和价值观。正如约瑟夫·拉兹所言，法治是一种理想，一种法律应该符合的标准。② 事实上，任何国家的法律制度都不会有关于每一种可能的法治指标的完美评分。

虽然某些法治的属性通常是预设的，法定意义维度的范围和质量是相对的事项，但是法治需要人们的认知与遵守，没有这些行为，法律就像一部从未播放的交响乐作品一样。③ 法定文本要转化成行为，因为人们通过对文本的了解让自己的行为受到法律的影响。在人文科学中，可能没有绝对的真理或客观性，只有近似的真理和观察者依赖的现实。在这方面，鉴于文化和语言的传统和连续性，包括涉及法治的法家思想等，构成了中国社会解释规范的一部分，中国的文化和语言遗产可以增强而不是阻碍法治进程。法学名词规范化构建了中国法律符号系统，从语言符号出发，逐步建立在实质性的参照基础上，在此过程中产生实质意义，进而真正实现法治。

三、法律规范通过法学名词规范化达致精确

第一，作为约定的词义。一方面，词义的不确定性、多义性和变迁性是语言理解过程的重要特征之一，因此交流双方能够并且必须为词语的含义约定一个特定的范围。哪些词语具备哪些含义，其实是由语言共同体中的说话人来发现的，这种约定的方式通常会产生一种知识共识。另一方面，科学的表达与分析则要求交流主体双方之间使用的概念尽可能清晰，没有清晰的法律概念，法律研究就失去了意义。立法定义在某

---

① R. Hodge, G. Kress, *Social Semiotics* (Ithaca, NY: Cornell University Press, 1988), p.124.
② J. Raz, *The Concept of a Legal System* (2nd edn) (Oxford: Clarendon Press, 1980), p.223.
③ W. J. Witteveen, "Significant, Symbolic and Symphonic Laws Communication through Legislation," in H. V. Schooten, ed., *Semiotics and Legislation: Jurisprudential, Institutional and Sociological Perspectives* (Legal Semiotics Monographs, Liverpool: Deborah Charles Publication, 1999), p.27.

种程度上只是一个开端,司法定义也是在特定语境下,因而两种定义都不能确定一个法学名词的定义,科学的定义需要在立法定义与司法定义以及学术定义之间达到平衡,形成共识。对法律的阐述,特别是教科书常常以"概念和本质"作为开端。在这些章节中,作者对词义进行了界定并向读者发出了关于词义约定的要约,也希望读者能够遵守作者对于术语的约定。从这个角度看,法律概念定义可以看作一种法定定义的要求或要约。[①]

第二,概念形成的有限自主性与规范化需要。在法学中,除了法律定义外,专业术语对概念内涵的形成约定也具有一定的自主性。然而,在创造新的法律概念或定义旧的法律概念时,这种自主性也是有限的。在法学领域对概念下定义要区别对待,如果是对描述性概念和规范性概念进行定义,且这些概念属于成文法或其他规范的组成部分,那么一旦概念的内容改变,也就意味着规范内容的概念改变。例如,对"武器"概念的理解不同,就可能导致不同的事实被归摄于刑法上对违法犯罪行为的认定。如果概念所涉及的只是事实本身,那么对概念的确定就纯粹是一个判断概念是否符合立法目的的问题。因此,新概念就应该比旧概念更加准确地描述对象和关系,不过必须避免不清楚的、容易引起误解的新词语或定义,因为它们对学术研究和法律实践是有害的。在法学文献中,特别是关于法理学和方法论的文献中,常常遇到一些不必要的人为创造的新词,这些术语反而加重了理解法学中的事实和解决问题的难度。这些重复的概念对法学而言弊大于利。这种将问题重新命名的做法常常被伪装作为问题的解决办法。判断新造法律术语是否成功的标准是:对新认识的命名是否真的符合事实,是否只是将旧问题改变称谓。

第三,规范目的与法律概念。法律概念从来不曾是日常用语意义上的纯粹"观念性概念"。在法律中,"生活""健康""自由""婚姻""人""动物""森林"以及许多其他概念是从法律规范的保护目的与规范之间的联系中才获得了具体含义。通过将这些概念纳入法律规范的保护领域,"观念性概念"才转变为具有新内容和新外延的特殊法律概念。例如,民法规定在一些情形下,胎儿也可以具有权利能力。这里可以清楚地发现法律概念的特征,即法律概念是法律规范和法律制度的建筑材料。这是因为

[①] [德]伯恩·魏德士:《法理学》,丁小春、吴越译,法律出版社,2003,第90—91页。

法律规范和法律制度由"当为语句"构成，它们必须服务于特定的规范目的，并按照立法者的"社会理想"对国家和社会进行调整。法律概念承担着法的调控任务，也受制于目的论。

第二节　在线法学名词数据库的构建及其实践价值

　　法律术语是在法律专业领域中一般概念的词语指称，将术语学研究方法引入法律领域，编纂法律术语词典可以为许多人提供帮助，如法律从业者、学者和法律学生，因为他们需要理解法律文本中的概念和短语；专业翻译经常需要使用双语词典，以寻求帮助完成翻译任务；任何人都可以在词典中查找法律词汇，以获得特定法律主题的知识。直到20世纪90年代，这些词典都还是印刷书籍，但现在很多词典都以各种电子形式出版，因此，研究有关互联网词典的理论和实践以及词典学的最新发展有助于为未来奠定基础。高级在线词典可以让用户访问与特定需求相关的数据。通过关注特定类型情况下用户的需求，法律词典编纂者可以允许用户访问和检索满足特定需求类型的数据，并确保用户可以将其转换为有用信息。这涉及分析法律词典的功能、用户对词典相关需求、用户在不同情况下所需的数据类型，以及用户访问这些数据的方式。

一、在线法律术语词库的构建

　　信息活动和信息工具的数字化是影响词典编纂的一个重要因素，这一大趋势的一个后果是印刷词典将逐渐被在线词典所取代。在当今的知识和信息社会中，我们不断接触大量不同来源的数据，特别是来自互联网的数据，这种信息化趋势将不断加剧。在线词典与互联网搜索引擎都可以作为数据（以及信息）提供者，但是互联网搜索引擎倾向于在非结构化数据的巨大环境中提供过多搜索结果，并且结果通常与搜索特定信息无关。

　　词典编纂者可以克服这个问题，通过设计和制作在线词典，使用户通过有针对性的搜索以访问结构化数据，并以结构化的方式呈现搜索结果，准确地告诉用户他们需要知道什么。在描述涉及在线词典的项目时，词典编纂者应该首先确定词典功能。原因有两个：一是词典编纂者选择的词典功能为相关文献编纂提供了基础，包括输入词的初始选择、数据类型的选择和数据的最终表示；二是词典编纂者应该确定目标用户的基本需求，并尝试将这些需求与词典功能相匹配。这符合现代词典原理，它不是将词典视为语言结构，而是将印刷和在线词典视为信息工具，旨在实现与特定类型的使用情况相关的一个或多个功能。

我们的法律术语词库可以概括描述为如下内容。它旨在开发一个数据库，作为一套双语词典的核心，旨在帮助特定类型的用户理解汉语和英语法律文本，用汉语和英语撰写法律文本，将中国法律文本翻译成英语，反之亦然，并获得有关中国和英语国家法律事务的知识。目标用户群包括律师、法律从业者、法律学者、专业翻译和法律学生。上述群体都需要借助法律术语词典来处理涉及汉语和英语法律知识的一般类型的情况，如在国际环境中代表客户谈判、阅读法律教科书和用英语撰写法律论文等。法律术语词典，无论是印刷品还是电子词典，都是一种信息工具，它为与法律相关的一般类型的交流和认知情境中的预期用户提供帮助。

二、在线法律术语词库的理论基础

对法律术语的分析不能仅限于对法律概念的理论分析，可以建立一个详尽的法律语言数据库，并明确在各种法律语言操作中的使用方式。基于法律概念的词典可能具有映射整个概念领域的优点，其中包括概念的内涵定义与概念之间的逻辑关系。法律术语词典有助于法学研究、司法实践中确定法律文本的意义。

（一）法律术语内涵定义有助于确定文本含义

法律文本的解释是法律实践的重要组成部分。法律纠纷经常涉及合同、意志、规则、法规或宪法规定的含义。我们如何确定法律文本的含义？在普通法系国家，一种可能性是依靠法官的自由心证，另一种可能性是使用词典。在互联网时代，存在一种数据驱动的方法可用来确定有争议语言的语义，这种被称为"法律词库"的技术方法已经被许多国家的法院使用，并在法律领域中发挥着越来越重要的作用。法律术语规范化为法律语料库的建立提供了理论基础。为什么语料库语言学在当代法律理论和实践中变得重要？这个问题的答案很复杂。一个重要的动力源于一般法律理论中形式主义的复兴：复兴反映了法律和宪法解释的法律和理论的发展。20世纪60年代和70年代的法定解释主要是强调立法意图和法定目的方法，但在过去的五十年中，文本主义（或"一般含义文本主义"）一直处于优势地位。同样，近年来西方宪法学界"原旨主义"在学术界和司法实务界都变得越来越重要。文本主义和原旨主义的转向部分基于对两种理论区别的重要性的认识。第一个区别在于"交际内容"和"法律内容"方面。法律文本向受众传达内容：文本的交际内容大致是我们所说的文本的"语言意义"。但是，有效的法律文本也会产生"法律内容"。例如，宪法条款产生了宪法学说。法律内容可能是文本语言意义的直接表达，但有时法律内容可能与交际内容有很大不同。例如，我国《宪法》第5条第1款规定："中华人民共和国实行依法治国，建设社会主义法治国家。"第5条的交际内容包含上述文本，但是还包含了科学立法、严格执法、公正司法、全民守法的一种良性法律秩序，涉及立法、司法等一系列复杂的法律规则，《宪法》中各种权利规定也是如此。

（二）法律术语概念体系有助于确定交际内容

法律文本由符号、字母和标点符号组成。符号被组织成有意义的单词和短语，它们通过语法关联性的语句形成有意义的表达式、句子，进而组织成更大的单元，如子句或更大的单位如合同、规则、法规和其他具有交流内容的法律文本。简而言之，"交际内容"是通过写作或话语传达的语言意义，但我们可以更精确一些：单词和短语传达了这些事物之间的概念、名称和关系。

与交际内容和法律内容之间的区别密切相关的是解释与构建的区别。"解释"的含义是交际内容的发现，而"构建"则意味着法律效力的确定。交际内容的一个重要组成部分是"传统语义"，即通过使用一定模式确定单词和短语的含义。文本相关的法律内容应受到文本传达的交际内容的约束。例如，宪法原旨主义者认为，当法院参与法律学说的建构时，他们应该认为自己受到文本的原始公共意义的约束，非原旨主义者则认为宪法学说的法律内容可以修改、覆盖，甚至取消原始的公共意义。同样，一般含义的文本主义者认为，从事法定建构的法院应该认为自己受法定文本的交流内容约束。假设一种情况，法院不认为自己受到单词和短语含义的约束，因此对于意义的细微区分远不如确定决定宪法和法定纠纷结果的目的和价值观那么重要，但是论理、价值判断对一个法官的综合素质要求是如此之高，而且很难得到切实论证。如果参考在法律术语规范化基础上的法律词库，那么其论证结果与判断将会更显而易见。

传统语义含义的一种方法依赖于语言直觉和字典定义，但这种方法有很大的局限性。语言直觉并非绝对可靠，它可能受到动机推理的影响。词典定义基于词典编纂者的有限数据收集和主观判断。这就提出了一个问题，即是否有更好、更准确、更客观的定义方法。法律术语规范化的主要对象是概念之间的关系，通过明确概念、相关概念及其之间的关系，更容易确定法律文本的交际内容。正是经验法学研究的兴起，法律语言学转向成为强调法律文本（形式主义）意义和转向跨学科方法（经验法律研究和语言学）的结果，上述这些理论为法律术语规范化研究提供了更加科学的平台。

三、在线法律术语数据库设计

任何在线词典的核心都在于数据库。当词典被视为基于技术的信息工具时，为了制作出优良的在线词典，词典编纂者应该在扎实的理论基础上进行规范化处理。在讨论在线词典时，需要考虑用户从界面中查询的数据库，该界面可以直接访问数据库以及信息。该数据库包含以法律术语条目为首的记录，以及包含如定义、翻译等相关信息的固定数据字段。咨询这些"词典数据库"的用户会看到搜索的词条记录，词条通常以传统词典文章的形式出现：数据库和词典是一致的。然而，可用的技术选项使词典编纂者能够设计具有不同整体结构的词典。在线词典可以被设计为具有两个主要组成部分的复杂词典工具。

第一个组成部分是具有特定选择数据的数据库，其结构用以确保用户的访问方式和特定的数据检索。这种类型的数据库分为不同的数据字段，每个字段包含特定类型的数据，比如包括包含条目字词的字段、包含定义的字段、包含类型信息数据的字段以及包含搭配和短语的字段。这些字段通过链接连接，这些链接在包含特定条目的字段与具有适当定义的字段之间建立关系，该字段具有适当的语法数据，依此类推。重要的是，这种类型的数据库使词典编纂者能够向用户呈现符合用户需求的不同搜索选项和结果。①

数据库可以提供不同类型的词典功能。具体来说，数据库可以提供经典的定义功能，用户可以查询术语的定义。此外，数据库还可以提供概念体系，通过"知识树"式的展示模式使用户能够更加直观地了解法学的知识谱系。

第二个组成部分是作为用户界面和数据库之间的中介操作的搜索引擎。该组件允许用户搜索数据库中的各个数据字段，检索相关数据并根据编译器选择的设置呈现它们，即编译器可以为不同的用户和不同的字典功能采用不同的设置。例如，定义词典将显示输入词和定义，而文本产生词典将显示如词条、定义、使用范例、搭配和短语。在这种类型的结构设置中，数据库、搜索引擎和字典一起形成整体，即词典数据库。

具有两个主要组成部分的词典学基础具有重要的实践和理论意义。首先，数据库可以提供多个词典，每个词典都有自己的搜索引擎，允许用户在特定的数据字段中进行有针对性的搜索。其次，在线词典可能包含几个独立的词典部分，因为搜索引擎可以直接访问支持词典功能和词条部分，如用户指南、主题字段部分，给出精心安排的法律概念领域，提供帮助翻译语言结构和类型约定的部分，以及翻译法规。② 最后，基于复杂关系，数据库的在线词典没有传统意义上按字母顺序排列的单词列表，因为它们让编译器填写数据以随机顺序排列的字段允许用户访问各个数据字段中的数据，并使编译器能够以各种方式呈现搜索结果，如传统字典文章或搭配和短语列表。这意味着输出设备在技术上支持高级在线词典，该输出设备根据类型排列从数据库检索的数据，并以符合用户需求的预定顺序呈现它们。

（一）关注用户需求

关注用户需求和可能的词典反应的理论基础是开发现代信息工具的适当手段。在这里，词典编纂的功能理论提供了一个框架，在其中放置词典

---

① S. Nielsen, R. Almind, "Chapter 7: From Data to Dictionary," in P. A. Fuertes-Olivera and H. Bergenholtz, eds., *E-Lexicography: The Internet, Digital Initiatives and Lexicography* (London and New York: Continuum International Publishing Group, 2011), pp. 141–167.

② H. Bergenholtz, S. Nielsen, "Subject-Field Components as Integrated Parts of LSP Dictionaries," *Terminology*, 2006, 12 (2): 281–303.

数据。① 将词典功能定义为"满足特定类型的词典相关需求",这些需求可能出现在特定类型的潜在用户将数据放入数据库之前,词典编纂者应该确定所需的词典输出,并从用户需求向数据库条目向后工作。词典设计用于表示使用需求类型的各种功能。例如,用户需要有关通信行为的法律信息;再如,律师用他们的母语或外语撰写文本,他们想查阅双语词典,以便准确用词;法律领域内的语言工作,如翻译、审校和文案编辑,需要查阅词典以寻求帮助。专业翻译人员在将法律文本翻译成母语时使用双语词典;律师和学生阅读文本时可以使用双语和单语法律词典,并且需要查阅词典以理解单词或短语。

其他词典功能独立于正在进行的交际行为。律师和法律专业的学生可能希望获得有关法律或法律语言的一般知识,以扩大他们的知识基础。法律从业人员和语言工作人员可能希望获得有关特定主题的特定知识,如拉丁语法律箴言的正确拼写。最后,律师和专业翻译人员可能希望学习有关语言使用的具体内容,以便他们为与同事的讨论、论文的发表、法庭的口译等做好准备。这些类型的使用需求也由词典数据库来满足,并且相关的词典功能被称为"认知功能",因为词典在用户推导和验证命题知识以及获取事实或语言知识的情况下对其提供帮助。识别这两种一般类型的功能使词典编纂者能够制作多功能法律词典。如上所述,法律术语词典旨在提供帮助的情境类型是交际和认知,这反映了法律术语词典的功能,② 这些是:

- 帮助理解汉语和英语法律文本
- 提供汉语和英语法律文本的翻译参考
- 提供帮助,以获得汉语和英语有关法律和语言事务的一般和特定知识

重要的是要注意使用情况发生在所谓的外部环境中的情形。例如,正在编写文本的法律专业人士处于词典外环境中,即独立于词典存在的环境,因为他们可能是法律文本的编写者,此时仅仅是潜在的词典用户。他们可能会遇到与法律文本制作相关的问题,并认为他们可以在写作过程中的某个时刻在词典中找到解决方案。在查阅词典时,他们已经作为实际词

---

① H. Gottlieb, J. E. Mogensen, *Dictionary Visions, Research and Practice* (Amsterdam and Philadelphia: John Benjamins, 2007).
② L. V. Shcherba, "Towards a General Theory of Lexicography," *International Journal of Lexicography*, 1995, 8 (4): 314–350.

典用户进入词典环境，一旦他们找到了所需的帮助，他们就会离开词典环境并返回词典外环境中编写文本。这一系列事件很可能会重复几次，直到写作任务圆满完成。法律领域内的交流活动通常涉及几类行为者。律师以其汉语或英语撰写的法律文本通常受到由证明和修改文本的语言学家进行的质量保证过程的约束。同样，翻译成外语的法律文本往往受法律专业人士的质量保证程序的约束，因为翻译在事实上和专业术语上都必须是正确的。这意味着旨在为法律交际和认知情境提供帮助的在线词典需要包含适当类型数据的数据库，词典编纂者的下一步是将使用情况和用户需求与用户类型联系起来。词典预期用户的各种类型的能力起着重要作用，能力不同导致理解能力与需求都不一样。能力水平表明预期用户需要哪些词典相关信息，并为选择满足此类需求所需的数据提供有价值的指导。[1] 法律术语词典的预期用户组可指定为：

- 法律专家和半专家（非本行的专家）
- 专业翻译
- 法律专业学生

不同的群体，其成员具有不同的文化、语言、翻译和写作能力，因此，词典需要包含帮助其能力不足的用户的数据。词典编纂的功能理论可以指导词典编纂者尝试识别用户能力，用户能力可以通过回答以下问题来表征：

- 哪种语言是他们的母语？
- 他们掌握母语在什么级别？
- 他们掌握外语在什么级别？
- 他们对相关语言的翻译经验有多广泛？
- 他们的一般文化和事实知识水平如何？
- 他们对法律学科领域了解如何？
- 他们在何种程度上掌握母语的法律语言？
- 他们在何种程度上掌握外语的法律语言？
- 他们在什么水平上掌握用母语撰写法律文本？

---

[1] H. Bergenholtz, U. Kaufmann, "Terminography and Lexicography. A Critical Survey of Dictionaries from a Single Specialised Field," *HERMES-Journal of Language and Communication in Business*, 1997 (18): 91–125.

●他们在什么水平上掌握用外语撰写法律文本?[1]

这些问题的答案将指出词典的预期用户具有哪些一般类型和能力水平,并使词典编纂者能够将数据放入字典中,以帮助那些能力不足的用户。实际上不可能对每个潜在词典用户的个人能力进行识别和分组,因此只需要确定理想类型的用户的一般特征就足够了,至少在词典项目的初级阶段。可以合理地假设,作为一个理想的类型,法律专家和半专家通常对自己的法律制度有相当的事实认识,但对外国法律制度中的事实仅有部分知识。从翻译能力来看,他们在撰写母语语言法律文本方面具有中等到较强的能力,用外语撰写一般法律文本的能力较弱。专业翻译和法律专业学生需要比法律专家和半专家更多的关于两个系统中事实法律问题的数据,而律师和法律专业学生需要更多的数据来帮助他们解决语言、写作和翻译问题。所有用户组都需要有关术语及其等价词之间的概念差异以及外国文化中的法律细节的数据,因为他们不具有这些特定知识。因此,需要考虑几种类型的数据,以满足具有不对称能力和各层级知识水平的词典用户的需求。

(二) 选择特定功能数据

在为法律术语词库选择词条时,词典编纂者应将其选择标准建立在词典功能上。词条包含定义,有关使用限制的搭配、短语、示例和注释。双语词典分别包含汉语和英语的翻译,以帮助用户编写、翻译和理解法律文本以及获取关于法律问题的一般或特定知识。在准备法律词典的基础时,重要的是要记住,法律基本上是一个依赖于司法管辖的领域。每个司法管辖区以适合该司法管辖区的方式构建其法律制度,所使用的法律语言反映了个别制度的结构。因此,在法律背景下使用的"英语"一词不仅可以指特定国家的法律框架,如美国英语或英国英语,还可以指涉及不同法律制度的通信中使用的各种英语。在国际背景下,国际英语被用于条约和公约,如《联合国国际货物销售合同公约》(United Nations Convention on Contracts for the International Sale of Goods)。在线法律词典应规定其地理和司法限制,在本项目中,英语是指以下司法管辖区使用的语言,并标明其缩写代码:英国(UK)、欧盟(EU)、美国(USA)和国际英语(INT)。一般情况下都选择国际英语。

---

[1] H. Bergenholtz, S. Nielsen, "Subject-Field Components as Integrated Parts of LSP Dictionaries," *Terminology*, 2006, 12 (2): 281 – 303.

选择数据而不仅仅是输入词的整个过程受相关原则的支配。与词典选择相关，相关性意味着与所讨论的主题领域直接相关的信息、词典的功能，词典使用情况的类型以及预期的各种类型的用户。[①] 相关性是一种定性特征，因为它可用于收集和整理有用的词典数据，即直接支持词典功能的数据。例如，显示输入词和等价词的数据是相关的，因为在编辑、翻译和编写法律文本时，预期用户的语言能力不足。类似地，选择搭配和短语是因为它们在编写和翻译法律文本时很重要，并且通常因为它们难以从汉语翻译成英语，反之亦然。选择了示例是因为它们专门展示了如何编写和翻译法律文本以及为知识获取提供数据。因此，相关性概念有助于词典编纂者决定在词典中包含哪些数据类型以支持特定的词典功能，以及如何以满足用户需求的方式呈现数据。根据预期用户概要分析显示的能力，数据库中已选择以下数据类型：

- 词条（包括相关的同音词索引）
- 等价词
- 定义
- 搭配（单词的短期和长期组合，但不是完整的句子）
- 例子（完整的句子）
- 反义词和同义词（输入词和/或等效词）
- 来源（参考和/或链接）
- 使用说明（针对词条或等效词）
- 对比说明（输入词和等效词之间的概念差异）
- 交叉引用（对相关数据）

总而言之，给定词典咨询中呈现的数据集取决于用户选择的搜索选项。

（三）搜索选项反映用户需求

用户可以根据需要访问词典中的数据。通过关注用户在各种使用情况下的需求，词典编纂者可以确保数据满足特定类型的用户需求，并且数据以易于转换为有用信息的方式呈现。这个目标可以通过制作词典来实现，该词典为用户提供与用户在查阅词典时所处的情况相关的搜索选项。在特

[①] P. A. Fuertes-Olivera, S. Nielsen, "The Dynamics of Terms in Accounting: What the Construction of the Accounting Dictionaries Reveals about Metaphorical Terms in Culture-Bound Subject Fields," *Terminology*, 2011, 17 (1): 157–162.

定类型的使用情况下，用户需要特定类型的帮助并查阅他们认为最有可能帮助他们的词典。单语法律词典将在以下方面为用户提供帮助：

- 理解术语
- 编写表达式已知的文本
- 查找已知含义的术语
- 获取知识

双语法律词典将在以下方面为用户提供帮助：

- 翻译术语
- 翻译搭配或短语
- 获取知识

法律术语词典的设计将使其易于使用，无论用户寻求何种类型的帮助。当他们查阅词典时，用户会访问词典网站，搜索引擎将访问数据库并检索相关数据，这些数据将以预定的顺序和格式呈现给屏幕上的用户。尽管该项目仅在第一阶段结束时进行，但以下讨论说明了词典在完全开发后如何工作以及数据库如何与词典交互。本书将举例说明词典编纂者如何操纵搜索引擎以检索用户在各种使用情况下所需的数据类型。例如，想要了解法律文本中的知识产权法"商标"含义的法学院学生可以查阅法律术语词典并选择"帮助理解术语"选项。搜索引擎将针对包含特定数据的字段在数据库中进行目标搜索。这种数据类型包括输入词的规范形式以及它们的概念相关词，这允许用户搜索相关信息。搜索引擎将检索数据库，对于该特定功能，该搜索词包括词条、同音词索引（如果有的话）、多义词索引（如果有的话）和定义。图 12-5 显示了词典中的搜索结果和原型表示。

商标
定义
　　商标是交易者用以与其他人的商品或服务进行区分的标志。标志可以是文字、字母、数字、设计、商品的形状或包装。商标所有人有权将商标专用于其商品和服务。

图 12-5 "帮助理解术语"选项

图 12-5 中的搜索结果包含定义数据，旨在帮助用户理解法律文本中的术语：搜索术语的含义，因为这是用户需要的。但是，专门为法律专家

编写的定义对于所有预期用户而言往往难以理解，因此定义的编写应考虑用户的能力。为了编写准确反映法律专家定义的术语含义的定义，并着重解释术语的含义，定义通常会回答两个问题：它是什么？它的功能是什么？这意味着法律领域的定义具有狭隘且具体的参考焦点，因为它们包含了在语境化通信的法律领域中发现的概念特征。[1] 最后，所有定义都写成完整的使用自然语言的句子，以便最大限度地减少用户获得信息的成本。[2] 词典数据库可以包含不同类型的定义。从理论上讲，每个定义的不同版本在理论上和实际上都是可能的，因为术语的定义可以用三个版本编写：一个用于法律专家、一个用于半专家、一个用于学生。但是，该项目未采用此程序，因为预期用户群的事实和语言能力水平足以理解定义。此外，可以将英语定义翻译成汉语。

决定性因素不在于定义是长还是短，而在于它们是否包含满足用户需求的数据。为了实现这一目标，词典编纂者没必要将所有数据放在定义中，或者将补充数据放在单独的主题—字段部分中，用户通过嵌入式链接进行交叉引用。[3] 这将缩短定义的长度并减小其复杂性。与理解法律术语的含义有关的重要方面是同义词和多义词。为了正确理解法律术语，用户必须能够识别拼写相同的单词（同形异义词）的正确含义，但其具有不同的参考焦点。组合标准"词性"用于区分属于不同词类的同形异义词，如名词"协议"和动词"协议"，在少数情况下，标准是参考焦点。例如，其含义受管辖权约束：术语协议可以是指满足特定形式要求的法律文件的一般术语。由于不能指望预期用户知道这一点，因此词典应明确告知他们这种情况。

定义通常被认为有助于理解文本，但它们也支持其他词典功能。律师可能需要协助才能用英文撰写文本，并且需要知道如何使用"商标"这一术语。在这种情况下，他们将选择"帮助编写表达式已知的文本"选项，因为他们已经确定了他们想要使用的术语。他们将搜索数据库以寻找

---

[1] R. Harris, C. Hutton, *Definition in Theory and Practice: Language, Lexicography and the Law* (London and New York: Continuum International Publishing Group, 2007), pp. 210 - 215.

[2] S. Nielsen, "The Effect of Lexicographical Information Costs on Dictionary Making and Use," *Lexikos*, 2008 (18): 170.

[3] H. Bergenholtz, S. Nielsen, "Subject-Field Components as Integrated Parts of LSP Dictionaries," *Terminology*, 2006, 12 (2): 281 - 303.

三种类型的数据：搭配和示例。他们将检索寻址到搜索词的以下数据类型：词条、同音词索引、多义词索引、定义、搭配、示例、同义词、反义词。律师将获得如图 12 - 6 所示的结果。

商标 名词 Trademark

定义

　　商标是交易者用以与其他人的商品或服务进行区分的标志。标志可以是文字、字母、数字、设计、商品的形状或包装。商标所有人有权将商标专用于其商品和服务。

同义词

　　商品标志

使用说明

　　中国有"注册商标"与"未注册商标"之区别。注册商标是在政府有关部门注册后受法律保护的商标，未注册商标则不受商标法律的保护。

　　在美国英语中，首选拼写是单词，即"Trademark"，而 EN 和 EU 英语中的首选拼写是两个词："Trade Mark"。

搭配

　　放弃商标申请、注册商标专有权、使用商标、不使用商标、商标所有人、商标所赋予的商标权

例子

　　该提案未涉及与商标有关的实质性规则。

　　将该商标从注册簿中删除。

图 12 - 6　"法律专家类型的数据"选项

图 12 - 6 中的数据类型支持编写法律文本的帮助功能。该定义对于确定该词在上下文中具有正确含义是必要的，如同义词、用法注释、搭配和示例支持等。通常可以说，文本的写作涉及规划阶段、执行阶段和完成阶段，并且出于实际目的，词典编纂者应该集中精力在执行和完成阶段提供帮助。[①] 执行阶段涉及写作草稿、文本设计、编辑，涉及检查文本以确保遵守语法和拼写规则，涉及修订以确保术语一致并且文本没有错误。[②] 这些活动涉及词汇和句法、语法（如连贯性）和语用学（如交际推理和预

[①] S. Nielsen, "Monolingual Accounting Dictionaries for EFL Text Production," *Ibérica*, 2006 (12): 49.
[②] C. D. Rude, D. Dayton B. and Maylath, "Technical Editing," in A. M. Penrose and S. B. Katz, eds., *The Allyn and Bacon Series in Technical Communication* (3rd edn) (New York, NY: Longman Inc., 2002), pp. 15 - 16.

设）。旨在提供法律文本编写帮助的词典应包含此类数据，以帮助法律专业人士和语言工作人员成功完成写作过程的各个步骤。

法律术语词典还可以帮助用户处理认知情境。举例来说，法律专业人士如律师、翻译和学生可能希望获得关于公司法概念的一般或特定知识，即所谓的"股权"，并选择"帮助获取知识"的搜索选项；此选项将显示发送到输入词的所有数据。搜索引擎将在数据库中以两种类型的数据进行有针对性的搜索，包括定义、翻译、概念群等，并检索相关的数据类型：词条、同音词索引、多义词索引、定义、同义词、反义词、搭配、示例、交叉引用（包括同名和多义指数）、来源（包括链接）和使用说明（见图12-7）。

未催缴股本 Uncalled share/ Uncalled capital

定义

　　公司的非公开股本是股东尚未支付的已发行股本的一部分，股东已经认购但尚未缴纳股款，而公司随时可向股东催缴的那部分资本。所以，催缴资本总是等于发行资本减去实缴资本后的余额。

同义词

　　未收资本

反义词

　　已催缴股本（called up share capital）

相关概念

　　<u>注册资本</u>
　　<u>实缴资本</u>

例子

　　任何未催缴股本金额必须单独列出。

图 12-7　"帮助获取知识"选项

图 12-7 中的定义解释了该术语的含义并附有一个例子；同义词和反义词的提供有助于专业人士将术语"未催缴股本"置于法律范畴的术语层级中。交叉引用包括两个带有嵌入链接的术语，当他们单击这些链接时，用户将被引导到"已催缴股本"，其中可以找到相关的附加数据。类似地，指示定义来源的项目是可点击的，因为它包含嵌入式链接，并且将用户链接到找到注释的网站，用户可以在其中找到更多有关输入词的信息。在相关的情况下，词典编纂者应考虑通过链接到特别准备的词

典部分，包括法律领域的介绍，翻译特定领域语言结构和类型惯例的指导和信息插图（如图片和视频）。正在撰写或翻译法律文本的专业人士可能不知道该使用的正确词语，因为他们只知道他们想要写的内容的含义，因此需查阅法律术语词典。那些想要使用正确词语来表示"废除某些东西"的人可以在搜索框中输入这个词语，然后选择搜索选项"帮助找到意义已知的术语"。搜索引擎将搜索数据库中的以下数据类型：定义、使用说明、同义词和反义词。数据库将为用户提供以下数据类型：条目词、同音词索引、多义词索引、定义、搭配、示例、同义词和反义词等（见图12-8）。

撤销 动词 revoke

定义
　　取消先前已经完成的事情的手段。

搭配
　　撤销要约

示例
　　如果要约表明它是不可撤销的，则不能撤销该要约。

同义词
　　撤回 动词 withdraw

对称
　　保留

定义
　　撤回意味着废除你以前做过的事情或该事不再属于某事的一部分。
　　withdraw 的两层含义中最常见的含义是"取款"，比如 withdraw cash（取现）、withdraw deposit（提款）等等，这层含义没有太多需要强调的地方，这里重点要讲的是这个词在合同中的另外两种含义：（1）撤回；（2）退出。
　　（1）撤回，常见搭配如 withdrawal of offer 撤回要约，withdraw a charge 撤回指控，withdrawal of capital contribution 撤回出资等。
　　（2）退出，这层含义常在 limited partnership agreement（有限合伙协议）中出现。

示例
　　您有权在 14 个工作日内撤销合同。

图 12-8　"帮助找到意义已知的术语"选项

如图12-8包含两个适当的单词、搭配和例句的检索结果，使法律专业人士在写作过程中和定稿阶段能够获得需要的信息。例如，词典清楚地表明，表达"废弃遗嘱"含义的正确方法是"撤销遗嘱"。用户也可以使用"布尔运算"① 执行搜索，如"annul + will"，然后词典将仅呈现与撤销相关的数据。数据库和双语词典之间的交互类似于数据库和单语词典之间的交互。应该指出的是，搜索是在同一个数据库中进行的，并且从同一个数据库中检索结果，无论词典是双语还是单语。翻译法律文本的用户可能需要知道如何翻译英文术语商标并查阅英语-汉语法律词典。他们将选择搜索选项"帮助翻译术语"。输出单元将呈现寻址到词条和等效词的数据：词条、同音词索引、多义词索引、语言代码、定义、同义词、反义词、搭配和示例，所有这些都写入词条。此外，可能存在对相关术语的交叉引用以及具有嵌入链接源的指示。

四、法律术语词库的局限性

法律术语词典编纂可以识别合同、法规或宪法规范的起草者可用的一般语义含义，但有一些重要的限制，包括以下内容。

- 技术含义：许多法律文本使用"艺术术语"或"技术语言"
- 对频率数据的概率值的限制：频率数据可用于识别法律文本的"一般"含义，特别是一个含糊不清的词或短语的意义占主导地位时。但是，如果存在多个词或短语的意义，频率数据虽然相关，但应该通过语境来补充，这通常会揭示传达哪种意义给目标读者
- 一些特殊问题

法律术语词典在确定法律文本的语义含义方面发挥着重要作用，但文本的语义含义并不一定等同于文本的完整交际内容。交际内容比语义内容（字面意义）更丰富的原因之一是作者可以通过所谓的"语境丰富"来传达额外的意义。法律术语的概念定义主要是以内涵定义，确定其一般含义，而不是其外延。外延需要在考虑具体适用语境的情况下才能确定。总之，由于上述限制，法律术语词典提供的语料库不提供完整的法定解释方法。

基于传统语言和文本语言方法的在线法律词典并不能完全帮助法律专业人士满足其在特定类型情况下的需求。根据可用于在线信息工具和现代词典原理的技术，重新评估在线词典的实践和理论基础可以

---

① 布尔运算是数字符号化的逻辑推演法，包括联合、相交、相减。

改善这种状况。上述讨论表明，数据库是服务于在线词典的结构化数据的存储库，其搜索数据库中的数据，检索相关数据并以预定方式将它们呈现给用户。因此，律师、法律专业学生和翻译人员等法律专业人士可以通过直接与他们需要解决的问题相关的有针对性的搜索来访问数据。词典具有交际和认知功能，因为它们可帮助用户解决交际情境中的问题，如理解、编写和翻译法律文本，并帮助用户获得有关认知情境中一般或特定法律问题的知识。法律术语规范化工作，乍一看只是编纂一本词条的列表，实际上其必须被看作一项重要的学术工作，需要全面、系统、细致地研究，实用性与可靠性兼具。尽管术语已经成为一个具有巨大潜力的既定学科，几乎应用于所有科学领域，但它在法律研究中的应用却是落后的。本书的目标是通过为法律术语研究铺平道路来填补这一空白。

第三节　应加强法学名词的立法规范工作

法学名词术语是法律概念的指称，法律作为一种规则普遍适用于每一个社会成员，统一性和规范性是调整人们行为功能的必然要求。因此，法学名词的统一和规范具有比其他学科更重要的研究价值，通过立法来促进和保障法律术语的规范是法治建设的必然要求。本书重点研究法学名词规范化立法的背景与法理基础，为法学名词规范化立法提供更加坚实的理论基础与可行的操作方法。法学名词规范化立法问题研究不仅涉及全国人大常委会立法权限问题，也涉及立法所调整的社会关系问题，因此需要从立法理论上进行深入研究。

一、法学名词规范化立法议题的提出

法学名词规范化主要是指法学名词的统一审定、公布、推广、应用等。中国社会科学院法学研究所冯军教授曾提出加快科技名词规范化工作立法，指出一个国家的语言文字需要规范化，法学名词的使用也需要规范

化，我国法学名词规范化工作需要法制保障。①

从立法、司法、守法的角度来看：首先，在立法过程中，要考虑法律条文所表达的法律内容及其语言表达形式。法学名词作为立法语言中的逻辑概念表达要素，在体现立法意图、传递法律信息、表达规范等方面都有着重要影响，因此法学名词规范化对健全我国社会主义法治、完善我国社会主义法律体系具有极其重要的意义。我国虽然已经颁布《立法法》，但对立法过程中立法语言（包括法学名词）的规范并没有提出相应的要求。因此，法学名词规范化立法问题研究对立法语言规范化具有理论与实践价值。其次，法律实施过程中需要解释与适用，不论是成文法还是判例法，在适用法律规则的具体案例中总是存在着选择。法官必须在成文法语词的具有选择性的意义间做出选择，或是在对判决先例之要旨"究竟是"什么的相互竞争的诠释间做出选择。因此法学名词规范化在司法语言中的重要性是不言而喻的。最后，法律是人们必须遵循的行为规范，调整各种社会关系是法律的重要功能之一。为了使这一功能得以实现，法律就需要明确指示人们什么可为而什么不可为。因此，法律语言中法学名词术语规范化使用也是人们得以遵守法律的基础。对法学名词法律规制的研究至少有两个目标：第一，从应用语言学的角度来看，应该建立一个语言立法模型，以反映这种立法的语言预设；第二，从人权保护的角度来看，应该提高国际标准的水平及其在国家立法项目中的应用，即普通公民有权要求法律语言的清晰度和可理解性。②

二、法学名词规范化立法的法理基础

（一）保障法制统一

坚持社会主义法制统一是构建中国特色社会主义法律体系的基本原则。修正后的《立法法》扩大了地方立法权，但是多元的立法主体与作为单一制的国家体制之间似乎产生了一定程度的紧张关系。《立法法》为我国法制统一的实现提供了重要途径，但是法学名词规范属于法律语言技

---

① 冯军：《科技名词立法需解决哪些问题》，《光明日报》2012年2月29日，第7版。
② H. E. S. Mattila, *Comparative Legal Linguistics: Language of Law, Latin and Modern Lingua Francas*, trans. by C. Goddard (Hampshire and Burlington: Ashgate Publishing, 2006), p. 18.

术范畴，对它的规范化管理还远远不够。法学名词术语是表达法律概念的专门用语，[①] 在我国法律领域推进法学名词的规范化，对法学名词准确恰当地命名与选用，有利于我国社会主义法制的统一，有利于法律的实施。法学名词单义性避免法律文本的歧义。如果对法学名词的理解产生歧义，势必引发立法混乱与法律实施的困难。例如，"被害人"是适用于刑事诉讼的法学名词，用以特指正当权利或合法利益遭受犯罪行为或不法行为侵犯的人。"受害人"是适用于民事诉讼的法学名词，用以特指由于侵权行为而蒙受损害或损失的人。显然，"犯罪行为"与"侵权行为"的语义的内涵和外延不同。这里涉及法学名词的特指性与单义性，这都是法学名词的基本要求。法学名词的单义性可以使法律语言的使用和理解中都能尽可能避免歧义。故立法时，采用法学名词时应严格遵循单义性原则，力求概念明确，表述清晰，避免引起理解上的歧义。如民法上的"过失"，是指过错的一种形式，即应注意而未注意的状态，不能有第二种解释。

（二）保护公民语言权利

语言权利本质上是人权。根据语言学家弗朗塞斯科·卡普陶蒂（Francesco Capotorti）的语言系统学，语言使用在法律分析中可以分为四种：私人领域的语言使用、公共领域的语言使用、媒体中的语言使用、教育系统中的语言使用。[②] 不言而喻，任何国家都不能干涉私人领域中任何语言的使用，但是法律语言作为公共领域的语言，其使用应该被合理规范。在语言人权概念背景下，语言立法同时出现在国际法和国内法层面上。语言立法领域的立法措施越有效、越充分，公民对法律语言的理解越准确。语言立法一方面涵盖了语言使用的法律效力，另一方面涵盖了语言使用的法律规则。[③] 当从一般的角度考虑这个问题时，某种程度上符号学甚至可以被称为"符号法"。例如，法院使用符号的相关规定，我国法官有义务在法庭上穿上长袍，不遵守这一要求可能会受到惩罚。关于使用语言的法律的内容也可能是压制性的，一些国家的语言法旨在强制使用主导语言作为教学语言和公共生活语言。出于这个原因，个人或团体使用自己的语言的权利也应该成为国际公法上的问题，欧盟也规定了语言制度：会

[①] 陈炯：《法律语言学概论》，陕西人民教育出版社，1998，第52页。
[②] F. Capotorti, *Study on the Rights of Persons Belonging to Ethnic, Religious and Linguistic Minorities* (New York, NY: United Nations, 1979).
[③] G. Cornu, *Linguistique Juridique* (3rd edn) (Paris: Montchrestien, 2005), pp. 43–45.

员国享有平等地位（即使主要语言在工作语言中占主导地位）。在另一种语言或其他几种语言的压力下，语言法也可以旨在保护国家或地区人民使用本民族语言的权利。即使在法国这样一个国际语言国家，由于英语的入侵，这种立法被认为是十分必要的。这种立法预设了法语的使用，同时也保护了本民族的文化与语言。

近年来，一个新的问题进入了关于语言法的讨论，即公民有权要求法院和当局使用他们清楚理解的语言。历史上，法院和公共当局的语言有时很难理解，普通公民理解法律语言有困难。反对这种现象的斗争在人类历史上已经存在了很长时间，如古罗马的《十二铜表法》，法律的公开就是为了限制贵族的司法专断。今天，清晰、可理解的法律语言是公民基本权利的重要保障。在学术研究中，一般语言立法被认为属于法律语言学或国际法、人权保护领域。法律语言学家克努教授认为，语言立法是法律语言学的必要组成部分，因为它涉及语言使用的规范。[1] 如果不考虑作为法律对话的语言要素——法学名词通过立法进行规范化操作，就不能有效地表征法律语言。从这个意义上讲，语言立法不仅包括与人权保护相关的社会语言使用分配问题，而且还将涉及更广泛的问题，即与法律的产生和解释有关的立法。在这种背景下，中国法律语言教授周庆生强调，对法律语言加以规范是公民的基本权利。[2] 一般而言，法律语言学中涉及的问题也是法律专门部门（如人权保护）研究的主题，并且以不同的方式对其进行处理。关于规定或保证语言使用的讨论，这是语言立法的本质，必须遵循其自身的方法论规则，因为它是一种法律话语，即关于法律内容的讨论，必须遵循法律科学的规律。总而言之，法学名词规范化立法的本质就是要保证法律语言的确定性与可预测性，保障公民语言权利的实现。

（三）促进法律的社会效益

党的十九大报告强调"提高全民族法治素养和道德素质"，"加大全民普法力度，建设社会主义法治文化，树立宪法法律至上、法律面前人人平等的法治理念"。[3] 法学名词作为法律领域概念的指称是具有高度专业性

---

[1] G. Cornu, *Linguistique Juridique* (3rd edn) (Paris: Montchrestien, 2005), p. 11.
[2] 周庆生：《语言与法律研究的新视野》，法律出版社，2003，第 24 页。
[3] 《习近平：决胜全面建成小康社会 夺取新时代中国特色社会主义伟大胜利——在中国共产党第十九次全国代表大会上的报告》，共产党员网，2017 年 10 月 27 日，https://www.12371.cn/2017/10/27/ARTI1509103656574313.shtml。

的，但是法律作为调整人们行为的规范具有指导、教育功能，因此法学名词需要使用大众的、通俗的语言表达才有利于法律的传播与实施。以立法语言为例，如果立法语言深奥、艰涩，脱离公民的理解能力和心理认知习惯，那么将造成法律信息传递不畅，但是相反，如果立法语言过于直白，又是对法律权威性的损害。在法学名词规范化的基础上使用法律概念可以弥合法律文本的专业性与大众性的差距，最大限度地实现法律的社会效益、促进法治社会建设。例如，在制定法律条文中用通俗语言表述规定的内容，尽量使用法学概念性术语，并对其做出界定。例如，我国《民法典》第985条规定："得利人没有法律根据取得不当利益的，受损失的人可以请求得利人返还取得的利益……"显然，为使立法语言专业化，并使人们容易记忆，在表述时可采用"不当得利"，并对其进行界定和说明。在简单的社会条件下，理解法律规则的内容几乎没有问题，但是随着社会关系的复杂化，法律规则越来越庞杂。因此，为了确保公民可以理解法律，法律语言需要兼具专业性与大众性。古代为了使人们记住法律，把特定的案件描述为丰富多彩的，会使那些听到它们的人记忆深刻。在我们这个时代，复杂的现代社会预设了精确而详细的规则，因而立法文本可能是非常复杂的，但是依然要尽量简明扼要地拟定，即使如此，仅供专家使用的法律法规正在增加。在某些社会问题上，法律条款以高度复杂的语言形式表达某些数学公式的内容并不罕见。毋庸置疑，从公民的角度来看，这样的规定是完全不可理解的。这就解释了法治宣传教育工作为何如此重要。从广义上讲，法律是一种国家权力的行使形式。在社会中，书面形式最重要的权力类别是法律，在民主条件下，法律要求公民作为法律社区成员的理解和忠诚，重要的是他们完全尊重法律以及司法、行政决定。故而成规范化地使用法学名词可以促进公民在法律和司法方面做出承诺，使法律得到有效遵守。

（四）应对法律英语全球化

近几十年来，世界各地的语言变化提高了英语作为普遍接受的语言的地位，[①] 英语经常用于国际法律交流，英语使用的国际化是一种全球现象。在中国，英语虽然不是官方语言，但是在全球化背景下也需要考虑其制度化的问题。虽然有些人通过世界范围内的英语传播来证明文化帝国主义的增长，但是面对这样一种趋势，法律领域应做好应对。法学名词规范

---

① R. K. Gardiner, *Treaty Interpretation* (New York, NY: Oxford University Press, USA, 2008), p. 17.

化工作中对大陆法系、普通法系中概念的对应关系进行了规范化处理,对不同法系中概念的译名翻译问题也进行了科学评估,因此法学名词立法有助于应对法律英语全球化趋势。

三、我国法学名词的立法依据与立法路径

(一) 立法依据

当前我国法学名词规范化立法面临的最大困难,可能就是上位法授权和立法依据不清楚的问题。我国立法活动的根本依据是《宪法》,《宪法》主要规定了国家权力的分配制度以及公民基本权利义务方面的内容。总的来说,任何法律、法规、规章以及其他规范性文件的制定都需要符合合法性、科学性原则。

第一,合法性主要是两个方面:其一是合乎法律的规定;其二指正当性、权威性和实际有效性。[①]《宪法》第5条要求维护我国法制统一,而法制统一原则要求法律概念、立法用语统一,法学名词规范化为法制统一提供了重要的理论基础。《宪法》作为公民权利的保证书,追求的最重要的一个基本价值是平等。我国《宪法》中也规定了"中华人民共和国公民在法律面前一律平等",这种平等不仅仅是法律地位的平等,也是每一个公民都有掌握、理解法律的权利。目前在立法、司法活动中普遍存在一定程度的法律术语使用混乱问题。例如,我国《刑法》中表达刑事处罚时使用了"刑罚处罚"、"刑事处罚"和"犯罪处罚"三个名词,实同名异。法律作为一种特殊的沟通方式,只有在公民理解的前提下才能得到有效遵守。简而言之,法学名词规范化立法是出于《宪法》对于法治建设、平等、公民权利保护等要求而开展的立法活动,符合立法合法性原则。目前,我国相继制定的《国家通用语言文字法》《标准化法》《标准化法实施条例》《专利法实施细则》《图书质量管理规定》等法律、法规和规章中也有个别条款对科技名词的使用做出一定规定,虽然上述法律法规远不能为法学名词规范化工作提供全面的法律依据,但是可以作为法学名词规范化立法工作的重要参考。

第二,科学性原则要求立法表达应当从客观实际出发,实事求是,遵守

[①] 严存生:《法的合法性问题研究》,《法律科学》(西北政法学院学报) 2002年第3期,第3—14页。

客观世界的普遍规律和人为约定的一般规则。只有通过调查研究，结合立法和司法经验，尊重立法规律，遵守逻辑规则、语法规则和修辞规则，才能避免立法表达的盲目性和随意性。在起草阶段，科学原则要求立法机关采用明确的立法用语确认公民权利，合理规定犯罪与刑罚，遵循权力有限原则分配国家权力和职责。准确是科学立法的首要目标，对专有名词术语的规范化使用正是立法语言准确性的表现。此外，有很多法学名词术语不仅仅是在我国法律规范中使用，而且在世界各国通用，如"罪刑法定""善意原则"等。还有一些是历史遗产，在长期使用中已经具有了固定的含义，舍弃这些去创造新的用语，必然导致法律上的混乱，损害立法的科学性。规范地使用法学名词，准确、简明地反映其表达的概念，使立法表达更加确切，这对于理解、运用法律非常重要。不管是科学技术领域还是整个社会都要有一个统一的形式规范问题，这个规范是交流沟通的前提，也是立法机关立法的前提，因此科技名词立法是十分必要的。法律是一种特殊的沟通形式，立法者制定规范并传达给社会公众，并期待人们尊重并遵循法律规范。

（二）立法路径

第一，与相关法律法规相协调。《国家通用语言文字法》对国家通用语言文字的字、音、形都有明确规定，《标准化法》（2017年修订）对技术问题的标准化做了详细规定，如第10条第1款规定："对保障人身健康和生命财产安全、国家安全、生态环境安全以及满足经济社会管理基本需要的技术要求，应当制定强制性国家标准。"此外还有《标准化法实施条例》《专利法》等，上述法律法规都与法学名词规范化立法相关，在立法时应注意协调性问题。

第二，授权权威机构起草，由全国人大常委会确认。法学名词规范化包含了形式上的统一性和实质意义上的统一性，要求法律概念的指称应保持统一与规范，特别是最常用的从外文翻译而来的法学名词，更需要通过规范化的方式保证其不被滥用，实质意义上的一致性是要对名词内涵进行权威和统一的解释。从目前我国的立法体制来看，要保证法学名词具有形式意义上的统一性和实质意义上的统一性，需要通过全国人大常委会立法来实现。因此，应从立法的科学性出发，由专门的法学名词工作机构会同国家通用语言文字工作机构，共同确定法学名词的形式合理性，作为技术规范由全国人大常委会予以确认，从而保证全国人大及其常委会所制定的法律中的名词具有形式上的统一性。对于法学名词的实质内涵，因为涉及法律术语的解释问题，只能由科技名词工作机构制定行业标准，向包括立法机关在内的各行业主体推荐使用。目前在立法技术规范方面有全国人民代表大会常务委员会法制工作委员拟定的《立法技术规范（试行）（一）》（法工委发［2009］62号）、《立法技术规范（试行）（二）》（法工委发［2011］5号），虽然这两个文件涉及立法技术范畴，但其主要内容是立法的行文规范，而非法律术语规范。因此，建议可采取类似形式，通过行政授权专门的法学名词工作机构进行起草，以规范性文件形式向法律行业相关部门推荐使用。

此外，必须注意的是，不宜将法学名词的法律内涵简单地予以固化，而是应将其作为一种技术规范、参考标准。总而言之，国家科技名词工作机构应在广泛征求各方意见基础上，制定更加符合实际工作需要，与现有法律体系、基本原则相一致的立法方案，以有效促进法学名词规范化工作有序开展。

专业名词的统一与规范往往需要以学科体系的高度发展为前提，中国法制经历了曲折复杂的发展历程，1840年鸦片战争之后，中国法制结束了漫长的封建社会律法时期，开始了现代法制国家的进程。这种转变造成了法律体制、法律观念、法律文化的巨大变革，在这种历史背景下，相较于西方发达资本主义国家法律学科经历了工业革命后数百年积淀，中国法律学科还处于发展成熟的过程。改革开放以来，我国法律学科繁荣发展，然而与此同时，法律学科领域内名词术语使用混乱，这对法律语言的表意性与专业性是一种损害。总而言之，法学名词规范化立法对解决目前我国法律术语混乱、模糊等问题具有重要意义，有利于推动法治国家、法治社会、法治政府建设。

参考文献

中文参考文献

[1] 《马克思恩格斯全集》第 1 卷，人民出版社，1995。

[2] （清）黄人主编《普通百科新大词典》第 2 册，上海国学扶轮社，1911。

[3] 严复：《与梁启超书三》，载王栻主编《严复集》第 3 册，中华书局，1986。

[4] 王栻主编《严复集》第 3 册，中华书局，1986。

[5] 《睡虎地秦墓竹简》整理小组编《睡虎地秦墓竹简》，文物出版社，1978。

[6] 朱维铮、姜义华编注《章太炎选集》（注释本），上海人民出版社，1981。

[7] 王国维：《王国维文学美学论著集》，周锡山编校，北岳文艺出版社，1987。

[8] 沈宗灵：《现代西方法律哲学》，法律出版社，1983。

[9] 陈忠诚选编《法律英语五十篇》，中国对外翻译出版公司，1987。

[10] 王铁崖主编《国际法》，法律出版社，1995。

[11] 范晓：《三个平面的语法观》，北京语言学院出版社，1996。

[12] 陈炯：《法律语言学概论》，陕西人民教育出版社，1998。

[13] 周庆生主编《语言与法律研究的新视野》，法律出版社，2003。

[14] 刘红婴：《法律语言学》，北京大学出版社，2007。

[15] 沈国威：《近代中日词汇交流研究：汉字新词的创制、容受与共享》，中华书局，2010。

[16] 孙中山：《孙中山选集》，人民出版社，2011。

[17] 许章润：《汉语法学论纲》，广西师范大学出版社，2014。
[18] 张文显主编《法理学》（第5版），高等教育出版社，2018。
[19] 舒国滢、王夏昊、雷磊：《法学方法论》，中国政法大学出版社，2018。
[20] 卓泽渊：《法的价值论》（第3版），法律出版社，2018。
[21] ［古希腊］亚里士多德：《政治学》，吴寿彭译，商务印书馆，1965。
[22] ［英］大卫·休谟：《人性论》下册，关文运译，商务印书馆，1980。
[23] ［英］阿尔伯特·韦恩·戴雪：《英宪精义》，雷宾南译，商务印书馆，1930。
[24] ［法］卢梭：《社会契约论》，李平沤译，商务印书馆，2011。
[25] ［美］罗斯科·庞德：《法律史解释》，邓正来译，中国法制出版社，2003。
[26] ［美］E.博登海默：《法理学：法律哲学与法律方法》，邓正来译，中国政法大学出版社，1999。
[27] ［美］任达：《新政革命与日本：中国（1898—1912）》，李仲贤译，江苏人民出版社，2006。
[28] ［美］霍菲尔德：《基本法律概念》，张书友译，中国法制出版社，2009。
[29] ［德］拉德布鲁赫：《法哲学》，王朴译，法律出版社，2005。
[30] ［德］伯恩·魏德士：《法理学》，丁小春、吴越译，法律出版社，2003。
[31] ［德］尤尔根·哈贝马斯：《重建历史唯物主义》，郭官义译，社会科学文献出版社，2000。
[32] ［德］卡尔·拉伦茨：《法学方法论》，陈爱娥译，商务印书馆，2003。
[33] ［比］马克·范·胡克：《法律的沟通之维》，孙国东译，法律出版社，2008。
[34] ［奥］欧根·维斯特：《普通术语学和术语词典编纂学导论》（第3版），邱碧华、冯志伟译，商务印书馆，2011。
[35] ［瑞士］费尔迪南·德·索绪尔：《普通语言学教程》，高名凯译，商务印书馆，1980。
[36] ［波］沙夫：《语义学引论》，罗兰、周易译，商务印书馆，1979。
[37] 何家弘：《论法律语言的统一和规范——以证据法学为语料》，《中国人

民大学学报》2009 年第 1 期。
[38] 何家弘：《证据学抑或证据法学》，《法学研究》2008 年第 1 期。
[39] 汪火良：《论国际人道法在非国际性武装冲突中的适用》，《湖北师范学院学报》（哲学社会科学版）2005 年第 1 期。
[40] 丁文：《论土地承包权与土地承包经营权的分离》，《中国法学》2015 年第 3 期。
[41] 仲人、吴娟：《法律文字要恪守译名同一律》，《中国翻译》1994 年第 5 期。
[42] 沈宗灵：《对霍菲尔德法律概念学说的比较研究》，《中国社会科学》1990 年第 1 期。
[43] 石立坚：《专名与术语》，《自然科学术语研究》1988 年第 2 期。
[44] 胡锦光：《论推进合宪性审查工作的体系化》，《法律科学》（西北政法学院学报）2018 年第 2 期。
[45] 秦前红：《合宪性审查的意义、原则及推进》，《比较法研究》2018 年第 2 期。
[46] 孙伟平：《从单纯"对着干"走向"创造性转化"——如何正确对待西方资本主义价值观》，《南华大学学报》（社会科学版）2015 年第 1 期。
[47] 韩大元：《宪法与社会共识：从宪法统治到宪法治理》，《交大法学》2012 年第 1 期。
[48] 张铃枣：《社会主义核心价值观视域下的社会政策价值取向》，《福建师范大学学报》（哲学社会科学版）2017 年第 1 期。
[49] 郭自力、李荣：《刑事立法语言的立场》，《北京大学学报》（哲学社会科学版）2004 年第 2 期。
[50] 周利方、沈全：《国外核心价值观建设的实践类型及启示》，《理论月刊》2011 年第 11 期。
[51] 严存生：《法的合法性问题研究》，《法律科学》（西北政法学院学报）2002 年第 3 期。
[52] 黄兴涛：《新发现严复手批"编订名词馆"一部原稿本》，《光明日报》2013 年 2 月 7 日，第 11 版。
[53] 张文显：《加快构建中国特色法学体》，《光明日报》2020 年 5 月 20 日，第 16 版。

[54] 许章润:《让法学语言"中国化"》,《新京报》2015年3月21日,第B10—11版。

[55] 卢义杰、房立俊:《推进合宪性审查 完善宪法监督制度》,《中国青年报》2017年10月24日,第4版。

英文参考文献

[1] B. Danet, "Language in the Legal Process," *Law & Society Review*, 1980, 14 (3).

[2] C. S. Peirce, "Semiotics Is the Study of Signs," *Collected Papers of Charles Sanders Peirce*, vol. 2 (Cambridge, MA: Harvard University Press, 1974).

[3] B. I. Schwartz, *The World of Thought in Ancient China* (Cambridge, MA: Harvard University Press, 1985).

[4] G. Cornu, *Linguistique Juridique* (3rd edn) (Paris: Montchrestien, 2005).

[5] D. C. Clarke, "Methodologies for Research in Chinese Law," *University of British Columbia Law Review*, 1996 (30).

[6] M. Macauley, *Social Power and Legal Culture: Litigation Masters in Late Imperial China* (Law, Society, and Culture in China) (Stanford, CA: Stanford University Press, 1998).

[7] S. -E. Wright, "Lexicography v Terminology," *ASTM Standardization News*, (1991).

[8] P. B. Faber, *A Cognitive Linguistic View of Terminology and Specialized Language*, vol. 20, Applications of Cognitive Linguistics [ACL], Chapter 1, Introduction (Berlin and Boston: De Gruyter Mouton, 2012).

[9] R. Jackendoff, "Semantics-Theories," in M. Claudia, H. Klaus, and P. Paul eds., *Chapter 4: Conceptual Semantics* (Berlin and Boston: De Gruyter Mouton, 2019).

[10] P. Sandrini, "Multinational Legal Terminology in a Paper Dictionary?," in M. M. Adoha ed., *Legal Lexicography* (London: Routledge, 2014).

[11] B. A. Garner, *Black's Law Dictionary* (11th edn) (West Group, MN: West Group, 2019).

[12] R. Temmerman, *Towards New Ways of Terminology Description: The*

Sociocognitive-Approach, vol. 3 (Amsterdam and Philadelphia: John Benjamins Publishing, 2000).

[13] M. T. C. Castellví, "Theories of Terminology: Their Description, Prescription and Explanation," *Terminology*, 2003, 9 (2).

[14] T. T. Ballmer, M. Pinkal, *Approaching Vagueness* (Amsterdam: Elsevier Science Publishers, 1983).

[15] N. E. Nedze, *Legal Reasoning, Research, and Writing for International Graduate Students* (*Aspen Coursebook*) (Amsterdam: Wolters Kluwer, 2008).

[16] J. C. Sager, *Language Engineering and Translation: Consequences of Automation*, vol. 1 (Amsterdam and Phildelphia: John Benjamins Publishing, 1994).

[17] M. S. Moore, "The Semantics of Judging," *Southern California Law Review*, 1981 (54).

[18] H. Kelsen, *Pure Theory of Law*, trans. by M. Knight (Berkeley, CA: University of California Press, 1967).

[19] G. Sampson, *Schools of Linguistics: Competition and Evolution, Chapter 1, Prelude: The Nineteenth Century* (London: Hutchinson, 1980).

[20] H. Kelsen, *What Is Justice?: Justice, Law, and Politics in the Mirror of Science; Collected Essays* (Berkeley: University of California Press, 1957).

[21] H. Kelsen, A. J. Trevino, *General Theory of Law & State* (New York, NY: Routledge, 2005).

[22] N. MacCormick, *Legal Right and Social Democracy: Essays in Legal and Political Philosophy, Chapter 1, Legal Right and Social Democracy* (Oxford: Clarendon Press, 1984).

[23] P. Heck, "The Jurisprudence of Interests: An Outline," in M. Schoch ed., *The Jurisprudence of Interests: Selected Writings of Max Rümelin, Philipp Heck, Paul Oertmann, Heinrich Stoll, Julius Binder and Hermann Isay*, vol. 2 (Cambridge, MA: Harvard University Press, 1948).

[24] B. N. Cardozo, *The Paradoxes of Legal Sciences* (New York, NY: Columbia University Press, 1928).

[25] J. L. Austin, "A Plea for Excuses," in C. Lyas ed., *Philosophy and Linguistics* (London: Macmillan Education UK, 1971).

[26] M. V. Hoecke, *Law as Communication* (European Academy of Legal Theory

Series）（Oxford：Hart Publishing, 2002）.

[27] K. Greenawalt, *Law and Objectivity* (New York, NY：Oxford University Press, 1992).

[28] C. K. Ogden, I. A. Richards, *The Meaning of Meaning：A Study of the Influence of Language upon Thought and of the Science of Symbolism* (London：Kegan Paul, 1923).

[29] H. Kelsen, *General Theory of Norms* (Oxford：Oxford University Press, 1991).

[30] F. de Saussure, *Course in General Linguistics* (London：McGraw-Hill Humanities, Social Sciences & World Languages, 2011).

[31] L. Wittgenstein, *Philosophical Investigations* (4th edn), trans. by G. E. M. Ancombe, P. M. S. Hacker and J. Schulte (New York, NY：Wiley-Blackwell, 2010).

[32] P. Winch, *The Idea of a Social Science and Its Relation to Philosophy* (London：Routledge, 2008).

[33] H. E. S. Mattila, *Comparative Legal Linguistics：Language of Law, Latin and Modern Lingua Francas*, trans. by C. Goddard (Hampshire and Burlington：Ashgate Publishing, 2006).

[34] M. T. Cabré, *Terminology：Theory, Methods, and Applications*, vol. 1, trans. by J. A. DeCesaris (Amsterdam and Philadelphia：John Benjamins Publishing, 1999).

[35] R. W. Langacker, *Foundations of Cognitive Grammar：Theoretical Prerequisites*, vol. 1 (Stanford, CA：Stanford University Press, 1987).

[36] P. Faber, C. I. L. Rodríguez, "Terminology and Specialized Language," in P. B. Faber ed., *A Cognitive Linguistic View of Terminology and Specialized Language*, vol. 20, *Applications of Cognitive Linguistics* [ACL] (Berlin and Boston：De Gruyter Mouton, 2012).

[37] W. N. Hohfeld, *Fundamental Legal Conceptions as Applied in Judicial Reasoning：And Other Legal Essays* (New Haven, CT：Yale University Press, 1923).

[38] I. Simonnæs, "Grundlegendes Zur Zweisprachigen Fachlexikographie aus der Sicht des Fachübersetzers," *Synaps*, 2010 (25).

[39] A. K. Melby, C. Foster, "Context in Translation：Definition, Access,

and Teamwork," *Translation & Interpreting*, 2010, 2 (2).

[40] S. Landau, *Dictionaries: The Art and Craft of Lexicography* (2nd edn) (Cambridge: Cambridge University Press, 2001).

[41] F. Gaudin, *Socioterminologie. Une Approche Sociolinguistique de la Terminologie* (2nd edn) (Brussels: De Boeck Duculot, 2003).

[42] P. Faber, "The Dynamics of Specialized Knowledge Representation: Simulational Reconstruction or the Perception-Action Interface," *Terminology, International Journal of Theoretical and Applied Issues in Specialized Communication*, 2011, 17 (1).

[43] D. Geeraerts, "The Definitional Practice of Dictionaries and the Cognitive Semantic Conception of Polysemy," *Lexicographica*, 2001 (17).

[44] A. Halas, "The Application of the Prototype Theory in Lexicographic Practice: A Proposal of a Model for Lexicographic Treatment of Polysemy," *Lexikos*, 2016 (26).

[45] ISO, *Terminology-Vocabulary = Terminologie-Vocabulaire (ISO 1087 – 1990)* (Geneva: ISO, 1990).

[46] S. Šarčević, "Multilingual Lawmaking and Legal (Un) Certainty in the European Union," *International Journal of Law, Language & Discourse*, 2013, 3 (1).

[47] F. Bowers, *Linguistic Aspects of Legislative Expression* (Vancouver: University of British Columbia Press, 1989).

[48] O. W. Holmes, "The Path of the Law (An Address Delivered by the Author in 1897)," *Harvard Law Review*, 1997, 110 (5).

[49] H. Kelsen, *Reine Rechtslehre* (Wien: Österreichische Staatsdruckerei, 1992).

[50] H. V. Schooten, *Semiotics and Legislation: Jurisprudential, Institutional and Sociological Perspectives* (Liverpool: Deborah Charles Publication, 1999).

[51] J. R. Searle, *Speech Acts: An Essay in the Philosophy of Language* (Cambridge: Cambridge University Press, 1970).

[52] H. L. A. Hart, *Essays in Jurisprudence and Philosophy* (Oxford: Clarendon Press, 1983).

[53] C. J. Fillmore, "Chapter 10: Frame Semantics," in D. Geeraerts ed., *Cognitive Linguistics Research*, vol. 34, *Cognitive Linguistics: Basic Readings*

(Berlin and New York: De Gruyter Mouton, 2006).

[54] P. Gärdenfors, *Conceptual Spaces: The Geometry of Thought* (Cambridge, MA: MIT Press, 2004).

[55] E. Rosch, "Classification of Real-World Objects: Origins and Representations in Cognition," in P. N. Johnson-Laird and P. C. Wason eds., *Thinking: Readings in Cognitive Science* (Cambridge: Cambridge University Press, 1977).

[56] E. Rosch, "Cognitive Reference Points," *Cognitive Psychology*, 1975, 7 (4).

[57] J. A. Hampton, "Similarity-Based Categorization: The Development of Prototype Theory," *Psychologica Belgica*, 1995, 35 (2-3).

[58] J. A. Hampton, "Similarity-Based Categorization and Fuzziness of Natural Categories," *Cognition*, 1998, 65 (2-3).

[59] P. Hanks, *Lexical Analysis: Norms and Exploitations* (Cambridge, MA: MIT Press, 2013).

[60] S. Šarčević, *New Approach to Legal Translation* (The Hague: Kluwer Law International BV, 2000).

[61] A. D. Jordan, "Lost in the Translation: Two Legal Cultures, the Common Law Judiciary and the Basic Law of the Hong Kong Special Administrative Region," *Cornell International Law Journal*, 1997, 30 (2).

[62] D. Freundlieb, "Knowledge of Objects Versus Knowledge of Meanings: A Defence of the Science/Hermeneutics Distinction," *Conceptus*, 1999, 32 (80).

[63] J. L. Austin, J. O. Urmson and G. J. Warnock eds., *Philosophical Papers* (Oxford: Oxford University Press, 1970).

[64] H.-G. Gadamer, *Truth and Method*, trans. by W. Glen-Doepel, J. Cumming and G. Barden (New York, NY: Seabury Press, 1975).

[65] D. E. Linge, "Editor's Introduction," in H.-G. Gadamer ed., *Philosophical Hermeneutics*, ed. and trans. by D. E. Linge (Berkley, CA: University of California Press, 1977).

[66] S. L. Montgomery, *Science in Translation: Movements of Knowledge Through Cultures and Time* (Chicago and London: University of Chicago Press, 2000).

[67] O. M. Vonk, *Dual Nationality in the European Union: A Study on Changing Norms in Public and Private International Law and in the Municipal Laws of Four EU Member States*, vol. 26 (Laiden: Martinus Nijhoff Publishers, 2012).

[68] G. -R. de Groot, C. J. P. van Laer, "Bilingual and Multilingual Legal Dictionaries in the European Union: An Updated Bibliography," *Legal Reference Services Quarterly*, 2011, 30 (3).

[69] Aristotle, *On Rhetoric: A Theory of Civic Discourse*, trans. by G. A. Kennedy (New York, NY: Oxford University Press, 2006).

[70] T. Viehweg, *Topics and Law: A Contribution to Basic Research in Law*, trans. by W. C. Durham Jr (Frankfurt am Main: Peter Lang Publication Inc., 1993).

[71] C. Perelman, *The Empire of Rhetoric* (Paris: University of Notre Dame Press, 1980).

[72] A. Paterson, *The Law Lords* (London: Palgrave Macmillan UK, 1982).

[73] J. A. Lucy, "Chapter 2: The Scope of Linguistic Relativity: An Analysis and Review of Empirical Research," in J. J. in Gumperz and S. C. Levinson eds., *Rethinking Linguistic Relativity*, vol 17, Studies in the Social and Cultural Foundations of Language (Cambridge: Cambridge University Press, 1996).

[74] B. L. Whorf, *Language, Thought, and Reality (Selected Writings of Benjamin Lee Whorf)*, ed. by J. B. Carroll (New York, NY: John Wiley & Sons and MIT Press, 1956).

[75] S. Pinker, *The Language Instinct: How the Mind Creates Language* (New York, NY: Harper Collins, 1994).

[76] R. Peerenboom, *China's Long March Toward Rule of Law* (Cambridge: Cambridge University Press, 2002).

[77] W. C. Jones, "Appendix C: General Provisions of Civil Law of the People's Republic of China Enacted by the National People's Congress on 12 April 1986," in P. B. Potter ed., *Domestic Law Reforms in Post-Mao China* (Armonk and London: M. E. Sharpe, 1994).

[78] P. Keller, "Sources of Order in Chinese Law," *The American Journal of Comparative Law*, 1994, 42 (4).

[79] P. B. Potter, *The Chinese Legal System: Globalization and Local Legal Culture* (London and New York: Routledge, 2001).

[80] A. G. N. Flew ed., *Logic and Language* (Oxford: Basil Blackwell, 1953).

[81] T. A. O. Endicott, "Raz on Gaps—The Surprising Part," in L. H. Meyer, S. L. Paulson and T. W. Pogge eds., *Rights, Culture and the Law: Themes from the Legal and Political Philosophy of Joseph Raz* (Oxford: Oxford University Press, 2003).

[82] D. Bodde, *Chinese Thought, Society, and Science: The Intellectual and Social Background of Science and Technology in Pre-Modern China* (Honolulu, HI: University of Hawai Press, 1991).

[83] L. L. Cavalli-Sforza, M. W. Feldman, *Cultural Transmission and Evolution: A Quantitative Approach* (Princeton, NJ: Princeton University Press, 1981).

[84] B. Schwartz, *In Search of Wealth and Power: Yen Fu and the West* (Cambridge, MA: Harvard University Press, 1964).

[85] D. F. Henderson, "Chapter 5: Japanese Influences on Communist Chinese Legal Language," in J. A. Cohen ed., *Contemporary Chinese Law: Research Problems and Perspectives*, vol 4, Harvard Studies in East Asian Law (Cambridge, MA: Harvard University Press, 2013).

[86] T.-S. Wang, *Legal Reform in Taiwan Under Japanese Colonial Rule, 1895–1945: The Reception of Western Law*, vol. 15, Asian Law Series (Seattle, WA: University of Washington Press, 2000).

[87] R. Kevelson, *The Law as a System of Signs* (New York, NY: Plenum Press, 1988).

[88] W. Frawley, "Prolegomenon to a Theory of Translation," in W. Frawley ed., *Translation: Literary, Linguistic and Philosophical Perspectives* (Newark, DE: University of Delaware Press, 1984).

[89] H. Kohn, *American Nationalism an Interpretative Essay* (New York, NY: Macmillan, 1957).

[90] K. Bach, R. M. Harnish, *Linguistic Communication and Speech Acts* (Cambridge, MA: MIT Press, 1979).

[91] D. Lehnert, "Desintegration durch Verfassung?: Oder wie die Verfassung der Nationalversammlung von 1919 als Desintegrationsfaktor der Weimarer

Republik interpretiert wurde," in H. Vorländer ed., *Integration durch Verfassung* (Wiesbaden: VS Verlag für Sozialwissenschaften, 2002).

[92] M. Neves, *Symbolische Konstitutionalisierung* (Berlin: Duncker & Humblot, 1998).

[93] B. Ackerman, *We the People, Volume 2: Transformations* (Cambridge, MA: Harvard University Press, 2000).

[94] B. Ackerman, "Symposium, Moments of Change: Transformation in American Constitutionalism," *Yale Law Journal*, 1999, 108 (Special).

[95] B. Ackerman, "The Rise of World Constitutionalism," *Virginia Law Review*, 1997 (83).

[96] L. Henkin, "Revolutions and Constitutions," *Louisiana Law Review*, 1989 (49).

[97] M. Kammen, *A Machine that Would Go of Itself: The Constitution in American Culture* (New York, NY: Alfred A. Knopf, 1987).

[98] J. Heideking, "Der symbolische Stellenwert der Verfassung in der politischen Tradition der USA," in H. Vorländer ed., *Integration durch Verfassung* (Wiesbaden: VS Verlag für Sozialwissenschaften, 2002).

[99] J. Lenoble, "Law and Undecidability: Toward a New Vision of the Proceduralization of Law," *Cardozo Law Review*, 1996 (17).

[100] R. West, "Introduction: Revitalizing Rights," in R. West ed., *Rights* (Burlington, VT: Ashgate, 2001).

[101] R. Alexy, "Individual Rights and Collective Goods," in C. Nino ed., *Rights* (Surrey: Ashgate Publishing, 1992).

[102] C. S. Nino, "The Communitarian Challenge to Liberal Rights," *Law and Philosophy*, 1989, 8 (1).

[103] B. Russell, *Human Knowledge: Its Scope and Limits* (London: George Allen & Unwin Ltd, 1948).

[104] M. Black, "Vagueness. An Exercise in Logical Analysis," *Philosophy of Science*, 1937, 4 (4).

[105] M. Greenberg, "Legislation as Communication? Legal Interpretation and the Study of Linguistic Communication," in A. Marmor and S. Soames, eds., *Philosophical Foundations of Language in the Law* (Oxford: Oxford

University Press, 2011).

[106] F. Frankfurter, "Some Reflections on the Reading of Statutes," *Columbia Law Review*, 1947, 47 (4).

[107] Z. Price, "The Rule of Lenity as a Rule of Structure," *Fordham Law Review*, 2003, 72 (4).

[108] A. E. Goldsmith, "The Void-for-Vagueness Doctrine in the Supreme Court, Revisited," *American Journal of Criminal Law*, 2003, 30 (2).

[109] B. Flanagan, "Revisiting the Contribution of Literal Meaning to Legal Meaning," *Oxford Journal of Legal Studies*, 2010, 30 (2).

[110] P. M. Tiersma, "The Judge as Linguist," *Loyola of Los Angeles Law Review*, 1993, 27 (1).

[111] B. Slocum, "RICO and the Legislative Supremacy Approach to Federal Criminal Lawmaking," *Loyola University Chicago Law Journal*, 2000, 31 (4).

[112] M. Greenberg, *The Communication Theory of Legal Interpretation and Objective Notions of Communicative Content* (UCLA School of Law Research Paper No. 10-35, Los Angeles, CA: UCLA, 2010). https://papers.ssrn.com/sol3/papers.cfm? abstract_ id =1726524.

[113] D. A. Strauss, "Why Plain Meaning?," *Notre Dame Law Review*, 1996, 72 (5).

[114] H. M. Hart, A. M. Sacks eds., *The Legal Process: Basic Problems in the Making and Application of Law* (New York, NY: Foundation Press, 1994).

[115] A. Greene, "The Jurisprudence of Justice Stevens Panel Ⅲ: The Missing Step of Textualism," *Fordham Law Review*, 2006, 74 (19).

[116] D. Mellinkoff, *The Language of the Law* (Boston, MA: Little, Brown and Company, 1963).

[117] L. B. Solum, *Legal Theory Lexicon* 071: *The New Originalism* (Charlottesville, VA: University of Virginia School of Law, 2013). https://papers.ssrn.com/sol3/papers.cfm? abstract_ id =2223663.

[118] N. Fabb, "Is Literary Language a Development of Ordinary Language?," *Lingua*, 2010, 120 (5).

[119] S. Azuelos-Atias, "On the Incoherence of Legal Language to the General

Public," *International Journal for the Semiotics of Law - Revue Internationale de Sémiotique Juridique*, 2011, 24 (1).

[120] R. Charnock, "Clear Ambiguity: The Interpretation of Plain Language in English Legal Judgments," in S. Cacciaguidi-Fahy and A. Wagner, eds., *Legal Language and the Search for Clarity: Practice and Tools* (Bern: Peter Lang Publication Inc., 2006).

[121] J. F. Manning, "Constitutional Structure and Statutory Formalism," *The University of Chicago Law Review*, 1999, 66 (3).

[122] J. J. Brudney, "Faithful Agency Versus Ordinary Meaning Advocacy," *Saint Louis University Law Journal*, 2012, 57 (4).

[123] A. Marmor, *Interpretation and Legal Theory* (2nd edn) (Oxford and Portland: Hart Publishing, 2005).

[124] C. J. L. Talmage, "Literal Meaning, Conventional Meaning and First Meaning," *Erkenntnis*, 1994, 40 (2).

[125] A. Scalia, *A Matter of Interpretation: Federal Courts and the Law-New Edition* (Princeton, NJ: Princeton University Press, 2018).

[126] L. Solan, T. Rosenblatt and D. Osherson, "False Consensus Bias in Contract Interpretation," *Columbia Law Review*, 2008, 108 (5).

[127] M. McGowan, "Do as I Do, Not as I Say: An Empirical Investigation of Justice Scalia's Ordinary Meaning Method of Statutory Interpretation," *Mississippi Law Journal*, 2008 (78).

[128] P. W. Schroth, "Language and Law," *American Journal of Comparative Law*, 1998, 46 (S1).

[129] E. Margolis, "A Reassessment of the Shift from the Classical Theory of Concepts to Prototype Theory," *Cognition*, 1994, 51 (1).

[130] H. Putnam, "Is Semantics Possible?," *Metaphilosophy*, 1970, 1 (3).

[131] C. Gauker, "Zero Tolerance for Pragmatics," *Synthese*, 2008, 165 (3).

[132] R. Stecker, S. Davies, "The Hypothetical Intentionalist's Dilemma: A Reply to Levinson," *The British Journal of Aesthetics*, 2010, 50 (3).

[133] J. Levinson, "Intention and Interpretation: A Last Look," in G. Iseminger, ed., *Intention and Interpretation* (Philadelphia, PA: Temple University Press, 1992).

[134] A. Scalia, B. A. Garner, *Reading Law: The Interpretation of Legal Texts* (Thomson/West, St. Paul, MN, 2012).

[135] J. Engberg, "Chapter 12: Word Meaning and the Problem of a Globalized Legal Order," in L. M. Solan and P. M. Tiersma, eds., *The Oxford Handbook of Language and Law* (Oxford: Oxford University Press, 2012).

[136] A. L. Kjær, "Introduction: Language as Barrier and Carrier of European Legal Integration," in M. R. Madsen, A. L. Kjær, H. Krunke and H. Petersen eds., *Paradoxes of European Legal Integration* (London: Routledge, 2008).

[137] S. Šarčević, "Creating a Pan-European Legal Language," in M. Gotti and C. Williams eds., *Legal Discourse across Languages and Cultures*, vol. 117 (Bern: Peter Lang Publication Inc., 2010).

[138] C. Robertson, "EU Multilingual Law: Interfaces of Law, Language and Culture," in S. Šarčević, ed., *Language and Culture in EU Law* (London: Routledge, 2015).

[139] F. P. Ramos, "International and Supranational Law in Translation: From Multilingual Lawmaking to Adjudication," *The Translator*, 2014, 20 (3).

[140] M. Derlén, *Multilingual Interpretation of European Union Law* (European Monographs Series Set, Alphen aan den Rijn: Kluwer Law International BV, 2009).

[141] I. Schübel-Pfister, *Sprache und Gemeinschaftsrecht: Die Auslegung der Mehrsprachig Verbindlichen Rechtstexte durch den Europäischen Gerichtshof* (Berlin: Duncker & Humblot, 2004).

[142] K. McAuliffe, "The Limitations of a Multilingual Legal System," *International Journal for the Semiotics of Law*, 2013, 26 (4).

[143] A. -L. Kjær, "Theoretical Aspects of Legal Translation in the EU: The Paradoxical Relationship between Language, Translation and the Autonomy of EU Law," in S. Šarčević, ed., *Language and Culture in EU Law* (London: Routledge, 2015).

[144] P. Legrand, "Word/World (of Primordial Issues for Comparative Legal Studies)," in M. R. Madsen, A. L. Kjær, H. Krunke and H. Petersen, eds., *Paradoxes of European Legal Integration* (London: Routledge, 2008).

[145] J. Habermas, *The Theory of Communication Action* (Boston, MA: Beacon Press, 1987).

[146] J. Habermas, *Between Facts and Norms: Contributions to a Discourse Theory of Law and Democracy* (Cambridge, MA: MIT Press, 1996).

[147] W. Witteveen, "Legislation and the Fixation of Belief," in R. Kevelson, ed., *The Eyes of Justice: Seventh Round Table on Law and Semiotics* (New York, NY: Peter Lang Publication Inc., 1994).

[148] R. Hodge, G. Kress, *Social Semiotics* (Ithaca, NY: Cornell University Press, 1988).

[149] M. A. K. Halliday, R. Hasan, *Language, Context, and Text: Aspects of Language in a Social-Semiotic Perspective* (Melbourne: Deakin University, 1985).

[150] J. Fiske, *Introduction to Communication Studies* (2nd edn) (London and New York: Routledge, 1990).

[151] T. A. Sebeok, *Style in Language* (Oxford: John Wiley & Sons, Inc., 1960).

[152] U. Eco, *The Limits of Interpretation* (Naperville, IL: Blooming Press, 1990).

[153] B. S. Jackson, *Semiotics and Legal Theory* (London and New York: Routledge Kegan & Paul, 1985).

[154] M. A. K. Halliday, *Language as Social Semiotic: The Social Interpretation of Language and Meaning* (Baltimore, NY: University Park Press, 1978).

[155] K. Larenz, *Methodenlehre der Rechtswissenschaft* (Berlin and Heidelberg: Springer, 1983).

[156] T. Ćapeta, "Multilingual Law and Judicial Interpretation in the EU," *Croatian Yearbook of European Law & Policy*, 2009 (5).

[157] L. M. Solan, "Statutory Interpretation in the EU: the Augustinian Approach," in F. Olsen, A. Lorz and D. Stein, eds., *Translation Issues in Language and Law* (London: Palgrave Macmillan UK, 2009).

[158] W. Burnham, *Introduction to the Law and Legal System of the United States* (St. Paul, MN: West Academic Publishing, 2006).

[159] H. L. A. Hart, *The Concept of Law* (Oxford: Clarendon Press, 1994).

[160] L. M. Solan, "Chapter 6: Linguistic Issues in Statutory Interpretation," in L. M. Solan and P. M. Tiersma, eds., *The Oxford Handbook of Language and Law* (Oxford: Oxford University Press, 2012).

[161] F. Recanati, *Literal Meaning* (Cambridge: Cambridge University Press, 2004).

[162] J. R. Searle, "Literal Meaning," *Erkenntnis*, 1978, 13 (1).

[163] J. L. Austin, *How to Do Things with Words*, vol. 88 (New York: Oxford University Press, 1962).

[164] D. Weberman, "Reconciling Gadamer's Non-Intentionalism with Standard Conversational Goals," *The Philosophical Forum*, 1999, 30 (4).

[165] A. Wagner, W. Werner and D. Cao, *Interpretation, Law and the Construction of Meaning: Collected Papers on Legal Interpretation in Theory, Adjudication and Political Practice* (Dordrecht: Springer Netherland, 2007).

[166] E. Landowski, "Towards a Semiotic and Narrative Approach to Law," *Revue Internationale de Semiotique Juridique*, 1988, 1 (1).

[167] D. Greenlee, *Peirce's Concept of Sign*, vol. 5, Approaches to Semiotics (The Hague: De Gruyter Mouton, 1973).

[168] D. L. Gorlée, *Semiotics and the Problem of Translation: With Special Reference to the Semiotics of Charles S. Peirce* (Amsterdam and Atlanta: Rodopi, 1994).

[169] U. Eco, *A Theory of Semiotics*, vol. 217 (Bloomington, IN: Indiana University Press, 1979).

[170] U. Eco, *The Role of the Reader: Explorations in the Semiotics of Texts* (Bloomington, IN: Indiana University Press, 1979).

[171] M. Danesi, *Of Cigarettes, High Heels, and Other Interesting Things: An Introduction to Semiotics* (London: Macmillan, 1999).

[172] J. Raz, *The Concept of a Legal System* (2nd edn) (Oxford: Clarendon Press, 1980).

[173] S. Ratnapala, "Welfare State or Constitutional State?," *QUT Law Review*, 1990 (6).

[174] A. Korzybski, *Science and Sanity: An Introduction to Non-Aristotelian Systems and General Semantics* (Brooklyn, NY: Institute of General Semantics,

1958).

[175] W. J. Witteveen, "Significant, Symbolic and Symphonic Laws Communication through Legislation," in H. V. Schooten, ed., *Semiotics and Legislation*: *Jurisprudential*, *Institutional and Sociological Perspectives* (Legal Semiotics Monographs, Liverpool: Deborah Charles Publication, 1999).

[176] S. Nielsen, R. Almind, "Chapter 7: From Data to Dictionary," in P. A. Fuertes-Olivera and H. Bergenholtz, eds., *E-Lexicography*: *The Internet*, *Digital Initiatives and Lexicography* (London and New York: Continuum International Publishing Group, 2011).

[177] H. Bergenholtz, S. Nielsen, "Subject-Field Components as Integrated Parts of LSP Dictionaries," *Terminology*, 2006, 12 (2).

[178] H. Gottlieb, J. E. Mogensen, *Dictionary Visions*, *Research and Practice* (Amsterdam and Philadelphia: John Benjamins, 2007).

[179] L. V. Shcherba, "Towards a General Theory of Lexicography," *International Journal of Lexicography*, 1995, 8 (4).

[180] H. Bergenholtz, U. Kaufmann, "Terminography and Lexicography. A Critical Survey of Dictionaries from a Single Specialised Field," *HERMES-Journal of Language and Communication in Business*, 1997 (18).

[181] P. A. Fuertes-Olivera, S. Nielsen, "The Dynamics of Terms in Accounting: What the Construction of the Accounting Dictionaries Reveals about Metaphorical Terms in Culture-Bound Subject Fields," *Terminology*, 2011, 17 (1).

[182] R. Harris, C. Hutton, *Definition in Theory and Practice*: *Language*, *Lexicography and the Law* (London and New York: Continuum International Publishing Group, 2007).

[183] S. Nielsen, "The Effect of Lexicographical Information Costs on Dictionary Making and Use," *Lexikos*, 2008 (18).

[184] S. Nielsen, "Monolingual Accounting Dictionaries for EFL Text Production," *Ibérica*, 2006 (12).

[185] C. D. Rude, D. Dayton B. and Maylath, "Technical Editing," in A. M. Penrose and S. B. Katz, eds., *The Allyn and Bacon Series in Technical Communication* (3rd edn) (New York, NY: Longman Inc., 2002).

[186] F. Capotorti, *Study on the Rights of Persons Belonging to Ethnic, Religious and Linguistic Minorities* (New York, NY: United Nations, 1979).

[187] R. K. Gardiner, *Treaty Interpretation* (New York, NY: Oxford University Press, USA, 2008).

第九批《中国社会科学博士后文库》专家推荐表 1

《中国社会科学博士后文库》由中国社会科学院与全国博士后管理委员会共同设立，旨在集中推出选题立意高、成果质量高、真正反映当前我国哲学社会科学领域博士后研究最高学术水准的创新成果，充分发挥哲学社会科学优秀博士后科研成果和优秀博士后人才的引领示范作用，让《文库》著作真正成为时代的符号、学术的示范。

推荐专家姓名	莫纪宏	电 话	
专业技术职务	研究员	研究专长	宪法，国际法
工作单位	中国社会科学院国际法研究所	行政职务	国际法所所长
推荐成果名称	《法学名词规范化研究》		
成果作者姓名	赵心		

（对书稿的学术创新、理论价值、现实意义、政治理论倾向及是否具有出版价值等方面做出全面评价，并指出其不足之处）

该博士后研究报告以法学名词规范化问题为研究对象，纵观报告的研究内容，既有对前人研究成果的述评，也有创新和发展，报告的论证也很严谨，因此，本报告的真实性得到保障，同时经过审核，该项目在知识产权保护上没有任何问题。改革开放以来，中国的法学理论研究取得了丰硕成果。然而，法律术语作为法律语言词汇的基本构成单元和核心内容的研究略显不足。"全国科技名词委员会法学名词委员会"于 2007 年 9 月在中国社会科学院法学研究所正式成立。审定工作的目标是提供权威性的规范化的法学名词，本报告基于法学名词撰写，对法学名词规范化问题进行研究。该报告是国内法学界第一次全面、系统地对法学名词术语规范化问题进行深入研究。把法律理论、语言学理论、术语理论、语用学知识与法律术语研究紧密结合在一起，对法学名词规范化的技术路线和理论依据进行了独创性构建，提出了许多过去法学界从没提出过的问题和学术观点，对于推动法学名词术语规范化以及推动法律学科发展都具有非常重要的意义。本报告是一部出色的博士后研究报告，具有很高的学术质量。

签字：

2019 年 12 月 12 日

说明：该推荐表须由具有正高级专业技术职务的同行专家填写，并由推荐人亲自签字，一旦推荐，须承担个人信誉责任。如推荐书稿入选《文库》，推荐专家姓名及推荐意见将印入著作。

第九批《中国社会科学博士后文库》专家推荐表 2

《中国社会科学博士后文库》由中国社会科学院与全国博士后管理委员会共同设立，旨在集中推出选题立意高、成果质量高、真正反映当前我国哲学社会科学领域博士后研究最高学术水准的创新成果，充分发挥哲学社会科学优秀博士后科研成果和优秀博士后人才的引领示范作用，让《文库》著作真正成为时代的符号、学术的示范。

推荐专家姓名	陈欣新	电 话	
专业技术职务	研究员	研究专长	法理学
工作单位	中国社会科学院法学研究所	行政职务	法学所法治战略研究部副主任
推荐成果名称	《法学名词规范化研究》		
成果作者姓名	赵心		

（对书稿的学术创新、理论价值、现实意义、政治理论倾向及是否具有出版价值等方面做出全面评价，并指出其不足之处）

研究法学名词规范化问题，具有很强的现实价值和理论意义。无论是从选题上，还是在研究思路上，都表明了作者既抓住了法学名词规范化的基本问题，突出了设计名词规范化的衡量标准的重心；又体现了科技名词规范化的发展趋势。法律的规范性质和对人们行为的调整作用要求作为其表达形式的法律语言应当尽可能做到准确，这一准确性的前提条件之一是法律术语的准确性和规范化，法学名词规范化就是实现此目标的重要方式。本报告以法学名词规范化为研究对象，探讨设立可操作性的法学名词规范化衡量标准，并且探索将法学名词规范化工作适用于法律实践领域中的具体方式，以期解决法学名词使用情况不规范、不统一的现状，为科技名词规范化工作的国家标准提供了理论支持。总而言之，本报告的研究在理论上充实了法学名词规范化体系，是法律学科的基础性工程，为法律学科建设中语言的规范化、统一化夯实了理论基础。从实践角度来讲，本报告的研究对国家科技名词中法学名词的编纂提供了理论依据和操作路径。同时，也为我国科技名词规范化纳入法制轨道提供了重要的学理支持。

签字：陈欣新

2019 年 12 月 12 日

说明：该推荐表须由具有正高级专业技术职务的同行专家填写，并由推荐人亲自签字，一旦推荐，须承担个人信誉责任。如推荐书稿入选《文库》，推荐专家姓名及推荐意见将印入著作。